MATHEMATIK
Schularbeiten

4. Klasse der Hauptschulen und der allgemein bildenden höheren Schulen

Mag. Walther M. Stuzka

öbv & hpt, Wien
www.oebvhpt.at

www.e-LISA.at

1. Auflage 2002 (1,00)
© öbv&hpt VerlagsgmbH & Co. KG, Wien 2002

Alle Rechte vorbehalten
Jede Art der Vervielfältigung, auch auszugsweise, gesetzlich verboten

Fachinformationen: mathematik1_gz@oebvhpt.at
Servicestelle: service@e-LISA.at

Satz: SBS – Rainer Schmid, 1090 Wien
Umschlagsgestaltung und Layout: Jochen Ulm
Technische Zeichnungen: Ing. Mag. Dr. Herbert Löffler
Lektorat: Mag. Daniela Auer-Seitz
Druck: Manz Crossmedia GmbH & Co. KG, Wien

ISBN: 3-209-**03757**-4

Inhaltsverzeichnis

Umrechnungstabellen

Vorwort	4
Allgemeine Hinweise	9

Aufgaben:

1.	Wiederholung und Vertiefung	10
2.	Reelle Zahlen	12
3.	Terme	14
4.	Lineare Gleichungen und Ungleichungen mit einer Unbekannten	16
5.	Funktionen	22
6.	Lineare Gleichungen mit zwei Unbekannten	25
7.	Statistik	28
8.	Lehrsatz des Pythagoras	31
9.	Prisma und Pyramide	35
10.	Der Kreis	39
11.	Zylinder – Kegel – Kugel	43
12.	Beweisen in der Geometrie	46

Lösungen:

1.	Wiederholung und Vertiefung	48
2.	Reelle Zahlen	59
3.	Terme	65
4.	Lineare Gleichungen und Ungleichungen mit einer Unbekannten	74
5.	Funktionen	100
6.	Lineare Gleichungen mit zwei Unbekannten	108
7.	Statistik	125
8.	Lehrsatz des Pythagoras	134
9.	Prisma und Pyramide	153
10.	Der Kreis	167
11.	Zylinder – Kegel – Kugel	176
12.	Beweisen in der Geometrie	186

Schularbeit und Schulrecht	191
Register	192

13. Peripheriewinkel, Ellipse, Hyperbel, Parabel .... im Internet unter www.e-lisa.at/schulbuchplus

Vorwort

Schlaflose Nächte ...

Das alles muss nicht (mehr) sein!
Dieses Buch will dir dabei helfen.

- Du lernst mögliche Beispiele für Schularbeiten kennen.
- Du erfährst die verschiedenen Schwierigkeitsgrade der Aufgaben.
- Mit Routine und Sicherheit wird jede Schularbeit ein Erfolg.

Bei einer Umfrage unter Schülerinnen und Schülern aller Altersklassen über die Probleme rund um die Mathematikschularbeit kamen recht interessante Ergebnisse heraus:

Auf die Frage: „Wie bereitest du dich vor?" antworteten die meisten, dass sie erkannt hätten, wie wichtig das Mitarbeiten während des Unterrichts für sie sei und dass man die Beispiele, die man zur Schularbeit erwartet, üben müsse. Als Gründe für eine misslungene Mathematikschularbeit erklärten alle Befragten einstimmig, zu wenig geübt oder Unverstandenes nicht rechtzeitig geklärt zu haben.

Sehr aufschlussreich waren die Antworten auf die Frage: „Was, glaubst du, könnte für dich beim Lernen und Üben zu Hause besonders hilfreich sein?" Da wünschten sich viele nichts anderes als Ruhe und Ungestörtsein. Manche meinten, es wäre schön, wenn man jemanden hätte, den man fragen kann, und die meisten vermissten eine Art „Arbeitszettel" mit Beispielen, wie sie zur Schularbeit kommen könnten.

Diesen Wunsch soll dir dieses Buch erfüllen. Du findest im praktischen Teil Beispiele, die in deiner Klasse gestellt werden könnten. Die Rechengänge der einzelnen Aufgaben sind genau erklärt, daher wird dir das Buch auch bei der Lösung deiner Hausaufgaben helfen. Bevor du aber mit der eigentlichen Arbeit beginnst, solltest du auch die restlichen Seiten dieses Vorworts lesen. Dort erfährst du, wie du dich auf eine Mathematikschularbeit vorbereiten kannst. Außerdem werden viele Lerntipps gegeben. Am Ende des Buchs kannst du über deine Rechte und deine Pflichten betreffend die Mathematikschularbeit nachlesen.

ÜBER DEN PRAKTISCHEN UMGANG MIT DIESEM BUCH UND DIE VORBEREITUNG AUF DIE MATHEMATIKSCHULARBEIT

Dieses Buch soll wie ein „unsichtbarer Nachhilfelehrer" sein. Sobald du dich damit einmal vertraut gemacht hast, wird es dir auf viele Fragen Antwort geben. Es ist, ähnlich wie dein Mathematiklehrbuch, nach Themen gegliedert. Nur gibt es in diesem Buch neben dem ANGABENTEIL auch einen LÖSUNGSTEIL. Dort ist nicht nur das richtige Endergebnis des jeweiligen Beispiels abgedruckt, sondern in vielen Fällen Schritt für Schritt erklärt, wie du dieses und ähnliche Beispiele rechnen musst. Aber nicht nur das, in der RANDSPALTE stehen wichtige Formeln, Skizzen und Extrahinweise. Dort kannst du dir selbst auch Notizen machen.

Beispiele, die dir nicht gelungen sind, gehe mit Hilfe des Lösungsteils des Buchs Schritt für Schritt durch. Achte darauf, wo du Fehler gemacht hast, präge dir den richtigen Rechengang ein, und mach dir eventuell eigene Anmerkungen in die Randspalte. Bearbeite dasselbe Beispiel ein oder zwei Tage später zur Übung nochmals.

Vorwort

Angenommen, du lernst in der Schule das Rechnen mit Termen, dann suche dir zum Üben im Inhaltsverzeichnis das Kapitel „Terme" heraus. Dort findest du die gewünschten Aufgabenstellungen. Darüber hinaus hast du die Möglichkeit, mit Hilfe des Registers (auf 192) nicht nur nach Beispielen zu einem bestimmten Thema, sondern sogar nach Beispielen zu einem bestimmten Begriff zu suchen. Willst du zum Beispiel für die bevorstehende Mathematikschularbeit „Terme", „Funktionen" und Aufgaben zum pythagoreischen Lehrsatz üben, dann suche dir vier bis fünf entsprechende Beispiele und arbeite, wie du es von den Schularbeiten her gewohnt bist.

Löse jenes Beispiel zuerst, das dir am leichtesten fällt, nimm dir die schwierigeren Aufgaben danach vor. Achte darauf, dass du alle Aufgaben innerhalb von 40 Minuten schaffst: das ist w e n i g e r als die Dauer einer Unterrichtsstunde! Erst nach dieser „Probeschularbeit" schau im Lösungsteil nach, wie weit deine Arbeit richtig ist. Du solltest mit dieser Art von „Probeschularbeit" so rechtzeitig beginnen, dass du, falls erforderlich, an einem anderen Tag noch eine zweite oder auch eine dritte versuchen kannst. Dadurch lernst du am besten deine Kenntnisse und Schwächen kennen.

Interessiert es dich, mit welcher Note deine Arbeit beurteilt werden könnte, so halte dich an folgende „Daumen"-Regel:
Hast du weniger als die Hälfte aller Beispiele gelöst, so ist deine Arbeit (leider) mit „Nicht genügend" zu beurteilen. „Sehr gut" oder „Gut" ist deine Arbeit dann, wenn du entweder alle Beispiele fehlerlos bearbeitet hast bzw. nur ein paar Kleinigkeiten falsch sind oder fehlen. Dazwischen liegen das „Befriedigend" – dafür sollten drei Viertel der Anforderungen erfüllt sein – und das „Genügend".

Hinweis:
Unter der Internetadresse **www.bmuk.gv.at/gesetze/index.htm** kannst du zum Thema Leistungsbeurteilung in der vom Bundesministerium für Bildung, Wissenschaft und Kultur herausgegebenen Leistungsbeurteilungsverordnung – sie hat Gesetzesrang – umfassende Informationen abrufen.
Vor allem der § 14 „Beurteilungsstufen (Noten)" und der § 16 „Fachliche Aspekte für die Beurteilung von (Mathematik-)Schularbeiten" könnten für dich besonders interessant sein.

WIE LERNE ICH RICHTIG?

Lernen bedeutet, sich Wissen, Kenntnisse oder Fertigkeiten anzueignen, sich dieses Wissen einzuprägen und es so oft zu wiederholen, bis es persönlicher geistiger Besitz geworden ist.

Vieles an Wissen bekommst du in der Schule vermittelt. Die Mathematik ist ein aufbauendes Unterrichtsfach. Das heißt, der Lehrstoff baut auf dem auf, was du schon in vorangegangenen Klassen gelernt hast, und setzt sich in dieser aufbauenden Art fort. Daher sind Aufmerksamkeit und konzentrierte Mitarbeit ganz besonders wichtig. Nur so kannst du selbst prüfen, wie gut oder wie wenig gut du den Lehrstoff verstehst.

Wenn Unklarheiten auftreten, f r a g sofort – entweder deine Lehrerin oder deinen Lehrer oder eine Mitschülerin oder einen Mitschüler. Der zweite wichtige Teil deiner Arbeit für Mathematik sind die HAUSAUFGABEN. Sie sind kein lästiges „Anhängsel" an den Unterricht, sondern du prägst dir dabei das Erlernte ein und kannst dir selbst beweisen, dass du es an ähnlichen Beispielen anzuwenden verstehst. Ein sorgfältig geführtes, übersichtliches Hausübungsheft wird dir ein brauchbarer Helfer bei der unmittelbaren Schularbeitsvorbereitung sein:

- Schreibe bei jeder Hausübung das Datum dazu! Es hilft dir beim Wiederfinden von Beispielen, die du an einem bestimmten Tag gerechnet hast!
- Schreibe leserlich! Ähnlich aussehende Ziffern können leicht verwechselt werden:
  0 und 6, 1 und 7, ...

- Unterstreiche die Ergebnisse!
- Mach häufig Randbemerkungen, die dir später als zusätzliche Information oder Hilfe dienen können!
- Heb voll geschriebene Hefte auf, damit du später nachschauen kannst!

Noch ein paar Worte zum Arbeiten und Üben daheim: Es wäre natürlich ideal, alles, was man am Vormittag gelernt hat, zu Hause sogleich durchzuarbeiten und zu üben, bis alles „sitzt". Die Wirklichkeit sieht leider anders aus. Oft sind es zu viele Gegenstände, für die zu lernen ist, dann gibt es die eine oder andere Prüfung, für die du dich einen ganzen Nachmittag lang vorbereiten musst. Versuch trotzdem, die Hausübungen möglichst gleich zu erledigen, solange du noch alles frisch im Gedächtnis hast!

Ein kleiner Test, wie weit du dich an die letzte Mathematikstunde erinnern kannst:

- Kannst du den Ablauf der letzten Mathematikstunde wiedergeben?
  NEIN?
- Probiere es nach einem Blick in das Schulübungsheft.
  NOCH IMMER NICHT?
- Vielleicht kannst du dir die Vorgänge der letzten Stunde wenigstens bei genauem Anschauen deiner Aufzeichnungen ins Gedächtnis rufen?
  AUCH NICHT?
- DANN HAST DU WAHRSCHEINLICH ZU WENIG AUFGEPASST!

Diese Erkenntnis wird dir im Augenblick nicht weiterhelfen, aber sie zeigt dir, dass du deine Aufmerksamkeit während des Unterrichts verbessern und dass du dich bei deinen Mitschülerinnen oder Mitschülern nach dem, was in der letzten Stunde durchgenommen wurde, erkundigen musst.

Aus der Erkenntnis der eigenen Fehler kann man k l u g werden: Man darf sie nur nicht nochmals begehen!

Ein paar Dinge sind für das Lernen und Arbeiten zu Hause noch sehr wichtig. Versuch gemeinsam mit deinen Eltern die Voraussetzungen dafür zu schaffen!
Dazu gehören:

1. Der Arbeitsplatz

Kinder, die ihre Hausarbeit im Hort, im Internat oder in der Tagesheimschule machen, haben wahrscheinlich ihren ständigen, gleich bleibenden Arbeitsplatz. Im Elternhaus ist das nicht immer so. Nicht jedes Kind hat ein eigenes Zimmer, in dem es ungestört arbeiten (leider auch manchmal trödeln) kann. Trotzdem soll der Platz, an dem gearbeitet wird, immer derselbe sein. Dadurch wird man leichter und rascher auf die Arbeitssituation eingestimmt, als wenn Hefte und Bücher jeden Tag woanders aufgeschlagen werden müssen. Der Platz soll hell und nach Möglichkeit ruhig sein. Wenn es in deiner Familie üblich ist, schon in den frühen Abendstunden den Fernsehapparat einzuschalten, dann solltest du die schwierigeren Arbeiten bis dahin bereits erledigt haben.

Alles, was du zum Lernen brauchst, muss stets griffbereit in der Nähe deines Arbeitsplatzes sein. Eine Kiste, ein Karton, ein Regal oder zwei, drei Laden, die n u r für deine Schulsachen bestimmt sind, genügen dafür.
Auch wenn du einen Schreibtisch ganz für dich allein haben solltest, nach getaner Arbeit sollte dir das sorgfältige Wegräumen der Gegenstände zur Gewohnheit werden. Diese äußere Ordnung ist sehr wichtig für ein erfolgreiches Lernen! Gerade die Mathematik ist eine Wissenschaft, die selbst Ordnung schafft, indem sie aus manchmal verwirrend erscheinenden Angaben zu eindeutigen Lösungen führt!

2. Die Konzentration

„Ich kann mich nicht konzentrieren!" – hört man schon von ganz jungen Schulkindern. Wenn das auch auf dich zutrifft, dann solltest du gemeinsam mit deinen Eltern nach den Ursachen deiner Konzentrationsschwäche suchen. Der Mangel an Konzentration könnte körperlich bedingt sein. Da müssten Schul- oder Hausarzt helfen.

Es wäre auch möglich, dass ein Kind, das bisher nie Schwierigkeiten in der Schule hatte, plötzlich nicht mehr die nötige Konzentration aufbringen kann, weil es überfordert ist. Ein Eltern-Lehrer-Gespräch kann dabei Klärung bringen.

Die Hauptursache des Konzentrationsmangels ist aber sicherlich die so genannte Reizüberflutung, der Kinder und Erwachsene ausgesetzt sind. Es ist oftmals zu viel, was im Laufe eines Tages auf einen Menschen einstürmt. Manche Dinge, von denen man glaubt, sie würden der Entspannung dienen, beeinflussen und reizen einen derart, dass man innerlich nicht zur Ruhe kommt. Auch ein aufregender oder brutaler Film im Fernsehen kann eine arge Belastung darstellen.

Auch bei Musik ist es meist unmöglich, sich auf ein schwieriges Rechenproblem zu konzentrieren. Wenn du Musik gern hast, dann wäre es jammerschade, sie nur mit halbem Herzen oder nur mit einem Ohr zu hören. Mach zuerst das eine ganz und widme dich dann voll dem anderen! Machst du beides zugleich, kommt beides zu kurz.

Du kannst dich selbst zur Konzentration erziehen, indem du störende Einflüsse (Straßenlärm, Radio, TV) beim Lernen völlig ausschaltest und indem du das konzentrierte Arbeiten zunächst in nur k u r - z e n Zeitspannen übst, die du allmählich immer länger ausdehnst. Aber niemals länger als eine halbe Stunde! Kurze Konzentrationsübungen mehrmals am Tag bringen mehr Erfolg. Sich konzentrieren bedeutet Anspannung. Schalte daher immer wieder Entspannungspausen ein. Dabei kannst du dich ohne weiteres mit ablenkenden Dingen beschäftigen. Danach darf dir der Wiedereinstieg in die Arbeit aber nicht zu schwer fallen.

3. Die Methoden

Lernen ist ein Denkprozess. Du erhältst eine Information, die in dein Gehirn eindringt. Wenn du dir diese Information merken willst, musst du sie dir einprägen und so oft wiederholen, bis sie in deinem Gedächtnis bleibt. Dieser Lernprozess geht aber nicht bei jedem Menschen auf die gleiche Art und Weise vor sich.

Manche lernen leichter, wenn sie Lerninhalte immer wieder h ö r e n. Wenn du zu denen gehörst, dann wirst du dir am besten den Stoff immer wieder laut vorsagen.

Andere behalten die Dinge leichter durch A n s c h a u e n beziehungsweise durch Lesen. Gehörst du zu diesem Lerntyp, dann wird dir für den speziellen Fall Mathematik ein übersichtliches, gut geführtes Formelheft oder eine Zettelkartei sehr nützlich sein.

Ein dritter Lerntyp ist jener, der sogar beim Lernen B e w e g u n g braucht. Nun wird man beim Üben von Mathematikaufgaben wohl schwerlich herumspazieren können. Wenn du zu diesem Lerntyp gehörst, dann mach ein paar körperliche Lockerungsübungen, bevor du dich an den Schreibtisch setzt. Du könntest auch versuchen, das gestellte Rechenproblem in einer zügigen Zeichnung darzustellen – falls dies von der Angabe her möglich ist – und dann erst an die rechnerische Lösung heranzugehen.

Der Zeitpunkt, an dem man am erfolgreichsten lernen und üben kann, wird nicht für jeden gleich sein. Finde selbst heraus, um welche Tageszeit du dich am besten konzentrieren kannst und wann du mit der Arbeit am schnellsten vorankommst. Manchmal hat eine frühe Morgenstunde vor der Schule mehr gebracht als viele Stunden während des Nachmittags. Auch die abendliche Wiederholung vor dem Einschlafen, wenn sie als letzter Tageseindruck mit hinüber in den Schlaf genommen wird, ist von großem Nutzen.

Zum Glück sind die Menschen nicht so veranlagt, dass man sie ausschließlich dem einen oder anderen Lerntyp zuordnen muss; es hat jeder auch von den anderen Eigenschaften ein bisschen etwas. Wenn du aber erkannt hast, nach welcher Methode du leichter lernst und dich darauf einstellst, hast du schon viel gewonnen. Was aber für alle Lerntypen gleichermaßen gilt, sind die einzelnen Schritte des Lernprozesses:

a) Erfassen
Du siehst etwas, hörst etwas, aber hast du es auch erfasst? Prüf dich einmal, wie viele Einzelheiten dir zum Beispiel von einem Foto, das du ein paar Minuten betrachtet hast, im Gedächtnis haften bleiben. Lies einen Absatz irgendeines Textes, sei er aus der Zeitung oder einem Abenteuerbuch, lege den Text beiseite und frage dich selbst, was du davon behalten hast. So wirst du sehr rasch erkennen, wie gut du im Auffassen und Erfassen von Dingen bist. Mach solche Übungen mehrmals, und du wirst lernen, besser zu schauen und besser zu erfassen. In der Mathematik brauchst du diese Fähigkeit, um so rasch wie möglich zu erfassen, wie etwa ein Textbeispiel gemeint ist, welche Formel eingesetzt werden muss oder welche Erfahrungen du aus ähnlichen Beispielen zur Lösung heranziehen könntest.

b) Einprägen

Das Einprägen des Erfassten ist die nächste Stufe im Lernprozess. Auch hier wird zu unterscheiden sein, dass es Menschen mit gutem und solche mit schlechtem Gedächtnis gibt. Außerdem gibt es Menschen, die ein ausgeprägtes Zahlengedächtnis, und andere, die eine besonders gute Merkfähigkeit für Vokabeln und Namen haben. Es wäre ein großer Fehler, der Neigung zu dem, was einem leichter fällt, nachzugeben! Sobald du feststellst, dass du dir zum Beispiel Jahreszahlen nicht gut merkst, musst du dir einfach mehr Zeit zum „Büffeln" nehmen. Der Erfolg wird dich sicherlich belohnen. Das Denktraining, das du dabei betreibst, wirkt sich automatisch auch auf andere Lerngegenstände aus.

c) Üben

Der dritte Schritt beim richtigen Lernen ist das Üben. Was man beharrlich übt, wird einem mit der Zeit immer leichter fallen. Kein Sportler kann ohne Training Leistungen erbringen, kein Musiker oder Sänger ohne tägliches Üben Erfolg haben. So wird die Übung auch aus dir sicherlich einen Meister machen.

Wenn du alle diese Ratschläge überdenkst und die Anregungen in die Tat umsetzt, werden sich Schwierigkeiten ganz sicher bewältigen lassen. Es bleibt nur noch übrig, dir bei der Beschäftigung mit diesem Buch viel Freude und bei allen kommenden Schularbeiten den wohlverdienten Erfolg zu wünschen.

Wien, Perchtoldsdorf, September 2002
Walther M. Stuzka

Allgemeine Hinweise zu den Lösungen

1) In diesem Buch sind die Koordinaten stets in der **Einheit cm** gegeben.
2) Verwende beim Zeichnen eines Koordinatensystems – falls möglich – **Millimeterpapier**!
3) Fertige bei Konstruktionsaufgaben immer eine **Skizze** an!
   Kennzeichne die gegebenen Bestimmungsstücke z. B. mit Farbe!
   Die Skizze dient dir zum Überlegen, wie du bei der Konstruktion vorgehen kannst.
4) Wenn nicht extra gekennzeichnet, sind die Konstruktionen auf 60 % verkleinert dargestellt.

1 Wiederholung und Vertiefung

Arithmetik:

1.1 Ergänze in der Tabelle die fehlenden Größen!
Nimm an, dass die Kapitalertragssteuer (KESt.) 25 % beträgt!

Kapital K_0	12 300 €			2 140 €	10 000 €
vereinbarter Zinssatz p %	4,5 %	5 %	3,5 %		
effektiver Zinssatz p_{eff} %					
Zeitdauer n	6 Jahre	7 Jahre			2 Jahre
effektive Zinsen Z_{eff}			296 €		
Guthabenstand K_n		22 256 €			10 609 €

1.2 **a)** Ein Kapital $K_0 = 100$ € wird bei 4 % vereinbarter Verzinsung angelegt.
Gib eine Formel an, mit der **1)** der Guthabenstand K_n und **2)** die effektiven Zinsen Z_{eff} in Abhängigkeit von den Jahren n, die die Verzinsung läuft, berechnet werden können. (Die KESt. beträgt 25 %.)

b) Gib eine Formel an, mit der die effektiven Zinsen Z_{eff} allgemein, d. h. für ein Kapital K_0, einen effektiven Zinssatz p_{eff} % und eine Verzinsungsdauer von n Jahren, berechnet werden können. (Die KESt. beträgt 25 %.)

1.3 Ein „Kapital" von 1 € wird zu einem vereinbarten Zinssatz von 3,5 % angelegt.

a) Lege eine Tabelle an, aus der man den Guthabenstand (in €) nach 10, 20, 30 und 40 Jahren entnehmen kann! Rechne mit Zinseszinsen und mit einer Kapitalertragssteuer (KESt.) von 25 %!

b) Stelle – ausgehend von der Tabelle – den Zusammenhang zwischen den Jahren und dem Guthabenstand (in €) in einem Punktdiagramm dar!
Wähle auf den Achsen des Koordinatensystems folgende Einheiten:
x-Achse: 10 Jahre ≙ 2 cm; y-Achse: 1 € ≙ 2 cm!

c) Wie groß ist die Differenz im Guthabenstand nach 40 Jahren, wenn nur mit einfachen Zinsen und nicht mit Zinseszinsen gerechnet wird?

1.4 Die Anzahl der radioaktiven Atome in einer bestimmten Substanz nimmt stündlich (im Mittel) um 30 % ab. Anfangs sind (rund) 100 000 radioaktive Atome vorhanden.

a) Lege eine Tabelle an, aus der man die Anzahl der nach 1, 2, 3, 4 und 5 Stunden noch vorhandenen radioaktiven Atome entnehmen kann!

b) Stelle – ausgehend von der Tabelle – den Zusammenhang zwischen den Stunden und der Anzahl der radioaktiven Atome in einem Punktdiagramm dar!
Wähle auf den Achsen des Koordinatensystems folgende Einheiten:
x-Achse: 1 Stunde ≙ 1 cm; y-Achse: 1 000 Atome ≙ 1 mm!

c) Entnimm deinem Diagramm, wie viele radioaktive Atome nach $4\frac{1}{2}$ Stunden noch vorhanden sind!

1 Wiederholung und Vertiefung

1.5 Ein im Inneren einer Glasfaser (eines Lichtleiters) verlaufender Lichtstrahl verliert pro Kilometer 10 % an Intensität.

    a) Gib eine Formel zur Berechnung der Lichtintensität nach 1, 2, 3, …, n Kilometern an!

    b) Nach wie viel Kilometern liegt der Wert der Intensität erstmals unter 60 % des Ausgangswerts? Löse durch Probieren!

    c) Gib eine Formel zur Berechnung der Lichtintensität nach n Kilometern an, wenn der Intensitätsverlust p % pro Kilometer beträgt!

1.6 Berechne jeweils die Unbekannte und führe eine Probe durch!

    a) $(2a + 1) : (3a - 2) = (2a + 3) : (3a - 4)$ **b)** $x : 25 = 81 : x$

1.7 Berechne jeweils die Unbekannte und führe eine Probe durch!

    a) $\dfrac{5x - 2}{2x + 3} = \dfrac{10x - 7}{4x + 1}$ **b)** $\dfrac{1}{9} : x = x : \dfrac{1}{64}$

1.8 Eisenoxid (Fe_2O_3) – wie es im Roteisenstein (Hämatit) vorkommt – besteht aus Eisen und Sauerstoff in einem Massenverhältnis von 7 : 3.

    a) Wie viel Gramm Eisen und wie viel Gramm Sauerstoff sind in 50 g dieses Eisenoxids enthalten?

    b) Wie viel Gramm Eisen verbinden sich mit 10 g Sauerstoff zu diesem Eisenoxid?

    c) Wie viel Gramm Sauerstoff verbinden sich mit 10 g Eisen zu diesem Eisenoxid?

1.9 2 Gramm Wasserstoff reagieren in der so genannten Knallgasreaktion vollständig mit 16 Gramm Sauerstoff zu (reinem) Wasser.

    a) Gib das Massenverhältnis der beiden Ausgangsstoffe mit möglichst einfachen Zahlen wieder!

    b) Gib das Volumsverhältnis der beiden Ausgangsstoffe mit möglichst einfachen Zahlen wieder! Die Dichte des Wasserstoffs beträgt 0,09 kg/m³, die Dichte des Sauerstoffs beträgt 1,43 kg/m³.

    c) Wie viel Gramm Wasser entstehen, wenn 111 Gramm Wasserstoff verbrannt sind?

1.10 Bei der Elektrolyse einer Silbersalzlösung werden bei einer Stromstärke von 0,5 Ampere in 20 Minuten 672 Milligramm metallisches Silber an der negativen Elektrode (Kathode) abgeschieden.

    a) Wie lange dauert es, um bei einer Stromstärke von 1 Ampere 1 Gramm Silber abzuscheiden?

    b) Wie groß war die Stromstärke (in Ampere), wenn in 3 Minuten 504 Milligramm Silber abgeschieden wurden?

1.11 Ein Becken wird über 4 Zuleitungsrohre von je 30 cm² Querschnittfläche in 60 Tagen gefüllt.

    a) Nach 38 Tagen fällt eine Zuleitung aus und wird sofort durch eine Leitung mit 20 cm² Querschnittfläche ersetzt. Um wie viel Tage wird das Becken (voraussichtlich) später gefüllt sein?

    b) Das Becken soll durch 3 Abflussrohre mit jeweils gleicher Querschnittfläche in 50 Tagen entleert werden können.
Wie groß muss die Querschnittfläche eines der Abflussrohre sein?

Geometrie:

1.12 Gegeben sind die Flächeninhalte zweier ähnlicher Dreiecke $A = 144\,\text{cm}^2$ und $A_1 = 225\,\text{cm}^2$ sowie die Länge der Seite $c = 18{,}0\,\text{cm}$.
Berechne die Länge der Seite c_1 sowie die Höhen h_c und h_{c1}!

1.13 Beweise: In ähnlichen Dreiecken stehen die Umfänge im selben Verhältnis wie die entsprechenden Seitenlängen.
$u_1 : u_2 = a_1 : a_2 = b_1 : b_2 = c_1 : c_2$
($a_1, b_1, c_1, a_2, b_2, c_2$ … Seitenlängen, u_1, u_2 … Umfänge)

1.14 Beweise: Bei ähnlichen Dreiecken verhalten sich die Flächeninhalte wie die Quadrate der entsprechenden Seitenlängen.
$A_1 : A_2 = a_1^2 : a_2^2 = b_1^2 : b_2^2 = c_1^2 : c_2^2$
($a_1, b_1, c_1, a_2, b_2, c_2$ … Seitenlängen, A_1, A_2 … Flächeninhalte)

1.15 Konstruiere das Dreieck ABC aus folgenden Bestimmungsstücken:
$a : s_a = 3 : 5$, $\beta = 120°$, Umkreisradius $r = 80\,\text{mm}$.

1.16 Konstruiere das Dreieck ABC aus folgenden Bestimmungsstücken:
$h_a : h_c = 4 : 5$, $\beta = 45°$, $b = 65\,\text{mm}$.

1.17 Konstruiere das Dreieck ABC aus folgenden Bestimmungsstücken:
$\varrho : c = 2 : 9$ (ϱ … Inkreisradius), $\alpha = 60°$, $h_a = 60\,\text{mm}$.

2 Reelle Zahlen

2.1   **a)** Was ist der Unterschied zwischen einer irrationalen und einer rationalen Zahl? Gib für jede dieser beiden Arten von Zahlen drei (verschiedenartige) Beispiele an!

      b) Welche der folgenden Zahlen sind rational, welche irrational:
$\frac{1}{2}$; 38; $\sqrt{121}$; $1{,}\dot{4}$; $7 \cdot \sqrt{7}$; $0{,}999\,99\ldots$; $\sqrt[3]{5}$

      c) Was versteht man unter der Menge der reellen Zahlen?

2.2 Beweise (indirekt), dass $\sqrt{2}$ eine irrationale Zahl ist, indem du zeigst, dass die Annahme, $\sqrt{2}$ sei eine rationale Zahl, d. h. als Bruch in der Form $\sqrt{2} = \frac{a}{b}$ (mit $a, b \in \mathbb{N}^*$ und $b \neq 1$) darstellbar, zu einem Widerspruch führt!

2.3   **a)** Gib die folgende Menge mit Hilfe einer Ungleichung an:
Positive reelle Zahlen, deren Quadrat zwischen 3 und 11 liegt.
Gib drei Beispiele für Zahlen an, die Elemente dieser Menge sind!

      b) Ermittle die ersten beiden Dezimalstellen von $\sqrt{7}$ durch systematisches Probieren („Einschranken")!

2.4   **a)** Gib die folgende Menge mit Hilfe einer Ungleichung an:
Positive reelle Zahlen, deren Quadrat zwischen 5 und 6 liegt.
Gib drei Beispiele für Zahlen an, die Elemente dieser Menge sind!

      b) Ermittle die ersten beiden Dezimalstellen von $\sqrt{19}$ durch systematisches Probieren („Einschranken")!

2 Reelle Zahlen

2.5 Konstruiere Strecken der Länge $\sqrt{61}$ bzw. $\sqrt{15}$ mit jeweils 1 cm als Einheitsstrecke!

2.6 Konstruiere Strecken der Länge $\sqrt{45}$ bzw. $\sqrt{24}$ mit jeweils 1 cm als Einheitsstrecke!

2.7 Zeichne in **a)** und **b)** jeweils eine Zahlengerade! Wähle jeweils eine geeignete Einheitsstrecke so, dass du die Lage der irrationalen Zahlen durch Kreuze auf der Zahlengeraden (näherungsweise) angeben kannst!

   a) $\sqrt{0{,}9}$; $\sqrt[3]{2}$; $\sqrt{1{,}88}$ **b)** $\sqrt{3\,000}$; $\sqrt{4\,500}$; $\sqrt{6\,700}$

2.8 Zeichne in **a)** und **b)** jeweils eine Zahlengerade! Wähle jeweils eine geeignete Einheitsstrecke so, dass du die Lage der irrationalen Zahlen durch Kreuze auf der Zahlengeraden (näherungsweise) angeben kannst!

   a) $\sqrt{4{,}17}$; $\sqrt[3]{9}$; $\sqrt{4{,}7}$ **b)** $\sqrt{770}$; $\sqrt{3\,100}$; $\sqrt{8\,500}$

2.9 **a)** Gegeben ist ein Quadrat mit der Seitenlänge s = 20 mm. Berechne die Seitenlänge eines Quadrats, dessen Flächeninhalt fünfmal so groß ist!

   b) Ein Rechteck mit den Seitenlängen a = 73 mm und b = 29 mm und ein Quadrat sind flächengleich.
   1) Berechne die Seitenlänge des Quadrats!
   2) Berechne die Seitenlänge eines Quadrats, dessen Flächeninhalt um 20 % größer ist!

2.10 **a)** Gegeben ist ein Quadrat mit der Seitenlänge a = 35 mm.
   1) Berechne die Seitenlänge eines Quadrats, dessen Flächeninhalt sechsmal so groß ist!
   2) Berechne die Seitenlänge eines Quadrats, dessen Flächeninhalt um 15 % kleiner ist!

   b) Ein Quader mit den Kantenlängen a = 18 mm, b = 25 mm und c = 39 mm und ein Würfel haben gleiches Volumen. Berechne die Kantenlänge des Würfels!

2.11 **a)** Leite eine Formel für die Länge der Diagonale in einem Quadrat mit der Seitenlänge a ab!

   b) Berechne die Seitenlänge und den Flächeninhalt eines Quadrats, dessen Diagonalenlänge 1,00 m beträgt!

2.12 Vereinfache die folgenden Terme, ohne mit Näherungswerten – z. B. eines Taschenrechners – zu rechnen:

   a) $\sqrt{24\,200} =$ **b)** $\left(\frac{a}{3} \cdot \sqrt{6}\right)^2 =$ **c)** $\sqrt{24x^2} \cdot \sqrt{3x^3} =$ **d)** $\sqrt{\frac{4r^4}{25rs^2}} =$

2.13 Vereinfache die folgenden Terme, ohne mit Näherungswerten – z. B. eines Taschenrechners – zu rechnen:

   a) $\sqrt{0{,}004\,8} =$ **b)** $\left(\frac{x}{\sqrt{2}} \cdot 4\right)^2 =$ **c)** $\sqrt{7y^5} \cdot \sqrt{56y} =$ **d)** $\sqrt{\frac{64ab^4}{9a^3}} =$

2.14 Vereinfache die folgenden Terme, ohne mit Näherungswerten – z. B. eines Taschenrechners – zu rechnen:

   a) $\sqrt{16a^4b^3 \cdot 18ab^2} =$ **c)** $\frac{\sqrt{6uv^2}}{\sqrt{15u^2v^4w^3}} \cdot \sqrt{8v^3w} =$

   b) $\left(\frac{3}{4} \cdot \sqrt{2xy}\right)^2 =$ **d)** $\frac{1}{\sqrt{12ab^3}} : \sqrt{\frac{9ac^2}{10b^4c}} =$

3 Terme

3.1 **a)** $(2x^2 - 9yz^3)^2 =$

b) Schreibe den folgenden Term als Quadrat eines Binoms:
$\frac{1}{100}x^2 - \frac{1}{5}xy + y^2 =$

c) Ergänze zu einem Quadrat eines Binoms:
$49a^2 + \ldots + \frac{1}{36}b^2 = (\ldots \cdots \ldots)^2$

d) Forme in ein Produkt um: $75p^2 - 192q^2 =$

3.2 **a)** $(3a^3b - 7c^2)^2 =$

b) Schreibe den folgenden Term als Quadrat eines Binoms:
$a^2 - \frac{1}{4}ab + \frac{1}{64}b^2 =$

c) Ergänze zu einem Quadrat eines Binoms:
$\ldots - \frac{10}{4}xy + 25y^2 = (\ldots \cdots \ldots)^2$

d) Forme in ein Produkt um: $162p^2 - 72q^2 =$

3.3 Vereinfache den Term und ordne nach fallenden Potenzen!
Führe eine Probe mit a = 3 aus!
$(a - 2)^3 - (4 + 7a)(2a - 3) =$

3.4 Vereinfache den Term und ordne nach fallenden Potenzen!
Führe eine Probe mit x = 2 aus!
$(2x - 11)^2 - (3 - x)^3 =$

3.5 **a)** $(2x - 5y)^3 =$

b) Schreibe als Produkt zweier Terme: $a^3 - 64 =$

c) Schreibe als Produkt dreier Terme: $81z^4 - 1 =$

3.6 **a)** $(\frac{1}{3}a + 2b)^3 =$

b) Schreibe als Produkt zweier Terme: $125x^3 + 1 =$

c) Schreibe als Produkt dreier Terme: $c^4 - 16 =$

3.7 Ermittle das kleinste gemeinsame Vielfache (kgV) der angegebenen Terme! Wie oft sind die Terme jeweils in ihrem kgV enthalten?

a) kgV$(24x^5y^2, 75x^2yz)$ **b)** kgV$(2a^3 - 8ab^2, 3a^2b + 6ab^2)$

3 Terme

3.8 Ermittle das kleinste gemeinsame Vielfache (kgV) der angegebenen Terme! Wie oft sind die Terme jeweils in ihrem kgV enthalten?

a) kgV($42a^4b^2$, $54a^2b^3$)

b) kgV($x^3 - x$, $x^2 - 1$, $x^3 + x^2$)

3.9 Vereinfache die Terme und führe jeweils eine Probe durch! Welche Werte dürfen die Variablen jeweils nicht annehmen?

a) $\dfrac{a+1}{a-2} - \dfrac{a-1}{a+2} =$

b) $\dfrac{x^2+9}{x^2-9} - \dfrac{x-3}{2x+6} =$

3.10 Vereinfache die Terme und führe jeweils eine Probe durch! Welche Werte dürfen die Variablen jeweils nicht annehmen?

a) $\dfrac{6}{z-1} - \dfrac{5z+7}{z^2-1} + \dfrac{2}{z+1} =$

b) $\dfrac{a-1}{a^2-ab} - \dfrac{1-b}{b^2-ab} =$

3.11 Vereinfache die Terme und führe jeweils eine Probe durch! Welche Werte dürfen die Variablen jeweils nicht annehmen?

a) $\dfrac{12a^5b}{14cd^4} \cdot \dfrac{21c^4d^3}{30a^3b^5} =$

b) $\dfrac{4x+8}{5x-15} \cdot \dfrac{3x-9}{6x+12} =$

c) $\dfrac{r-s}{r^2+rs} \cdot \dfrac{r^3}{(r-s)^2} =$

3.12 Vereinfache die Terme und führe jeweils eine Probe durch! Welche Werte dürfen die Variablen jeweils nicht annehmen?

a) $\dfrac{7z-28}{8z+40} : \dfrac{9z-36}{6z+30} =$

b) $\dfrac{10a+20b}{16a^2-25b^2} \cdot \dfrac{5a^2-20b^2}{8a-10b} =$

c) $\dfrac{\frac{1}{n^2} - \frac{1}{m^2}}{1 + \frac{n}{m}} =$

3.13 Führe jeweils die Division und dann die Probe (durch Ausmultiplizieren) aus! Welche Werte dürfen die Variablen jeweils nicht annehmen?

a) $(12x^2 - 7xy - 45y^2) : (4x - 9y) =$

b) $(m^3 - 64) : (m - 4) =$

3.14 Führe jeweils die Division und dann die Probe (durch Ausmultiplizieren) aus! Welche Werte dürfen die Variablen jeweils nicht annehmen?

a) $(g^3 + h^3) : (g + h) =$

b) $(c^3 + 27) : (c - 3) =$

3.15 Führe die Division und dann die Probe (durch Ausmultiplizieren) aus! Welchen Wert darf die Variable nicht annehmen?

$(36a^4 + 23a^3 - 15a^2 + 11a + 15) : (4a + 3) =$

3.16 Führe die Division und dann die Probe (durch Ausmultiplizieren) aus! Welchen Wert darf die Variable nicht annehmen?

$(2x^4 + x^3 + 4x + 5) : (x^2 + 2x + 1) =$

3.17 Vereinfache die Terme und führe jeweils eine Probe durch! Welche Werte dürfen die Variablen jeweils nicht annehmen?

a) $\left(\dfrac{1}{a} + \dfrac{1}{a-1} - \dfrac{2a}{a^2-1}\right)\left(1 + \dfrac{1}{a}\right) =$

b) $\left(\dfrac{x-y}{2x-7y} - \dfrac{x+y}{2x}\right) : \dfrac{y}{4x^2-14xy} =$

3.18 Vereinfache die Terme und führe jeweils eine Probe durch! Welche Werte dürfen die Variablen jeweils nicht annehmen?

a) $\left(\dfrac{3a}{5a+3b} - \dfrac{a}{b}\right) \cdot \dfrac{9b^3 - 25a^2b}{5a} =$

b) $\left(\left(\dfrac{u-3}{u+3}\right) - 1\right) : \left(\dfrac{u+3}{u-3} + 1\right) =$

4 Lineare Gleichungen und Ungleichungen mit einer Unbekannten

Gleichungen:

4.1 Berechne die Unbekannte x und führe eine Probe durch!
$9a - [x - (3x + a) + 2b] = 5x - [6a - (4b - x)]$

4.2 Berechne die Unbekannte x und führe eine Probe durch!
$9s - [7x - (x + 3r)] = 8r - [6x + r - (5s - 4x)]$

4.3 Berechne die Unbekannte x und führe eine Probe durch!
$(2x - 9a) \, 5a - [4a^2 - 3a(a + x)] = 6a^2$

4.4 Berechne die Unbekannte x und führe eine Probe durch!
$15b^2 - [(x + 4b) \, 7b - 2b^2] = 8b \, (5b - 3x)$

4.5 Berechne die Unbekannte und führe eine Probe durch!
$\frac{3}{4} - \frac{7-z}{10} - \frac{z}{8} = 5 - \frac{3z-4}{5}$

4.6 Berechne die Unbekannte und führe eine Probe durch!
$\frac{x}{12} + \frac{5+x}{3} - \frac{2x-7}{9} = 3 + \frac{x}{4}$

4.7 Berechne die Unbekannte und führe eine Probe durch!
$(5x - 2)^2 = (7x + 3)^2 - (6x + 1)(4x - 9)$

4.8 Berechne die Unbekannte und führe eine Probe durch!
$(8x - 1)^2 - (3x - 4)^2 = (11x - 3)(5x + 2)$

4.9 Berechne die Unbekannte und führe eine Probe durch!
Welche Werte darf u nicht annehmen?
$\frac{4u-5}{2u-1} = \frac{2u+3}{u+2}$

4.10 Berechne die Unbekannte und führe eine Probe durch!
Welche Werte darf x nicht annehmen?
$\frac{6x-1}{3x+1} = \frac{2x-9}{x-3}$

4.11 Berechne die Unbekannte und führe eine Probe durch!
Welche Werte darf x nicht annehmen?
$\frac{3x-2}{x+1} - \frac{x+4}{x-3} = 2$

4.12 Berechne die Unbekannte und führe eine Probe durch!
Welche Werte darf x nicht annehmen?
$3 - \frac{x-5}{x-2} = \frac{4x+3}{2x+1}$

4 Lineare Gleichungen und Ungleichungen mit einer Unbekannten

4.13 Berechne die Unbekannte und führe eine Probe durch!
Welche Werte darf x nicht annehmen?

$$\frac{x+3}{x-6} - \frac{x-1}{x+6} = \frac{2x+5}{x^2-36}$$

4.14 Berechne die Unbekannte und führe eine Probe durch!
Welche Werte darf x nicht annehmen?

$$\frac{4x+7}{x^2-16} = \frac{5x-1}{(x-4)x} - \frac{1}{x+4}$$

4.15 Berechne die Unbekannte und führe eine Probe durch!
Welche Werte darf x nicht annehmen?

$$\frac{3x-1}{(x+2)^2} - \frac{2}{x+2} = \frac{x-5}{x^2-4}$$

4.16 Berechne die Unbekannte x und führe eine Probe durch!
Welche Bedingungen müssen erfüllt sein, damit die Nenner der Bruchterme nicht null werden?

$$\frac{2b}{a-x} - \frac{x}{b-x} = 1 \quad (b \neq 0)$$

4.17 Berechne die Unbekannte x und führe eine Probe durch!
Welche Bedingungen müssen erfüllt sein, damit die Nenner der Bruchterme nicht null werden?

$$\frac{a+b}{(a-b)x} - \frac{2b}{a^2-b^2} = \frac{1}{x} \quad (b \neq 0)$$

4.18 Berechne die Unbekannte x und führe eine Probe durch!
Welche Bedingungen müssen erfüllt sein, damit die Nenner der Bruchterme nicht null werden?

$$\frac{a+x}{a-1} - \frac{b+x}{a^2-1} = \frac{a+b}{a+1} \quad (a \neq 0)$$

4.19 Umformen von Formeln:

a) Gleichmäßig beschleunigte Bewegung: $s = \frac{a}{2}t^2$
s ... zurückgelegter Weg, a ... Beschleunigung, t ... Zeit
Drücke die Variablen a und t jeweils durch die übrigen aus!

b) Zinseszinsrechnung: $K_2 = K_0 \left(1 + \frac{p_{eff}}{100}\right)^2$
K_0 ... (Grund-)Kapital, K_2 ... Guthaben (Kapital) nach 2 Jahren,
$p_{eff}\%$ ... effektiver Zinssatz, $p_{eff}\% = \frac{p_{eff}}{100}$
Drücke die Variablen K_0 und $p_{eff}\%$ jeweils durch die übrigen aus!

4.20 Umformen von Formeln:

a) Fadenpendel: $T = 2\pi \sqrt{\frac{l}{g}}$
T ... Schwingungsdauer (Zeit für eine Hin- und Herschwingung),
l ... Pendel(faden)länge, g ... Fallbeschleunigung
Drücke die Variablen l und g jeweils durch die übrigen aus!

b) Parallelschaltung elektrischer Widerstände: $\frac{1}{R} = \frac{1}{R_1} + \frac{1}{R_2}$
R ... Gesamtwiderstand; R_1, R_2 ... Einzelwiderstände
Drücke die Variable R_1 durch die übrigen aus!

4 Lineare Gleichungen und Ungleichungen mit einer Unbekannten

4.21 Umformen von Formeln:

a) Linsengleichung der Optik: $\frac{1}{f} = \frac{1}{g} + \frac{1}{b}$

f ... Brennweite, g ... Gegenstandsweite, b ... Bildweite
Drücke die Variable f durch die übrigen aus!

b) Mechanische Energieformen: $E = \frac{mv^2}{2} + mgh$

E ... Gesamtenergie, m ... Masse, v ... Geschwindigkeit,
g ... Fallbeschleunigung, h ... Höhe,
$\frac{mv^2}{2}$ ... kinetische Energie (Bewegungsenergie),
mgh ... potentielle Energie (Lageenergie)
Drücke die Variablen v und m jeweils durch die übrigen aus!

4.22 Schreibe die nachfolgende Aussage in Form einer Gleichung an!
Löse die Gleichung und führe die Probe durch!
Die Einerziffer einer zweistelligen Zahl ist um 7 größer als die Zehnerziffer.
Vertauscht man die Ziffern, so erhält man eine Zahl, die um 5 größer ist als
das Dreifache der ursprünglichen Zahl.
Wie lautet die Zahl?

4.23 Schreibe die nachfolgende Aussage in Form einer Gleichung an!
Löse die Gleichung und führe die Probe durch!
Die Zehnerziffer einer zweistelligen Zahl ist um 6 kleiner als die Einerziffer.
Vertauscht man die Ziffern, so erhält man eine Zahl, die um 14 kleiner ist als
das Fünffache der ursprünglichen Zahl.
Wie lautet die Zahl?

4.24 Schreibe nachfolgende Aussagen jeweils in Form einer Gleichung an!
Löse die Gleichungen und führe jeweils die Probe durch!

a) Eine zweistellige Zahl hat die Zehnerziffer 4. Vertauscht man die beiden Ziffern, so ist die neue Zahl das $1\frac{3}{4}$fache der ursprünglichen Zahl. Wie lautet die Zahl?

b) Vermehrt man ein Fünftel einer Zahl um 45 % dieser Zahl, so ist das Ergebnis um 9 kleiner als 80 % der Zahl. Wie lautet die Zahl?

4.25 Schreibe nachfolgende Aussagen jeweils in Form einer Gleichung an!
Löse die Gleichungen und führe jeweils die Probe durch!

a) Eine zweistellige Zahl hat die Einerziffer 7. Vertauscht man die beiden Ziffern, so ist die neue Zahl das $2\frac{2}{3}$fache der ursprünglichen Zahl. Wie lautet die Zahl?

b) Die Differenz aus dem Drittel und dem Siebentel einer Zahl ist um 1 kleiner als ein Fünftel dieser Zahl. Wie lautet die Zahl?

4.26 Schreibe die nachfolgende Aussage in Form einer Gleichung an!
Löse die Gleichung und führe die Probe durch!
In einer dreistelligen Zahl ist die Hunderterziffer um 2 kleiner als die Einerziffer.
Die Ziffernsumme beträgt 6. Vertauscht man die Einerziffer mit der Hunderterziffer, so erhält man eine Zahl, die um 48 kleiner ist als das Dreifache der ursprünglichen Zahl.
Wie lautet die Zahl?

4 Lineare Gleichungen und Ungleichungen mit einer Unbekannten

4.27 Schreibe nachfolgende Aussagen jeweils in Form einer Gleichung an!
Löse die Gleichungen und führe jeweils die Probe durch!

a) Der Preis einer Ware wurde zuerst um 15 % gesenkt und danach um 10 % erhöht. Jetzt kostet die Ware 692 €.
Wie hoch war der Preis der Ware ursprünglich?

b) Addiert man zu einer Zahl die um 2 größere Zahl und bildet von der Summe den Kehrwert (reziproken Wert), so erhält man $\frac{3}{8}$.
Wie lautet die Zahl?

4.28 Schreibe nachfolgende Aussagen jeweils in Form einer Gleichung an!
Löse die Gleichungen und führe jeweils die Probe durch!

a) Subtrahiert man von 500 eine (bestimmte) Zahl und dividiert diese Differenz durch das Doppelte der Zahl, so erhält man 12.
Wie lautet die Zahl?

b) Der Jahresumsatz einer Firma betrug 465 000 €. Das waren um 7 % weniger (Umsatz) als im Jahr davor. Ursprünglich war eine Umsatzsteigerung auf 550 000 € angepeilt worden. Berechne, um wie viel Euro bzw. um wie viel Prozent der Umsatz in diesem Fall gesteigert hätte werden müssen!

4.29 Schreibe nachfolgende Aussagen jeweils in Form einer Gleichung an!
Löse die Gleichungen und führe jeweils die Probe durch!

a) Albert bietet seinen Computer um 935 € zum Verkauf an. Das ist um 45 % unter jenem Preis, den er für das neue Gerät bezahlt hat. Berechne den Neupreis des Computers!

b) Verlängert man den Radius eines Kreises um 2 cm, so vergrößert sich der Flächeninhalt um 40 cm². Berechne den Radius des ursprünglichen Kreises!

4.30 Schreibe nachfolgende Aussagen jeweils in Form einer Gleichung an!
Löse die Gleichungen und führe jeweils die Probe durch!

a) Herr Eilig kauft ein neues Auto. Ein Viertel des benötigten Geldes muss er sich bei der Bank ausborgen. Ein Drittel des benötigten Geldes leiht er sich bei Verwandten aus. Die restlichen 10 000 € stammen aus seinen eigenen Ersparnissen. Berechne den Verkaufspreis für das Auto und wie viel Euro sich Herr Eilig bei der Bank bzw. bei den Verwandten ausleiht!

b) Verkürzt man die Seiten eines Quadrats um je 7 cm, so verringert sich der Flächeninhalt um 77 cm². Berechne die Seitenlänge des ursprünglichen Quadrats!

4.31 Schreibe die nachfolgende Aussage in Form einer Gleichung an!
Löse die Gleichung und führe die Probe durch!
Ein Betrag von 915 € soll unter 3 Personen derart aufgeteilt werden, dass jede folgende Person um $\frac{1}{4}$ mehr erhält als die vorhergehende. Berechne, wie viel Euro jede Person erhält!

4.32 Schreibe die nachfolgende Aussage in Form einer Gleichung an!
Löse die Gleichung und führe die Probe durch!
Ein Betrag von 88 360 € soll unter den Personen A, B und C wie folgt aufgeteilt werden: A erhält $\frac{1}{3}$ mehr als B. C erhält $\frac{2}{5}$ weniger als A. Berechne, wie viel Euro jede Person erhält!

4 Lineare Gleichungen und Ungleichungen mit einer Unbekannten

4.33 Zwei Orte X und Y sind 270 km voneinander entfernt. Um 6:00 Uhr fährt vom Ort X ein LKW mit einer mittleren Geschwindigkeit von 35 km/h nach Y. Um 8:00 Uhr fährt vom Ort Y ein PKW mit einer mittleren Geschwindigkeit von 65 km/h nach X.
Ermittle rechnerisch (mit Hilfe einer Gleichung) und grafisch:

  a) Um wie viel Uhr und in welcher Entfernung vom Ort X treffen einander die beiden Fahrzeuge?

  b) Wie viel Kilometer sind die beiden Fahrzeuge um 9:30 Uhr voneinander entfernt?

4.34 Ein Fußgänger verlässt den Ort P um 15:00 Uhr. Die mittlere Geschwindigkeit des Fußgängers beträgt 5 km/h. Um 16:00 Uhr folgt ihm ein Motorradfahrer mit einer mittleren Geschwindigkeit von 30 km/h. Ermittle rechnerisch (mit Hilfe einer Gleichung) und grafisch:

  a) Um wie viel Uhr und in welcher Entfernung vom Ort P holt der Motorradfahrer den Fußgänger ein?

  b) Nachdem der Motorradfahrer den Fußgänger eingeholt hat, bewegen sich beide in gleicher Richtung weiter. Um wie viel Uhr hat der Motorradfahrer einen Vorsprung von 10 km?

4.35 An einer Bahnstrecke liegen hintereinander die Orte A, B und C, wobei A und B 67 km voneinander entfernt sind. Um 7:00 Uhr fährt ein Güterzug vom Ort B mit einer mittleren Geschwindigkeit von 30 km/h in Richtung C ab. Um 8:30 Uhr fährt ein Eilzug vom Ort A mit einer mittleren Geschwindigkeit von 58 km/h ebenfalls in Richtung C ab.
Löse jeweils mit Hilfe einer Gleichung! Führe jeweils eine Probe durch!

  a) Um wie viel Uhr und in welcher Entfernung vom Ort B holt der Eilzug den Güterzug ein?

  b) Um wie viel Uhr ist der Eilzug noch 35 km hinter dem Güterzug?

4.36 Löse jeweils mit Hilfe einer Gleichung! Führe jeweils eine Probe durch!

  a) Ein Laborant hat 42 Liter einer 80%igen Säure und soll daraus eine 60%ige Säure herstellen. Berechne, wie viel Liter (destilliertes) Wasser er benötigt!

  Befolge stets den Rat der Laboranten: „Erst das Wasser, dann die Säure, sonst geschieht das Ungeheure!"

  b) Berechne, wie viel Liter 96%igen Alkohol man zu 16 Litern 30%igem Alkohol mischen muss, um 45%igen Alkohol zu erhalten!

4.37 Löse jeweils mit Hilfe einer Gleichung! Führe jeweils eine Probe durch!

  a) Eine Laborantin hat 15 kg einer 12%igen Salzlösung und soll daraus eine 18%ige Lösung herstellen. Berechne, wie viel kg Wasser sie der Salzlösung durch Eindampfen entziehen muss!

  b) Berechne den Prozentgehalt einer Mischung aus 4 Litern eines 50%igen Alkohols und 5 Litern eines 75%igen Alkohols!

4.38 Löse jeweils mit Hilfe einer Gleichung! Führe jeweils eine Probe durch!

  a) Berechne, wie viel Liter (destilliertes) Wasser mit 85%iger Säure gemischt werden müssen, um 3 Liter 60%ige Säure zu erhalten!

  b) Eine Laborantin mischt 25%ige und 70%ige Lauge im Verhältnis 2 : 3. Berechne, wievielprozentig das Laugengemisch ist!

4 Lineare Gleichungen und Ungleichungen mit einer Unbekannten

Ungleichungen:

4.39 Ermittle die Lösungsmenge der Ungleichung und führe geeignete Kontrollen durch!
Stelle die Lösungsmenge auf einer Zahlengeraden mit geeignet gewählten Einheiten dar!
$2 - \frac{3x+2}{5} < \frac{7-6x}{4} + \frac{x}{2}$ ($x \in \mathbb{R}$)

4.40 Ermittle die Lösungsmenge der Ungleichung und führe geeignete Kontrollen durch!
Stelle die Lösungsmenge auf einer Zahlengeraden mit geeignet gewählten Einheiten dar!
$\frac{4x-3}{6} + \frac{2}{5} \geq 2x - \frac{1+5x}{3}$ ($x \in \mathbb{R}$)

4.41 Ermittle die Lösungsmenge der Ungleichung und führe geeignete Kontrollen durch!
Stelle die Lösungsmenge auf einer Zahlengeraden mit geeignet gewählten Einheiten dar!
$(4x-5)(4x+5) 4 + 8x(10x-7) \geq (12x-1)^2 - 5$ ($x \in \mathbb{R}$)

4.42 Ermittle die Lösungsmenge der Ungleichung und führe geeignete Kontrollen durch!
Stelle die Lösungsmenge auf einer Zahlengeraden mit geeignet gewählten Einheiten dar!
$(9x+2)^2 - 3(5-6x)^2 > (8-3x) 9x + 1$ ($x \in \mathbb{R}$)

4.43 Schreibe nachfolgende Aussagen jeweils in Form einer Ungleichung an!
Löse die Ungleichungen und führe jeweils geeignete Kontrollen durch!

a) Multipliziert man eine natürliche Zahl mit 4 und subtrahiert von diesem Produkt 15, so erhält man eine Zahl, die kleiner als 20 ist.
Welche natürlichen Zahlen erfüllen diese Bedingung?

b) Der Umfang eines Rechtecks soll 24 cm betragen. Die Länge des Rechtecks soll stets mehr als doppelt so lang wie die Breite sein.
Was kann über die Länge des Rechtecks ausgesagt werden?

4.44 Schreibe nachfolgende Aussagen jeweils in Form einer Ungleichung an!
Löse die Ungleichungen und führe jeweils geeignete Kontrollen durch!

a) Addiert man zu einer natürlichen Zahl 5 und multipliziert diese Summe mit 8, so erhält man eine Zahl, die größer als 100 ist.
Welche natürlichen Zahlen erfüllen diese Bedingung?

b) Egons Schulden wachsen pro Jahr um 15 % an. Nach wie viel Jahren werden seine Schulden das Doppelte des derzeitigen Werts (erstmals) überschreiten? Löse durch Probieren!

4.45 Schreibe nachfolgende Aussagen jeweils in Form einer Ungleichung an!
Löse die Ungleichungen und führe jeweils geeignete Kontrollen durch!

a) Eine Bewässerungsanlage soll so eingestellt werden, dass der 1 800 Liter fassende Vorratsbehälter in frühestens 20 Stunden, aber spätestens in 24 Stunden geleert ist. Wie groß darf die von der Vorrichtung pro Stunde abgegebene Wassermenge sein?

b) Der Umfang eines gleichschenkligen Dreiecks soll 30 cm betragen. Die Basislinie des Dreiecks soll stets kürzer als ein Schenkel sein. Was kann über die Länge der Basislinie ausgesagt werden?

4.46 Für die Herstellung einer Massenware liegen zwei, die gleiche Qualität bietende Angebote vor.
Angebot 1: Eine Pauschale von 12 000 € und 2,20 € pro Stück.
Angebot 2: Keine Pauschale, dafür aber 3,80 € pro erzeugtem Stück.

  a) Bis zu welcher Stückzahl ist Angebot 2 günstiger?

  b) Zeige in einer grafischen Darstellung der Kosten im Bereich 0 bis 10 000 Stück, welches Angebot für welche Stückzahlen das günstigere ist! Wähle geeignete Einheiten!

4.47 Ein „Bankjahr" = 360 Tage. Ein „Kalenderjahr" = 365 Tage (sofern kein Schaltjahr).
Ein astronomisches Jahr = 365,25 Tage.
Welchen absoluten Fehler, welchen relativen Fehler und welchen prozentualen Fehler begeht man jeweils, wenn man für 1 Jahr

  a) 360 statt 365 Tage,   b) 365 statt 365,25 Tage rechnet?

4.48 Mit Hilfe eines Temperaturreglers (Thermostaten) soll die Temperatur in einem Lagerraum auf 20,0 °C konstant gehalten werden.

  a) Es werden Abweichungen von 0,5 °C toleriert.
     Wie groß ist die prozentuale Abweichung?

  b) Innerhalb welcher Grenzen darf die Temperatur im Lagerraum schwanken, wenn eine Abweichung von 4 % toleriert wird?

  c) Darf eine Raumtemperatur von 21,1 °C noch toleriert werden, wenn eine prozentuale Abweichung von höchstens 5 % erlaubt ist?

5 Funktionen

5.1 Gegeben ist eine Funktion durch die Funktionsgleichung
$y = \frac{7}{10}x$ im Intervall $-3 \leq x \leq 4$ ($x \in \mathbb{R}$).

  a) Lege zuerst eine Wertetabelle an und zeichne dann den Funktionsgrafen in ein Koordinatensystem! Wähle geeignete Einheiten!

  b) Um welche Art von Funktion handelt es sich?
     Welche Form hat der Funktionsgraf?

  c) Gib für den Funktionsgrafen die Steigung k und den Steigungswinkel α an!

  d) Gib die Funktionsgleichung einer Funktion gleichen Typs an, deren Steigung kleiner ist!

5.2 Gegeben ist eine Funktion durch die Funktionsgleichung $y = -1,2x$ im Intervall $-3 \leq x \leq 3$ ($x \in \mathbb{R}$).

  a) Lege zuerst eine Wertetabelle an und zeichne dann den Funktionsgrafen in ein Koordinatensystem! Wähle geeignete Einheiten!

  b) Um welche Art von Funktion handelt es sich?
     Welche Form hat der Funktionsgraf?

  c) Gib für den Funktionsgrafen die Steigung k und den Steigungswinkel α an!

  d) Gib die Funktionsgleichung einer Funktion gleichen Typs an, deren Steigung größer ist!

5 Funktionen

5.3 Die Fallgeschwindigkeit v beim freien Fall ist eine Funktion der Zeit t.
Es gilt: v = g · t. Die Konstante g ist die Fallbeschleunigung.
$g_{Erde} \approx 10$ m/s², $g_{Mond} \approx \frac{1}{6} \cdot g_{Erde}$.

a) Lege zuerst eine Wertetabelle an, aus der man die Fallgeschwindigkeit für den freien Fall auf der Erde bzw. für den freien Fall auf dem Mond nach 1, 2, 3, 4 und 5 s Falldauer entnehmen kann!

b) Zeichne – ausgehend von der Wertetabelle – die Funktionsgrafen in ein Koordinatensystem! Wähle geeignete Einheiten!

c) Um welche Art von Funktion handelt es sich jeweils?
Welche Form hat der Funktionsgraf jeweils?

5.4 Gegeben ist eine Funktion durch die Funktionsgleichung
$y = \frac{3}{2}x - \frac{5}{2}$ im Intervall $-2 \leq x \leq 4$ ($x \in \mathbb{R}$).

a) Lege zuerst eine Wertetabelle an und zeichne dann den Funktionsgrafen in ein Koordinatensystem! Wähle geeignete Einheiten!

b) Um welche Art von Funktion handelt es sich?
Welche Form hat der Funktionsgraf?

c) Gib für den Funktionsgrafen die Steigung k, den Steigungswinkel α und d, den Abschnitt auf der y-Achse, an!

d) Zeichne einen Grafen, der parallel zum Grafen der gegebenen Funktion ist und durch den Koordinatenursprung O(0|0) geht!
Gib die Funktionsgleichung für diesen Grafen an!

5.5 Gegeben ist eine Funktion durch die Funktionsgleichung
$y = -\frac{1}{2}x + 3$ im Intervall $-1 \leq x \leq 8$ ($x \in \mathbb{R}$).

a) Lege zuerst eine Wertetabelle an und zeichne dann den Funktionsgrafen in ein Koordinatensystem! Wähle geeignete Einheiten!

b) Um welche Art von Funktion handelt es sich?
Welche Form hat der Funktionsgraf?

c) Gib für den Funktionsgrafen die Steigung k, den Steigungswinkel α und d, den Abschnitt auf der y-Achse, an!

d) Zeichne einen Grafen, der parallel zum Grafen der gegebenen Funktion ist und durch den Koordinatenursprung O(0|0) geht!
Gib die Funktionsgleichung für diesen Grafen an!

5.6 Gegeben ist eine Funktion durch die Funktionsgleichung
$y = 3 - x^2$ im Intervall $-3 \leq x \leq 3$ ($x \in \mathbb{R}$).

a) Lege zuerst eine Wertetabelle an und zeichne dann den Funktionsgrafen in ein Koordinatensystem! Wähle geeignete Einheiten!

b) Um welche Art von Funktion handelt es sich?
Gib die Gleichung jener Funktion an, deren Graf genauso aussieht wie jener der gegebenen Funktion, nur dass er um drei Einheiten in negativer y-Richtung verschoben ist!

5.7 Gegeben ist eine Funktion durch die Funktionsgleichung
y = x² – 2x – 3 im Intervall –2 ≤ x ≤ 4 (x ∈ ℝ).

a) Lege zuerst eine Wertetabelle an und zeichne dann den Funktionsgraphen in ein Koordinatensystem! Wähle geeignete Einheiten!

b) Um welche Art von Funktion handelt es sich?
Gib die Koordinaten des tiefsten Punkts des Funktionsgrafen und die Koordinaten der Schnittpunkte des Funktionsgrafen mit der x-Achse an!

5.8 Das Fassungsvermögen einer zylindrischen Dose ist für eine fixe Höhe (der Dose) nur mehr eine Funktion des Radius. Es gilt: V = r²πh.

a) Lege eine Wertetabelle an, aus der man das Fassungsvermögen der Dose V (in cm³) für einen Radius r von 1, 2, 3, 4 und 5 cm entnehmen kann, wenn h = 10 cm beträgt!

b) Zeichne – ausgehend von der Wertetabelle – den Funktionsgrafen in ein Koordinatensystem! Wähle geeignete Einheiten!
Um welche Art von Funktion handelt es sich?

5.9 Gegeben ist eine Funktion durch die Funktionsgleichung
y = 3 · √x im Intervall 0 ≤ x ≤ 5 (x ∈ ℝ).

a) Lege zuerst eine Wertetabelle an, und zeichne dann den Funktionsgraphen in ein Koordinatensystem! Wähle geeignete Einheiten!

b) Um welche Art von Funktion handelt es sich?
Gib die Gleichung jener Funktion an, deren Graf genauso aussieht wie jener der gegebenen Funktion, nur dass er um eine Einheit in positiver x-Richtung verschoben ist! Achte dabei auf das zulässige Intervall!

5.10 Gegeben ist eine Funktion durch die Funktionsgleichung
y = 4 – √x im Intervall 0 ≤ x ≤ 9 (x ∈ ℝ).

a) Lege zuerst eine Wertetabelle an und zeichne dann den Funktionsgraphen in ein Koordinatensystem! Wähle geeignete Einheiten!

b) Um welche Art von Funktion handelt es sich?
Gib die Gleichung jener Funktion an, deren Graf genauso aussieht wie jener der gegebenen Funktion, nur dass er um eine Einheit in positiver y-Richtung verschoben ist!

5.11 Die Geschwindigkeit v, mit der Wasser aus einer Öffnung eines Behälters ausfließt (siehe nebenstehende Skizze!), ist eine Funktion davon, wie hoch noch über dieser Öffnung Wasser steht. Es gilt: v = √(2 · g · h).
Die Konstante g ist die Fallbeschleunigung. $g_{Erde} \approx 10$ m/s².

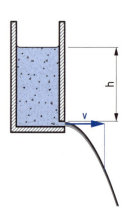

a) Lege zuerst eine Wertetabelle an, aus der man die Ausfließgeschwindigkeit für eine Höhe h von 10, 20, 30, ..., 100 cm entnehmen kann!

b) Zeichne – ausgehend von der Wertetabelle – den Funktionsgraphen in ein Koordinatensystem!
Wähle geeignete Einheiten!
Um welche Art von Funktion handelt es sich?

5.12 Gegeben ist eine Funktion durch die Funktionsgleichung
$y = \frac{1}{x+3}$ im Intervall $-7 \leq x \leq 1$ ($x \in \mathbb{R}$).

a) Lege zuerst eine Wertetabelle an! Welchen Wert darf dabei die Variable x nicht annehmen? Zeichne dann den Funktionsgrafen in ein Koordinatensystem! Wähle geeignete Einheiten!

b) Um welche Art von Funktion handelt es sich?
Gib die Gleichung jener Funktion an, deren Graf genauso aussieht wie jener der gegebenen Funktion, nur dass er um drei Einheiten in positiver x-Richtung verschoben ist!

5.13 Bei einem elektrischen Stromkreis, in dem die (Versorgungs-)Spannung U konstant bleibt, der Widerstand R aber verändert werden kann, ist die Stromstärke I nur mehr eine Funktion dieses Widerstands R.
Es gilt: $I = \frac{U}{R}$ (OHMsches Gesetz).

a) Lege eine Wertetabelle an, aus der man die Stromstärke I (in Ampere A) für einen Widerstand R (in Ohm Ω) von 100 Ω, 200 Ω, 400 Ω, 600 Ω, 800 Ω und 1 000 Ω entnehmen kann, wenn die Spannung U = 100 V (Volt) beträgt!

b) Zeichne – ausgehend von der Wertetabelle – den Funktionsgrafen in ein Koordinatensystem! Wähle geeignete Einheiten!
Um welche Art von Funktion handelt es sich?

6 Lineare Gleichungen mit zwei Unbekannten

6.1 **a)** Ermittle rechnerisch und graphisch die Lösung des Gleichungssystems und führe die Probe durch!
I: 3x + 4y = 17   II: 5x – 6y = 3

b) Wie könnte man Gleichung I abändern, damit das Gleichungssystem unendlich viele Lösungspaare hat? Wie würde sich eine derartige Abänderung in der graphischen Darstellung auswirken?

6.2 **a)** Ermittle rechnerisch und graphisch die Lösung des Gleichungssystems und führe die Probe durch!
I: 16x + 5y = 11   II: 3x – 2y = 5

b) Wie könnte man Gleichung II abändern, damit das Gleichungssystem kein Lösungspaar hat? Wie würde sich eine derartige Abänderung in der graphischen Darstellung auswirken?

6.3 **a)** Stelle die Gleichung der Geraden g auf, deren Graf durch die Punkte A(–4|–5) und B(6|7) verläuft! Führe eine Probe durch!

b) Wie lautet die Gleichung einer Geraden, deren Graf parallel zum Graf der in a) berechneten Geradengleichung ist und **1)** nicht durch den Koordinatenursprung verläuft bzw. **2)** durch den Koordinatenursprung verläuft?

6.4 **a)** Stelle die Gleichung der Geraden h auf, deren Graf durch die Punkte P(–1|7) und Q(4|–3) verläuft! Führe eine Probe durch!

b) Wie lautet die Gleichung einer Geraden, deren Graf parallel zum Graf der in a) berechneten Geradengleichung ist und **1)** nicht durch den Koordinatenursprung verläuft bzw. **2)** durch den Koordinatenursprung verläuft?

6 Lineare Gleichungen mit zwei Unbekannten

6.5 Ermittle die Lösung des Gleichungssystems und führe die Probe durch!
 I: $(6x + 5)(2y - 7) + 4x(8 - 3y) + 15 = 0$
 II: $(10x + 9)\,2y - (5y - 1)(4x + 3) + 47 = 0$

6.6 Ermittle die Lösung des Gleichungssystems und führe die Probe durch!
 I: $\frac{2}{3}x - \frac{5}{8}y = 17$
 II: $\frac{x}{2} + \frac{y}{4} = 53$

6.7 Ermittle die Lösung des Gleichungssystems und führe die Probe durch!
 I: $1{,}6y = -0{,}7x + 5{,}2$
 II: $2{,}4y = 1{,}7x + 18{,}8$

6.8 Ermittle die Lösung des Gleichungssystems und führe die Probe durch!
Welche Werte dürfen die Unbekannten x und y nicht annehmen?
 I: $\frac{x-6}{y-2} = \frac{3}{8}$
 II: $\frac{2y-5}{2x+3} = \frac{5}{7}$

6.9 Ermittle die Lösung des Gleichungssystems und führe die Probe durch!
Welche Werte dürfen die Unbekannten x und y nicht annehmen?
 I: $\frac{4x}{x-1} + \frac{y}{y+4} = 5$
 II: $\frac{3y}{y-2} - \frac{2x}{x+3} = 1$

6.10 Berechne die Unbekannten x und y und führe eine Probe durch!
 I: $a(x - b) = by$
 II: $b(x - a) = ay \quad (a \neq 0)$

6.11 Berechne die Unbekannten x und y und führe eine Probe durch!
Welche Werte dürfen die (Form-)Variablen a und b nicht annehmen?
 I: $\frac{x}{b} - ay = a$
 II: $bx - \frac{y}{a} = b$

6.12 Schreibe nachfolgende Aussagen jeweils in Form eines Gleichungssystems an! Löse die Gleichungssysteme und führe jeweils eine Probe durch!

 a) Die Differenz zweier Zahlen ist 14. Das Viertel der ersten Zahl ist um 6 größer als das Fünftel der zweiten Zahl.
 Wie lauten die beiden Zahlen?

 b) Das Produkt zweier (natürlicher) Zahlen ist 144. Der Quotient der beiden Zahlen ist 16.
 Wie lauten die beiden Zahlen?

6.13 Schreibe nachfolgende Aussagen jeweils in Form eines Gleichungssystems an!
Löse die Gleichungssysteme und führe jeweils eine Probe durch!

 a) In einem Korb liegen um ein Drittel mehr rote Bälle als blaue Bälle.
 Insgesamt sind 70 Bälle im Korb.
 Berechne die Anzahl der roten und die Anzahl der blauen Bälle!

 b) Eine Schachtel wiegt samt ihrem Deckel 110 g.
 Die Schachtel alleine hat 100 g mehr Masse als der Deckel.
 Berechne die Masse der Schachtel und die Masse des Deckels!

6 Lineare Gleichungen mit zwei Unbekannten

6.14 Schreibe nachfolgende Aussagen jeweils in Form eines Gleichungssystems an! Löse die Gleichungssysteme und führe jeweils eine Probe durch!

a) In einer Kolonne fahren doppelt so viele zweispurige wie einspurige Fahrzeuge. Alle Fahrzeuge zusammen haben 30 Räder (montiert). Berechne die Anzahl der zweispurigen und die Anzahl der einspurigen Fahrzeuge!

b) Herr Strauß bestellt Rosen zu 1,25 €/Stück und 1,60 €/Stück. Er erhält eine Rechnung über 75 Rosen in der Höhe von 106 €. Berechne, wie viele Rosen von jeder Sorte geliefert wurden!

6.15 An einem 1,10 m langen Hebel greifen zwei Kräfte an. (Siehe nebenstehende Abbildung!) Die eine Kraft beträgt 15 Newton, die andere Kraft beträgt 40 Newton. Berechne, in welcher Entfernung von der Drehachse des Hebels die Kräfte angreifen müssen, damit Gleichgewicht (der Drehmomente) herrscht!

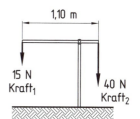

6.16 An einem (einseitigen) Hebel greifen zwei Kräfte in 0,95 m Entfernung voneinander in entgegengesetzter Richtung an. (Siehe nebenstehende Abbildung!) Die eine Kraft – die Last – beträgt 50 Newton, die andere Kraft beträgt 12 Newton. Berechne, in welcher Entfernung von der Drehachse des Hebels die Kräfte angreifen müssen, damit Gleichgewicht (der Drehmomente) herrscht!

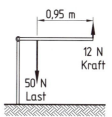

6.17 Berechne, wie viel Liter Wasser mit einer Temperatur von 10 °C und wie viel Liter Wasser mit einer Temperatur von 70 °C man mischen muss, um 12 Liter 50 °C heißes Wasser zu erhalten!

Hinweis: Wärmeinhalt Q des Wassers, bezogen auf 0 °C: $Q = 4{,}2 \cdot m \cdot t$
Q ... Energie in Kilojoule (kJ), m ... Masse in kg (1 kg $\triangleq$ 1 l), t ... Temperatur in °C

6.18 Vergrößert man die Länge eines Rechtecks um 4 cm und verkürzt die Breite um 2 cm, so nimmt der Flächeninhalt um 8 cm² zu. Verkürzt man jedoch die Länge um 3 cm und verlängert die Breite um 1 cm, so verringert sich der Flächeninhalt um 32 cm². Berechne die Seitenlängen des Rechtecks!

6.19 In einem rechtwinkligen Dreieck ist die eine Kathete um 3 cm länger als die andere. Verlängert man die längere Kathete um 2 cm und verkürzt die kürzere um 1 cm, so nimmt der Flächeninhalt um 5 cm² zu. Berechne die Kathetenlängen des ursprünglichen Dreiecks!

6.20 Ein Schiff fährt flussaufwärts mit (einer mittleren Geschwindigkeit von) 10,7 Knoten, flussabwärts mit (einer mittleren Geschwindigkeit von) 13,5 Knoten.
1 Knoten (kn) = 1 Seemeile/Stunde (sm/h) = 1,852 km/h.

a) Berechne die Eigengeschwindigkeit des Schiffs (in kn und in km/h) sowie die Fließgeschwindigkeit des Gewässers (in m/s)!

b) Wie lange und wie weit kann das Schiff flussaufwärts fahren, wenn es nach 2 Stunden wieder am Ausgangspunkt sein soll?

6.21 Zwei Orte A und B sind 44 km voneinander entfernt. Startet um 7:00 Uhr ein Fußgänger von A nach B und um 8:00 Uhr ein Radfahrer von B nach A, so begegnen sie einander um 10:00 Uhr. Geht der Fußgänger aber um 7:00 Uhr in entgegengesetzte Richtung, so wird er vom Radfahrer, der B in Richtung A wieder um 8:00 Uhr verlässt, um 12:00 Uhr eingeholt.

  a) Berechne die mittlere Geschwindigkeit des Fußgängers bzw. des Radfahrers!

  b) Berechne, in welcher Entfernung von B der Fußgänger dem Radfahrer begegnet bzw. in welcher Entfernung von A der Fußgänger vom Radfahrer eingeholt wird!

6.22 Mischt man 4 Liter einer Säure bestimmter Konzentration mit 1 Liter einer Säure anderer Konzentration, so erhält man 48%ige Säure. Mischt man aber 8 Liter der ersten Säure mit 7 Liter der zweiten Säure, so erhält man 52%ige Säure.
Berechne, wievielprozentig jede der beiden Säuren ist!

6.23 Berechne, wie viel Liter einer 30%igen Lauge und wie viel Liter einer 45%igen Lauge man mischen muss, um 1 Liter 42%ige Lauge zu erhalten!

6.24 Berechne, in welchem Verhältnis man 60%igen und 40%igen Alkohol mischen muss, um 52%igen Alkohol zu erhalten!

7 Statistik

7.1 Bei dem zuletzt durchgeführten Geographietest sahen die Verteilungen der Punkte in der 4A- und in der 4B-Klasse wie folgt aus:

4A: 12, 24, 18, 21, 24, 22, 4, 21, 18, 23, 12, 17, 14, 21, 8, 16, 13.
4B: 17, 24, 23, 18, 18, 23, 13, 19, 16, 15, 22, 21, 17, 20, 15, 18, 9.

Vergleiche die Ergebnisse der beiden Klassen durch Berechnung der arithmetischen Mittel, der Zentralwerte (Mediane) und der Modalwerte!

7.2 Bei der zuletzt durchgeführten Deutschschularbeit sahen die Verteilungen der Noten in der 4A- und in der 4B-Klasse wie folgt aus:

4A: 4 Sehr gut, 8 Gut, 6 Befriedigend, 1 Genügend, 3 Nicht genügend.
4B: 5 Sehr gut, 7 Gut, 9 Befriedigend, 2 Genügend, 2 Nicht genügend.

Vergleiche die Ergebnisse der beiden Klassen durch Berechnung der arithmetischen Mittel, der Zentralwerte (Mediane) und der Modalwerte!

7.3 In einer Klasse wurden für den Elternverein folgende Geldbeträge (in Euro) gespendet:

5, 10, 17, 10, 20, 12, 9, 18, 25, 5, 30, 17, 16, 2, 10, 9, 11, 3, 5, 8, 15, 9, 20, 15, 14, 10, 13.

  a) Ermittle das Minimum, das Maximum, die Spannweite, das 1. und das 3. Quartil sowie den Zentralwert (Median)!

  b) Zeichne ein Kastenschaubild ohne Zahlenstrahl (1 € ≙ 5 mm)!

7.4 In der 4A-Klasse wurden für den 60-m-Lauf folgende Zeiten (in Sekunden) gestoppt:

9,3; 9,1; 10,7; 9,0; 9,7; 8,9; 9,1; 10,1; 9,6; 10,0; 8,4; 9,3; 9,8; 9,3; 10,9; 10,1; 9,5; 10,1; 9,2; 10,3; 9,2; 9,1.

  a) Ermittle das Minimum, das Maximum, die Spannweite, das 1. und 3. Quartil sowie den Zentralwert (Median)!

  b) Zeichne ein Kastenschaubild ohne Zahlenstrahl (0,1 s ≙ 5 mm)!

7 Statistik

7.5 a) Das unten stehende Kastenschaubild beschreibt das Ergebnis einer Erhebung über die Höhe des Taschengelds von Kindern.
Was kannst du daraus ablesen?

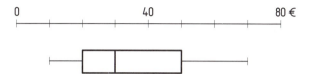

b) Die unten stehende Abbildung zeigt das Ergebnis eines Waschmitteltests. Die Testpersonen mussten auf der vorgegebenen Skala ankreuzen, wie sie den Geruch des Waschmittels empfanden.

Zeichne das zugehörige Kastenschaubild und beschrifte das 1. und das 3. Quartil sowie den Zentralwert (Median)!

7.6 a) Das unten stehende Kastenschaubild beschreibt das Ergebnis eines Tests mit Punktewertung. Was kannst du daraus ablesen?

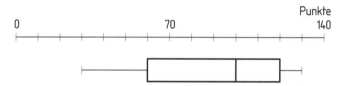

b) Die unten stehende Abbildung zeigt das Ergebnis eines Schokoladetests. Die Testpersonen mussten auf der vorgegebenen Skala ankreuzen, wie sie den Geschmack der Schokolade empfanden.

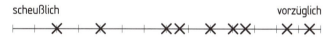

Zeichne das zugehörige Kastenschaubild und beschrifte das 1. und das 3. Quartil sowie den Zentralwert (Median)!

7.7 In einem Betrieb wurden die Längen der Anfahrtswege s der einzelnen Mitarbeiterinnen und Mitarbeiter erhoben (Zahlenwerte in km):

7,0; 4,5; 12,5; 1,5; 15,0; 8,5; 25,0; 14,0; 7,0;
12,5; 5,5; 7,0; 6,0; 18,0; 11,0; 14,0; 9,0.

a) Teile die Entfernungen s im Bereich 0 bis 20 km in vier gleich breite Klassen der Form $a \leq s < b$ ein! Richte für Werte $s \geq 20$ km eine nach oben offene Klasse ein!
Erstelle zu dieser Klasseneinteilung eine Klassenübersichtstabelle (Verteilungstafel), die die absoluten, die relativen und die prozentuellen Häufigkeiten enthält!

b) Veranschauliche die Weglängen mit Hilfe eines Kastenschaubilds (1 km ≙ 4 mm)!

c) Welche Bedeutung hat die Klassenübersichtstabelle bzw. das Kastenschaubild bei der Analyse der vorliegenden Daten?

7.8 Im Zuge einer Untersuchung über die Zahnputzkultur von Schulkindern wurde jeweils folgende Zeit t für ein einmaliges Zähneputzen gestoppt (Zahlenwerte in Minuten:Sekunden):

1:18, 0:54, 0:38, 1:05, 0:20, 1:12, 2:10, 1:10,
0:27, 0:50, 1:14, 1:35, 0:40, 1:20, 1:09, 0:58.

a) Teile die Zeiten t im Bereich 0 bis 3 min in sechs gleich breite Klassen der Form $a \leq t < b$ ein! Erstelle zu dieser Klasseneinteilung eine Klassenübersichtstabelle (Verteilungstafel), die die absoluten, die relativen und die prozentuellen Häufigkeiten enthält!

b) Veranschauliche die Zeiten mit Hilfe eines Kastenschaubilds (1 s ≙ 1 mm)!

c) Welche Bedeutung hat die Klassenübersichtstabelle bzw. das Kastenschaubild bei der Analyse der vorliegenden Daten?

7.9 Die Lebensdauer eines mechanischen Schalters wird durch die Anzahl der durchführbaren Betätigungen angegeben. Bei einem Test an Schaltern einer Bauart erhielt man folgende Ergebnisse (Zahlenwerte: Lebensdauer, angegeben in Anzahl der Betätigungen):

46 443, 48 395, 53 761, 52 256, 49 705, 48 544,
55 339, 39 912, 44 741, 52 835, 54 167, 55 678.

a) Berechne für die Urliste den arithmetischen Mittelwert und die Standardabweichung! Welche Bedeutung hat die Standardabweichung in dem gegebenen Zusammenhang?

b) Für das Konkurrenzprodukt ergab der Test den gleichen Mittelwert, aber eine dreimal so große Standardabweichung. Welches Produkt ist zu bevorzugen? Begründe deine Antwort!

7.10 Eine automatische Abfüllanlage für Getränkedosen ist auf eine Soll-Füllmenge von 330 ml eingestellt. Aus einer Stichprobe im Umfang von 16 Stück erhielt man folgende Ist-Füllmengen (Zahlenwerte in ml):

344, 325, 339, 345, 326, 331, 334, 318,
339, 337, 333, 342, 334, 331, 330, 320.

a) Berechne für die Stichprobe den arithmetischen Mittelwert und die Standardabweichung! Welche Bedeutung hat die Standardabweichung in dem gegebenen Zusammenhang?

b) Wie viel Prozent der Dosen in der Stichprobe sind Ausschuss, wenn der Toleranzbereich 330 ± 10 ml beträgt?

c) Wie groß müsste der Toleranzbereich (mindestens) sein, damit in der vorliegenden Stichprobe nicht mehr als 10 % Ausschuss enthalten ist?

7.11 Bei der Herstellung von Zündkerzen wird für den gegenseitigen Abstand der Elektroden – ein Funkenschlag zwischen diesen beiden Elektroden muss im Ottomotor das Kraftstoff-Luft-Gemisch „zünden" – ein Soll-Wert von 0,75 mm angestrebt. Aus einer Stichprobe im Umfang von 20 Stück erhielt man folgende Ist-Werte (Zahlenwerte in mm):

0,72; 0,68; 0,70; 0,75; 0,77; 0,77; 0,74; 0,75;
0,76; 0,73; 0,69; 0,76; 0,79; 0,78; 0,77; 0,81;
0,76; 0,75; 0,80; 0,76.

a) Berechne für die Stichprobe den arithmetischen Mittelwert und die Standardabweichung! Welche Bedeutung hat die Standardabweichung in dem gegebenen Zusammenhang?

b) Wie viel Prozent der Zündkerzen in der Stichprobe sind Ausschuss, wenn der Toleranzbereich 0,75 ± 0,05 mm beträgt?

c) Wie groß müsste der Toleranzbereich (mindestens) sein, damit in der vorliegenden Stichprobe nicht mehr als 5 % Ausschuss enthalten ist?

8 Lehrsatz des Pythagoras

8.1 Gegeben sind die Längen zweier Katheten eines rechtwinkligen Dreiecks:
a = 11,2 cm, b = 13,5 cm.
Berechne **1)** die Länge der Hypotenuse, **2)** den Umfang, **3)** den Flächeninhalt, **4)** die Höhe, **5)** den Umkreisradius und **6)** den Inkreisradius!

8.2 Von einem rechtwinkligen Dreieck sind die Länge der Kathete b = 51 mm und die Länge der Hypotenuse c = 194 mm gegeben.
Berechne **1)** die Länge der zweiten Kathete, **2)** den Umfang, **3)** den Flächeninhalt, **4)** die Höhe, **5)** den Umkreisradius und **6)** den Inkreisradius!

8.3 Von einem rechtwinkligen Dreieck sind die Länge der Kathete a = 33,6 cm und die Länge der Hypotenuse c = 62,5 cm gegeben.
Berechne **1)** die Länge der zweiten Kathete, **2)** den Umfang, **3)** den Flächeninhalt, **4)** die Höhe, **5)** den Umkreisradius und **6)** den Inkreisradius!

8.4 Berechne den Flächeninhalt und den Umfang des Dreiecks ABC [A(−2|−2), B(5|2), C(−4|3)], ohne eine Streckenlänge abzumessen! Fertige eine Zeichnung an und überprüfe die berechneten Seitenlängen durch Messen!

8.5 Berechne den Flächeninhalt und den Umfang des Dreiecks ABC [A(−3,4|−2,5), B(6,8|0), C(0,9|3,2)], ohne eine Streckenlänge abzumessen! Fertige eine Zeichnung an und überprüfe die berechneten Seitenlängen durch Messen!

8.6 Berechne anhand des nebenstehenden Plans eines (ebenen) Grundstücks den Flächeninhalt und die Länge der Umzäunung!

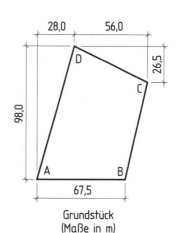

Grundstück
(Maße in m)

8.7 Ein Punkt P hat vom Mittelpunkt M eines Kreises mit dem Radius r = 35 mm den Zentralabstand z = 91 mm.

a) Konstruiere vom Punkt P aus die Tangenten an den Kreis!

b) Berechne die Länge der Tangentenstrecke t = $\overline{PT_1}$ = $\overline{PT_2}$ und überprüfe deine Rechnung durch Messen!

8.8 Zeichne einen Kreis mit dem Mittelpunkt M(–3|–1) und dem Radius r = 5 cm!

a) Konstruiere vom Punkt P(4|5) die Tangenten an den Kreis!

b) Berechne zuerst die Entfernung des Punkts P von M und dann die Länge der Tangentenstrecke t = $\overline{PT_1}$ = $\overline{PT_2}$! Überprüfe deine Rechnung durch Messen!

8.9 Gib für das nebenstehend abgebildete rechtwinklige Dreieck XYZ den pythagoreischen Lehrsatz, den Kathetensatz sowie den Höhensatz jeweils als Formel und in Form eines Satzes an!

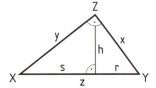

8.10 Von einem rechtwinkligen Dreieck ABC sind die Kathetenlänge b = 58 mm und die Länge des Hypotenusenabschnitts q = 28 mm gegeben.
Berechne **1)** die Länge der Hypotenuse, **2)** die zweite Kathetenlänge, **3)** die Höhe, **4)** den Flächeninhalt, **5)** den Umkreisradius und **6)** den Inkreisradius!

8.11 Von einem rechtwinkligen Dreieck ABC sind die Längen der beiden Hypotenusenabschnitte p = 111 mm und q = 46 mm gegeben.

a) Berechne die drei Seitenlängen und die Höhe!

b) Gib (in Kurzform) an, wie das Dreieck aus den gegebenen Bestimmungsstücken konstruiert werden könnte!

8.12 Von einem rechtwinkligen Dreieck ABC sind die Kathetenlänge b = 12,0 m und der Flächeninhalt A = 100 m² gegeben.
Berechne **1)** die zweite Kathetenlänge, **2)** die Länge der Hypotenuse, **3)** die Längen der Hypotenusenabschnitte, **4)** die Höhe, **5)** den Umkreisradius und **6)** den Inkreisradius!

8.13 In einem Quadrat ABCD mit der Seitenlänge a, der Diagonalenlänge d, dem Umfang u, dem Flächeninhalt A, dem Umkreisradius r und dem Inkreisradius ϱ ist jeweils eine Größe gegeben:

a) d   b) u   c) A

Drücke jeweils die (fünf) nicht gegebenen Größen durch die gegebene Größe aus!

8.14 In einem Rechteck ABCD verhält sich die Länge der Seite a zur Länge der Seite b wie 1 : 2. Der Umfang des Rechtecks beträgt 168 m.

a) Berechne die Längen der Rechteckseiten a und b, die Länge der Diagonale d und den Radius des Umkreises!

b) Berechne **1)** die Seitenlänge eines umfanggleichen Quadrats und **2)** die Seitenlänge eines flächengleichen Quadrats!

8 Lehrsatz des Pythagoras

8.15 In einem Rechteck ABCD verhält sich die Länge der Seite x zur Länge der Seite y wie 2 : 3. Der Flächeninhalt des Rechtecks beträgt 1 350 m².

  a) Berechne die Längen der Rechteckseiten x und y, die Länge der Diagonale d und den Radius des Umkreises!

  b) Berechne **1)** die Seitenlänge eines umfanggleichen Quadrats und **2)** die Seitenlänge eines Quadrats, dessen Flächeninhalt doppelt so groß ist!

8.16 **a)** Von einem Rechteck ABCD sind die Breite b und der Flächeninhalt A gegeben. Drücke die Seitenlänge a, den Umfang u, die Diagonalenlänge d und den Umkreisradius r durch b und A aus!

  b) Von einem Rechteck ABCD sind die Breite b und der Umfang u gegeben. Drücke die Seitenlänge a, den Flächeninhalt A und die Diagonalenlänge d durch b und u aus!

8.17 Von einem gleichschenkligen Dreieck ABC sind die Schenkellänge a und die Höhe h_c auf die Basis c gegeben.

  a) Drücke die Basislänge c, den Umfang u sowie den Flächeninhalt A durch die Schenkellänge a und die Höhe h_c aus!

  b) Berechne die Basislänge c, den Flächeninhalt A und die Höhe h_a auf einen Schenkel, wenn Folgendes gilt: a = 65 mm, h_c = 52 mm!

8.18 Von einem gleichschenkligen Dreieck ABC sind der Flächeninhalt A und die Höhe h_c auf die Basis c gegeben.

  a) Drücke die Basislänge c, die Schenkellänge a und die Höhe h_a auf einen Schenkel durch den Flächeninhalt A und die Höhe h_c aus!

  b) Berechne die Basislänge c, die Schenkellänge a, den Umfang u und die Höhe h_a, wenn Folgendes gilt: A = 1,0 m², h_c = 1,5 m!

8.19 Berechnungen am gleichseitigen Dreieck.

  a) Leite die Formel für die Höhe h des gleichseitigen Dreiecks her, wenn die Seitenlänge a gegeben ist!

  b) Drücke die Seitenlänge a und den Flächeninhalt A durch die Höhe h aus!

  c) Berechne die Seitenlänge a und den Flächeninhalt A, wenn gilt: h = 1,0 m!

  d) Wie viel Prozent der Seitenlänge a beträgt die Höhe h?

8.20 Berechnungen am gleichseitigen Dreieck.

  a) Leite die Formel für den Flächeninhalt A des gleichseitigen Dreiecks her, wenn die Seitenlänge a gegeben ist!

  b) Drücke die Seitenlänge a durch den Flächeninhalt A aus!

  c) Berechne die Seitenlänge a und die Höhe h, wenn gilt: A = 1,0 m²!

  d) In welchem Verhältnis steht die Seitenlänge a zur Höhe h?

8.21 Der Abstand zweier gegenüberliegender Seiten eines regelmäßigen Sechsecks beträgt 10,4 cm.

  a) Berechne die Länge einer Sechsecksseite!

  b) Berechne den Flächeninhalt des Sechsecks!

  c) Leite eine Formel für den Flächeninhalt eines regelmäßigen Sechsecks her, wenn die Seitenlänge a gegeben ist!

8 Lehrsatz des Pythagoras

8.22 Von einem Dreieck ABC kennt man die Seitenlängen a = 68 mm, b = 109 mm und c = 59 mm.
Berechne die Höhe h_c, den Flächeninhalt A und den Inkreisradius ϱ!

8.23 Von einem Dreieck ABC kennt man die Seitenlängen a = 97 mm und c = 86 mm sowie die Höhe h_c = 72 mm. Der Winkel β ist ein spitzer Winkel. Berechne die Seitenlänge b, den Flächeninhalt A und den Inkreisradius ϱ!

8.24 a) Von einem Rhombus ABCD kennt man die Diagonalenlängen e = 60 mm und f = 144 mm. Berechne die Seitenlänge a, den Flächeninhalt A und den Inkreisradius ϱ!

b) Von einem Rhombus ABCD kennt man die Seitenlänge a = 60 mm und den Winkel β = 120°. Berechne die Diagonalenlängen e und f sowie den Flächeninhalt A!

8.25 a) Von einem Rhombus ABCD kennt man die Seitenlänge a = 60 mm und die Diagonalenlänge f = 48 mm. Berechne die Diagonalenlänge e, den Flächeninhalt A und den Inkreisradius ϱ!

b) Von einem Rhombus ABCD kennt man die Diagonalenlänge e = 1,0 m und den Flächeninhalt A = 1,0 m². Berechne die Diagonalenlänge f, die Seitenlänge a, und die Höhe h!

8.26 Von einem Parallelogramm ABCD kennt man die Seitenlänge b = 40 mm, die Diagonalenlänge f = 68 mm und die Höhe h_a = 32 mm. Der Winkel α ist ein spitzer Winkel. Berechne die fehlende Seitenlänge, die fehlende Diagonalenlänge und den Flächeninhalt!

8.27 Von einem Parallelogramm ABCD kennt man die Seitenlänge a = 39 mm, die Diagonalenlänge e = 60 mm und die Höhe h_b = 36 mm. Der Winkel α ist ein stumpfer Winkel. Berechne die fehlende Seitenlänge, die fehlende Diagonalenlänge und den Flächeninhalt!

8.28 Von einem gleichschenkligen Trapez ABCD kennt man die Seitenlänge a = 57 mm und c = 21 mm sowie die Höhe h = 80 mm. Berechne die fehlende Seitenlänge, die Länge der Diagonale und den Flächeninhalt!

8.29 Von einem gleichschenkligen Trapez ABCD kennt man den Flächeninhalt A = 5,0 m² sowie die Seitenlängen a = 3,7 m und c = 1,2 m. Berechne die Höhe, die fehlende Seitenlänge und die Länge der Diagonale!

8.30 Von einem Trapez ABCD kennt man die Seitenlängen a = 123 mm, c = 31 mm und d = 68 mm sowie die Höhe h = 60 mm. Der Winkel α ist ein spitzer Winkel. Berechne die fehlende Seitenlänge, die Längen der Diagonalen und den Flächeninhalt!

8.31 Die nebenstehende Abbildung zeigt den Querschnitt eines Kanals.

a) Berechne die maximale (Wasser-)Spiegelbreite und den Flächeninhalt der Querschnittfläche!

b) Wie groß ist die (Wasser-)Spiegelbreite, wenn der Kanal bis zur halben Höhe voll ist?

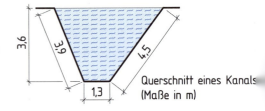
Querschnitt eines Kanals (Maße in m)

8.32 Von einem Deltoid ABCD kennt man die Seitenlänge b = 45,7 cm, die Längen der Diagonalen e = $\overline{AC}$ = 58,5 cm und f = $\overline{BD}$ = 33,6 cm.
Berechne die Seitenlänge a und den Flächeninhalt A!

8.33 Von einem Deltoid ABCD kennt man den Flächeninhalt A = 2 640 cm², die Diagonalenlänge e = $\overline{AC}$ = 88 cm und die Seitenlänge a = 34 cm.
Berechne die Diagonalenlänge f und die Seitenlänge b!

8.34 Von einem Deltoid ABCD mit β = δ = 90° kennt man die Seitenlängen a = $\overline{AB}$ = $\overline{AD}$ = 39 mm und b = $\overline{CB}$ = $\overline{CD}$ = 80 mm.

  a) Berechne die Längen der Diagonalen e = $\overline{AC}$ und f = $\overline{BD}$!

  b) Begründe, warum dieses Deltoid einen Umkreis hat, und berechne den Umkreisradius!

9 Prisma und Pyramide

9.1 a) Leite eine Formel für die Länge der Raumdiagonale eines Würfels mit der Kantenlänge a ab!

  b) Berechne die Kantenlänge und die Länge der Raumdiagonale eines Stahlwürfels (Dichte des Stahls ϱ = 7 900 kg/m³), wenn seine Masse 100 kg beträgt!

9.2 Von einem Würfel ist das Volumen V gegeben.

  a) Drücke **1)** die Kantenlänge a, **2)** die Länge der Flächendiagonale d_1, **3)** die Länge der Raumdiagonale d und **4)** die Oberfläche O durch das Volumen V aus!

  b) Berechne a, d_1, d und O, wenn gilt: V = 10 cm³!

9.3 Von einem Würfel ist die Oberfläche O gegeben.

  a) Drücke **1)** die Kantenlänge a, **2)** die Länge der Flächendiagonale d_1, **3)** die Länge der Raumdiagonale d und **4)** das Volumen V durch die Oberfläche O aus!

  b) Berechne a, d_1, d und V, wenn gilt: O = 1,0 m²!

9.4 Abbildung rechts:

  a) Drücke das Volumen V und die Oberfläche O des aus einem Würfel mit der Seitenkante 2a herausgeschnittenen Körpers durch die Variable a aus!

  b) Gib an, wie viel Prozent des Würfelvolumens das Volumen des Körpers ausmacht!
  Gib an, wie viel Prozent der Würfeloberfläche die Oberfläche des Körpers ausmacht!

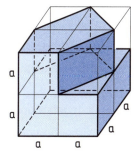

9.5 Abbildung rechts:

  a) Drücke das Volumen V und die Oberfläche O des aus einem Würfel mit der Seitenkante 2s herausgeschnittenen Körpers durch die Variable s aus!

  b) Gib an, wie viel Prozent des Würfelvolumens das Volumen des Körpers ausmacht!
  Gib an, wie viel Prozent der Würfeloberfläche die Oberfläche des Körpers ausmacht!

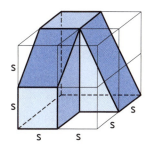

9 Prisma und Pyramide

9.6 Die nebenstehende Abbildung zeigt einen Quader mit quadratischer Grundfläche.

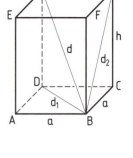

a) Drücke **1)** die Längen der Flächendiagonalen d_1 und d_2, **2)** die Länge der Raumdiagonale d, **3)** die Oberfläche O und **4)** das Volumen V durch die Variablen a und h aus!

b) Gib eine Formel für die Kantenlänge s eines Würfels mit gleichem Volumen an!

c) Berechne d_1, d_2, d, O, V und s (des Würfels aus b)), wenn Folgendes gilt: a = 1,50 m und h = 2,00 m!

9.7 Die nebenstehende Abbildung zeigt einen Behälter für Blumenerde mit der Form eines regelmäßigen sechsseitigen Prismas.

a) Leite eine Formel für das Volumen V des Behälters (eines regelmäßigen sechsseitigen Prismas) her, wenn die Basiskante a und die Höhe h gegeben sind!

b) Berechne den Fassungsraum des Behälters, wenn Folgendes gilt: a = 50 cm und h = 60 cm!

c) Wie viel Kilogramm Erde befinden sich im Behälter, wenn dieser zu drei Viertel gefüllt ist? Die Dichte der Blumenerde beträgt 400 kg/m³.

9.8 Die nebenstehende Abbildung zeigt den Längsschnitt eines 14 m breiten Schwimmbeckens.

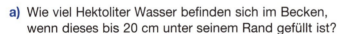
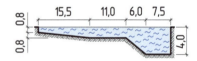

Schwimmbecken – Längsschnitt (Maße in m Tiefen doppelt so groß dargestellt)

a) Wie viel Hektoliter Wasser befinden sich im Becken, wenn dieses bis 20 cm unter seinem Rand gefüllt ist?

b) Die gesamte Beckenwanne wird aus nicht rostenden Stahlplatten zusammengeschweißt. Wie viel m² werden dabei (mindestens) verarbeitet?

c) Während eines Gewitterregens gehen 40 l Wasser pro m² nieder. Wie viel Hektoliter Regenwasser fallen dabei in das Becken? Kann das Becken, wenn es wie in a) gefüllt ist, diese Menge noch fassen?

9.9 Die nebenstehende Abbildung zeigt den Querschnitt einer Stahlschiene. Die Schiene hat die Länge l.

a) Drücke das Volumen V und die Oberfläche O des Körpers durch die Längen a und l aus!

b) Berechne die Oberfläche, das Volumen und die Masse der Schiene, wenn Folgendes gilt: a = 1,8 cm, l = 100 cm! Die Dichte der verwendeten Stahlsorte beträgt 7 800 kg/m³.

9.10 Die nebenstehende Abbildung zeigt den Querschnitt eines prismatischen Werkstücks. Das Werkstück hat die Länge t.

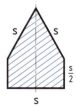

a) Drücke das Volumen V und die Oberfläche O des Körpers durch die Längen s und t aus!

b) Berechne die Oberfläche und das Volumen des Körpers sowie die Dichte des Materials (Holz), wenn Folgendes gilt: s = 6,5 cm, t = 25 cm und m = 550 g!

9 Prisma und Pyramide

9.11 Aus 100 g Glasschmelze soll ein Prisma gegossen werden. Die Grundfläche soll die Form eines gleichseitigen Dreiecks haben. Die Höhe des Prismas soll genauso groß wie die Länge einer Grundkante sein.

a) Berechne die Kantenlängen des Prismas!
Die Dichte der verwendeten Glassorte beträgt 2 600 kg/m³.

b) Berechne die Kantenlänge eines Würfels mit gleichem Volumen!

c) Berechne den Unterschied in der Größe der Oberfläche zwischen dem Prisma und dem volumensgleichen Würfel!

9.12 Berechne die fehlenden Größen!

Regelmäßige quadratische Pyramide	1)	2)	3)
Grundkante a		1,0 m	1,0 m
Körperhöhe h	1,0 m		
Seitenkante s	2,0 m		
Seitenflächenhöhe h_a			
Oberfläche O		5,0 m²	
Volumen V			1,0 m³

9.13 Bei einer (bestimmten) regelmäßigen quadratischen Pyramide ist die Seitenkante genauso lang wie die Grundkante.

a) Leite eine Formel für die Höhe h, das Volumen V und die Oberfläche O her, wenn die Grundkante a gegeben ist!

b) Berechne die Kantenlänge und die Höhe einer derartigen Pyramide, wenn das Volumen 1,0 m³ beträgt!

9.14 Berechne die fehlenden Größen!

Rechteckige Pyramide	1)	2)
Grundkante a	2,0 m	1,0 m
Grundkante b	1,5 m	2,5 m
Körperhöhe h	3,0 m	
Seitenkante s		
Seitenflächenhöhe h_a		
Seitenflächenhöhe h_b		
Oberfläche O		
Volumen V		1,0 m³

9.15 Die nebenstehende Abbildung zeigt ein Veranstaltungszelt.

a) Berechne die Größe des „umbauten" Raums!

b) Wie viel m² Plane werden für den Aufbau des Zelts benötigt?

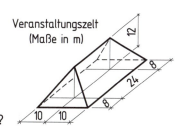
Veranstaltungszelt (Maße in m)

9 Prisma und Pyramide

9.16 Die nebenstehende Abbildung zeigt einen Behälter mit der Form einer regelmäßigen sechsseitigen Pyramide.

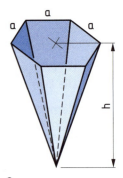

a) Leite eine Formel für das Volumen V des Behälters (der regelmäßigen sechsseitigen Pyramide) her, wenn die Grundkante a und die Höhe h gegeben sind!

b) Wie viel cm² Kartonmaterial werden für die Herstellung eines solchen Behälters mindestens benötigt, wenn Folgendes gilt: a = 12 cm und h = 40 cm; für Falze und Verschnitt müssen 15 % an Material mehr berechnet werden.

c) Wie groß ist das Fassungsvermögen des in b) gegebenen Behälters?

9.17 Berechne die fehlenden Größen!

Regelmäßige sechsseitige Pyramide	1)	2)	3)
Grundkante a	1,0 m		0,40 m
Körperhöhe h		2,5 m	
Seitenkante s	2,0 m		
Seitenflächenhöhe h_a			
Oberfläche O			1,0 m²
Volumen V		5,0 m³	

9.18 a) Was versteht man unter einem regelmäßigen Oktaeder?

b) Drücke die Oberfläche eines Oktaeders durch die Kantenlänge a aus!

c) Berechne die Kantenlänge und die Länge der Raumdiagonale eines Oktaeders, dessen Oberfläche O = 1,0 m² groß ist!

9.19 Die nebenstehende Abbildung zeigt einen regelmäßigen Oktaeder.

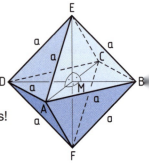

a) Wie lang sind die Raumdiagonalen AC, BD und EF? Welche geometrische Figur stellt die Schnittfläche DFBE dar? Begründe deine Antwort!

b) Drücke das Volumen eines Oktaeders durch die Kantenlänge a aus!

c) Berechne die Kantenlänge eines Oktaeders, dessen Volumen V = 1,0 m³ groß ist!

9.20 a) Was versteht man unter einem regelmäßigen Tetraeder?

b) Wie hoch ist ein regelmäßiger Tetraeder, dessen Oberfläche 1,0 m² groß ist?

c) Wie groß ist das Volumen des in b) gegebenen Tetraeders?

9.21 Ein Getränk soll in einem regelmäßigen Tetraeder (Tetrapack) mit einer Füllmenge von $\frac{1}{4}$ Liter in den Handel gebracht werden.

a) Berechne die Länge der Seitenkante einer solchen Packung!

b) Berechne, wie viel Quadratmeter Verpackungsmaterial für 100 Liter Getränk mindestens benötigt werden, wenn für Falze und Verschnitt 10 % an Material mehr gerechnet wird!

10 Der Kreis

9.22 Abbildung rechts:

a) Drücke das Volumen V und die Oberfläche O der in den Würfel eingezeichneten Pyramide durch die Variable s aus!

b) Gib an, in welchem Verhältnis das Volumen der Pyramide zum Volumen des Würfels steht! Gib an, in welchem Verhältnis die Oberfläche der Pyramide zur Oberfläche des Würfels steht!

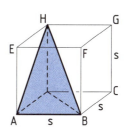

9.23 Abbildung rechts:

a) Drücke das Volumen V und die Oberfläche O der in das Prisma eingezeichneten Pyramide durch die Variable a aus!

b) Berechne das Volumen und die Oberfläche der Pyramide, wenn gilt: a = 5,0 m!

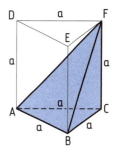

10 Der Kreis

10.1
a) Berechne den Umfang eines Kreises mit dem Radius r = 1,0 m!

b) Berechne den Radius eines Kreises, dessen Umfang u = 1,0 m beträgt!

c) Ein Kreis mit dem Radius r und ein Quadrat mit der Seitenlänge a sind umfanggleich. Drücke den Radius r durch die Länge der Quadratseite a bzw. die Länge der Quadratseite a durch den Radius r aus!

10.2 Einem Kreis mit dem Radius r wird ein regelmäßiges Sechseck eingeschrieben. Derselbe Kreis wird auch mit einem Quadrat umschrieben.

a) Leite aus der Beziehung $u_{Sechseck} < u_{Kreis} < u_{Quadrat}$ Schranken für den Umfang der Kreisfläche und für die Zahl π her!

b) Wie könnte das Verfahren „verfeinert" werden, um den Umfang der Kreisfläche und die Zahl π genauer einschranken zu können?

10.3 Näherungswerte für die Zahl π: **1)** $\frac{377}{120}$ **2)** $\sqrt[3]{31}$

a) Auf wie viele Dezimalen stimmt der Näherungswert jeweils mit der Zahl π überein?

b) Drücke den zahlenmäßigen Unterschied zwischen π und seinem Näherungswert jeweils in Prozenten (von $\pi \triangleq 100\,\%$) aus!

10.4 Näherungswerte für die Zahl π: **1)** $\frac{22}{7}$ **2)** $\sqrt{9,81}$

a) Auf wie viele Dezimalen stimmt der Näherungswert jeweils mit der Zahl π überein?

b) Drücke den zahlenmäßigen Unterschied zwischen π und seinem Näherungswert jeweils in Prozenten (von $\pi \triangleq 100\,\%$) aus!

10 Der Kreis

10.5 Ein Beobachtungssatellit umkreist die Erdkugel (r = 6 370 km) in einer Höhe von 300 km. Seine Umlaufzeit beträgt 90 min.

a) Wie viel km legt der Satellit bei einer Umkreisung der Erde zurück?

b) Wie groß ist die (Bahn-)Geschwindigkeit des Satelliten in km/h?

c) Wie oft umkreist der Satellit die Erde in einem Tag?

d) Wie lange dauert es, bis der Satellit einen ca. 500 km langen Landstrich „überflogen" hat?

10.6 Nimm für die folgenden beiden Aufgaben die Erde als Kugel mit dem Radius r = 6 370 km an!

a) Norbert befindet sich am „Kap der Guten Hoffnung" (südliche geographische Breite: φ = 34° 30') im Süden Afrikas. Wie viel km – gemessen entlang „seines" Meridianbogens – ist er vom (geographischen) Südpol entfernt?

b) Welchem Zentriwinkel entspricht eine (Meridian-)Bogenlänge von 111 km?

10.7 Nimm für die folgenden beiden Aufgaben die Erde als Kugel mit dem Radius r = 6 370 km an!

a) Herbert befindet sich am nördlichen Polarkreis (geographische Breite: φ = 66° 30'). Wie viel km – gemessen entlang „seines" Meridianbogens – ist er vom (geographischen) Nordpol entfernt?

b) 1 Seemeile (sm) = 1 Nautische Meile (NM) = 1,852 km. Welchem Zentriwinkel entspricht diese (Meridian-)Bogenlänge?

10.8 Berechne die fehlenden Größen!

Kreissektor	1)	2)	3)	4)
Radius r	1,0 m	1,0 m		
Zentriwinkel α	4°		7° 12'	90°
Bogenlänge b		1,0 m	794 km	
Umfang u			—	1,0 m

10.9 a) Welchen Weg legt die Spitze eines 50 cm langen Stundenzeigers einer Bahnhofsuhr in einem Jahr (= 365 Tage) zurück?

b) Welchen Weg legt die Spitze eines 12 mm langen Minutenzeigers einer Armbanduhr in 50 min zurück?

10.10 a) Welchen Weg legt die Spitze eines 11 mm langen Sekundenzeigers einer Taschenuhr an einem Tag zurück?

b) Welchen Weg legt die Spitze eines 1,4 m langen Minutenzeigers einer Turmuhr in 45 min zurück?

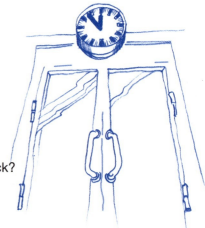

10 Der Kreis

10.11
a) Berechne den Flächeninhalt eines Kreises mit dem Radius r = 1,0 m!

b) Berechne den Flächeninhalt eines Kreises, dessen Umfang u = 1,0 m beträgt!

c) Berechne den Radius eines Kreises, dessen Flächeninhalt A = 1,0 m² beträgt!

d) Ein Kreis mit dem Radius r und ein Quadrat mit der Seitenlänge a sind flächengleich. Drücke den Radius r durch die Länge der Quadratseite a bzw. die Länge der Quadratseite a durch den Radius r aus!

10.12 Einem Kreis mit dem Radius r wird ein regelmäßiges Sechseck eingeschrieben. Derselbe Kreis wird auch mit einem Quadrat umschrieben.

a) Leite aus der Beziehung $A_{Sechseck} < A_{Kreis} < A_{Quadrat}$ Schranken für den Flächeninhalt der Kreisfläche und für die Zahl π her!

b) Wie könnte das Verfahren „verfeinert" werden, um den Flächeninhalt der Kreisfläche und die Zahl π genauer einschranken zu können?

10.13 Berechne die fehlenden Größen!

Kreissektor	1)	2)	3)	4)
Radius r	1,0 m	1,0 m	1,0 m	
Zentriwinkel α			1°	45°
Bogenlänge b	1,0 m			
Flächeninhalt A		1,0 m²		1,0 m²

10.14 Abbildung rechts:

a) Drücke den Umfang und den Flächeninhalt des (durch Rasterung) hervorgehobenen Flächenstücks mit Hilfe der Variablen a aus!

b) Berechne den Umfang und den Flächeninhalt des hervorgehobenen Flächenstücks, wenn gilt: a = 6,0 cm!

c) Wie viel Prozent der Quadratfläche entfallen auf das hervorgehobene Flächenstück?

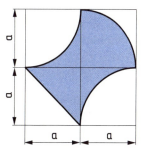

10.15 Abbildung rechts:

a) Drücke den Umfang und den Flächeninhalt des (durch Rasterung) hervorgehobenen Flächenstücks mit Hilfe der Variablen x aus!

b) Berechne den Umfang und den Flächeninhalt des hervorgehobenen Flächenstücks, wenn gilt: x = 7,0 cm!

c) Wie viel Prozent der Quadratfläche entfallen auf das hervorgehobene Flächenstück?

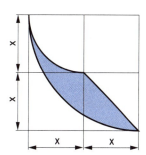

10 Der Kreis

10.16 a) Wie groß ist die Fläche, die der 13 mm lange Minutenzeiger einer Uhr in 25 min überstreicht?

b) Ein Kreissegment ist durch die Sehnenlänge s = 1,0 m und den Zentriwinkel α = 90° gegeben.

  1) Berechne den Umfang und den Flächeninhalt des Segments!

  2) Berechne, wie viel Prozent der durch s und α gegebenen Sektorfläche auf die Segmentfläche entfallen!

10.17 a) Die Bahn der Erde um die Sonne ist näherungsweise ein Kreis mit dem Radius r = 150·10⁶ km. Die Umlaufdauer beträgt näherungsweise 365 Tage. Wie groß ist die Fläche, die von der (gedachten) Verbindungslinie Sonne – Erde in einer Sekunde überstrichen wird?

b) Ein Kreissegment ist durch den Radius r = 1,0 m und den Zentriwinkel α = 60° gegeben.

  1) Berechne den Umfang und den Flächeninhalt des Segments!

  2) Berechne, wie viel Prozent der durch r und α gegebenen Sektorfläche auf die Segmentfläche entfallen!

10.18 Berechne die fehlenden Größen!

Kreisring	1)	2)	3)
Außenradius r_1	$\sqrt{2}$ m	1,0 m	
Innenradius r_2	1,0 m		1,0 m
Umfang u		10 m	
Flächeninhalt A			1,0 m²

10.19 a) Ein Kreisring hat den Außendurchmesser d_1 = 10 cm und den Innendurchmesser d_2 = 5 cm.
Wie viel Prozent einer Kreisfläche mit dem Durchmesser d_1 entfallen auf die Kreisringfläche?

b) Ein Kreisring hat den Außenradius r_1 und den Innenradius r_2.
Ein Kreis hat den Radius $r = r_1 - r_2$.
Beweise, dass der Flächeninhalt dieses Kreises kleiner als der Flächeninhalt des Kreisrings ist!

10.20 Um einen 100 m langen und 70 m breiten Rasenplatz wird eine 5 m breite Laufbahn angelegt. (Siehe nebenstehende Abbildung!)

a) Berechne, wie viel m² Laufbelag benötigt werden!

b) Berechne, wie viel m Kantenmaterial für die (beidseitige) Einfassung der Laufbahn benötigt werden!

c) Um wie viel Meter ist ein Umlauf, der genau auf der inneren Bahnbegrenzung entlang führt, kürzer als einer, bei dem der Weg genau in der Bahnmitte liegt?

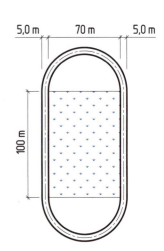

11 Zylinder – Kegel – Kugel

11.1 Berechne die fehlenden Größen!

Drehzylinder	1)	2)	3)	4)
Radius r		0,2 m		
Höhe h	1,0 m		h = b	
Oberfläche O		1,0 m²		—
Volumen V	1,0 m³			
Mantelfläche M	—	—	Rechteck a = 50 cm b = 10 cm	gleichseitiger Zylinder M = 1,0 m²

11.2 **a) 1)** Welche Schnittfigur entsteht, wenn man einen (allgemeinen) Drehzylinder bzw. einen gleichseitigen Zylinder längs einer seiner Symmetrieebenen normal zu seiner Grundfläche durchschneidet?

2) Welche Schnittfigur entsteht, wenn man einen (allgemeinen) Drehzylinder schräg zur Grundfläche durchschneidet?

b) Leite eine Formel für **1)** die Mantelfläche, **2)** die Oberfläche und **3)** das Volumen eines gleichseitigen Zylinders her, wenn der Radius gegeben ist!

c) Berechne den Radius und die Oberfläche eines gleichseitigen Zylinders, wenn das Volumen 1,0 m³ beträgt!

11.3 Ein zylindrischer Öltank hat folgende Ausmaße:
Durchmesser des Basiskreises d = 25 m, Höhe h = 12 m.

a) Berechne das Fassungsvermögen des Öltanks!

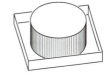

b) Die Seitenwandung des Tanks wird mit einem Farbanstrich versehen. Für wie viel m² muss Farbe bereitgestellt werden?

c) Um den zylindrischen Öltank wird (konzentrisch) ein Auffangbecken mit quadratischer Grundfläche – Seitenlänge a = 34 m – angelegt. (Siehe nebenstehende Abbildung!) Wie hoch müssen die Wände des Auffangbeckens mindestens sein, damit im Unglücksfall kein Öl über den Beckenrand fließen kann?

Öltank mit Auffangbecken

11.4 Eine 50 km lange Öl-Pipeline besteht aus zylindrischen Rohren mit einem Innendurchmesser von d = 90 cm und einer Wandstärke von 10 mm.

a) Berechne das Fassungsvermögen der Rohrleitung!

b) Die Pipeline soll zu Isolationszwecken (rundum) verkleidet werden. Für wie viel Quadratmeter muss Verkleidungsmaterial bereitgestellt werden?

c) Die Transportgeschwindigkeit der Pipeline beträgt 1,3 m/s. Wie viel Liter Öl können bei einem Rohrbruch stündlich höchstens auslaufen?

11 Zylinder – Kegel – Kugel

11.5 Die nebenstehende Abbildung zeigt eine Sechskant-Schraubenmutter. (Die Ausnehmungen im Gewinde bleiben unberücksichtigt.)

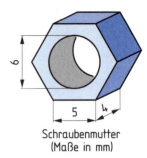
Schraubenmutter
(Maße in mm)

a) Berechne die Masse von 1 000 derartigen Schraubenmuttern, wenn das Material Stahl mit der Dichte ϱ = 7 800 kg/m³ ist!

b) Bei der Herstellung der Schraubenmutter wurde der regelmäßige sechsseitige prismatische Ausgangskörper aufgebohrt. Berechne, wie viel Prozent dabei zu Abfall wurden!

11.6 a) Aus 1 kg Glasschmelze mit der Dichte von 2 200 kg/m³ soll eine Glasfaser (Lichtwellenleiter) mit einem Durchmesser von 0,2 mm hergestellt werden. Berechne, wie lang diese Glasfaser werden kann!

b) Die in a) erwähnte Glasfaser kann (in der Datenübertragungstechnik) die gleiche Aufgabe übernehmen wie ein Kupferkabel mit einem Durchmesser von 0,8 mm. Um das Wievielfache ist der Kupferdraht schwerer als die entsprechende Glasfaser? Die Dichte von Kupfer beträgt 8 900 kg/m³.

11.7 Berechne die fehlenden Größen!

Drehkegel	1)	2)	3)
(Basiskreis-)Radius r		0,5 m	
Höhe h	1,0 m		
Erzeugende (Mantellinie) s	2,0 m		
Oberfläche O			—
Volumen V		1,0 m³	
Mantelfläche M	—	—	gleichseitiger Kegel M = 1,0 m²

11.8 a) 1) Welche Schnittfigur entsteht, wenn man einen (allgemeinen) Drehkegel bzw. einen gleichseitigen Kegel längs einer seiner Symmetrieebenen durchschneidet?

2) Welche Schnittfigur entsteht, wenn man einen Drehkegel längs einer Ebene, die parallel zur Grundfläche ist, durchschneidet?

b) Leite eine Formel für 1) die Mantelfläche, 2) die Oberfläche und 3) das Volumen eines gleichseitigen Kegels her, wenn der Radius des Basiskreises gegeben ist!

c) Berechne den Radius, die Länge der Erzeugenden (Mantellinie) und die Höhe eines gleichseitigen Kegels, wenn die Oberfläche 1,0 m² beträgt!

11 Zylinder – Kegel – Kugel

11.9 Eine oben offene Papiertüte soll die Form eines Drehkegels haben. Das Fassungsvermögen soll 150 cm³ betragen, die Tüte soll 14 cm tief sein.

a) Wie groß wird der Durchmesser an der Öffnung des kegelförmigen Körpers?

b) Wie viel cm² Papier werden für die Herstellung der Tüte mindestens benötigt, wenn für Falz und Verschnitt 4 % der Mantelfläche hinzuzurechnen sind?

c) Welcher Anteil des Tütenvolumens ist gefüllt, wenn die Tüte bis zur Hälfte ihrer Tiefe voll ist?

11.10 Die nebenstehende Abbildung zeigt einen auf einer dünnen Schnur aufgehängten Metallkörper, ein so genanntes Senklot, wie es zur Bestimmung der senkrechten Richtung verwendet wird.

a) Berechne die Oberfläche und das Volumen dieses Körpers!

b) Wie viele derartige Körper können aus 10 kg Bleischmelze gegossen werden, wenn die Dichte von Blei 11 300 kg/m³ beträgt?

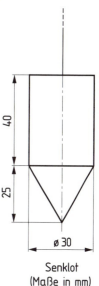

Senklot
(Maße in mm)

11.11 a) Berechne die fehlenden Größen!

Kugel	1)	2)	3)
Radius r	1,0 m		
Oberfläche O		1,0 m²	
Volumen V			1,0 m³

b) Eine Kugel mit dem Radius r und ein Würfel mit der Kantenlänge a haben gleiches Volumen.

1) Drücke den Kugelradius r durch die Kantenlänge a bzw. die Kantenlänge a durch den Kugelradius r aus!

2) Drücke das Verhältnis zwischen dem Radius r und der Kantenlänge a durch möglichst kleine natürliche Zahlen (näherungsweise) aus!

11.12 a) Welche Schnittfigur entsteht, wenn man eine Kugel längs einer Ebene durchschneidet, die durch den Kugelmittelpunkt verläuft bzw. die nicht durch den Kugelmittelpunkt verläuft? Wie heißen die dabei entstehenden Teilkörper?

b) Wie ändert sich die Oberfläche einer Kugel, wenn man den Radius auf die Hälfte, ein Drittel, ein Viertel, ein Fünftel, auf den n-ten Teil verkleinert?

c) Wie ändert sich das Volumen einer Kugel, wenn man den Radius auf das Zwei-, Drei-, Vier-, Fünf-, n-fache vergrößert?

d) Die Radien zweier Kugeln stehen im Verhältnis 3 : 4. In welchem Verhältnis stehen die Oberflächen und die Volumina?

11.13 Die nebenstehende Abbildung zeigt den Querschnitt eines zylindrischen Körpers mit einer halbkugelförmigen Ausnehmung, einen Becher.

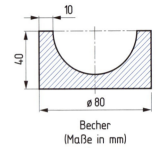

Becher
(Maße in mm)

a) Berechne die Masse des Bechers, wenn das Material Marmor mit der Dichte ϱ = 2 600 kg/m³ ist!

b) Bei der Herstellung des Bechers wurde aus dem zylindrischen Ausgangskörper die Halbkugel herausgeschliffen. Wie viel Prozent des Zylindervolumens wurden dabei zu Abfall?

c) Berechne die Oberfläche des Bechers!

11.14 a) Eine Bowlingkugel hat einen Durchmesser von 218 mm und eine Masse von 5 900 g. Berechne die Dichte ϱ des für diese Kugel verwendeten Materials! (Die drei Löcher zum Halten der Kugel bleiben unberücksichtigt.)

b) Wie viele elastische Voll-Kunststoff-Bälle von 28 mm Durchmesser können aus 10 kg Kunststoffmasse hergestellt werden, wenn die Dichte des verwendeten Materials 950 kg/m³ beträgt?

11.15 Die Erde ist näherungsweise eine Kugel mit dem Radius R = 6 370 km. Die „feste" Erdkruste, die äußerste Schale dieser Erdkugel, ist durchschnittlich 30 km dick.

a) Wie viel Prozent des Erdkugelvolumens macht das Volumen der Erdkruste aus?

b) 1) In welchem Verhältnis steht die Dicke der Erdkruste zum Radius der Erdkugel?

2) Wie dick ist die Erdkruste in einem Modell des Erdkörpers (Kugeldurchmesser 1 m) – unter Berücksichtigung der Größenverhältnisse – darzustellen?

c) Welche Kantenlänge hätte ein Würfel, der gleiches Volumen wie die Erdkugel hat?

12 Beweisen in der Geometrie

12.1 Beweise: In jedem Dreieck schneiden einander die drei Seitensymmetralen in einem Punkt. Dieser Punkt ist der Umkreismittelpunkt des Dreiecks.

12.2 Beweise: In jedem Dreieck schneiden einander die drei Höhen bzw. deren Verlängerungen in einem gemeinsamen Punkt, dem Höhenschnittpunkt.

12.3 Beweise: In jedem Dreieck schneiden einander die Winkelsymmetralen der drei Innenwinkel in einem Punkt. Dieser Punkt ist der Inkreismittelpunkt des Dreiecks.

12.4 Beweise: Die Summe der Innenwinkel beträgt in jedem Dreieck 180°.

12.5 Beweise: Die Summe der Innenwinkel in einem regelmäßigen Vieleck mit n Eckpunkten (in einem „n–Eck") beträgt 180° · (n – 2).

12.6 Beweise die Aussage des Satzes von THALES: „Jeder Winkel im Halbkreis ist ein rechter Winkel." (Kurzfassung) bzw. (in der exakten Formulierung) „Jeder Winkel, der seinen Scheitel auf einem Halbkreis hat und dessen Schenkel durch die Endpunkte des Halbkreisdurchmessers verlaufen, ist ein rechter Winkel."

12 Beweisen in der Geometrie

12.7 Beweise mit Hilfe der nebenstehenden Abbildung, dass für den Inkreisradius ϱ eines beliebigen Dreiecks die Beziehung $\varrho = \frac{2 \cdot A}{u}$ gilt! A ist der Flächeninhalt, u der Umfang der Dreiecks.

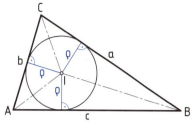

12.8 Beweise mit Hilfe der nebenstehenden Abbildung, dass für den Inkreisradius ϱ eines beliebigen rechtwinkligen Dreiecks die Beziehung $\varrho = \frac{a \cdot b}{u}$ gilt! a und b sind die Kathetenlängen, u ist der Umfang der Dreiecks.

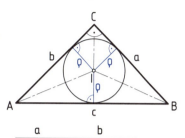

12.9 Beweise mit Hilfe der nebenstehenden Abbildung die Aussage des Lehrsatzes von PYTHAGORAS: $a^2 + b^2 = c^2$!
a und b sind die Kathetenlängen, c ist die Hypotenusenlänge.

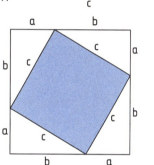

12.10 Beweise mit Hilfe der nebenstehenden Abbildung die Aussage des Lehrsatzes von PYTHAGORAS: $a^2 + b^2 = c^2$!
a und b sind die Kathetenlängen, c ist die Hypotenusenlänge.

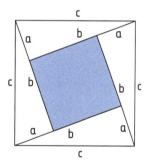

12.11 Beweise:
Zwei Schwerlinien eines beliebigen Dreiecks teilen einander im Verhältnis 2 : 1.

12.12 a) Was versteht man unter einem Peripheriewinkel (Randwinkel)?

b) Beweise anhand der nebenstehenden Abbildung: Der Peripheriewinkel φ ist halb so groß wie der zugehörige Zentriwinkel φ_1.

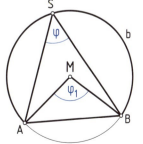

12.13 a) Beweise, dass es innerhalb jedes Dreiecks einen Punkt gibt, von dem aus die Seiten des Dreiecks unter dem gleichen Winkel gesehen werden! Wie groß ist dieser Winkel?

b) Gibt es auch für 4-, 5-, 6-, ... n-Ecke jeweils einen Punkt, von dem aus die Seiten unter gleichem Winkel gesehen werden? Begründe deine Antwort!

Lösungen

$p\% = \frac{p}{100}$ ... vereinbarter Zinssatz

$p_{eff}\% = \frac{p_{eff}}{100}$ ... effektiver Zinssatz

Bei einer Kapitalertragssteuer (KESt.) von 25 % gilt:
$p_{eff}\% = p\% \cdot 0{,}75$

Rechnen mit Zinseszinsen:
$K_1 = K_0 \cdot \left(1 + \frac{p_{eff}}{100}\right)$
$K_2 = K_0 \cdot \left(1 + \frac{p_{eff}}{100}\right) \cdot \left(1 + \frac{p_{eff}}{100}\right)$
$K_2 = K_0 \cdot \left(1 + \frac{p_{eff}}{100}\right)^2$
$K_3 = K_0 \cdot \left(1 + \frac{p_{eff}}{100}\right) \cdot \left(1 + \frac{p_{eff}}{100}\right) \cdot$
$\quad \cdot \left(1 + \frac{p_{eff}}{100}\right)$
$K_3 = K_0 \cdot \left(1 + \frac{p_{eff}}{100}\right)^3$
....
$K_n = K_0 \cdot \left(1 + \frac{p_{eff}}{100}\right)^n$

K_0 ... (Grund-)Kapital; Geldsumme zu Beginn der Verzinsung

$p_{eff}\% = \frac{p_{eff}}{100}$ ... effektiver Zinssatz; Prozentsatz, der angibt, wie viel Prozent des Kapitals **pro Jahr** als effektive Zinsen Z_{eff} (nach Abzug der KESt.) anfallen

K_n ... Guthabenstand nach 1, 2, 3, ... n Jahren

1 Wiederholung und Vertiefung

1.1 Rechnungen zur 1. Spalte der Tabelle:

$p_{eff}\% = p\% \cdot 0{,}75$ $\qquad$ 4,5 % · 0,75 = 3,375 %

$\left(1 + \frac{p_{eff}}{100}\right)$: $\qquad$ $\left(1 + \frac{3{,}375}{100}\right) = 1{,}033\,75$

K_6: $\qquad$ 12 300 € · 1,033 75⁶ =
$\qquad\qquad$ = 15 010,6... € ≈ 15 011 €

$Z_{eff} = K_6 - K_0$ $\qquad$ 15 010,6... € − 12 300 € =
$\qquad\qquad$ = 2 710,6... € ≈ 2 711 €

Rechnungen zur 2. Spalte der Tabelle:

$p_{eff}\% = p\% \cdot 0{,}75$ $\qquad$ 5 % · 0,75 = 3,75 %

$\left(1 + \frac{p_{eff}}{100}\right)$: $\qquad$ $\left(1 + \frac{3{,}75}{100}\right) = 1{,}037\,5$

$K_7 = K_0 \cdot 1{,}037\,5^7 \Rightarrow K_0 = K_7 : 1{,}037\,5^7$

$\qquad\qquad$ 22 256 € : 1,037 5⁷ =
$\qquad\qquad$ = 17 200,0... € ≈ 17 200 €

$Z_{eff} = K_7 - K_0$ $\qquad$ 22 256 € − 17 200,0... € =
$\qquad\qquad$ = 5 055,9... € ≈ 5 056 €

Rechnungen zur 3. Spalte der Tabelle:

$p_{eff}\% = p\% \cdot 0{,}75$ $\qquad$ 3,5 % · 0,75 = 2,625 %

$\left(1 + \frac{p_{eff}}{100}\right)$: $\qquad$ $\left(1 + \frac{2{,}625}{100}\right) = 1{,}026\,25$

$K_n = K_0 + Z_{eff}$ $\qquad$ 2 140 € + 296 € = 2 436 €

$K_n = K_0 \cdot \underbrace{(1{,}026\,25 \cdot 1{,}026\,25 \cdot \ldots \cdot 1{,}026\,25)}_{\text{n-mal}}$

$2\,436\,€ = 2\,140\,€ \cdot \underbrace{(1{,}026\,25 \cdot 1{,}026\,25 \cdot \ldots \cdot 1{,}026\,25)}_{\text{n-mal}}$

Löse durch Probieren und multipliziere 2 140 so oft mit 1,026 25, bis du mit dem Wert des Produkts 2 436 erreichst bzw. überschreitest!

$2\,140\,€ \cdot \underbrace{(1{,}026\,25 \cdot 1{,}026\,25 \cdot \ldots \cdot 1{,}026\,25)}_{\text{5-mal}} =$

$= 2\,140\,€ \cdot 1{,}026\,25^5 = 2\,436{,}0\ldots\,€ \approx 2\,436\,€$

1 Wiederholung und Vertiefung — Lösungen

Rechnungen zur 4. Spalte der Tabelle:

$Z_{eff} = K_2 - K_0$ $\qquad$ 10 609 € − 10 000 € = 609 €

$K_2 = K_0 \cdot \left(1 + \frac{p_{eff}}{100}\right)^2 \quad |:K_0$

$\frac{K_2}{K_0} = \left(1 + \frac{p_{eff}}{100}\right)^2 \quad |\sqrt{}$

$\sqrt{\frac{K_2}{K_0}} = 1 + \frac{p_{eff}}{100} \quad |-1$ und Seiten tauschen

$\frac{p_{eff}}{100} = \sqrt{\frac{K_2}{K_0}} - 1 \quad |\cdot 100$

$p_{eff} = \left(\sqrt{\frac{K_2}{K_0}} - 1\right) \cdot 100 \qquad \left(\sqrt{\frac{10\,609}{10\,000}} - 1\right) \cdot 100 = 3$

$p_{eff} = 3 \quad |:100$

$\frac{p_{eff}}{100} = \frac{3}{100}$

$p_{eff}\,\% = 3\,\%$

$p_{eff}\,\% = p\,\% \cdot 0{,}75 \quad |:0{,}75$

$p\,\% = \frac{p_{eff}\,\%}{0{,}75} \qquad 3\,\% : 0{,}75 = 4\,\%$

Kapital K_0	12 300 €	**17 200 €**	2 140 €	10 000 €
vereinbarter Zinssatz p %	4,5 %	5 %	3,5 %	4 %
effektiver Zinssatz p_{eff} %	3,375 %	3,75 %	2,625 %	**3 %**
Zeitdauer n	6 Jahre	7 Jahre	**5 Jahre**	2 Jahre
effektive Zinsen Z_{eff}	**2 711 €**	5 056 €	296 €	**609 €**
Guthabenstand K_n	**15 011 €**	22 256 €	**2 436 €**	10 609 €

1.2 a) 1) $p_{eff}\,\% = p\,\% \cdot 0{,}75 = 4\,\% \cdot 0{,}75 = 3\,\%$

$K_n = K_0 \cdot \left(1 + \frac{p_{eff}}{100}\right)^n = 100 \cdot \left(1 + \frac{3}{100}\right)^n = 100 \cdot (1 + 0{,}03)^n =$
$= \mathbf{100 \cdot 1{,}03^n}$ [in €]

2) $Z_{eff} = K_n - K_0 = 100 \cdot 1{,}03^n - 100 = \mathbf{100 \cdot (1{,}03^n - 1)}$ [in €]

b) Mit $Z_{eff} = K_n - K_0$ und $K_n = K_0 \cdot \left(1 + \frac{p_{eff}}{100}\right)^n$ erhältst du

$Z_{eff} = K_0 \cdot \left(1 + \frac{p_{eff}}{100}\right)^n - K_0 = \mathbf{K_0 \cdot \left(\left(1 + \frac{p_{eff}}{100}\right)^n - 1\right)}$

Im Ausdruck
$K_0 \cdot \left(1 + \frac{p_{eff}}{100}\right)^n - K_0$
kann der Faktor K_0 „herausgehoben" werden, sodass man
$K_0 \cdot \left(\left(1 + \frac{p_{eff}}{100}\right)^n - 1\right)$
erhält.

$p\% = \frac{p}{100}$ ... vereinbarter Zinssatz

$p_{eff}\% = \frac{p_{eff}}{100}$ ... effektiver Zinssatz

Bei einer Kapitalertragssteuer (KESt.) von 25 % gilt:
$p_{eff}\% = p\% \cdot 0{,}75$

Rechnen mit Zinseszinsen:

$K_n = K_0 \cdot (1 + \frac{p_{eff}}{100})^n$

K_0 ... (Grund-)Kapital; Geldsumme zu Beginn der Verzinsung

$p_{eff}\% = \frac{p_{eff}}{100}$ ... effektiver Zinssatz; Prozentsatz, der angibt, wie viel Prozent des Kapitals **pro Jahr** als effektive Zinsen Z_{eff} (nach Abzug der KESt.) anfallen

K_n ... Guthabenstand nach 1, 2, 3, ..., n Jahren

x-Achse (Zeit):
10 Jahre ≙ 2 cm

y-Achse (Kapital):
1 € ≙ 2 cm
10 c ≙ 2 mm
1,30 € ≙ 26 mm
1,70 € ≙ 34 mm
2,20 € ≙ 44 mm
2,80 € ≙ 56 mm

Zinsen für ein Jahr: $K_0 \cdot \frac{p_{eff}}{100}$
K_0 ... (Grund-)Kapital
$p_{eff}\% = \frac{p_{eff}}{100}$ ... effektiver Zinssatz

1.3

a) Vereinbarter Zinssatz: $p\% = 3{,}5\%$
Effektiver Zinssatz: $p_{eff}\% = p\% \cdot 0{,}75$ $\quad 3{,}5\% \cdot 0{,}75 = 2{,}625\%$
$p_{eff}\% = 2{,}625\%$

$(1 + \frac{p_{eff}}{100})$: $\quad (1 + \frac{2{,}625}{100}) = 1{,}02625$

Zeit (in Jahren)	Guthabenstand (in Euro)
0	$K_0 = 1{,}00$
10	$K_{10} = 1{,}00 \cdot 1{,}02625^{10} = 1{,}29... \approx \mathbf{1{,}30}$
20	$K_{20} = 1{,}00 \cdot 1{,}02625^{20} = 1{,}67... \approx \mathbf{1{,}70}$
30	$K_{30} = 1{,}00 \cdot 1{,}02625^{30} = 2{,}17... \approx \mathbf{2{,}20}$
40	$K_{40} = 1{,}00 \cdot 1{,}02625^{40} = 2{,}81... \approx \mathbf{2{,}80}$

b)

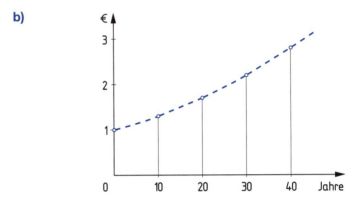

Um der Tatsache Rechnung zu tragen, dass es nicht zu jedem Wert auf der x-Achse einen zugehörigen Wert auf der y-Achse gibt, solltest du die Punkte im Diagramm nur mit einer strichlierten Linie zu einer Kurve verbinden! (Sie hat dann bloß die Aufgabe, das Auge des Betrachters zu führen.)

c) „Einfache Zinsen", d. h. es werden keine Zinseszinsen berechnet. Das Guthaben (Kapital) wächst dann jährlich um den gleichen Betrag, nämlich um 2,625 % von 1 Euro, das sind
(1 € · 0,02625 =) 0,02625 € = 2,625 c.
In 40 Jahren sind das 2,625 c · 40 = 105 c = 1,05 € = 1 € 5 c.
Der Guthabenstand beträgt dann 1 € + 1,05 € = 2,05 €.

Bei Zinseszinsen beträgt der Guthabenstand 2,81... €.

2,81... € − 2,05 € = 0,76... € ≈ 0,80 € = 80 c.

Der Unterschied im Guthabenstand beträgt (rund) **80 Cent**.

1 Wiederholung und Vertiefung — Lösungen

1.4 (Vergleiche mit dem Beispiel 1.3!)
Die Anzahl der radioaktiven Atome nimmt von Stunde zu Stunde um den gleichen Prozentsatz ab. In gewissem Sinn entspricht das einer „negativen Verzinsung". Ersetze daher den dir von der Kapitalverzinsung bekannten (Aufzinsungs-)Faktor $\left(1 + \frac{p}{100}\right)$ durch den Faktor $\left(1 - \frac{p}{100}\right)$!

„Grundkapital", Ausgangsanzahl: $A_0 = 100\,000$ Atome

„Zinssatz", Zerfallsrate: $p\,\% = 30\,\%$ $\quad \left(1 - \frac{p}{100}\right) = \left(1 - \frac{3}{100}\right) = 0{,}70$

$A_n = A_0 \cdot \left(1 - \frac{p}{100}\right)^n$

A_0 ... Anzahl der radioaktiven Atome zu Beginn der Beobachtung

$p\,\% = \frac{p}{100}$ ... Zerfallrate; Prozentsatz, der angibt, wie viel Prozent der Atome pro Stunde zerfallen.

A_n ... Anzahl der radioaktiven Atome nach 1, 2, 3, ..., n Stunden

a)

Zeit (in Stunden)	Anzahl der radioaktiven Atome
0	$A_0 = 100\,000$
1	$A_1 = 100\,000 \cdot 0{,}70 = \mathbf{70\,000}$
2	$A_2 = 100\,000 \cdot 0{,}70^2 = \mathbf{49\,000}$
3	$A_3 = 100\,000 \cdot 0{,}70^3 = 34\,300 \approx \mathbf{34\,000}$
4	$A_4 = 100\,000 \cdot 0{,}70^4 = 24\,010 \approx \mathbf{24\,000}$
5	$A_5 = 100\,000 \cdot 0{,}70^5 = 16\,807 \approx \mathbf{17\,000}$

b)

x-Achse (Zeit):
 1 h ≙ 1 cm

y-Achse (Anzahl der Atome):
 1 000 Atome ≙ 1 mm
 70 000 Atome ≙ 70 mm
 49 000 Atome ≙ 49 mm
 34 000 Atome ≙ 34 mm
 24 000 Atome ≙ 24 mm
 17 000 Atome ≙ 17 mm

c) Um die einem bestimmten Zeitpunkt zugeordnete Anzahl der radioaktiven Atome aus dem Diagramm herauslesen zu können, musst du die Punkte des Punktdiagramms miteinander verbinden. Du erhältst eine Kurve.

Die zu $4\frac{1}{2}$ Stunden gehörende Anzahl an radioaktiven Atomen findest du folgendermaßen: Ziehe durch den Punkt für $4\frac{1}{2}$ Stunden – er liegt auf der x-Achse 4,5 cm vom Nullpunkt entfernt – normal zur x-Achse eine Gerade, die die Kurve schneidet! Von diesem Schnittpunkt aus ziehe eine Normale zur y-Achse und schneide diese! Jetzt kannst du (mit Hilfe eines Lineals) die gesuchte Atomanzahl auf der y-Achse deines Diagramms entnehmen.

Ergebnis der Messung:
$A_{4\frac{1}{2}}$ (im Diagramm) = 20 mm   1 mm ≙ 1 000 Atome
   20 mm ≙ 20 000 Atome

Nach $4\frac{1}{2}$ Stunden sind noch (rund) **20 000 radioaktive Atome** vorhanden.

1 Wiederholung und Vertiefung

1.5 (Vergleiche mit dem Beispiel 1.4 a)!)

a) „Zinssatz", Abnahmerate: $p\% = \frac{p}{100} = 10\% = \frac{10}{100}$

$\left(1 - \frac{p}{100}\right) = \left(1 - \frac{10}{100}\right) = 0{,}90$

$\mathbf{I_n = I_0 \cdot 0{,}90^n}$

I_0 ... Intensität an einem bestimmten Punkt im Lichtleiter
I_n ... Intensität an einem Punkt im Lichtleiter, der 1, 2, 3, ..., n Kilometer vom Ausgangspunkt der Messung entfernt ist.

60 % = $\frac{60}{100}$ = 0,60

$0{,}90^2 = 0{,}81$
$0{,}90^3 = 0{,}729$
$0{,}90^4 = 0{,}6561$
$0{,}90^5 = 0{,}59049$

Beachte: Da die Intensität des Lichtstrahls beim Fortschreiten im Leiter gleichmäßig abnimmt, kannst du mit Hilfe dieses (Probier-)Verfahrens nur einen Näherungswert ermitteln.

b) Einerseits gilt die in a) aufgestellte Formel $I_n = I_0 \cdot 0{,}90^n$, andererseits geht aus dem Text hervor: $I_n < I_0 \cdot 0{,}60$.
Stelle daher eine Ungleichung auf!

$I_0 \cdot 0{,}90^n < I_0 \cdot 0{,}60 \quad | : I_0$
$\quad 0{,}90^n < 0{,}60$

Probierverfahren: Multipliziere 0,90 so oft mit sich selbst, bis der Wert des Produkts erstmals kleiner als 0,60 ist! Die Ergebnisse für alle Stufen der Annäherung an die Zahl 0,60 findest du in der Randspalte.

Der Wert der Intensität liegt erstmals nach rund **5 km** unter 60 % des Ausgangswerts.

c) Vergleiche mit a)!

$\mathbf{I_n = I_0 \cdot \left(1 - \frac{p}{100}\right)^n}$

Eine Gleichung der Form
a : b = c : d heißt
Verhältnisgleichung oder
Proportion. Sie kann mit Hilfe
von Äquivalenzumformungen in
die Gleichung a · d = b · c
umgeformt werden.
a · d ... Produkt der Außenglieder
b · c ... Produkt der Innenglieder

1.6 Eine Proportion ist richtig, wenn gilt:
Produkt der Außenglieder = Produkt der Innenglieder

a) $(2a + 1) : (3a - 2) = (2a + 3) : (3a - 4)$
$(2a + 1) \cdot (3a - 4) = (3a - 2) \cdot (2a + 3)$
$6a^2 + 3a - 8a - 4 = 6a^2 - 4a + 9a - 6 \quad | - 6a^2$
$\quad\quad\quad -5a - 4 = 5a - 6 \quad | - 5a + 4$
$\quad\quad\quad\quad\quad -10a = -2 \quad | : (-10)$
$\quad\quad\quad\quad\quad\quad\quad a = \frac{1}{5}$

Probe: $a = \frac{1}{5}$

Linke Seite der Proportion:

$\left(\frac{2}{5} + 1\right) : \left(\frac{3}{5} - 2\right) = \left(\frac{2}{5} + \frac{5}{5}\right) : \left(\frac{3}{5} - \frac{10}{5}\right) = \frac{7}{5} : \left(-\frac{7}{5}\right) = -1$

Rechte Seite der Proportion:

$\left(\frac{2}{5} + 3\right) : \left(\frac{3}{5} - 4\right) = \left(\frac{2}{5} + \frac{15}{5}\right) : \left(\frac{3}{5} - \frac{20}{5}\right) = \frac{17}{5} : \left(-\frac{17}{5}\right) = -1$

b) $x : 25 = 81 : x$
$\quad x \cdot x = 25 \cdot 81$
$\quad\quad x^2 = 5^2 \cdot 9^2 \quad\quad\quad\quad x^2 = 5^2 \cdot 9^2 \Rightarrow x = 5 \cdot 9 = 45$
$\quad\quad\, \mathbf{x = 45}$

Probe: $x = 45$

Linke Seite der Proportion: $45 : 25 = \frac{45}{25} = \frac{9}{5} = 1\frac{4}{5}$

Rechte Seite der Proportion: $81 : 45 = \frac{81}{45} = \frac{9}{5} = 1\frac{4}{5}$

1 Wiederholung und Vertiefung — Lösungen — 53

1.7 **a)** $\quad \frac{5x-2}{2x+3} = \frac{10x-7}{4x+1} \quad |\cdot (2x+3)\cdot(4x+1)$

$(5x-2)\cdot(4x+1) = (10x-7)\cdot(2x+3)$

$20x^2 - 8x + 5x - 2 = 20x^2 - 14x + 30x - 21 \quad |-20x^2$

$-3x - 2 = 16x - 21 \quad |-16x + 2$

$-19x = -19 \quad |:(-19)$

$\mathbf{x = 1}$

Probe: $x = 1$

Linke Seite der Proportion: $\frac{5-2}{2+3} = \frac{3}{5}$

Rechte Seite der Proportion: $\frac{10-7}{4+1} = \frac{3}{5}$

b) $\frac{1}{9} : x = x : \frac{1}{64}$

$\frac{1}{9} \cdot \frac{1}{64} = x \cdot x$

$x^2 = \frac{1}{9} \cdot \frac{1}{64} = \frac{1}{3^2} \cdot \frac{1}{8^2} \qquad x^2 = \frac{1}{3^2} \cdot \frac{1}{8^2} \Rightarrow x = \frac{1}{3} \cdot \frac{1}{8} = \frac{1}{24}$

$\mathbf{x = \frac{1}{24}}$

Probe: $x = \frac{1}{24}$

Linke Seite der Proportion: $\frac{1}{9} : \frac{1}{24} = \frac{1}{9} \cdot \frac{24}{1} = \frac{24}{9} = \frac{8}{3} = 2\frac{2}{3}$

Rechte Seite der Proportion: $\frac{1}{24} : \frac{1}{64} = \frac{1}{24} \cdot \frac{64}{1} = \frac{8}{3} = 2\frac{2}{3}$

1.8 **a)** Massenverhältnis im Eisenoxid: $\quad m_{Fe} : m_O = 7 : 3$

Bezeichne jeden der 10 gleich großen Teile (z. B.) mit t (Gramm)!

$m_{Fe} = 7 \cdot t, \quad m_O = 3 \cdot t$

$m_{Fe} + m_O = 50$

$7t + 3t = 50$

$10t = 50 \quad |:10$

$t = 5$

$m_{Fe} = 5\,g \cdot 7 = \mathbf{35\,g}, \quad m_O = 5\,g \cdot 3 = \mathbf{15\,g}$

Probe: $\quad m_{Fe} + m_O = 35\,g + 15\,g = 50\,g$

Fe ... chemisches Zeichen für Eisen (Ferrum)

O ... chemisches Zeichen für Sauerstoff (Oxygenium)

b) $x : 10 = m_{Fe} : m_O$

$x : 10 = 7 : 3$

$x \cdot 3 = 10 \cdot 7 \quad |:3$

$x = \frac{70}{3} = 23\frac{1}{3} \approx 23$

Probe: $x = 23\frac{1}{3}$

Linke Seite der Proportion: $\frac{70}{3} : 10 = \frac{7}{3}$

Rechte Seite der Proportion: $7 : 3 = \frac{7}{3}$

Mit 10 g Sauerstoff verbinden sich rund **23 g** Eisen.

c) $10 : x = m_{Fe} : m_O$

$10 : x = 7 : 3$

$10 \cdot 3 = x \cdot 7 \quad |:7$

$x = \frac{30}{7} = 4{,}2\ldots \approx 4$

Probe: $x = \frac{30}{7}$

Linke Seite der Proportion: $10 : \frac{30}{7} = 10 \cdot \frac{7}{30} = \frac{70}{30} = \frac{7}{3}$

Rechte Seite der Proportion: $7 : 3 = \frac{7}{3}$

Mit 10 g Eisen verbinden sich rund **4 g** Sauerstoff.

Lösungen — 1 Wiederholung und Vertiefung

Seitenleiste (links):

H … chemisches Zeichen für Wasserstoff (Hydrogenium)
O … chemisches Zeichen für Sauerstoff (Oxygenium)

Dichte = $\frac{\text{Masse}}{\text{Volumen}}$

$\varrho = \frac{m}{V} \Rightarrow V = \frac{m}{\varrho}$

Variante:
$\frac{1}{0{,}09} : \frac{8}{1{,}43} = \frac{1 \cdot 0{,}09}{0{,}09} : \frac{8 \cdot 0{,}09}{1{,}43} =$
$= 1 : 0{,}50\ldots \approx 1 : 0{,}5 = 2 : 1$

Die abgeschiedene Silbermenge und die dafür benötigte Zeit sind – bei konstanter Stromstärke – direkt proportional; sie stehen im direkten Verhältnis.

Bei einer gegebenen (abzuscheidenden) Silbermenge sind die Stromstärke und die zur Abscheidung nötige Zeit indirekt proportional; sie stehen in direktem Verhältnis.

1.9

a) $m_H : m_O = 2 : 16 = \mathbf{1 : 8}$

b) $\varrho = \frac{m}{V} \Rightarrow V = \frac{m}{\varrho}$

$V_H : V_O = \frac{m_H}{\varrho_H} : \frac{m_O}{\varrho_O}$

$V_H : V_O = \frac{1}{0{,}09} : \frac{8}{1{,}43}$

Multipliziere (z. B.) auf der rechten Seite der Proportion jedes Glied mit 1,43!

$\frac{1}{0{,}09} : \frac{8}{1{,}43} = \frac{1 \cdot 1{,}43}{0{,}09} : \frac{8 \cdot 1{,}43}{1{,}43} = 15{,}\dot{8} : 8 \approx 16 : 8 = 2 : 1$

$\mathbf{V_H : V_O = 2 : 1}$

c) $m_H : m_O = 1 : 8$
   $111 : x = 1 : 8$
   $111 \cdot 8 = x \cdot 1$
   $x = 888$

Summe der Massen:

$m_H + m_O = 111 \text{ g} + 888 \text{ g} = 999 \text{ g} \approx \mathbf{1\,000 \text{ g}} \,\hat{=}\, \mathbf{1 \text{ Liter}}$

Es entstehen rund **1 000 g** Wasser. Dem entspricht rund **1 Liter**.

1.10

a) Die abgeschiedene Silbermenge ist zur Zeit (und zur Stromstärke) direkt proportional. Berechne zuerst, wie lange es dauert, um 1 g Silber bei einer Stromstärke von 0,5 Ampere abzuscheiden!

↑ 20 min …………… 0,672 g ↑
│ x min …………… 1 g   │

$x : 20 = 1 : 0{,}672$
$x \cdot 0{,}672 = 20 \cdot 1 \quad |: 0{,}672$
$x = 20 : 0{,}672 = 29{,}7\ldots \approx 30$

Bei einer Stromstärke von 0,5 Ampere dauert es rund 30 Minuten um 1 g Silber abzuscheiden.

Berechne jetzt, wie lange es dauert, um bei einer Stromstärke von 1 Ampere 1 g Silber abzuscheiden!

│ 0,5 A …………… 29,7… min ↑
↓ 1 A …………… x min   │

$x : 29{,}7\ldots = 0{,}5 : 1$
$x = 29{,}7\ldots \cdot 0{,}5 = 14{,}8\ldots \approx 15$

Variante („Kopfrechnung"): Bei doppelter Stromstärke dauert der Elektrolysevorgang halb so lang.

Bei einer Stromstärke von 1 Ampere dauert das Abscheiden von 1 g Silber rund **15 Minuten**.

b) ↑ 20 min …………… 0,672 g ↑
   │ 3 min …………… x g   │

$x : 0{,}672 = 3 : 20$
$x \cdot 20 = 0{,}672 \cdot 3 \quad |: 20$
$x = (0{,}672 \cdot 3) : 20 = 0{,}100\,8 \approx 0{,}1$

Bei einer Stromstärke von 0,5 Ampere werden in 3 Minuten rund 0,1 g Silber abgeschieden.

1 Wiederholung und Vertiefung — Lösungen

↑ 0,5 A .... 0,100 8 g ↑
  x A 0,504   g

$$x : 0,5 = 0,504 : 0,100\,8$$
$$x \cdot 0,100\,8 = 0,5 \cdot 0,504 \quad | : 0,100\,8$$
$$x = (0,5 \cdot 0,504) : 0,100\,8 = 2,5$$

Die Stromstärke betrug (rund) **2,5 Ampere**.

Die abgeschiedene Silbermenge und die für den Elektrolysevorgang gewählte Stromstärke sind – für einen konstanten Zeitraum – direkt proportional; sie stehen im direkten Verhältnis.

1.11 a) 38 Tage lang verläuft der Füllvorgang planmäßig. Das Becken könnte über die 4 Zuleitungsrohre in weiteren (60 − 38 =) 22 Tagen gefüllt werden. 4 Zuleitungsrohre von je 30 cm² Querschnittfläche stellen eine Gesamt-Querschnittfläche von (4 · 30 =) 120 cm² dar. Nach dem Ersatz eines der Rohre durch ein Rohr mit 20 cm² Querschnittfläche verringert sich die Gesamt-Querschnittfläche auf 110 cm².

| 120 cm² .... 22 Tage ↑
↓ 110 cm² .... x Tage

$$x : 22 = 120 : 110$$
$$x \cdot 110 = 22 \cdot 120 \quad | : 110$$
$$x = (22 \cdot 120) : 110 = 24 \qquad 24 - 22 = 2$$

Das Becken wird (voraussichtlich) **2 Tage später** gefüllt sein.

Bei einer gegebenen Füllmenge sind die Querschnittflächen der Zuleitungsrohre und die Fülldauer indirekt proportional; sie stehen im indirekten Verhältnis.

b) ↑ 120 cm² .... 60 Tage |
       x cm² .... 50 Tage ↓

$$x : 120 = 60 : 50$$
$$x \cdot 5 = 120 \cdot 6 \quad | : 5$$
$$x = (120 \cdot 6) : 5 = 144$$

Die Querschnittfläche eines Abflussrohrs ist ein Drittel der Gesamt-Querschnittfläche: 144 : 3 = 48

Die Querschnittfläche eines Abflussrohrs muss **48 cm²** betragen.

60 : 50 = 6 : 5

Geometrie:

1.12 **a)** Länge der Seite c_1:

$A : A_1 = 144 : 225 = 12^2 : 15^2$

Da sich in ähnlichen Dreiecken die Flächeninhalte wie die Quadrate einander entsprechender Seiten verhalten, gilt:

$c : c_1 = 12 : 15 = 4 : 5$
$18 : c_1 = 4 : 5$
$18 \cdot 5 = 4 \cdot c_1 \quad | : 4$
$\qquad c_1 = (18 \cdot 5) : 4 \qquad\qquad (18 \cdot 5) : 4 = 22{,}5$
$\qquad c_1 = 22{,}5$

$c_1 = 22{,}5$ cm

Die Dreieckseite c_1 beträgt **22,5 cm**.

Dreieckshöhen h_c und h_{c1}:

$A = \frac{1}{2} \cdot c \cdot h_c \qquad\qquad h_{c1} : h_c = 5 : 4$
$144 = \frac{1}{2} \cdot 18 \cdot h_c \qquad\quad h_{c1} : 16 = 5 : 4$
$144 = 9 \cdot h_c \quad | : 9 \qquad\quad 4 \cdot h_{c1} = 16 \cdot 5 \quad | : 4$
$\quad h_c = 16 \qquad\qquad\qquad\qquad h_{c1} = 20$

$h_c = 16$ cm, $h_{c1} = 20$ cm

Probe: $A = \frac{1}{2} \cdot c \cdot h_c \qquad \frac{1}{2} \cdot 18{,}0 \cdot 16 = 144 \qquad A = 144$ cm^2

Probe: $A_1 = \frac{1}{2} \cdot c_1 \cdot h_{c1} \qquad \frac{1}{2} \cdot 22{,}5 \cdot 20 = 225 \qquad A = 225$ cm^2

Die Dreieckshöhe h_c beträgt **16 cm**, die Höhe h_{c1} beträgt **20 cm**.

1.13 Beweisführung (Vorschlag):

$a_1 : a_2 = b_1 : b_2 = c_1 : c_2 = k$, eine fixe Zahl, der Proportionalitätsfaktor. Die mehrgliedrige Proportion kann in einzelne Proportionen $a_1 : a_2 = k$, $b_1 : b_2 = k$ bzw. $c_1 : c_2 = k$ „aufgelöst" und in die Form $a_1 = k \cdot a_2$, $b_1 = k \cdot b_2$ bzw. $c_1 = k \cdot c_2$ gebracht werden.

Für die Umfänge gilt: $u_2 = a_2 + b_2 + c_2$ bzw.
$u_1 = a_1 + b_1 + c_1 = k \cdot a_2 + k \cdot b_2 + k \cdot c_2 = k \cdot (a_2 + b_2 + c_2) = k \cdot u_2$

Wenn $u_1 = k \cdot u_2$, dann kann das Verhältnis der Umfänge wie folgt angeschrieben werden: $u_1 : u_2 = k = a_1 : a_2 = b_1 : b_2 = c_1 : c_2$

(Was zu beweisen war.)

Sind zwei geometrische Figuren ähnlich, so verhalten sich die Flächeninhalte wie die Quadrate einander entsprechender Längen.

Flächeninhalt eines Dreiecks:
$A = \frac{1}{2} \cdot a \cdot h_a =$
$ = \frac{1}{2} \cdot b \cdot h_b =$
$ = \frac{1}{2} \cdot c \cdot h_c$
a, b, c ... Seitenlängen
h_a, h_b, h_c ... Höhen

Ähnliche geometrische Figuren: Geometrische Figuren sind ähnlich, wenn einander entsprechende Winkel gleich groß sind und einander entsprechende Längen im gleichen Verhältnis stehen.
Ähnliche Figuren haben gleiche Gestalt, aber verschiedene Größe.

1 Wiederholung und Vertiefung — Lösungen

1.14 (Vergleiche mit dem Beispiel 1.13!)
Beweisführung (Vorschlag):
Für den Flächeninhalt der Dreiecke gilt:

$A_1 = \frac{1}{2} \cdot a_1 \cdot h_{a1} = \frac{1}{2} \cdot b_1 \cdot h_{b1} = \frac{1}{2} \cdot c_1 \cdot h_{c1}$ bzw.
$A_2 = \frac{1}{2} \cdot a_2 \cdot h_{a2} = \frac{1}{2} \cdot b_2 \cdot h_{b2} = \frac{1}{2} \cdot c_2 \cdot h_{c2}$

Nun muss als gültig vorausgesetzt werden, dass in ähnlichen Dreiecken die entsprechenden Längen (dazu zählen nicht nur die Seitenlängen sondern z. B. auch die Höhen) im gleichen Verhältnis stehen. (Der Beweis dieser Aussage ist Inhalt des Beispiels 1.13.)

Also: $a_1 : a_2 = b_1 : b_2 = c_1 : c_2 = h_{a1} : h_{a2} = h_{b1} : h_{b2} = h_{c1} : h_{c2} = k$, eine fixe Zahl, der Proportionalitätsfaktor.

Die mehrgliedrige Proportion kann in einzelne Proportionen $a_1 : a_2 = k$, $b_1 : b_2 = k$, $c_1 : c_2 = k$, $h_{a1} : h_{a2} = k$, $h_{b1} : h_{b2} = k$, bzw. $h_{c1} : h_{c2} = k$ „aufgelöst" und in die Form $a_1 = k \cdot a_2$, $b_1 = k \cdot b_2$, $c_1 = k \cdot c_2$, $h_{a1} = k \cdot h_{a2}$, $h_{b1} = k \cdot h_{b2}$ bzw. $h_{c1} = k \cdot h_{c2}$ gebracht werden.

Durch Einsetzen in die Formel für den Dreiecksflächeninhalt erhält man z. B. $A_1 = \frac{1}{2} \cdot (k \cdot a_2) \cdot (k \cdot h_{a2}) = (\frac{1}{2} \cdot a_2 \cdot h_{a2}) \cdot k^2 = A_2 \cdot k^2$

Wenn $A_1 = A_2 \cdot k^2$, dann kann das Verhältnis der Flächeninhalte wie folgt angeschrieben werden: $A_1 : A_2 = k^2 = a_1^2 : a_2^2 = b_1^2 : b_2^2 = c_1^2 : c_2^2$

(Was zu beweisen war.)

Flächeninhalt eines Dreiecks:
$A = \frac{1}{2} \cdot a \cdot h_a =$
$\quad = \frac{1}{2} \cdot b \cdot h_b =$
$\quad = \frac{1}{2} \cdot c \cdot h_c$
a, b, c ... Seitenlängen
h_a, h_b, h_c ... Höhen

1.15 Fertige eine Skizze eines Dreiecks an und beschrifte dieses!

Konstruktionsgang (Vorschlag):

1) s_a ist eine Schwerlinie des Dreiecks. Konstruiere aus den Strecken a_1 und s_{a1}, die im Verhältnis 3 : 5 stehen, und dem Winkel $\beta = 120°$ ein zum Dreieck ABC ähnliches Hilfsdreieck $A_1B_1C_1$! Wähle z. B. $a_1 = 30$ mm und $s_{a1} = 50$ mm!

2) Konstruiere den Umkreismittelpunkt U! (Er liegt im Schnittpunkt der Seitensymmetralen.) U eignet sich als Streckungszentrum (Ähnlichkeitszentrum). Der Umkreisradius r soll 80 mm betragen. Verlängere daher z. B. die Strecke UA_1 auf 80 mm! Du erhälst den Punkt A. Auf ähnliche Weise erhältst du die Punkte B und C.

Skizze:

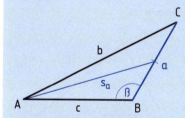

Schwerlinie eines Dreiecks: die Verbindungslinie vom Halbierungspunkt einer Dreieckseite zum gegenüberliegenden Eckpunkt.

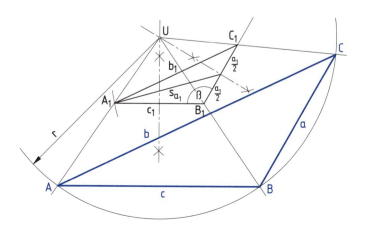

Skizze:

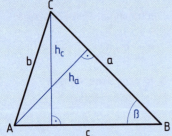

1.16 Fertige eine Skizze eines Dreiecks an und beschrifte dieses!

Konstruktionsgang (Vorschlag):

1) Zeichne den Winkel $\beta = 45°$! Der Punkt A_1 soll von dem Winkelschenkel, auf dem die Seite a_1 liegen wird, den Abstand h_a haben. Wähle z. B. $h_a = 40$ mm und ziehe eine Parallele zu diesem Schenkel im Abstand von 40 mm! Im Schnittpunkt mit dem zweiten Schenkel des Winkels β liegt A_1.

2) C_1 muss nun von der Seite c_1 den Abstand $h_c = 50$ mm haben. Ziehe eine Parallele zu c_1 im Abstand von 50 mm und schneide sie mit dem anderen Schenkel des Winkels β! Du erhältst den Punkt C_1.

3) A_1 eignet sich als Streckungszentrum (Ähnlichkeitszentrum). Verlängere die Strecke A_1C_1 auf 65 mm! Du erhältst den Punkt C. Im Schnittpunkt einer Parallelen zu B_1C_1 durch C mit der Verlängerung von A_1B_1 liegt der Punkt B.

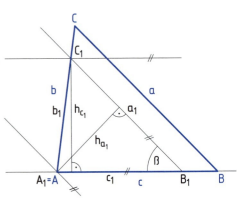

Skizze:

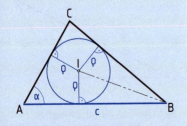

Beachte: Den Berührungspunkt T der von B_1 ausgehenden Tangente an den Inkreis musst du „konstruieren". Stich mit dem Zirkel in B_1 ein und bringe einen Bogen, dessen Radius so groß ist wie der Abstand des Punktes B_1 vom Berührungspunkt des Inkreises auf der Seite c_1, mit dem Inkreis zum Schnitt.

1.17 Fertige eine Skizze eines Dreiecks an und beschrifte dieses!

Konstruktionsgang (Vorschlag):

1) Zeichne die Strecke c_1 z. B. 90 mm lang und den Winkel $\alpha = 60°$!

2) Der Inkreismittelpunkt I hat von den Dreieckseiten den Abstand ϱ. Ziehe im Abstand $\varrho = 20$ mm Parallelen zu den Schenkeln des Winkels α! Im Schnittpunkt dieser Parallelen liegt I. Zeichne die Berührungsradien und den Inkreis!

3) Lege von B_1 aus die Tangente an den Inkreis! Ihr Schnittpunkt mit dem zweiten Schenkel des Winkels α ist C_1.

4) A_1 eignet sich als Streckungszentrum (Ähnlichkeitszentrum). Verlängere die Höhe h_a auf 75 mm und ziehe eine Parallele zu a_1 durch den Endpunkt von h_a! In ihren Schnittpunkten mit den Schenkeln des Winkels α liegen B und C.

2 Reelle Zahlen

2.1 a) Rationale Zahlen lassen sich in Form eines Bruchs oder durch endliche oder unendliche periodische Dezimalzahlen darstellen.

Irrationale Zahlen lassen sich nicht in Form eines Bruchs oder durch endliche oder unendliche periodische Dezimalzahlen darstellen. Sie sind unendliche nichtperiodische Dezimalzahlen; d. h. sie haben eine unendliche Anzahl von Nachkommastellen, wobei in der Abfolge der Nachkommastellen keine Periodizität (regelmäßige Wiederkehr) auftritt.

Beispiele für rationale Zahlen:
$1{,}5 = \frac{3}{2}$; $\frac{2}{7} = 0{,}\dot{2}8571\dot{4}$; $0{,}\dot{3} = \frac{1}{3}$

Beispiele für irrationale Zahlen:
$\sqrt{2} = 1{,}414\ldots$; $\sqrt[3]{100} = 4{,}641\ldots$;
$0{,}102\,203\,330\,444\,40\ldots$ Bildungsvorschrift: (Null-Komma)Eins-Null-zwei Zweier-Null-drei Dreier-Null-vier Vierer-Null usw.

b) Rationale Zahlen: $\frac{1}{2}$; $38\ (=\frac{38}{1})$; $\sqrt{121} = 11\ (=\frac{11}{1})$;
$1{,}\dot{4} = 1{,}444\ldots = 1\frac{4}{9} = \frac{13}{9}$; $0{,}999\,99\ldots = 0{,}\dot{9} = \frac{9}{9} = 1$;
Irrationale Zahlen: $7 \cdot \sqrt{7} = 18{,}520\ldots$; $\sqrt[3]{5} = 1{,}709\ldots$

c) Unter der Menge der reellen Zahlen ($\mathbb{R}$) versteht man jene Zahlenmenge, die durch Zusammenfassung (Vereinigung) der Menge der rationalen Zahlen ($\mathbb{Q}$) und der Menge der irrationalen Zahlen ($\mathbb{I}$) entsteht. Die Menge der reellen Zahlen beinhaltet alle (möglichen) Dezimalzahlen.

2.2 Die Annahme:
$\sqrt{2} = \frac{a}{b}$ mit $a, b \in \mathbb{N}^*$ und $b \neq 1$ bedeutet: b darf (und kann) nicht 1 sein, sonst wäre $\sqrt{2} = a$, also eine natürliche Zahl. $\frac{a}{b}$ ist demnach sicherlich keine ganze Zahl (sondern eine Dezimalzahl mit Nachkommastellen).

Der Beweisgang:
Quadriert man beide Seiten der Gleichung $\sqrt{2} = \frac{a}{b}$, so erhält man die Gleichung $2 = \frac{a^2}{b^2}$. Wenn $\frac{a}{b}$ keine ganze Zahl ist, dann kann auch das Quadrat davon, $\frac{a^2}{b^2}$, keine ganze Zahl sein. (Denn keine Dezimalzahl mit mindestens einer (von Null verschiedenen) Nachkommastelle ergibt quadriert eine ganze Zahl.) Die Zahl 2 (auf der linken Seite der Gleichung) ist aber eine ganze Zahl.

Damit liegt ein (gewaltiger) Widerspruch vor und man kann schließen, dass die Annahme, $\sqrt{2}$ sei eine rationale Zahl, falsch ist. $\sqrt{2}$ ist eine irrationale Zahl.

Was zu beweisen war.

Randnotizen:

Endliche Dezimalzahl: Dezimalzahl mit einer endlichen Anzahl von Nachkommastellen.

Periodische Dezimalzahl: unendliche Dezimalzahl, bei der sich von einer Stelle an eine Ziffer oder eine Zifferngruppe immer wiederholt.

Rationale Zahl: (gemäß einer Bedeutung des lateinischen Worts ratio … Verhältnis) Verhältniszahl. Zahl, die in Form eines Verhältnisses, eines Bruchs darstellbar ist. Jeder Bruch lässt sich als endliche oder unendliche periodische Dezimalzahl schreiben.

Irrationale Zahl: (irrational … nicht rational) Zahl, die nicht in Form eines Bruchs darstellbar ist.

Irrationale Zahlen sind unendliche, nicht periodische Dezimalzahlen.

$a, b \in \mathbb{N}^*$ bedeutet: a und b sind natürliche Zahlen $\neq 0$.

2.3 **a)** Gesucht sind positive reelle Zahlen für die gilt: $3 < x^2 < 11$.

Ist das Quadrat einer Zahl größer als 3 aber kleiner als 11, dann ist die Zahl selbst größer als $\sqrt{3} = 1{,}732\ldots$ aber kleiner als $\sqrt{11} = 3{,}316\ldots$

L = {x ∈ ℝ | $\sqrt{3} < x < \sqrt{11}$}

Beispiele für Zahlen aus dieser Menge:

$2;\quad 2\frac{1}{2} = \frac{5}{2} = 2{,}5;\quad \sqrt{10} = 3{,}162\ldots$

$\sqrt{7} = 2{,}645\,751\ldots$

b) „Einschranken" von $\sqrt{7}$ bedeutet, zwei Zahlen (eine obere und eine untere Schranke) zu finden, zwischen denen der genaue Wert von $\sqrt{7}$ liegt. Mit Hilfe des im Folgenden vorgezeigten Verfahrens wird eine schrittweise Annäherung an diesen Wert erreicht.

*) $\sqrt{7}$ liegt zwischen 2 und 3. Teile den Bereich (das Intervall) zwischen 2 und 3 in 10 gleiche Teile und probiere mit den Zahlen 2,1; 2,2; ...; 2,9!

$\left.\begin{array}{l}2^2 = 4 < 7 \\ 3^2 = 9 > 7\end{array}\right\}\ 2^2 < 7 < 3^2 \Rightarrow 2 < \sqrt{7} < 3\text{*}$

$\left.\begin{array}{l}2{,}6^2 = 6{,}76 < 7 \\ 2{,}7^2 = 7{,}29 > 7\end{array}\right\}\ 2{,}6^2 < 7 < 2{,}7^2 \Rightarrow 2{,}6 < \sqrt{7} < 2{,}7\text{**}$

**) $\sqrt{7}$ liegt zwischen 2,6 und 2,7. Teile den Bereich (das Intervall) zwischen 2,6 und 2,7 in 10 gleiche Teile und probiere mit den Zahlen 2,61; 2,62; ...; 2,69!

$\left.\begin{array}{l}2{,}64^2 = 6{,}969\,6 < 7 \\ 2{,}65^2 = 7{,}022\,5 > 7\end{array}\right\}\ \begin{array}{l}2{,}64^2 < 7 < 2{,}65^2 \Rightarrow \\ \Rightarrow 2{,}64 < \sqrt{7} < 2{,}65\end{array}$

$\left.\begin{array}{l}2{,}645^2 = 6{,}996\,025 < 7 \\ 2{,}646^2 = 7{,}001\,316 > 7\end{array}\right\}\ \begin{array}{l}2{,}645^2 < 7 < 2{,}646^2 \Rightarrow \\ \Rightarrow 2{,}645 < \sqrt{7} < 2{,}646\end{array}$

Nach dem vierten Verfahrensschritt ändert sich an der Hundertstelstelle der beiden Schranken nichts mehr.

Im Rahmen der geforderten Genauigkeit gilt: $\sqrt{7} = 2{,}64$

$\sqrt{5} = 2{,}236\ldots$
$\sqrt{6} = 2{,}449\ldots$

2.4 (Vergleiche mit dem Beispiel 2.3!)

a) **L = {x ∈ ℝ | $\sqrt{5} < x < \sqrt{6}$}**

Beispiele für Zahlen aus dieser Menge:

$2\frac{1}{4} = 2{,}25;\quad 2{,}333\ldots = 2{,}\dot{3} = 2\frac{1}{3} = \frac{7}{3};\quad \sqrt{5{,}76} = 2{,}4$

$\sqrt{19} = 4{,}358\,898\ldots$

b) „Einschranken" von $\sqrt{19}$ bedeutet, zwei Zahlen (eine obere und eine untere Schranke) zu finden, zwischen denen der genaue Wert von $\sqrt{19}$ liegt.

$\left.\begin{array}{l}4^2 = 16 < 19 \\ 5^2 = 25 > 19\end{array}\right\}\ 4^2 < 19 < 5^2 \Rightarrow 4 < \sqrt{19} < 5$

$\left.\begin{array}{l}4{,}3^2 = 18{,}49 < 19 \\ 4{,}4^2 = 19{,}36 > 19\end{array}\right\}\ 4{,}3^2 < 19 < 4{,}4^2 \Rightarrow 4{,}3 < \sqrt{19} < 4{,}4$

$\left.\begin{array}{l}4{,}35^2 = 18{,}922\,5 < 19 \\ 4{,}36^2 = 19{,}009\,6 > 19\end{array}\right\}\ \begin{array}{l}4{,}35^2 < 19 < 4{,}36^2 \Rightarrow \\ \Rightarrow 4{,}35 < \sqrt{19} < 4{,}36\end{array}$

$\left.\begin{array}{l}4{,}358^2 = 18{,}992\,164 < 19 \\ 4{,}359^2 = 19{,}000\,881 > 19\end{array}\right\}\ \begin{array}{l}4{,}358^2 < 19 < 4{,}359^2 \Rightarrow \\ \Rightarrow 4{,}358 < \sqrt{19} < 4{,}359\end{array}$

Im Rahmen der geforderten Genauigkeit gilt: $\sqrt{19} = 4{,}35$

2 Reelle Zahlen — Lösungen

2.5 Zerlege die unter dem Quadratwurzelzeichen stehende Zahl (den Radikanden) in eine Summe oder in eine Differenz von zwei Quadratzahlen und wende den Lehrsatz des PYTHAGORAS wie folgt an!
Ist der Radikand in eine Summe zweier Quadratzahlen zerlegbar, dann sind für die Konstruktion die Wurzeln der beiden Quadratzahlen als Katheten aufzufassen: $c = \sqrt{a^2 + b^2}$.
Ist der Radikand in eine Differenz zweier Quadratzahlen zerlegbar, dann ist für die Konstruktion die kleinere der beiden Wurzeln als Kathete, die größere als Hypotenuse aufzufassen: $a = \sqrt{c^2 - b^2}$.

Beachte: Die Zerlegung des Radikanden in eine Summe oder Differenz zweier Quadratzahlen ist manchmal auf mehrere Arten, manchmal gar nicht möglich. (Im Rahmen der Beispiele 2.5 und 2.6 ist eine derartige Zerlegung immer möglich.)

Konstruktion für $\sqrt{61}$:
$\sqrt{61} = \sqrt{25 + 36} = \sqrt{5^2 + 6^2} \Rightarrow$
$\Rightarrow a = 5$ cm, $b = 6$ cm,
c ist die ges. Strecke(nlänge)

Konstruktion für $\sqrt{15}$:
$\sqrt{15} = \sqrt{64 - 49} = \sqrt{8^2 - 7^2} \Rightarrow$
$\Rightarrow c = 8$ cm, $b = 7$ cm,
a ist die ges. Strecke(nlänge)

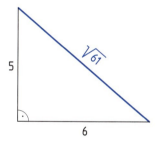
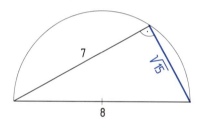

Variante zur Konstruktion:
$\sqrt{15} = \sqrt{16 - 1} = \sqrt{4^2 - 1^2} \Rightarrow$
$\Rightarrow c = 4$ cm, $b = 1$ cm

2.6 (Vergleiche mit dem Beispiel 2.5!)

Konstruktion für $\sqrt{45}$:
$\sqrt{45} = \sqrt{36 + 9} = \sqrt{6^2 + 3^2} \Rightarrow$
$\Rightarrow a = 6$ cm, $b = 3$ cm,
c ist die ges. Strecke(nlänge)

Konstruktion für $\sqrt{24}$:
$\sqrt{24} = \sqrt{49 - 25} = \sqrt{7^2 - 5^2} \Rightarrow$
$\Rightarrow c = 7$ cm, $b = 5$ cm,
a ist die ges. Strecke(nlänge)

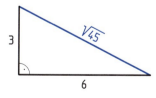
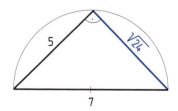

Quadratzahl:
Zahl, die eine ganze Zahl als (Quadrat-)Wurzel hat.

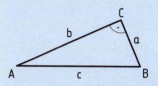

Lehrsatz des PYTHAGORAS:
Für **rechtwinklige** Dreiecke gilt:
$a^2 + b^2 = c^2$
a, b … Kathetenlängen
c … Hypotenusenlänge

Katheten:
die Seiten im rechtwinkligen Dreieck, die den rechten Winkel einschließen.

Hypotenuse:
die längste Seite im rechtwinkligen Dreieck; sie liegt dem rechten Winkel gegenüber.

2 Reelle Zahlen

1,0 ≙ 200 mm
0,1 ≙ 20 mm
0,01 ≙ 2 mm
0,95 … 10 mm rechts v. 0,9
1,26 … 12 mm rechts v. 1,2
1,37 … 14 mm rechts v. 1,3
Der Abstand zweier Skalenstriche beträgt 20 mm ≙ 0,1.

1 ≙ 2 mm
10 ≙ 20 mm
55 … 10 mm rechts v. 50
67 … 14 mm rechts v. 60
82 … 4 mm rechts v. 80
Der Abstand zweier Skalenstriche beträgt 20 mm ≙ 10.

1,0 ≙ 500 mm
0,1 ≙ 50 mm
0,01 ≙ 5 mm
0,002 ≙ 1 mm
2,042 … 21 mm rechts v. 2,0
2,080 … 40 mm rechts v. 2,0
2,168 … 34 mm rechts v. 2,1
Der Abstand zweier Skalenstriche beträgt 50 mm ≙ 0,1.

1 ≙ 1 mm
10 ≙ 10 mm
28 … 8 mm rechts v. 20
56 … 6 mm rechts v. 50
92 … 2 mm rechts v. 90
Der Abstand zweier Skalenstriche beträgt 10 mm ≙ 10.

2.7 Die Längen der Einheitsstrecken sind dann „geeignet", wenn jeweils alle gegebenen Zahlen innerhalb des gewählten Ausschnitts der Zahlengerade möglichst genau eingezeichnet werden können.

a) $\sqrt{0{,}9} = 0{,}948\ldots \approx 0{,}95$

$\sqrt[3]{2} = 1{,}259\ldots \approx 1{,}26$

$\sqrt{1{,}88} = 1{,}371\ldots \approx 1{,}37$

Wählst du die Einheitsstrecke (zwischen 0 und 1) z. B. 200 mm lang, dann entsprechen jedem Zehntel 20 mm bzw. jedem Hundertstel genau 2 mm auf der Zahlengeraden.

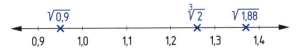

b) $\sqrt{3\,000} = 54{,}772\ldots \approx 55$

$\sqrt{4\,500} = 67{,}082\ldots \approx 67$

$\sqrt{6\,700} = 81{,}853\ldots \approx 82$

Wähle die Einheitsstrecke (zwischen 0 und 1) z. B. 2 mm lang!

2.8 (Vergleiche mit dem Beispiel 2.7!)

a) $\sqrt{4{,}17} = 2{,}042\,0\ldots \approx 2{,}042$

$\sqrt[3]{9} = 2{,}080\,0\ldots \approx 2{,}080$

$\sqrt{4{,}7} = 2{,}167\,9\ldots \approx 2{,}168$

Wählst du die Einheitsstrecke (zwischen 0 und 1) z. B. 500 mm lang, dann entsprechen jedem Hundertstel 5 mm bzw. jeweils 2 Tausendstel 1 mm auf der Zahlengeraden.

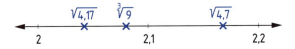

b) $\sqrt{770} = 27{,}748\ldots \approx 28$

$\sqrt{3\,100} = 55{,}677\ldots \approx 56$

$\sqrt{8\,500} = 92{,}195\ldots \approx 92$

Wähle die Einheitsstrecke (zwischen 0 und 1) z. B. 1 mm lang!

2 Reelle Zahlen — Lösungen

2.9 a) Flächeninhalt des gegebenen Quadrats: $A = s^2$
Flächeninhalt des fünfmal so großen Quadrats: $A_1 = 5 \cdot A = 5s^2$

Die Seitenlänge eines Quadrats ist gleich der Wurzel aus dem Flächeninhalt.

$s_1 = \sqrt{A_1} = \sqrt{5s^2} = \sqrt{5} \cdot \sqrt{s^2} = \sqrt{5} \cdot s = s \cdot \sqrt{5}$
$s_1 = s \cdot \sqrt{5}$ $\qquad\qquad 20 \cdot \sqrt{5} = 44{,}7\ldots \approx 45$

$s_1 \approx 45$ mm

Die Seitenlänge des gesuchten Quadrats beträgt rund **45 mm**.

Flächeninhalt eines Quadrats:
$A = a \cdot a = a^2$
$a \ldots$ Seitenlänge
Beachte: $A = a^2 \Rightarrow a = \sqrt{A}$

b) 1) Flächeninhalt eines Rechtecks:
$A_R = a \cdot b \qquad\qquad 73 \cdot 29 = 2\,117$
$A_R = 2\,117$ mm^2

Flächeninhalt des Quadrats: $A_Q = s^2$
$A_Q = A_R = s^2 \Rightarrow s = \sqrt{2\,117} \qquad \sqrt{2\,117} = 46{,}0\ldots \approx 46$

$s \approx 46$ mm

Die Seitenlänge des gesuchten Quadrats beträgt rund **46 mm**.

Flächeninhalt eines Rechtecks:
$A = a \cdot b$
$a, b \ldots$ Seitenlängen

2) Der um 20 % größere Flächeninhalt: $A_1 = A \cdot 1{,}20 = s^2 \cdot 1{,}20$
$s_1 = \sqrt{A_1} = \sqrt{s^2 \cdot 1{,}20} = \sqrt{s^2} \cdot \sqrt{1{,}20} = s \cdot \sqrt{1{,}20}$
$s_1 = s \cdot \sqrt{1{,}20} \qquad\qquad \sqrt{2\,117} \cdot \sqrt{1{,}20} = 50{,}4\ldots \approx 50$

$s_1 \approx 50$ mm

Die Seitenlänge des gesuchten Quadrats beträgt rund **50 mm**.

Beachte:
20 % von x: $x \cdot \frac{20}{100} = x \cdot 0{,}20$
20 % größer als x:
$x + x \cdot \frac{20}{100} = x + x \cdot 0{,}20 =$
$\qquad = x \cdot (1 + 0{,}20) =$
$\qquad = x \cdot 1{,}20$

2.10 (Vergleiche mit dem Beispiel 2.9!)

a) 1) $A_1 = 6 \cdot A = 6 \cdot a^2$
$a_1 = \sqrt{A_1} = \sqrt{6 \cdot a^2} = a \cdot \sqrt{6} \qquad 35 \cdot \sqrt{6} = 85{,}7\ldots \approx 86$

$a_1 \approx 86$ mm

Die Seitenlänge des gesuchten Quadrats beträgt rund **86 mm**.

2) Der um 15 % kleinere Flächeninhalt: $A_2 = A \cdot 0{,}85 = a^2 \cdot 0{,}85$
$a_2 = \sqrt{A_2} = \sqrt{a^2 \cdot 0{,}85} = a \cdot \sqrt{0{,}85}$

$a_2 \approx 32$ mm $\qquad\qquad 35 \cdot \sqrt{0{,}85} = 32{,}2\ldots \approx 32$

Die Seitenlänge des gesuchten Quadrats beträgt rund **32 mm**.

Beachte:
15 % von x: $x \cdot \frac{15}{100} = x \cdot 0{,}15$
15 % kleiner als x:
$x - x \cdot \frac{15}{100} = x - x \cdot 0{,}15 =$
$\qquad = x \cdot (1 - 0{,}15) =$
$\qquad = x \cdot 0{,}85$

b) Volumen des Quaders: $\qquad 18 \cdot 25 \cdot 39 = 17\,550$
$V_Q = 17\,550$ mm^2

Volumen des Würfels: $V_W = x^3$
$V_W = V_Q$
$x^3 = 17\,550 \quad | \sqrt[3]{\;}$
$x = \sqrt[3]{17\,550} = 25{,}9\ldots \approx 26$

$x \approx 26$ mm

Die Kantenlänge des Würfels beträgt rund **26 mm**.

Volumen eines Quaders:
$V = a \cdot b \cdot c$
$a, b, c \ldots$ Kantenlängen

Volumen eines Würfels:
$V = a \cdot a \cdot a = a^3$
$a \ldots$ Kantenlänge

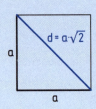

Länge als Diagonale eines Quadrats:
$d = a \cdot \sqrt{2}$
a ... Seitenlänge

$\sqrt{a} \cdot \sqrt{b} = \sqrt{a \cdot b}$
$a \geq 0, b \geq 0$

$\dfrac{\sqrt{a}}{\sqrt{b}} = \sqrt{\dfrac{a}{b}} \quad a \geq 0, b < 0$

2.11 a) $d^2 = a^2 + a^2 = 2 \cdot a^2$
$d = \sqrt{2 \cdot a^2} = \mathbf{a \cdot \sqrt{2}}$

b) $d = a \cdot \sqrt{2} \Rightarrow a = \dfrac{d}{\sqrt{2}} \qquad \dfrac{1}{\sqrt{2}} = 0{,}707\,1\ldots \approx 0{,}71$
$\mathbf{a \approx 0{,}71\ m}$
$A = a^2 \qquad \left(\dfrac{1}{\sqrt{2}}\right)^2 = \dfrac{1}{2} = 0{,}5$
$\mathbf{A = 0{,}5\ m^2}$

2.12 a) $\sqrt{24\,200} = \sqrt{242 \cdot 100} = \sqrt{2 \cdot 121 \cdot 100} =$
$= \sqrt{2 \cdot 11^2 \cdot 10^2} = 11 \cdot 10 \cdot \sqrt{2} = \mathbf{110 \cdot \sqrt{2}}$

b) $\left(\dfrac{a}{3} \cdot \sqrt{6}\right)^2 = \dfrac{a^2}{9} \cdot 6 = \dfrac{a^2}{3} \cdot 2 = \mathbf{\dfrac{2}{3}a^2}$

c) $\sqrt{24x^2} \cdot \sqrt{3x^3} = \sqrt{2 \cdot 3 \cdot 4 \cdot x^2 \cdot 3 \cdot x^2 \cdot x} =$
$= \sqrt{3^2 \cdot 2^2 \cdot x^4 \cdot 2 \cdot x} = 3 \cdot 2 \cdot x^2 \cdot \sqrt{2x} = \mathbf{6x^2\sqrt{2x}}$

d) $\sqrt{\dfrac{4r^4}{25rs^2}} = \sqrt{\dfrac{4r^3}{25s^2}} = \sqrt{\dfrac{2^2 \cdot r^2 \cdot r}{5^2 \cdot s^2}} = \mathbf{\dfrac{2r}{5s}\sqrt{r}}$

2.13 a) $\sqrt{0{,}004\,8} = \sqrt{\dfrac{48}{10\,000}} = \sqrt{\dfrac{3 \cdot 16}{100^2}} = \dfrac{3 \cdot 4^2}{100^2} = \dfrac{4}{100} \cdot \sqrt{3} = \mathbf{\dfrac{\sqrt{3}}{25}}$

b) $\left(\dfrac{x}{\sqrt{2}} \cdot 4\right)^2 = \dfrac{x^2}{2} \cdot 16 = \mathbf{8x^2}$

c) $\sqrt{7y^5} \cdot \sqrt{56y} = \sqrt{7y^5 \cdot 7 \cdot 4 \cdot 2 \cdot y} =$
$= \sqrt{7^2 \cdot y^6 \cdot 2^2 \cdot 2} = 7 \cdot y^3 \cdot 2 \cdot \sqrt{2} = \mathbf{14y^3\sqrt{2}}$

d) $\sqrt{\dfrac{64ab^4}{9a^3}} = \sqrt{\dfrac{64b^4}{9a^2}} = \sqrt{\dfrac{8^2 \cdot b^4}{3^2 \cdot a^2}} = \mathbf{\dfrac{8b^2}{3a}}$

2.14 a) $\sqrt{16a^4b^3 \cdot 18ab^2} = \sqrt{4^2 \cdot a^4 \cdot b^3 \cdot 9 \cdot 2 \cdot a \cdot b^2} =$
$\sqrt{4^2 \cdot 3^2 \cdot 2 \cdot a^4 \cdot a \cdot b^4 \cdot b} = 4 \cdot 3 \cdot a^2 \cdot b^2 \cdot \sqrt{2 \cdot a \cdot b} = \mathbf{12a^2b^2\sqrt{2ab}}$

b) $\left(\dfrac{3}{4} \cdot \sqrt{2xy}\right)^2 = \dfrac{9}{16} \cdot 2xy = \mathbf{\dfrac{9}{8}xy}$

c) $\dfrac{\sqrt{6uv^2}}{\sqrt{15u^2v^4w^3}} \cdot \sqrt{8v^3w} = \sqrt{\dfrac{6uv^2 \cdot 8v^3w}{15u^2v^4w^3}} = \sqrt{\dfrac{6 \cdot 8 \cdot uv^5w}{15u^2v^4w^3}} =$
$= \sqrt{\dfrac{2 \cdot 2^3 \cdot v}{5 \cdot u \cdot w^2}} = \sqrt{\dfrac{2^4 \cdot v}{5 \cdot u \cdot w^2}} = \dfrac{2^2}{w} \cdot \sqrt{\dfrac{v}{5 \cdot u}} = \mathbf{\dfrac{4}{w}\sqrt{\dfrac{v}{5u}}}$

d) $\dfrac{1}{\sqrt{12ab^3}} : \sqrt{\dfrac{9ac^2}{10b^4c}} = \dfrac{1}{\sqrt{12ab^3}} \cdot \sqrt{\dfrac{10b^4c}{9ac^2}} = \sqrt{\dfrac{10b^4c}{12ab^3 \cdot 9ac^2}} =$
$= \sqrt{\dfrac{5b}{6a \cdot 9 \cdot a \cdot c}} = \sqrt{\dfrac{5b}{6a^2 \cdot 3^2 \cdot c}} = \mathbf{\dfrac{1}{3a} \cdot \sqrt{\dfrac{5b}{6c}}}$

3 Terme

3.1 **a)** $(2x^2 - 9yz^3)^2 = 4x^4 - 2 \cdot 2x^2 \cdot 9yz^3 + 81y^2z^6 = \mathbf{4x^4 - 36x^2yz^3 + 81y^2z^6}$

b) $\frac{1}{100}x^2$ ist das Quadrat des ersten Glieds. ⇒ 1. Glied: $\frac{1}{10}x$
y^2 ist das Quadrat des zweiten Glieds. ⇒ 2. Glied: y
$\frac{1}{5}xy$ muss das Doppelte des Produkts aus (1. Glied) × (2. Glied) sein:
$\frac{1}{5}xy = 2 \cdot \frac{1}{10}x \cdot y$
Achte auf das Rechenzeichen! $\frac{1}{100}x^2 - \frac{1}{5}xy + y^2 = \mathbf{(\frac{1}{10}x - y)^2}$

c) $49a^2$ ist das Quadrat des ersten Glieds. ⇒ 1. Glied: $7a$,
$\frac{1}{36}b^2$ ist das Quadrat des zweiten Glieds. ⇒ 2. Glied: $\frac{1}{6}b$
Jetzt kannst du das „doppelte gemischte Produkt" – den Term
2 × (1. Glied) × (2. Glied) – berechnen.
$2 \cdot 7a \cdot \frac{1}{6}b = \frac{7}{3}ab$ $49a^2 + \frac{7}{3}ab + \frac{1}{36}b^2 = \mathbf{(7a + \frac{1}{6}b)^2}$

d) Zuerst musst du herausheben. $75p^2 - 192q^2 = 3 \cdot (25p^2 - 64q^2)$
Der Term $25p^2 - 64q^2$ hat die Form (Struktur) $a^2 - b^2$ und ist
zerlegbar in das Produkt $(a + b) \cdot (a - b)$.
$75p^2 - 192q^2 = 3 \cdot (25p^2 - 64q^2) = \mathbf{3 \cdot (5p + 8q) \cdot (5p - 8q)}$

3.2 (Vergleiche mit dem Beispiel 3.1!)

a) $(3a^3b - 7c^2)^2 = 9a^6b^2 - 2 \cdot 3a^3b \cdot 7c^2 + 49c^4 = \mathbf{9a^6b^2 - 42a^3bc^2 + 49c^4}$

b) $a^2 - \frac{1}{4}ab + \frac{1}{64}b^2 = \mathbf{(a - \frac{1}{8}b)^2}$

c) $\frac{10}{4}xy$ ist das Doppelte des Produkts aus (1. Glied) × (2. Glied). ⇒
⇒ $\frac{5}{4}xy$ ist das Produkt aus (1. Glied) × (2. Glied).
$\frac{5}{4}xy = 5y \times$ (1. Glied)
(1. Glied) $= \frac{5}{4}xy : 5y = \frac{x}{4}$ ⇒ (1. Glied)$^2 = \frac{x^2}{16}$
2. Glied: $\sqrt{25y^2} = 5y$ $\frac{x^2}{16} - \frac{10}{4}xy + 25y^2 = \mathbf{(\frac{x}{4} - 5y)^2}$

d) $162p^2 - 72q^2 = 18 \cdot (9p^2 - 4q^2) = \mathbf{18 \cdot (3p + 2q) \cdot (3p - 2q)}$

3.3 $(a - 2)^3 - (4 + 7a)(2a - 3) =$
$= a^3 - 3 \cdot a^2 \cdot 2 + 3 \cdot a \cdot 4 - 8 - (8a + 14a^2 - 12 - 21a) =$
$= a^3 - 6a^2 + 12a - 8 - (-13a + 14a^2 - 12) =$
$= a^3 - 6a^2 + 12a - 8 + 13a - 14a^2 + 12 = \mathbf{a^3 - 20a^2 + 25a + 4}$

Probe mit $a = 3$:
Angabe: $1 - (4 + 21) \cdot (6 - 3) = 1 - 25 \cdot 3 = 1 - 75 = -74$
Ergebnis: $27 - 20 \cdot 9 + 25 \cdot 3 + 4 = 27 - 180 + 75 + 4 = -74$

3.4 (Vergleiche mit dem Beispiel 3.3!)

$(2x - 11)^2 - (3 - x)^3 =$
$= 4x^2 - 2 \cdot 2x \cdot 11 + 121 - (27 - 3 \cdot 9 \cdot x + 3 \cdot 3 \cdot x^2 - x^3) =$
$= 4x^2 - 44x + 121 - 27 + 27x - 9x^2 + x^3 = \mathbf{x^3 - 5x^2 - 17x + 94}$

Probe mit $x = 2$:
Angabe: $(4 - 11)^2 - 1 = (-7)^2 - 1 = 49 - 1 = 48$
Ergebnis: $8 - 5 \cdot 4 - 17 \cdot 2 + 94 = 8 - 20 - 34 + 94 = 48$

Quadrieren eines Binoms:
$(a + b)^2 = a^2 + 2ab + b^2$
$(a - b)^2 = a^2 - 2ab + b^2$

Rechnen mit Potenzen:
$(a \cdot b)^n = a^n \cdot b^n$ $n \in \mathbb{N}^*$
$(a^m)^n = a^{m \cdot n}$ $m, n \in \mathbb{N}^*$
$(\frac{a}{b})^n = \frac{a^n}{b^n}$ $b \neq 0, n \in \mathbb{N}^*$
$a^m \cdot a^n = a^{m+n}$ $m, n \in \mathbb{N}^*$
$a^m : a^n = a^{m-n}$ $m, n \in \mathbb{N}^*$,
$\qquad\qquad\qquad m > n, a \neq 0$
$\mathbb{N}^* = \{1, 2, 3, ...\}$

$a^2 - b^2 = (a + b) \cdot (a - b)$
In Worten: Die Differenz der Quadrate zweier Terme ist zerlegbar in das Produkt aus der Summe und der Differenz der unquadrierten Terme.

$2 \cdot a \cdot \frac{1}{8}b = \frac{1}{4}ab$

Kubieren eines Binoms:
$(a + b)^3 = a^3 + 3a^2b + 3ab^2 + b^3$
$(a - b)^3 = a^3 - 3a^2b + 3ab^2 - b^3$

Beispiele für die Multiplikation eines Binoms mit einem Binom:
$(a + b)(c + d) = ac + bc + ad + bd$
$(a + b)(c - d) = ac + bc - ad - bd$
$(a - b)(c + d) = ac - bc + ad - bd$
$(a - b)(c - d) = ac - bc - ad + bd$

Termzerlegungen:
$a^2 - b^2 = (a + b)(a - b)$
$a^3 - b^3 = (a - b)(a^2 + ab + b^2)$
$a^3 + b^3 = (a + b)(a^2 - ab + b^2)$
$a^4 - b^4 = (a^2 - b^2)(a^2 + b^2) =$
$= (a + b)(a - b)(a^2 + b^2)$

Die Terme $a^2 + b^2$ und $a^4 + b^4$ sind (in $\mathbb{R}$) nicht zerlegbar.

3.5 a) $(2x - 5y)^3 = 8x^3 - 3 \cdot 4x^2 \cdot 5y + 3 \cdot 2x \cdot 25y^2 - 125y^3 =$
$= \mathbf{8x^3 - 60x^2y + 150xy^2 - 125y^3}$

b) $a^3 - 64 = a^3 - 4^3$
Der Angabeterm hat die Form (Struktur) $a^3 - b^3$ und ist zerlegbar in das Produkt $(a - b) \cdot (a^2 + ab + b^2)$.
$a^3 - 64 = \mathbf{(a - 4)(a^2 + 4a + 16)}$

c) $81z^4 - 1 = 3^4 \cdot z^4 - 1 = (3z)^4 - 1^4$
Der Term hat die Form (Struktur) $a^4 - b^4$ und ist zerlegbar in das Produkt $(a + b)(a - b)(a^2 + b^2)$.
$81z^4 - 1 = \mathbf{(3z + 1)(3z - 1)(9z^2 + 1)}$

3.6 (Vergleiche mit dem Beispiel 3.5!)

a) $(\frac{1}{3}a + 2b)^3 = \frac{1}{27}a^3 + 3 \cdot \frac{1}{9}a^2 \cdot 2b + 3 \cdot \frac{1}{3}a \cdot 4b^2 + 8b^3 =$
$= \mathbf{\frac{1}{27}a^3 + \frac{2}{3}a^2b + 4ab^2 + 8b^3}$

b) $125x^3 + 1 = (5x)^3 + 1^3 = \mathbf{(5x + 1)(25x^2 - 5x + 1)}$

c) $c^4 - 16 = c^4 - 2^4 = \mathbf{(c + 2)(c - 2)(c^2 + 4)}$

3.7 Das kleinste gemeinsame Vielfache (kgV) gegebener Terme ist der „kleinste" Term, in dem jeder der gegebenen Terme (restlos) enthalten ist. Das kgV muss jene Teilterme (als Faktoren) enthalten, die gerade notwendig sind, damit jeder der gegebenen Terme (restlos) enthalten ist. Kennzeichne diese Teilterme (Faktoren), indem du sie z. B. unterstreichst!

a) $24x^5y^2 = \underline{2} \cdot 2 \cdot 2 \cdot \underline{3} \cdot \underline{x} \cdot \underline{x} \cdot \underline{x} \cdot \underline{x} \cdot \underline{x} \cdot \underline{y} \cdot \underline{y}$
$75x^2yz = 3 \cdot \underline{5} \cdot \underline{5} \cdot x \cdot x \cdot y \cdot \underline{z}$
kgV$(24x^5y^2, 75x^2yz) = 2^3 \cdot 3 \cdot 5^2 \cdot x^5 \cdot y^2 \cdot z = \mathbf{600x^5y^2z}$

$600x^5y^2z : 24x^5y^2 = \mathbf{25z}$ $\qquad 600x^5y^2z : 75x^2yz = \mathbf{8x^3y}$
$24x^5y^2$ ist im kgV **25z-mal** enthalten.
$75x^2yz$ ist im kgV **$8x^3y$-mal** enthalten.

Variante:
Das Produkt der Faktoren, die zwar im kgV, nicht aber in der Faktorenzerlegung des betreffenden Terms vorkommen, gibt an, wie oft der betreffende Term im kgV enthalten ist.

Der Term $(a^2 - 4b^2)$ hat die Struktur einer Differenz zweier Quadrate und ist zerlegbar in das Produkt aus der Summe und der Differenz der unquadrierten Terme.

Beachte die in a) angeregte Variante oder rechne so:
$\frac{6ab \cdot (a + 2b) \cdot (a - 2b)}{3ab \cdot (a + 2b)} = 2(a - 2b)$

b) $2a^3 - 8ab^2 = 2a \cdot (a^2 - 4b^2) = 2a \cdot (a^2 - [2b]^2) = \underline{2} \cdot \underline{a} \cdot \underline{(a + 2b)} \cdot \underline{(a - 2b)}$
$3a^2b + 6ab^2 = 3ab \cdot (a + 2b) = \underline{3} \cdot a \cdot \underline{b} \cdot (a + 2b)$

kgV$(2a^3 - 8ab^2, 3a^2b + 6ab^2) =$
$= 2 \cdot 3 \cdot a \cdot b \cdot (a + 2b) \cdot (a - 2b) = \mathbf{6ab(a^2 - 4b^2)}$

$6ab(a^2 - 4b^2) : 2a(a^2 - 4b^2) = \mathbf{3b}$
$6ab(a^2 - 4b^2) : 3ab(a + 2b) =$
$= 6ab(a + 2b)(a - 2b) : 3ab(a + 2b) = \mathbf{2(a - 2b)}$
$2a^3 - 8ab^2$ ist im kgV **3b-mal** enthalten. $3a^2b + 6ab^2$ ist im kgV **$2(a - 2b)$-mal** enthalten.

3.8 (Vergleiche mit dem Beispiel 3.7!)

a) $42a^4b^2 = \underline{2} \cdot 3 \cdot \underline{7} \cdot \underline{a} \cdot \underline{a} \cdot \underline{a} \cdot \underline{a} \cdot b \cdot b$
$54a^2b^3 = 2 \cdot \underline{3} \cdot \underline{3} \cdot \underline{3} \cdot a \cdot a \cdot \underline{b} \cdot \underline{b} \cdot \underline{b}$
kgV$(42a^4b^2, 54a^2b^3) = 2 \cdot 3 \cdot 3 \cdot 3 \cdot 7 \cdot a \cdot a \cdot a \cdot a \cdot b \cdot b \cdot b = \mathbf{378a^4b^3}$
$378a^4b^3 : 42a^4b^2 = \mathbf{9b}$ $\qquad 378a^4b^3 : 54a^2b^3 = \mathbf{7a^2}$
$42a^4b^2$ ist im kgV **9b-mal** enthalten. $54a^2b^3$ ist im kgV **$7a^2$-mal** enthalten.

3 Terme — Lösungen

b) $x^3 - x = x \cdot (x^2 - 1) = x \cdot \underline{(x + 1)} \cdot \underline{(x - 1)}$

$x^2 - 1 = (x + 1) \cdot (x - 1)$

$x^3 + x^2 = x^2 \cdot (x + 1) = \underline{x} \cdot \underline{x} \cdot (x + 1)$

$\text{kgV}(x^3 - x, \, x^2 - 1, \, x^3 + x^2) = x \cdot x \cdot (x + 1) \cdot (x - 1) = \mathbf{x^2 \, (x^2 - 1)}$

$[x^2 \, (x^2 - 1)] : [x(x^2 - 1)] = \mathbf{x}$

$[x^2 \, (x^2 - 1)] : (x^2 - 1) = \mathbf{x^2}$

$[x^2 \, (x^2 - 1)] : [x^2(x + 1)] = x^2(x + 1)(x - 1) : x^2 \, (x + 1) = \mathbf{x - 1}$

$x^3 - x$ ist im kgV **x-mal** enthalten. $x^2 - 1$ ist im kgV **x^2-mal** enthalten. $x^3 + x^2$ ist im kgV **(x – 1)-mal** enthalten.

Beachte:
$[x^2 \, (x^2 - 1)] : [x \, (x^2 - 1)] =$
$= \frac{x^2 \, (x^2 - 1)}{x \, (x^2 - 1)} = x$

$[x^2 \, (x^2 - 1)] : (x^2 - 1) =$
$= \frac{x^2 \, (x^2 - 1)}{(x^2 - 1)} = x^2$

$[x^2 \, (x^2 - 1)] : [x^2 \, (x + 1)] =$
$= \frac{x^2 \, (x^2 - 1)}{x^2 \, (x + 1)} = \frac{x^2 \, (x + 1) \, (x - 1)}{x^2 \, (x + 1)} =$
$= x - 1$

3.9 a)

Nenner	Hauptnenner	Erweiterungsfaktor
a – 2		a + 2
a + 2	(a – 2) (a + 2)	a – 2

Werte, die die Variable nicht annehmen darf:
Die Nenner dürfen nicht null werden, da die Division durch null zu keinem Ergebnis führt.

$a - 2 \neq 0 \Rightarrow \mathbf{a \neq 2}$

$a + 2 \neq 0 \Rightarrow \mathbf{a \neq -2}$

$\frac{a + 1}{a - 2} - \frac{a - 1}{a + 2} = \frac{(a + 1) \cdot (a + 2) - (a - 1) \cdot (a - 2)}{(a - 2) \cdot (a + 2)} =$

$= \frac{a^2 + a + 2a + 2 - (a^2 - a - 2a + 2)}{(a - 2) \cdot (a + 2)} = \frac{a^2 + 3a + 2 - (a^2 - 3a + 2)}{(a - 2) \cdot (a + 2)} =$

$= \frac{a^2 + 3a + 2 - a^2 + 3a - 2}{(a - 2) \cdot (a + 2)} = \frac{6a}{(a - 2) \cdot (a + 2)} = \mathbf{\frac{6a}{a^2 - 4}}$

Probe z. B. mit a = 3:

Angabe: $\frac{4}{1} - \frac{2}{5} = 4 - \frac{2}{5} = 3\frac{3}{5}$ \qquad Ergebnis: $\frac{18}{9 - 4} = \frac{18}{5} = 3\frac{3}{5}$

Einen Term vereinfachen heißt, gleichartige Termteile, wie z. B. alle Zahlen oder gleiche Variable, zusammenzufassen.

Um mit ungleichnamigen Bruchtermen Additionen oder Subtraktionen durchführen zu können, ist es vorteilhaft, den „kleinsten" gemeinsamen Nenner – den so genannten Hauptnenner – zu ermitteln. Dabei handelt es sich um das kgV der ursprünglichen Nenner.

b)

Nenner	Hauptnenner	Erweiterungsfaktor
$x^2 - 9 = (x + 3)(x - 3)$		2
$2x + 6 = 2(x + 3)$	$2(x + 3)(x - 3)$	x – 3

Werte, die die Variable nicht annehmen darf:

$x + 3 \neq 0 \Rightarrow \mathbf{x \neq -3}$

$x - 3 \neq 0 \Rightarrow \mathbf{x \neq 3}$

$\frac{x^2 + 9}{x^2 - 9} - \frac{x - 3}{2x + 6} = \frac{x^2 + 9}{(x + 3) \cdot (x - 3)} - \frac{x - 3}{2 \cdot (x + 3)} =$

$= \frac{(x^2 + 9) \cdot 2}{(x + 3) \cdot (x - 3) \cdot 2} - \frac{(x - 3) \cdot (x - 3)}{2 \cdot (x + 3) \cdot (x - 3)} = \frac{(x^2 + 9) \cdot 2 - (x - 3)^2}{2 \cdot (x + 3) \cdot (x - 3)} =$

$= \frac{2x^2 + 18 - (x^2 - 6x + 9)}{2 \cdot (x + 3) \cdot (x - 3)} = \frac{2x^2 + 18 - x^2 + 6x - 9}{2 \cdot (x + 3) \cdot (x - 3)} =$

$= \frac{x^2 + 6x + 9}{2 \cdot (x + 3) \cdot (x - 3)} = \frac{(x + 3) \cdot (x + 3)}{2 \cdot (x + 3) \cdot (x - 3)} = \mathbf{\frac{(x + 3)}{2 \cdot (x - 3)}}$

Ein Produkt ist dann null, wenn mindestens einer der Faktoren null ist.

Probe z. B. mit x = 2:

Angabe: $\frac{4 + 9}{4 - 9} - \frac{-1}{4 + 6} = -\frac{13}{5} + \frac{1}{10} = -\frac{26}{10} + \frac{1}{10} = -\frac{25}{10} = -2\frac{1}{2}$

Ergebnis: $\frac{5}{2 \cdot (-1)} = -\frac{5}{2} = -2\frac{1}{2}$

Nur der erfahrene Rechner vermutet und erkennt schließlich eine weitere Möglichkeit der Vereinfachung:
$x^2 + 6x + 9$ kann als Quadrat eines Binoms geschrieben werden.

$x^2 + 6x + 9 = (x + 3)(x + 3) =$
$\qquad\qquad\quad = (x + 3)^2$

3 Terme

3.10 (Vergleiche mit dem Beispiel 3.9!)

a)

Nenner	Hauptnenner	Erweiterungsfaktor
$z - 1$		$z + 1$
$z^2 - 1 = (z + 1)(z - 1)$		1
$z + 1$	$(z + 1)(z - 1)$	$z - 1$

Werte, die die Variable nicht annehmen darf:

$z - 1 \neq 0 \Rightarrow$ **$z \neq 1$** $z + 1 \neq 0 \Rightarrow$ **$z \neq -1$**

$$\frac{6}{z-1} - \frac{5z+7}{z^2-1} + \frac{2}{z+1} = \frac{6 \cdot (z+1) - (5z+7) + 2 \cdot (z-1)}{(z+1) \cdot (z-1)} =$$

$$= \frac{6z + 6 - 5z - 7 + 2z - 2}{(z+1) \cdot (z-1)} = \frac{3z - 3}{(z+1) \cdot (z-1)} = \frac{3 \cdot (z-1)}{(z+1) \cdot (z-1)} = \mathbf{\frac{3}{(z+1)}}$$

Probe z. B. mit $z = 2$:

Angabe: $\frac{6}{1} - \frac{10+7}{4-1} + \frac{2}{3} = 6 - \frac{17}{3} + \frac{2}{3} = 6 - \frac{15}{3} = 6 - 5 = 1$

Ergebnis: $\frac{3}{2+1} = \frac{3}{3} = 1$

b)

Nenner	Hauptnenner	Erweiterungsfaktor
$a^2 - ab = a(a - b)$		b
$b^2 - ab = (-b)(a - b)$	$ab(a - b)$	$-a$

$b^2 - ab = b(b - a) =$
$= b(-1)(-b + a) =$
$= (-b)(-b + a) =$
$= (-b)(a - b)$

Werte, die die Variable nicht annehmen darf:

$a \cdot (a - b) \neq 0 \Rightarrow$ **$a \neq 0$** bzw. $a - b \neq 0 \Rightarrow$ **$a \neq b$**
$(-b) \cdot (a - b) \neq 0 \Rightarrow$ **$b \neq 0$** bzw. $a - b \neq 0$ – bereits berücksichtigt.

Ein Produkt ist dann null, wenn mindestens einer der Faktoren null ist.

$$\frac{a-1}{a^2 - ab} - \frac{1-b}{b^2 - ab} = \frac{a-1}{a \cdot (a-b)} - \frac{1-b}{b \cdot (b-a)} = \frac{a-1}{a \cdot (a-b)} - \frac{1-b}{(-b) \cdot (a-b)} =$$

$$= \frac{(a-1) \cdot b - (1-b) \cdot (-a)}{a \cdot b \cdot (a-b)} = \frac{a \cdot b - b + a - a \cdot b}{a \cdot b \cdot (a-b)} = \frac{a-b}{a \cdot b \cdot (a-b)} = \mathbf{\frac{1}{ab}}$$

Probe z. B. mit $a = 2$ und $b = 3$:

Angabe: $\frac{1}{4-6} - \frac{-2}{9-6} = -\frac{1}{2} + \frac{2}{3} = -\frac{3}{6} + \frac{4}{6} = \frac{1}{6}$

Ergebnis: $\frac{1}{2 \cdot 3} = \frac{1}{6}$

Rechnen mit Potenzen:
$a^m \cdot a^n = a^{m+n}$ $m, n \in \mathbb{N}^*$
$a^m : a^n = a^{m-n}$ $m, n \in \mathbb{N}^*$,
  $m > n, a \neq 0$
$\mathbb{N}^* = \{1, 2, 3, \ldots\}$

3.11 a) $\frac{12a^5b}{14cd^4} \cdot \frac{21c^4d^3}{30a^3b^5} = \frac{12a^5b \cdot 21c^4d^3}{14cd^4 \cdot 30a^3b^5} = \frac{2 \cdot 3 \cdot a^5 \cdot b \cdot c^4 \cdot d^3}{2 \cdot 5 \cdot a^3 \cdot b^5 \cdot c \cdot d^4} = \mathbf{\frac{3a^2c^3}{5b^4d}}$

Werte, die die Variablen nicht annehmen dürfen:

$a \neq 0, b \neq 0, c \neq 0, d \neq 0$

Probe z. B. mit $a = 2, b = 3, c = 4$ und $d = 5$:

Angabe: $\frac{12 \cdot 32 \cdot 3}{14 \cdot 4 \cdot 625} \cdot \frac{21 \cdot 256 \cdot 125}{30 \cdot 8 \cdot 243} = \frac{12 \cdot 32 \cdot 3 \cdot 21 \cdot 256 \cdot 125}{14 \cdot 4 \cdot 625 \cdot 30 \cdot 8 \cdot 243} = \frac{256}{675}$

Ergebnis: $\frac{3 \cdot 4 \cdot 64}{5 \cdot 81 \cdot 5} = \frac{256}{675}$

Multiplizieren von Bruchtermen:
$\frac{a}{b} \cdot \frac{c}{d} = \frac{a \cdot c}{b \cdot d}$
$a, b, c, d \in \mathbb{R}, b \neq 0, d \neq 0$

b) $\frac{4x+8}{5x-15} \cdot \frac{3x-9}{6x+12} = \frac{4 \cdot (x+2)}{5 \cdot (x-3)} \cdot \frac{3 \cdot (x-3)}{6 \cdot (x+2)} = \frac{3 \cdot 4 \cdot (x+2) \cdot (x-3)}{5 \cdot 6 \cdot (x+2) \cdot (x-3)} = \mathbf{\frac{2}{5}}$

Werte, die die Variable nicht annehmen darf:

$x - 3 \neq 0 \Rightarrow$ **$x \neq 3$** $x + 2 \neq 0 \Rightarrow$ **$x \neq -2$**

Probe z. B. mit $x = 2$:

Angabe: $\frac{8+8}{10-15} \cdot \frac{6-9}{12+12} = \frac{16}{-5} \cdot \frac{-3}{24} = \frac{2}{5}$ Ergebnis: $\frac{2}{5}$

c) $\dfrac{r-s}{r^2+rs} \cdot \dfrac{r^3}{(r-s)^2} = \dfrac{r-s}{r \cdot (r+s)} \cdot \dfrac{r^3}{(r-s) \cdot (r-s)} =$

$= \dfrac{r^3 \cdot (r-s)}{r \cdot (r+s) \cdot (r-s) \cdot (r-s)} = \dfrac{r^2}{(r+s) \cdot (r-s)} = \dfrac{r^2}{r^2 - s^2}$

$(r + s) \cdot (r - s) = r^2 - s^2$

Werte, die die Variablen nicht annehmen dürfen:

$r^2 + rs = r \cdot (r + s) \neq 0 \Rightarrow$ **$r \neq 0$** bzw. $r + s \neq 0 \Rightarrow$ **$r \neq -s$**
$(r - s)^2 \neq 0 \Rightarrow r - s \neq 0 \Rightarrow$ **$r \neq s$**

Warum wird bei der Umformung von Bruchtermen das Herausheben (Faktorisieren) scheinbar auf die Spitze getrieben und warum werden die auftretenden (Binom-)Produkte nicht einfach ausgewertet? Die Begründung für diese Vorgangsweise liegt in der Hoffnung, die Bruchterme durch Kürzen vereinfachen zu können. Und kürzen darf man eben nur Faktoren. (Durch Ausmultiplizieren der Produkte würden die gemeinsamen Faktoren „verschüttet" werden, und das Kürzen wäre nahezu unmöglich.)

Probe z. B. mit $r = 3$ und $s = 2$:

Angabe: $\dfrac{1}{9+6} \cdot \dfrac{27}{1} = \dfrac{27}{15} = \dfrac{9}{5}$ Ergebnis: $\dfrac{9}{9-4} = \dfrac{9}{5}$

3.12 a) $\dfrac{7z-28}{8z+40} : \dfrac{9z-36}{6z+30} = \dfrac{7z-28}{8z+40} \cdot \dfrac{6z+30}{9z-36} = \dfrac{7 \cdot (z-4)}{8 \cdot (z+5)} \cdot \dfrac{6 \cdot (z+5)}{9 \cdot (z-4)} = \dfrac{\mathbf{7}}{\mathbf{12}}$

Werte, die die Variable nicht annehmen darf:

$8z + 40 = 8 \cdot (z + 5) \neq 0 \Rightarrow$ **$z \neq -5$**
$6z + 30 = 6 \cdot (z + 5) \neq 0$, bereits berücksichtigt.

Da $\dfrac{9z-36}{6z+30}$ in dieser Rechnung einen Divisor darstellt, darf der Term als Ganzes nicht null werden. Er würde aber null werden, wäre sein Zähler null.

$9z - 36 = 9 \cdot (z - 4) \neq 0 \Rightarrow$ **$z \neq 4$**

Dividieren durch Bruchterme:
$\dfrac{a}{b} : \dfrac{c}{d} = \dfrac{a}{b} \cdot \dfrac{d}{c} = \dfrac{a \cdot d}{b \cdot c}$
$a, b, c, d \in \mathbb{R}$,
$b \neq 0, c \neq 0, d \neq 0$

Probe z. B. mit $z = 5$:

Angabe: $\dfrac{35-28}{40+40} : \dfrac{45-36}{30+30} = \dfrac{7}{80} \cdot \dfrac{60}{9} = \dfrac{7}{12}$ Ergebnis: $\dfrac{7}{12}$

b) $\dfrac{10a+20b}{16a^2-25b^2} : \dfrac{5a^2-20b^2}{8a-10b} = \dfrac{10a+20b}{16a^2-25b^2} \cdot \dfrac{8a-10b}{5a^2-20b^2} =$

$= \dfrac{10 \cdot (a+2b)}{(4a)^2-(5b)^2} \cdot \dfrac{2 \cdot (4a-5b)}{5 \cdot (a^2-[2b]^2)} = \dfrac{10 \cdot (a+2b) \cdot 2 \cdot (4a-5b)}{(4a+5b) \cdot (4a-5b) \cdot 5 \cdot (a+2b) \cdot (a-2b)} =$

$= \dfrac{4}{(4a+5b)(a-2b)} = \dfrac{4}{4a^2+5ab-8ab-10b^2} = \dfrac{\mathbf{4}}{\mathbf{4a^2-3ab-10b^2}}$

Werte, die die Variablen nicht annehmen dürfen:

$16a^2 - 25b^2 = (4a + 5b)(4a - 5b) \neq 0 \Rightarrow$
$\Rightarrow 4a + 5b \neq 0$ bzw. $4a - 5b \neq 0 \Rightarrow$ **$a \neq -\tfrac{5}{4}b$** bzw. **$a \neq \tfrac{5}{4}b$**

$5a^2 - 20b^2 = 5 \cdot (a^2 - 4b^2) = 5 \cdot (a+2b)(a-2b) \neq 0 \Rightarrow$
$\Rightarrow a + 2b \neq 0$ bzw. $a - 2b \neq 0 \Rightarrow$ **$a \neq -2b$** bzw. **$a \neq 2b$**

$4a + 5b \neq 0$
$4a \neq -5b$
$a \neq -\tfrac{5}{4}b$

$4a - 5b \neq 0$
$a \neq \tfrac{5}{4}b$

Probe z. B. mit $a = 3$ und $b = 2$:

Angabe: $\dfrac{30+40}{16 \cdot 9 - 25 \cdot 4} : \dfrac{45-80}{24-20} = \dfrac{70}{44} \cdot \dfrac{4}{-35} = -\dfrac{2}{11}$

Ergebnis: $\dfrac{4}{36-18-40} = \dfrac{4}{-22} = -\dfrac{2}{11}$

Bei einem Doppelbruch ist es vorteilhaft, den Hauptbruchstrich des Doppelbruchs als Divisionszeichen aufzufassen.

$1 + \frac{n}{m} \neq 0$
$\frac{n}{m} \neq -1$
$n \neq -m$

c) $\dfrac{\frac{1}{n^2} - \frac{1}{m^2}}{1 + \frac{n}{m}} = \left(\frac{1}{n^2} - \frac{1}{m^2}\right) : \left(1 + \frac{n}{m}\right) = \left(\frac{m^2}{n^2 \cdot m^2} - \frac{n^2}{m^2 \cdot n^2}\right) : \left(\frac{m}{m} + \frac{n}{m}\right) =$

$\dfrac{m^2 - n^2}{n^2 \cdot m^2} : \dfrac{m + n}{m} = \dfrac{m^2 - n^2}{n^2 \cdot m^2} \cdot \dfrac{m}{m + n} = \dfrac{(m + n) \cdot (m - n) \cdot m}{n^2 \cdot m^2 \cdot (m + n)} = \dfrac{m - n}{mn^2}$

Werte, die die Variablen nicht annehmen dürfen:

$m \neq 0, n \neq 0$
$1 + \frac{n}{m} \neq 0 \Rightarrow \mathbf{n \neq -m}$

Probe z. B. mit m = 2 und n = 3:

Angabe: $\dfrac{\frac{1}{9} - \frac{1}{4}}{1 + \frac{3}{2}} = \left(\frac{1}{9} - \frac{1}{4}\right) : \left(1 + \frac{3}{2}\right) = \left(\frac{4}{36} - \frac{9}{36}\right) : \left(\frac{2}{2} + \frac{3}{2}\right) =$

$= -\frac{5}{36} : \frac{5}{2} = -\frac{5}{36} \cdot \frac{2}{5} = -\frac{1}{18}$

Ergebnis: $\dfrac{2 - 3}{2 \cdot 9} = -\dfrac{1}{18}$

3.13 a) Werte, die die Variablen nicht annehmen dürfen:
$4x - 9y \neq 0 \Rightarrow 4x \neq 9y \Rightarrow \mathbf{x \neq \frac{9}{4}y}$

$(12x^2 - 7xy - 45y^2) : (4x - 9y) = \mathbf{3x + 5y}$
$\underline{\pm\ 12x^2 \mp 27xy}$
$\qquad 0\ \ + 20xy - 45y^2$
$\qquad\quad \underline{\pm\ 20xy \mp 45y^2}$
$\qquad\qquad\quad 0 \qquad 0$

Die Division eines mehrgliedrigen Terms durch einen mehrgliedrigen Term (die sog. Polynomdivision) läuft nach einem „Spezialverfahren" ab.

1) Die Terme sollen nach fallenden Potenzen in einer Variablen angeschrieben sein.

Divisor, der Teiler:
Die Zahl, durch die dividiert („geteilt") wird.

Dividend:
Die Zahl, die „geteilt" wird.

Dividend : Divisor =
= (Wert des) Quotient(en)

2) Frage: „Wie oft ist das erste Glied des Divisors im ersten Glied des Dividenden enthalten?"
4x ist in $12x^2$ (3x)-mal enthalten. → 1. Glied des Quotienten: 3x

3) Multipliziere das so erhaltene Glied des Quotienten (3x) mit dem Divisor, schreib das Ergebnis „stellenwertrichtig" unter den Dividenden und subtrahiere!
$12x^2 - 7xy - 45y^2 - (12x^2 - 27xy) =$
$= 12x^2 - 7xy - 45y^2 - 12x^2 + 27xy = 20xy - 45y^2$
Diesem „Auflösen der Klammer" entspricht das in der Rechnung praktizierte – und vielleicht einfacher als das Subtrahieren durchzuführende – „Rechenzeichen- bzw. Vorzeichen-Umkehren (± bzw. ∓) und Addieren".
Ist das Ergebnis der Subtraktion null, dann bist du am Ziel; der Divisor ist im Dividenden restlos enthalten. Andernfalls musst du das nächste Glied des Quotienten ermitteln, indem du das gleiche Verfahren auf den „Rest" der Subtraktion anwendest.

4) Brich das Verfahren ab, wenn die höchste Potenz der Variablen im (Subtraktions-)„Rest" kleiner ist als die höchste Potenz der Variablen im Divisor. In diesem Fall geht die Division nicht auf.

Probe: $(3x + 5y) \cdot (4x - 9y) =$
$= 12x^2 + 20xy - 27xy - 45y^2 = 12x^2 - 7xy - 45y^2$

3 Terme — Lösungen

b) Werte, die die Variablen nicht annehmen dürfen: $m - 4 \neq 0 \Rightarrow$ **$m \neq 4$**

$(m^3 - 64) : (m - 4) =$ **$m^2 + 4m + 16$**

$$\underline{\pm\ m^3 \mp 4m^2}$$
$$0 + 4m^2 - 64$$
$$\underline{\pm 4m^2 \mp 16m}$$
$$0 + 16m - 64$$
$$\underline{\pm 16m \mp 64}$$
$$0 0$$

Probe: $(m^2 + 4m + 16) \cdot (m - 4) =$
$= m^3 + 4m^2 + 16m - 4m^2 - 16m - 64 = m^3 - 64$

Beachte:
Der Term $m^3 - 64 = m^3 - 4^3$ hat die Struktur einer Differenz zweier dritter Potenzen, und diese ist zerlegbar:

$m^3 - 4^3 = (m - 4)(m^2 + 4m + 16)$

An dieser Stelle wird ersichtlich, dass die Division restlos sein muss.

3.14 (Vergleiche mit dem Beispiel 3.13!)

a) Werte, die die Variablen nicht annehmen dürfen:
$g + h \neq 0 \Rightarrow$ **$g \neq -h$**

$(g^3 + h^3) : (g + h) =$ **$g^2 - gh + h^2$**

$$\underline{\pm\ g^3 \pm g^2h}$$
$$0 - g^2h + h^3$$
$$\underline{\mp g^2h \mp gh^2}$$
$$0 + gh^2 + h^3$$
$$\underline{\pm gh^2 \pm h^3}$$
$$0 0$$

Probe: $(g^2 - gh + h^2) \cdot (g + h) =$
$= g^3 - g^2h + gh^2 + g^2h - gh^2 + h^3 = g^3 + h^3$

Beachte:
g ist in $-g^2h$
$(-gh)$-mal enthalten.

b) Werte, die die Variable nicht annehmen darf: $c - 3 \neq 0 \Rightarrow$ **$c \neq 3$**

$(c^3 + 27) : (c - 3) = c^2 + 3c + 9$

$$\underline{\pm\ c^3 \mp 3c^2}$$
$$0 + 3c^2 + 27$$
$$\underline{\pm 3c^2 \mp 9c}$$
$$0 + 9c + 27$$
$$\underline{\pm 9c \mp 27}$$
$$+ 54 \text{ (Rest)}$$

$(c^3 + 27) : (c - 3) =$ **$c^2 + 3c + 9 + \frac{54}{c-3}$**

Probe: $(c^2 + 3c + 9) \cdot (c - 3) =$
$= c^3 + 3c^2 + 9c - 3c^2 - 9c - 27 = c^3 - 27$
$c^3 - 27 + \text{Rest} = c^3 - 27 + 54 = c^3 + 27$

Beachte:
Bei einer Division, die einen Rest liefert, kannst du z. B. schreiben:
$11 : 4 = 2$ oder $11 : 4 = 2 + \frac{3}{4}$
3 (Rest)

Beachte:
Der Term $c^3 + 27 = c^3 + 3^3$ hat die Struktur einer Summe zweier dritter Potenzen, und diese ist zerlegbar:

$c^3 + 3^3 = (c + 3)(c^2 - 3c + 9)$

An dieser Stelle wird ersichtlich, dass die Division nicht restlos sein kann, weil im Beispiel durch $(c - 3)$ zu dividieren ist und keiner der Faktoren durch $(c - 3)$ restlos teilbar ist.

3.15 Werte, die die Variable nicht annehmen darf:
$4a + 3 \neq 0 \Rightarrow 4a \neq -3 \Rightarrow$ **$a \neq -\frac{3}{4}$**

$(36a^4 + 23a^3 - 15a^2 + 11a + 15) : (4a + 3) =$ **$9a^3 - a^2 - 3a + 5$**

$$\underline{\pm\ 36a^4 \pm 27a^3}$$
$$0 - 4a^3 - 15a^2 + 11a + 15$$
$$\underline{\mp 4a^3 \mp 3a^2}$$
$$0 - 12a^2 + 11a + 15$$
$$\underline{\mp 12a^2 \mp 9a}$$
$$0 + 20a + 15$$
$$\underline{\pm 20a \pm 15}$$
$$0 0 \quad \text{Probe: Siehe nächste Seite!}$$

Du kannst die Glieder des Dividenden auch erst dann „heruntersetzen", wenn es für die Rechnung erforderlich ist. So bräuchtest du einige davon nicht über alle Zeilen „mitzuschleppen".

Probe: $(9a^3 - a^2 - 3a + 5) \cdot (4a + 3) =$
$= 36a^4 - 4a^3 - 12a^2 + 20a + 27a^3 - 3a^2 - 9a + 15 =$
$= 36a^4 + 23a^3 - 15a^2 + 11a + 15$

Beachte:
$x^2 + 2x + 1$ kann als Quadrat eines Binoms geschrieben werden: $x^2 + 2x + 1 = (x + 1)^2$

3.16 Werte, die die Variable nicht annehmen darf:
$x^2 + 2x + 1 = (x + 1)^2 \neq 0 \Rightarrow x + 1 \neq 0 \Rightarrow \mathbf{x \neq -1}$

$$(2x^4 + x^3 + 4x + 5) : (x^2 + 2x + 1) = 2x^2 - 3x + 4$$
$$\underline{\pm\ 2x^4 \pm 4x^3 \pm 2x^2}$$
$$0 - 3x^3 - 2x^2 + 4x + 5$$
$$\underline{\mp\ 3x^3 \mp 6x^2 \mp 3x}$$
$$0 + 4x^2 + 7x + 5$$
$$\underline{\pm\ 4x^2 \pm 8x \pm 4}$$
$$0 - x + 1 \text{ (Rest)}$$

$(2x^4 + x^3 + 4x + 5) : (x^2 + 2x + 1) = \mathbf{2x^2 - 3x + 4} + \dfrac{-x + 1}{x^2 + 2x + 1}$

Probe: $(2x^2 - 3x + 4) \cdot (x^2 + 2x + 1) =$
$= 2x^4 - 3x^3 + 4x^2 + 4x^3 - 6x^2 + 8x + 2x^2 - 3x + 4 = 2x^4 + x^3 + 5x + 4$
$2x^4 + x^3 + 5x + 4 + \text{Rest} = 2x^4 + x^3 + 5x + 4 - x + 1 = 2x^4 + x^3 + 4x + 5$

3.17 (Vergleiche mit den Beispielen 3.9–3.12!)

a) Werte, die die Variable nicht annehmen darf:
$\mathbf{a \neq 0}$, $a - 1 \neq 0 \Rightarrow \mathbf{a \neq 1}$,
$a^2 - 1 = (a + 1)(a - 1) \neq 0 \Rightarrow \mathbf{a \neq -1}$ bzw. $\mathbf{a \neq 1}$

Nenner	Hauptnenner	Erweiterungsfaktor
a		$(a + 1)(a - 1) = a^2 - 1$
$a - 1$		$a(a + 1) = a^2 + a$
$a^2 - 1 = (a + 1)(a - 1)$	$a(a + 1)(a - 1)$	a

$(1 + \tfrac{1}{a}) = \tfrac{a}{a} + \tfrac{1}{a} = \tfrac{a+1}{a}$

$\left(\left(\dfrac{1}{a} + \dfrac{1}{a-1}\right) - \dfrac{2a}{a^2-1}\right)\left(1 + \dfrac{1}{a}\right) = \dfrac{a^2 - 1 + a^2 + a - 2a^2}{a \cdot (a+1) \cdot (a-1)} \cdot \dfrac{a+1}{a} =$

$= \dfrac{a - 1}{a \cdot (a+1) \cdot (a-1)} \cdot \dfrac{a+1}{a} = \dfrac{(a-1) \cdot (a+1)}{a \cdot (a+1) \cdot (a-1) \cdot a} = \dfrac{1}{a^2}$

Probe z. B. mit $a = 2$:
Angabe: $(\tfrac{1}{2} + 1 - \tfrac{4}{3})(1 + \tfrac{1}{2}) = (\tfrac{3}{2} - \tfrac{4}{3}) \cdot \tfrac{3}{2} = (\tfrac{9}{6} - \tfrac{8}{6}) \cdot \tfrac{3}{2} = \tfrac{1}{6} \cdot \tfrac{3}{2} = \tfrac{1}{4}$
Ergebnis: $\tfrac{1}{4}$

b) Werte, die die Variable nicht annehmen darf:
$2x - 7y \neq 0 \Rightarrow 2x \neq 7y \Rightarrow \mathbf{x \neq \tfrac{7}{2}y}$
$\mathbf{x \neq 0}$

$4x^2 - 14xy = 2x \cdot (2x - 7y) \neq 0 \Rightarrow x \neq 0$ bzw. $x \neq \tfrac{7}{2}y$, was aber bereits festgestellt wurde.

Da der Term $\dfrac{y}{4x^2 - 14xy}$ in dieser Rechnung einen Divisor darstellt, darf der Term als Ganzes nicht null werden. Er würde aber null werden, wäre sein Zähler null. $\Rightarrow \mathbf{y \neq 0}$

3 Terme — Lösungen

Da die zwei Nenner des Dividenden keinen gemeinsamen Faktor haben, ist das kgV dieser Nenner einfach ihr Produkt.

$$\left(\frac{x-y}{2x-7y} - \frac{x+y}{2x}\right) : \frac{y}{4x^2-14xy} = \left(\frac{x-y}{2x-7y} - \frac{x+y}{2x}\right) \cdot \frac{4x^2-14xy}{y} =$$

$$= \frac{(x-y) \cdot 2x - (x+y) \cdot (2x-7y)}{2x \cdot (2x-7y)} \cdot \frac{2x \cdot (2x-7y)}{y} =$$

$$= \frac{2x^2 - 2xy - (2x^2 + 2xy - 7xy - 7y^2)}{2x \cdot (2x-7y)} \cdot \frac{2x \cdot (2x-7y)}{y} =$$

$$= \frac{2x^2 - 2xy - 2x^2 + 5xy + 7y^2}{y} = \frac{3xy + 7y^2}{y} = \frac{y \cdot (3x + 7y)}{y} = \mathbf{3x + 7y}$$

Probe z. B. mit x = 5 und y = 2:

Angabe: $\left(\frac{3}{10-14} - \frac{7}{10}\right) : \frac{2}{100-140} = \left(\frac{3}{-4} - \frac{7}{10}\right) : \frac{2}{-40} =$

$= \left(-\frac{15}{20} - \frac{14}{20}\right) \cdot (-20) = -\frac{29}{20} \cdot (-20) = 29$

Ergebnis: $3 \cdot 5 + 7 \cdot 2 = 15 + 14 = 29$

3.18 a) Werte, die die Variablen nicht annehmen dürfen:
$5a + 3b \neq 0 \Rightarrow 5a \neq -3b \Rightarrow \mathbf{a \neq -\tfrac{3}{5}b}$
$\mathbf{b \neq 0, a \neq 0}$

$9b^3 - 25a^2b = b \cdot (9b^2 - 25a^2) =$
$= b \cdot (3b + 5a) \cdot (3b - 5a) =$
$= b \cdot (5a + 3b) \cdot [(-1) \cdot (5a - 3b)] =$
$= (-b) \cdot (5a + 3b) \cdot (5a - 3b)$

$$\left(\frac{3a}{5a+3b} - \frac{a}{b}\right) \cdot \frac{9b^3 - 25a^2b}{5a} =$$

$$= \left(\frac{3a \cdot b}{(5a+3b) \cdot b} - \frac{a \cdot (5a+3b)}{(5a+3b) \cdot b}\right) \cdot \frac{b \cdot (3b+5a) \cdot (3b-5a)}{5a} =$$

$$= \frac{3a \cdot b - a \cdot (5a+3b)}{(5a+3b) \cdot b} \cdot \frac{(-b) \cdot (5a+3b) \cdot (5a-3b)}{5a} =$$

$$= \frac{3ab - 5a^2 - 3ab}{(5a+3b) \cdot b} \cdot \frac{(-b) \cdot (5a+3b) \cdot (5a-3b)}{5a} =$$

$$= \frac{(-5a^2) \cdot (-b) \cdot (5a+3b) \cdot (5a-3b)}{5a \cdot b \cdot (5a+3b)} = \mathbf{a(5a - 3b)}$$

Probe z. B. mit a = 3 und b = 2:

Angabe: $\left(\frac{9}{15+6} - \frac{3}{2}\right) \cdot \frac{72 - 25 \cdot 9 \cdot 2}{15} = \left(\frac{9}{21} - \frac{3}{2}\right) \cdot \frac{72 - 450}{15} =$

$= \frac{18 - 63}{42} \cdot \frac{-378}{15} = \frac{-45}{42} \cdot \frac{-378}{15} = 27$

Ergebnis: $3 \cdot (15 - 6) = 27$

b) Werte, die die Variable nicht annehmen darf:
$u + 3 \neq 0 \Rightarrow \mathbf{u \neq -3}$
$u - 3 \neq 0 \Rightarrow \mathbf{u \neq 3}$
$\frac{u+3}{u-3} + 1 \neq 0 \Rightarrow \frac{u+3}{u-3} \neq -1 \Rightarrow u + 3 \neq -u + 3 \Rightarrow u \neq -u$

Dieses Verbot ist nur dann verletzt, wenn u null ist. $\mathbf{u \neq 0}$

$$\left(\frac{u-3}{u+3} - 1\right) : \left(\frac{u+3}{u-3} + 1\right) = \left(\frac{u-3}{u+3} - \frac{u+3}{u+3}\right) : \left(\frac{u+3}{u-3} + \frac{u-3}{u-3}\right) =$$

$$= \frac{u - 3 - (u+3)}{u+3} : \frac{u+3+u-3}{u-3} = \frac{u-3-u-3}{u+3} : \frac{2u}{u-3} =$$

$$= \frac{-6}{u+3} \cdot \frac{u-3}{2u} = -\frac{6 \cdot (u-3)}{(u+3) \cdot 2u} = \mathbf{-\frac{3(u-3)}{u(u+3)}}$$

Probe z. B. mit u = 4:

Angabe: $\left(\frac{1}{7} - 1\right) : \left(\frac{7}{1} + 1\right) = \left(\frac{1}{7} - \frac{7}{7}\right) : 8 = -\frac{6}{7} \cdot \frac{1}{8} = -\frac{3}{28}$

Ergebnis: $-\frac{3 \cdot 1}{4 \cdot 7} = -\frac{3}{28}$

4 Lineare Gleichungen und Ungleichungen mit einer Unbekannten

Treten in einem Term „verschachtelte" Klammerausdrücke auf, dann ist es vorteilhaft, wenn du die Klammern von innen nach außen auflöst. Gemäß der in diesem Buch eingehaltenen Schreibweise bedeutet das meist: zuerst die runden und dann die eckigen Klammern.

4.1
$$9a - [x - (3x + a) + 2b] = 5x - [6a - (4b - x)]$$
$$9a - [x - 3x - a + 2b] = 5x - [6a - 4b + x]$$
$$9a + 2x + a - 2b = 5x - 6a + 4b - x$$
$$10a + 2x - 2b = 4x - 6a + 4b \quad | + 6a - 4b - 2x$$
$$16a - 6b = 2x \quad | : 2$$
$$\mathbf{x = 8a - 3b}$$

Probe: $x = 8a - 3b$
Linke Seite der Gleichung: $9a - [8a - 3b - (24a - 9b + a) + 2b] =$
$= 9a - [8a - 3b - 25a + 9b + 2b] = 9a + 17a - 8b = 26a - 8b$
Rechte Seite der Gleichung: $40a - 15b - [6a - (4b - 8a + 3b)] =$
$= 40a - 15b - [6a - 7b + 8a] = 40a - 15b - 14a + 7b = 26a - 8b$

4.2
$$9s - [7x - (x + 3r)] = 8r - [6x + r - (5s - 4x)]$$
$$9s - [7x - x - 3r] = 8r - [6x + r - 5s + 4x]$$
$$9s - 6x + 3r = 8r - 10x - r + 5s$$
$$9s - 6x + 3r = 7r - 10x + 5s \quad | - 9s - 3r + 10x$$
$$4x = 4r - 4s \quad | : 4$$
$$\mathbf{x = r - s}$$

Probe: $x = r - s$
Linke Seite der Gleichung: $9s - [7r - 7s - (r - s + 3r)] =$
$= 9s - [7r - 7s - 4r + s] = 9s - 3r + 6s = -3r + 15s$
Rechte Seite der Gleichung: $8r - [6r - 6s + r - (5s - 4r + 4s)] =$
$= 8r - [7r - 6s - 9s + 4r] = 8r - 11r + 15s = -3r + 15s$

Distributivgesetz (Verteilungsgesetz) für die Multiplikation:
$(a + b) \cdot c = a \cdot c + b \cdot c$
$(a - b) \cdot c = a \cdot c - b \cdot c$

4.3
$$(2x - 9a) \, 5a - [4a^2 - 3a \, (a + x)] = 6a^2$$
$$10ax - 45a^2 - [4a^2 - 3a^2 - 3ax] = 6a^2$$
$$10ax - 45a^2 - a^2 + 3ax = 6a^2$$
$$13ax - 46a^2 = 6a^2 \quad | + 46a^2$$
$$13ax = 52a^2 \quad | : 13a, \text{ wobei } a \neq 0$$
$$\mathbf{x = 4a}$$

Probe: $x = 4a$
Linke Seite der Gleichung:
$(8a - 9a) \, 5a - [4a^2 - 3a \cdot 5a] = -5a^2 + 11a^2 = 6a^2$
Rechte Seite der Gleichung: $6a^2$

4.4
$$15b^2 - [(x + 4b) \, 7b - 2b^2] = 8b \, (5b - 3x)$$
$$15b^2 - [7bx + 28b^2 - 2b^2] = 40b^2 - 24bx$$
$$15b^2 - 7bx - 26b^2 = 40b^2 - 24bx$$
$$-11b^2 - 7bx = 40b^2 - 24bx \quad | + 11b^2 + 24bx$$
$$17bx = 51b^2 \quad | : 17b, \text{ wobei } b \neq 0$$
$$\mathbf{x = 3b}$$

Probe: $x = 3b$
Linke Seite der Gleichung: $15b^2 - [49b^2 - 2b^2] = 15b^2 - 47b^2 = -32b^2$
Rechte Seite der Gleichung: $8b \cdot (-4b) = -32b^2$

4 Lineare Gleichungen und Ungleichungen

Lösungen

4.5
$$\frac{3}{4} - \frac{7-z}{10} - \frac{z}{8} = 5 - \frac{3z-4}{5} \quad | \cdot 40$$
$$3 \cdot 10 - (7-z) \cdot 4 - z \cdot 5 = 5 \cdot 40 - (3z-4) \cdot 8$$
$$30 - 28 + 4z - 5z = 200 - 24z + 32$$
$$2 - z = 232 - 24z \quad | -2 + 24z$$
$$23z = 230 \quad |:23$$
$$\mathbf{z = 10}$$

Probe: $z = 10$
Linke Seite der Gleichung:
$\frac{3}{4} - \frac{-3}{10} - \frac{10}{8} = \frac{3}{4} + \frac{3}{10} - \frac{5}{4} = -\frac{1}{2} + \frac{3}{10} = -\frac{5}{10} + \frac{3}{10} = -\frac{2}{10} = -\frac{1}{5}$
Rechte Seite der Gleichung: $5 - \frac{30-4}{5} = 5 - \frac{26}{5} = \frac{25}{5} - \frac{26}{5} = -\frac{1}{5}$

kgV(4, 5, 8, 10) = 40
40 ist der kleinste gemeinsame Nenner.

Erweiterungs-Faktoren, mit denen die Zähler zu multiplizieren sind (von li. nach re.):
40 : 4 = 10
40 : 10 = 4
40 : 8 = 5
40 : 5 = 8

Durch Multiplikation der Gleichung mit dem kgV der Nenner erhältst du eine äquivalente Gleichung ohne Brüche.

4.6 (Vergleiche mit dem Beispiel 4.5!)
$$\frac{x}{12} + \frac{5+x}{3} - \frac{2x-7}{9} = 3 + \frac{x}{4} \quad | \cdot 36$$
$$x \cdot 3 + (5 + x) \cdot 12 - (2x - 7) \cdot 4 = 3 \cdot 36 + x \cdot 9$$
$$3x + 60 + 12x - 8x + 28 = 108 + 9x$$
$$88 + 7x = 108 + 9x \quad |-108 - 7x$$
$$-20 = 2x \quad |:2$$
$$\mathbf{x = -10}$$

Probe: $x = -10$
Linke Seite der Gleichung:
$\frac{-10}{12} + \frac{-5}{3} - \frac{-27}{9} = -\frac{5}{6} - \frac{10}{6} + 3 = -\frac{15}{6} + 3 = -2\frac{3}{6} + 3 = -2\frac{1}{2} + 3 = \frac{1}{2}$
Rechte Seite der Gleichung: $3 + \frac{-10}{4} = 3 - 2\frac{1}{2} = \frac{1}{2}$

kgV(12, 3, 9, 4) = 36
36 ist der kleinste gemeinsame Nenner.

Erweiterungs-Faktoren, mit denen die Zähler zu multiplizieren sind (von li. nach re.):
36 : 12 = 3
36 : 3 = 12
36 : 9 = 4
36 : 4 = 9

4.7
$$(5x - 2)^2 = (7x + 3)^2 - (6x + 1)(4x - 9)$$
$$25x^2 - 20x + 4 = 49x^2 + 42x + 9 - (24x^2 + 4x - 54x - 9)$$
$$25x^2 - 20x + 4 = 49x^2 + 42x + 9 - 24x^2 + 50x + 9$$
$$25x^2 - 20x + 4 = 25x^2 + 92x + 18 \quad |-25x^2$$
$$-20x + 4 = 92x + 18 \quad |+20x - 18$$
$$-14 = 112x \quad |:112$$
$$\mathbf{x = -\frac{1}{8}}$$

Probe: $x = -\frac{1}{8}$
Linke Seite der Gleichung: $(-\frac{5}{8} - \frac{16}{8})^2 = (-\frac{21}{8})^2 = \frac{441}{64}$
Rechte Seite der Gleichung: $(-\frac{7}{8} + \frac{24}{8})^2 - (-\frac{6}{8} + \frac{8}{8}) \cdot (-\frac{4}{8} - \frac{72}{8}) =$
$= (\frac{17}{8})^2 - \frac{2}{8} \cdot (-\frac{76}{8}) = \frac{289}{64} + \frac{152}{64} = \frac{441}{64}$

Quadrieren eines Binoms:
$(a + b)^2 = a^2 + 2ab + b^2$
$(a - b)^2 = a^2 - 2ab + b^2$

Beachte die Möglichkeit einer frühen Kontrolle deiner Rechnung: Würden die Terme, in denen x^2 vorkommt, nicht aus der Gleichung „herausfallen", so stündest du vor einem – auf deiner Schulstufe – kaum lösbaren Problem.

4.8 (Vergleiche mit dem Beispiel 4.7!)
$$(8x - 1)^2 - (3x - 4)^2 = (11x - 3)(5x + 2)$$
$$64x^2 - 16x + 1 - (9x^2 - 24x + 16) = 55x^2 - 15x + 22x - 6$$
$$64x^2 - 16x + 1 - 9x^2 + 24x - 16 = 55x^2 + 7x - 6$$
$$55x^2 + 8x - 15 = 55x^2 + 7x - 6 \quad |-55x^2$$
$$8x - 15 = 7x - 6 \quad |-7x + 15$$
$$\mathbf{x = 9}$$

Probe: $x = 9$
Linke Seite der Gleichung: $71^2 - 23^2 = 5041 - 529 = 4512$
Rechte Seite der Gleichung: $96 \cdot 47 = 4512$

Hinweise zu den Beispielen 4.9–4.18

Ermittle zuerst den kleinsten gemeinsamen Nenner der Bruchterme; das ist das kleinste gemeinsame Vielfache (kgV) der einzelnen Nenner. Dann erhältst du nämlich durch Multiplikation der Gleichung mit diesem kleinsten gemeinsamen Nenner eine äquivalente Gleichung ohne Brüche. Außerdem ist in diesem kleinsten gemeinsamen Nenner jeder der Nenner, für den du die „verbotenen" Werte für die Unbekannte x ermitteln musst, gerade einmal vertreten, sodass du sehr Zeit sparend vorgehen kannst.

4.9 Werte, die die Unbekannte x nicht annehmen darf:
$2u - 1 \neq 0 \Rightarrow 2u \neq 1 \Rightarrow$ **$u \neq \frac{1}{2}$**
$u + 2 \neq 0 \Rightarrow$ **$u \neq -2$**

kgV(2u – 1, u + 2) =
= (2u – 1) (u + 2)

Da die Nenner keinen gemeinsamen Faktor haben, ist der kleinste gemeinsame Nenner das Produkt der beiden Nenner.

$$\frac{4u - 5}{2u - 1} = \frac{2u + 3}{u + 2} \quad | \cdot (2u - 1)(u + 2)$$

$(4u - 5)(u + 2) = (2u + 3)(2u - 1)$
$4u^2 - 5u + 8u - 10 = 4u^2 + 6u - 2u - 3 \quad | - 4u^2$
$3u - 10 = 4u - 3 \quad | - 3u + 3$
$u = -7$

Probe: u = –7
Linke Seite der Gleichung: $\frac{-28 - 5}{-14 - 1} = \frac{-33}{-15} = 2\frac{3}{15} = 2\frac{1}{5}$
Rechte Seite der Gleichung: $\frac{-14 + 3}{-7 + 2} = \frac{-11}{-5} = 2\frac{1}{5}$

4.10 (Vergleiche mit dem Beispiel 4.9!)

Werte, die die Unbekannte x nicht annehmen darf:
$3x + 1 \neq 0 \Rightarrow 3x \neq -1 \Rightarrow$ **$x \neq -\frac{1}{3}$**
$x - 3 \neq 0 \Rightarrow$ **$x \neq 3$**

kgV(3x + 1, x – 3) =
= (3x + 1) (x – 3)

$$\frac{6x - 1}{3x + 1} = \frac{2x - 9}{x - 3} \quad | \cdot (3x + 1)(x - 3)$$

$(6x - 1) \cdot (x - 3) = (2x - 9) \cdot (3x + 1)$
$6x^2 - x - 18x + 3 = 6x^2 - 27x + 2x - 9 \quad | - 6x^2$
$-19x + 3 = -25x - 9 \quad | + 25x - 3$
$6x = -12 \quad | : 6$
$x = -2$

Probe: x = –2
Linke Seite der Gleichung: $\frac{-12 - 1}{-6 + 1} = \frac{-13}{-5} = 2\frac{3}{5}$
Rechte Seite der Gleichung: $\frac{-4 - 9}{-2 - 3} = \frac{-13}{-5} = 2\frac{3}{5}$

4.11 (Vergleiche mit den Beispielen 4.9 und 4.10!)

Werte, die die Unbekannte x nicht annehmen darf:
$x + 1 \neq 0 \Rightarrow$ **$x \neq -1$** $\quad x - 3 \neq 0 \Rightarrow$ **$x \neq 3$**

kgV(x + 1, x – 3) =
= (x + 1) (x – 3)

4 Lineare Gleichungen und Ungleichungen — Lösungen

$$\frac{3x-2}{x+1} - \frac{x+4}{x-3} = 2 \quad | \cdot (x+1)(x-3)$$

$$(3x-2)\cdot(x-3) - (x+4)\cdot(x+1) = 2\cdot(x+1)\cdot(x-3)$$

$$3x^2 - 2x - 9x + 6 - (x^2 + 4x + x + 4) = 2\cdot(x^2 + x - 3x - 3)$$

$$3x^2 - 11x + 6 - x^2 - 5x - 4 = 2x^2 - 4x - 6$$

$$2x^2 - 16x + 2 = 2x^2 - 4x - 6 \quad |-2x^2$$

$$-16x + 2 = -4x - 6 \quad |+4x - 2$$

$$-12x = -8 \quad |:(-12)$$

$$\mathbf{x = \tfrac{2}{3}}$$

$\frac{8}{12} = \frac{2}{3}$

Probe: $x = \tfrac{2}{3}$

Linke Seite der Gleichung: $\dfrac{2-2}{\tfrac{2}{3}+\tfrac{3}{3}} - \dfrac{\tfrac{2}{3}+\tfrac{12}{3}}{\tfrac{2}{3}-\tfrac{9}{3}} = \dfrac{0}{\tfrac{5}{3}} - \dfrac{\tfrac{14}{3}}{-\tfrac{7}{3}} = 0 + \dfrac{14}{3}\cdot\dfrac{3}{7} = 2$

Rechte Seite der Gleichung: 2

4.12 (Vergleiche mit den Beispielen 4.9–4.11!)

Werte, die die Unbekannte x nicht annehmen darf:
$x - 2 \neq 0 \Rightarrow \mathbf{x \neq 2}$
$2x + 1 \neq 0 \Rightarrow 2x \neq -1 \Rightarrow \mathbf{x \neq -\tfrac{1}{2}}$

kgV$(x-2, 2x+1) =$
$= (x-2)(2x+1)$

$$3 - \frac{x-5}{x-2} = \frac{4x+3}{2x+1} \quad | \cdot (x-2)(2x+1)$$

$$3\cdot(x-2)\cdot(2x+1) - (x-5)\cdot(2x+1) = (4x+3)(x-2)$$

$$3\cdot(2x^2 - 4x + x - 2) - (2x^2 - 10x + x - 5) = 4x^2 + 3x - 8x - 6$$

$$3\cdot(2x^2 - 3x - 2) - (2x^2 - 9x - 5) = 4x^2 - 5x - 6$$

$$6x^2 - 9x - 6 - 2x^2 + 9x + 5 = 4x^2 - 5x - 6$$

$$4x^2 - 1 = 4x^2 - 5x - 6 \quad |-4x^2$$

$$-1 = -5x - 6 \quad |+6$$

$$5 = -5x \quad |:(-5)$$

$$\mathbf{x = -1}$$

Probe: $x = -1$
Linke Seite der Gleichung: $3 - \tfrac{-6}{-3} = 3 - 2 = 1$
Rechte Seite der Gleichung: $\tfrac{-4+3}{-2+1} = \tfrac{-1}{-1} = 1$

4.13 $x^2 - 36 = (x+6)(x-6)$
kgV$(x+6, x-6, x^2-36) = (x+6)(x-6)$

Werte, die die Unbekannte x nicht annehmen darf:
$x + 6 \neq 0 \Rightarrow \mathbf{x \neq -6}$ $\qquad$ $x - 6 \neq 0 \Rightarrow \mathbf{x \neq 6}$

$$\frac{x+3}{x-6} - \frac{x-1}{x+6} = \frac{2x+5}{x^2-36} \quad | \cdot (x+6)(x-6)$$

$$(x+3)(x+6) - (x-1)(x-6) = 2x+5$$

$$x^2 + 3x + 6x + 18 - (x^2 - x - 6x + 6) = 2x+5$$

$$x^2 + 9x + 18 - x^2 + 7x - 6 = 2x+5$$

$$16x + 12 = 2x + 5 \quad |-2x - 12$$

$$14x = -7 \quad |:14$$

$$\mathbf{x = -\tfrac{1}{2}}$$

Erweiterungs-Faktoren, mit denen die Zähler zu multiplizieren sind (von li. nach re.):
$[(x+6)(x-6)] : (x-6) = x+6$
$[(x+6)(x-6)] : (x+6) = x-6$
$[(x+6)(x-6)] : (x^2-36) = 1$

Probe: Siehe nächste Seite!

Lösungen — **4 Lineare Gleichungen und Ungleichungen**

Probe: $x = -\frac{1}{2}$

Linke Seite der Gleichung: $\dfrac{-\frac{1}{2}+\frac{6}{2}}{-\frac{1}{2}-\frac{12}{2}} - \dfrac{-\frac{1}{2}-\frac{2}{2}}{-\frac{1}{2}+\frac{12}{2}} = \dfrac{\frac{5}{2}}{-\frac{13}{2}} - \dfrac{-\frac{3}{2}}{\frac{11}{2}} =$

$= -\frac{5}{2} \cdot \frac{2}{13} + \frac{3}{2} \cdot \frac{2}{11} = -\frac{5}{13} + \frac{3}{11} = -\frac{55}{143} + \frac{39}{143} = -\frac{16}{143}$

Rechte Seite der Gleichung: $\dfrac{-1+5}{\frac{1}{4}-\frac{144}{4}} = \dfrac{4}{-\frac{143}{4}} = 4 \cdot (-\frac{4}{143}) = -\frac{16}{143}$

4.14 (Vergleiche mit dem Beispiel 4.13!)

$x^2 - 16 = (x + 4)(x - 4)$
kgV$[x^2 - 16, (x - 4)x, x + 4] = (x + 4)(x - 4)x$

Werte, die die Unbekannte x nicht annehmen darf:
$x + 4 \neq 0 \Rightarrow$ **$x \neq -4$**
$x - 4 \neq 0 \Rightarrow$ **$x \neq 4$**   **$x \neq 0$**

Erweiterungs-Faktoren, mit denen die Zähler zu multiplizieren sind (von li. nach re.):
$[(x + 4)(x - 4)x] : (x^2 - 16) = x$
$[(x + 4)(x - 4)x] : [(x - 4)x] =$
$= x + 4$
$[(x + 4)(x - 4)x] : (x + 4) =$
$= x(x - 4)$

$\dfrac{4x+7}{x^2-16} = \dfrac{5x-1}{(x-4)x} - \dfrac{1}{x+4} \quad | \cdot (x+4)(x-4)x$

$(4x + 7) \cdot x = (5x - 1)(x + 4) - 1 \cdot x \cdot (x - 4)$
$4x^2 + 7x = 5x^2 - x + 20x - 4 - x^2 + 4x$
$4x^2 + 7x = 4x^2 + 23x - 4 \quad | -4x^2 - 7x + 4$
$\qquad\qquad 4 = 16x \quad | :16$
$\qquad\qquad$ **$x = \frac{1}{4}$**

Probe: $x = \frac{1}{4}$

Linke Seite der Gleichung: $\dfrac{1+7}{\frac{1}{16}-\frac{256}{16}} = \dfrac{8}{-\frac{255}{16}} = 8 \cdot (-\frac{16}{255}) = -\frac{128}{255}$

Rechte Seite der Gleichung: $\dfrac{\frac{5}{4}-\frac{4}{4}}{(\frac{1}{4}-\frac{16}{4})\cdot\frac{1}{4}} - \dfrac{1}{\frac{1}{4}+\frac{16}{4}} = \dfrac{\frac{1}{4}}{-\frac{15}{16}} - \dfrac{1}{\frac{17}{4}} =$

$= \frac{1}{4} \cdot (-\frac{16}{15}) - \frac{4}{17} = -\frac{4}{15} - \frac{4}{17} = -\frac{68}{255} - \frac{60}{255} = -\frac{128}{255}$

4.15 (Vergleiche mit den Beispielen 4.13 und 4.14!)

$(x + 2)^2 = (x + 2)(x + 2)$
$x^2 - 4 = (x + 2)(x - 2)$
kgV$[(x + 2)^2, x + 2, x^2 - 4] = (x + 2)(x + 2)(x - 2) = (x + 2)(x^2 - 4)$

Werte, die die Unbekannte x nicht annehmen darf:
$x + 2 \neq 0 \Rightarrow$ **$x \neq -2$** $x - 2 \neq 0 \Rightarrow$ **$x \neq 2$**

Erweiterungs-Faktoren, mit denen die Zähler zu multiplizieren sind (von li. nach re.):
$[(x + 2)(x^2 - 4)] : (x + 2)^2 = x - 2$
$[(x + 2)(x^2 - 4)] : (x + 2) = x^2 - 4$
$[(x + 2)(x^2 - 4)] : (x^2 - 4) = x + 2$

$\dfrac{3x+1}{(x+2)^2} - \dfrac{2}{x+2} = \dfrac{x-5}{x^2-4} \quad | \cdot (x+2)(x+2)(x-2)$

$(3x + 1)(x - 2) - 2 \cdot (x^2 - 4) = (x - 5)(x + 2)$
$3x^2 + x - 6x - 2 - 2x^2 + 8 = x^2 - 5x + 2x - 10$
$\qquad\qquad x^2 - 5x + 6 = x^2 - 3x - 10 \quad | -x^2 + 3x - 6$
$\qquad\qquad -2x = -16 \quad | :(-2)$
$\qquad\qquad$ **$x = 8$**

Probe: $x = 8$

Linke Seite der Gleichung: $\dfrac{25}{100} - \dfrac{2}{10} = \dfrac{25}{100} - \dfrac{20}{100} = \dfrac{5}{100} = \dfrac{1}{20}$

Rechte Seite der Gleichung: $\dfrac{3}{64-4} = \dfrac{3}{60} = \dfrac{1}{20}$

4 Lineare Gleichungen und Ungleichungen — Lösungen

4.16 (Vergleiche mit den Beispielen 4.13–4.15!)

kgV$(a - x, b - x) = (a - x)(b - x)$

Werte, die die Unbekannte x nicht annehmen darf:
$a - x \neq 0 \Rightarrow$ **x ≠ a**
$b - x \neq 0 \Rightarrow$ **x ≠ b**

$$\frac{2b}{a-x} - \frac{x}{b-x} = 1 \quad | \cdot (a-x)(b-x)$$

$2b \cdot (b - x) - x \cdot (a - x) = (a - x)(b - x)$
$2b^2 - 2bx - ax + x^2 = ab - bx - ax + x^2 \quad | - x^2 + ax$
$2b^2 - 2bx = ab - bx \quad | + 2bx - ab$
$2b^2 - ab = bx \quad | : b$
$x = (2b^2 - ab) : b = [b \cdot (2b - a)] : b$
x = 2b − a

Erweiterungs-Faktoren, mit denen die Zähler zu multiplizieren sind (von li. nach re.):
$[(a - x)(b - x)] : (a - x) = b - x$
$[(a - x)(b - x)] : (b - x) = a - x$

Der Umformungsschritt „Division durch b" ist der Grund für die in der Angabe gemachte Zusatzbedingung (b ≠ 0).

Probe: $x = 2b - a$

Linke Seite der Gleichung:

$\frac{2b}{a-(2b-a)} - \frac{2b-a}{b-(2b-a)} = \frac{2b}{a-2b+a} - \frac{2b-a}{b-2b+a} =$

$= \frac{2b}{2a-2b} - \frac{2b-a}{-b+a} = \frac{2b}{2\cdot(a-b)} - \frac{2b-a}{a-b} = \frac{b}{a-b} - \frac{2b-a}{a-b} =$

$= \frac{b-(2b-a)}{a-b} = \frac{b-2b+a}{a-b} = \frac{a-b}{a-b} = 1$

Rechte Seite der Gleichung: 1

4.17 (Vergleiche mit dem Beispiel 4.16!)

$a^2 - b^2 = (a + b)(a - b)$
kgV$[(a - b)x, a^2 - b^2, x] = (a + b)(a - b)x = (a^2 - b^2)x$

Werte, die die Unbekannte x nicht annehmen darf bzw. Bedingungen, damit der Nenner $a^2 - b^2$ nicht null wird:
x ≠ 0
$a + b \neq 0 \Rightarrow$ **a ≠ −b**
$a - b \neq 0 \Rightarrow$ **a ≠ b**

$$\frac{a+b}{(a-b)x} - \frac{2b}{a^2-b^2} = \frac{1}{x} \quad | \cdot (a^2-b^2)x$$

$(a + b) \cdot (a + b) - 2b \cdot x = 1 \cdot (a^2 - b^2)$
$a^2 + 2ab + b^2 - 2bx = a^2 - b^2 \quad | - a^2 - b^2$
$2ab - 2bx = -2b^2 \quad | - 2ab$
$-2bx = -2b^2 - 2ab \quad | : (-2b)$
x = b + a = a + b

Erweiterungs-Faktoren, mit denen die Zähler zu multiplizieren sind (von li. nach re.):
$[(a^2 - b^2)x] : [(a - b)x] = a + b$
$[(a^2 - b^2)x] : (a^2 - b^2) = x$
$[(a^2 - b^2)x] : x = a^2 - b^2$

Der Umformungsschritt „Division durch (−2b)" ist der Grund für die in der Angabe gemachte Zusatzbedingung (b ≠ 0).

Probe: $x = a + b$

Linke Seite der Gleichung:

$\frac{a+b}{(a-b)(a+b)} - \frac{2b}{(a+b)(a-b)} = \frac{a+b-2b}{(a-b)(a+b)} = \frac{a-b}{(a-b)(a+b)} = \frac{1}{a+b}$

Rechte Seite der Gleichung: $\frac{1}{a+b}$

Erweiterungs-Faktoren, mit denen die Zähler zu mulitplizieren sind (von li. nach re.):
$(a^2 - 1) : (a - 1) = a + 1$
$(a^2 - 1) : (a^2 - 1) = 1$
$(a^2 - 1) : (a + 1) = a - 1$

Der Umformungsschritt „Division durch a" ist der Grund für die in der Angabe gemachte Zusatzbedingung ($a \neq 0$).

Die Faktorisierung des Terms $a^2 + ab - a - b$ erfordert geschicktes „Herausheben":
$a^2 + ab - a - b =$
$= (a^2 + ab) - (a + b) =$
$= a \cdot \boxed{(a + b)} - \boxed{(a + b)} =$
$= \boxed{(a + b)} \cdot (a - 1)$

Obwohl es bei Äquivalenzumformungen immer wichtig ist, die mathematisch nicht sinnvolle Rechenoperation einer Division durch null auszuschließen, wurden in den Beispielen 4.19–4.21 diesbezügliche Überlegungen nicht angestellt.
Begründung: Die Variablen repräsentieren physikalische oder aus dem Bankwesen stammende Größen und diese sind entweder ungleich null oder die betreffende Formel braucht nicht angewendet werden.

4.18 (Vergleiche mit den Beispielen 4.16 und 4.17!)

$a^2 - 1 = (a + 1)(a - 1)$
$\text{kgV}(a - 1, a^2 - 1, a + 1) = (a + 1)(a - 1) = a^2 - 1$

Bedingungen, damit die Nenner nicht null werden:
$a - 1 \neq 0 \Rightarrow \mathbf{a \neq 1}$ \qquad $a + 1 \neq 0 \Rightarrow \mathbf{a \neq -1}$

$$\frac{a + x}{a - 1} - \frac{b + x}{a^2 - 1} = \frac{a + b}{a + 1} \quad | \cdot (a^2 - 1)$$

$(a + x) \cdot (a + 1) - (b + x) = (a + b) \cdot (a - 1)$
$a^2 + ax + a + x - b - x = a^2 + ab - a - b$
$a^2 + ax + a - b = a^2 + ab - a - b \quad | - a^2 + b$
$\qquad ax + a = ab - a \quad | - a$
$\qquad ax = ab - 2a \quad | : a$
$\qquad \mathbf{x = b - 2}$

Probe: $x = b - 2$

Linke Seite der Gleichung:
$$\frac{a + b - 2}{a - 1} - \frac{b + b - 2}{a^2 - 1} = \frac{(a + b - 2) \cdot (a + 1)}{(a - 1) \cdot (a + 1)} - \frac{2b - 2}{(a - 1) \cdot (a + 1)} =$$

$$= \frac{a^2 + ab - 2a + a + b - 2 - 2b + 2}{(a - 1) \cdot (a + 1)} = \frac{a^2 + ab - a - b}{(a - 1) \cdot (a + 1)} = \frac{(a + b) \cdot (a - 1)}{(a - 1) \cdot (a + 1)} = \frac{a + b}{a + 1}$$

Rechte Seite der Gleichung: $\frac{a + b}{a + 1}$

4.19 Forme (durch Äquivalenzumformungen) jeweils so um, dass die gewünschte Variable (z. B. links vom Gleichheitszeichen) isoliert steht!

a) Variable a, ausgedrückt durch die Variablen s und t:
$s = \frac{a}{2} t^2 \quad | \cdot 2$
$2s = at^2 \quad | : t^2$
$\mathbf{a = \frac{2s}{t^2}}$

Variable t, ausgedrückt durch die Variablen a und s:
$2s = at^2 \quad | : a$
$t^2 = \frac{2s}{a} \quad | \sqrt{}$
$\mathbf{t = \sqrt{\frac{2s}{a}}}$

b) Variable K_0, ausgedrückt durch die Variablen K_2 und $p_{eff}\% = \frac{p_{eff}}{100}$:

$K_2 = K_0 \left(1 + \frac{p_{eff}}{100}\right)^2 \quad | : \left(1 + \frac{p_{eff}}{100}\right)^2$

$\mathbf{K_0 = \dfrac{K_2}{\left(1 + \dfrac{p_{eff}}{100}\right)^2}}$

4 Lineare Gleichungen und Ungleichungen — Lösungen 81

Variable $p_{eff}\% = \frac{p_{eff}}{100}$, ausgedrückt durch die Variablen K_0 und K_2:

$$K_0 (1 + \tfrac{p_{eff}}{100})^2 = K_2 \quad |: K_0$$
$$(1 + \tfrac{p_{eff}}{100})^2 = \tfrac{K_2}{K_0} \quad |\sqrt{}$$
$$1 + \tfrac{p_{eff}}{100} = \sqrt{\tfrac{K_2}{K_0}} \quad |-1$$
$$\tfrac{p_{eff}}{100} = \sqrt{\tfrac{K_2}{K_0}} - 1$$
$$\mathbf{p_{eff}\% = \sqrt{\tfrac{K_2}{K_0}} - 1}$$

4.20 (Vergleiche mit dem Beispiel 4.19!)

a) Variable l, ausgedrückt durch die Variablen T und g:

$$T = 2\pi \sqrt{\tfrac{l}{g}} \quad |^2$$
$$T^2 = 4\pi^2 \tfrac{l}{g} \quad |\cdot g$$
$$T^2 g = 4\pi^2 l \quad |: 4\pi^2$$
$$\mathbf{l = \tfrac{T^2 g}{4\pi^2}}$$

π … die Kreiszahl
$\pi = 3{,}141\,592\,653\ldots$

Variable g, ausgedrückt durch die Variablen T und l:

$$T^2 g = 4\pi^2 l \quad |: T^2$$
$$\mathbf{g = \tfrac{4\pi^2 l}{T^2}}$$

b) Variable R_1, ausgedrückt durch die Variablen R und R_2:

$$\tfrac{1}{R} = \tfrac{1}{R_1} + \tfrac{1}{R_2}$$
$$\tfrac{1}{R_1} = \tfrac{1}{R} - \tfrac{1}{R_2}$$
$$\tfrac{1}{R_1} = \tfrac{R_2 - R}{R \cdot R_2} \quad | \text{Kehrwert der Terme}$$
$$\mathbf{R_1 = \tfrac{R \cdot R_2}{R_2 - R}}$$

$\tfrac{1}{R} - \tfrac{1}{R_2} = \tfrac{R_2}{R \cdot R_2} - \tfrac{R}{R \cdot R_2} = \tfrac{R_2 - R}{R \cdot R_2}$

Der Kehrwert des Terms T(x) ist der Term $\tfrac{1}{T(x)}$.

4.21 (Vergleiche mit den Beispielen 4.19 und 4.20!)

a) Variable f, ausgedrückt durch die Variablen g und b:

$$\tfrac{1}{f} = \tfrac{1}{g} + \tfrac{1}{b}$$
$$\tfrac{1}{f} = \tfrac{b + g}{b \cdot g} \quad | \text{Kehrwert der Terme}$$
$$\mathbf{f = \tfrac{b \cdot g}{b + g}}$$

$\tfrac{1}{g} + \tfrac{1}{b} = \tfrac{b}{b \cdot g} + \tfrac{g}{b \cdot g} = \tfrac{b + g}{b \cdot g}$

b) Variable v, ausgedrückt durch die Variablen E, g, h und m:

$$E = \tfrac{mv^2}{2} + mgh \quad |- mgh$$
$$\tfrac{mv^2}{2} = E - mgh \quad |\cdot 2$$
$$mv^2 = 2(E - mgh) \quad |: m$$
$$v^2 = \tfrac{2}{m}(E - mgh) \quad |\sqrt{}$$
$$\mathbf{v = \sqrt{\tfrac{2}{m}(E - mgh)} = \sqrt{\tfrac{2E}{m} - 2gh}}$$

Variable m, ausgedrückt durch die Variablen E, g, h und v:

$$E = \tfrac{mv^2}{2} + mgh$$
$$E = m(\tfrac{v^2}{2} + gh) \quad |: (\tfrac{v^2}{2} + gh)$$
$$\mathbf{m = \tfrac{E}{\tfrac{v^2}{2} + gh} = E : (\tfrac{v^2}{2} + gh) = \tfrac{2E}{v^2 + 2gh}}$$

Lösungen — 4 Lineare Gleichungen und Ungleichungen

Wie kann eine Zahl „ausführlich" dargestellt werden?

Zwei Beispiele:
321 = 3 H 2 Z 1 E
321 = 3 · 100 + 2 · 10 + 1

4.22

	Z	E	Wert der Zahl	Probe:
die zweistellige Zahl	x	x + 7	x · 10 + (x + 7) = = 11x + 7	29
Zahl mit vert. Ziffern	x + 7	x	(x + 7) · 10 + x = = 11x + 70	92
				29 · 3 + 5 = 92

Zahl mit vert. Ziffern = $\begin{cases} \text{um 5 größer als das} \\ \text{3fache der urspr. Zahl} \end{cases}$

$$11x + 70 = (11x + 7) \cdot 3 + 5$$
$$11x + 70 = 33x + 21 + 5$$
$$11x + 70 = 33x + 26 \quad |-11x - 26$$
$$44 = 22x \quad |:22$$
$$x = 2$$

Die Zahl lautet **29**.

4.23 (Vergleiche mit dem Beispiel 4.22!)

	Z	E	Wert der Zahl	Probe:
die zweistellige Zahl	x − 6	x	(x − 6) · 10 + x = = 11x − 60	17
Zahl mit vert. Ziffern	x	x − 6	x · 10 + (x − 6) = = 11x − 6	71
				17 · 5 − 14 = 71

Zahl mit vert. Ziffern = $\begin{cases} \text{um 4 kleiner als das} \\ \text{5fache der urspr. Zahl} \end{cases}$

$$11x - 6 = (11x - 60) \cdot 5 - 14$$
$$11x - 6 = 55x - 300 - 14$$
$$11x - 6 = 55x - 314 \quad |-11x + 314$$
$$308 = 44x \quad |:44$$
$$x = 7$$

Die Zahl lautet **17**.

4.24 a)

	Z	E	Wert der Zahl	Probe:
die zweistellige Zahl	4	x	4 · 10 + x = = 40 + x	48
Zahl mit vert. Ziffern	x	4	x · 10 + 4 = = 10x + 4	84
				48 · $\frac{7}{4}$ = 84

Zahl mit vert. Ziffern = urspr. Zahl · $1\frac{3}{4}$

$$10x + 4 = (40 + x) \cdot \tfrac{7}{4} \quad |\cdot 4$$
$$40x + 16 = 280 + 7x \quad |-16 - 7x$$
$$33x = 264 \quad |:33$$
$$x = 8$$

Die Zahl lautet **48**.

4 Lineare Gleichungen und Ungleichungen — Lösungen

b) $\frac{1}{5}$ einer Zahl vermehrt um 45 % dieser Zahl $\Big\}=\Big\{$ um 9 kleiner als 80 % der Zahl

$$\frac{x}{5} + x \cdot 0{,}45 = x \cdot 0{,}80 - 9 \quad |\cdot 5$$
$$x + 2{,}25x = 4x - 45$$
$$3{,}25x = 4x - 45 \quad |-3{,}25x + 45$$
$$45 = 0{,}75x \quad |:0{,}75$$
$$\mathbf{x = 60}$$

Probe:
$\frac{60}{5} + 60 \cdot 0{,}45 = 12 + 27 = 39 \qquad 60 \cdot 0{,}80 = 48 \qquad 48 - 39 = 9$

Die Zahl lautet **60**.

p % von x = x · $\frac{p}{100}$
45 % von x = x · $\frac{45}{100}$ = x · 0,45
80 % von x = x · $\frac{80}{100}$ = x · 0,80

4.25 (Vergleiche mit dem Beispiel 4.24!)

a)

	Z	E	Wert der Zahl	Probe:
die zweistellige Zahl	x	7	x · 10 + 7 = = 10x + 7	27
Zahl mit vert. Ziffern	7	x	7 · 10 + x = = 70 + x	72
				27 · $\frac{8}{3}$ = 72

Zahl mit vert. Ziffern = urspr. Zahl · $2\frac{2}{3}$

$$70 + x = (10x + 7) \cdot \frac{8}{3} \quad |\cdot 3$$
$$210 + 3x = 80x + 56 \quad |-3x - 56$$
$$154 = 77x \quad |:77$$
$$x = 2$$

Die Zahl lautet **27**.

b) Differenz aus dem Drittel und dem Siebentel einer Zahl $\Big\}=\Big\{$ um 1 kleiner als ein Fünftel der Zahl

$$\frac{x}{3} - \frac{x}{7} = \frac{x}{5} - 1 \quad |\cdot 105$$
$$35x - 15x = 21x - 105$$
$$20x = 21x - 105 \quad |-21x$$
$$-x = -105 \quad |\cdot(-1)$$
$$\mathbf{x = 105}$$

kgV(3, 5, 7) = 105

Probe:
$\frac{105}{3} - \frac{105}{7} = 35 - 15 = 20 \qquad \frac{105}{5} = 21 \qquad 21 - 20 = 1$

Die Zahl lautet **105**.

4 Lineare Gleichungen und Ungleichungen

Ziffernsumme:
Summe der Ziffernwerte einer Zahl (ohne Berücksichtigung der Stellenwerte).

4.26 (Vergleiche mit den Beispielen 4.22 und 4.23!)

Trage zunächst x für die Einerziffer und (x – 2) für die Hunderterziffer in die unten stehende Tabelle ein. Überlege dann für die Zehnerziffer:

Ziffernsumme = 6
$$H + Z + E = 6$$
$$(x - 2) + Z + x = 6$$
$$Z + 2x - 2 = 6 \quad | -2x + 2$$
$$Z = 8 - 2x$$

	H	Z	E	Wert der Zahl
die dreistellige Zahl	x – 2	8 – 2x	x	(x – 2) · 100 + (8 – 2x) · 10 + x = = 100x – 200 + 80 – 20x + x = = 81x – 120
Zahl mit vert. H- u. E-Ziffern	x	8 – 2x	x – 2	x · 100 + (8 – 2x) · 10 + (x – 2) = = 100x + 80 – 20x + x – 2 = = 81x + 78

Zahl, in der Einerziffer mit Hunderterziffer vert. ist = um 48 kleiner als das 3fache der urspr. Zahl

$$81x + 78 = (81x - 120) \cdot 3 - 48$$
$$81x + 78 = 243x - 360 - 48$$
$$81x + 78 = 243x - 408 \quad | -81x + 408$$
$$486 = 162x \quad | : 162$$
$$x = 3$$

Probe:

Zahl: 123   Ziffernsumme: 1 + 2 + 3 = 6
123 · 3 – 48 = 369 – 48 = 321

Die Zahl lautet **123**.

---

x um p % verringert:
$x - x \cdot \frac{p}{100} = x \cdot (1 - \frac{p}{100})$

x um 15 % verringert:
$x - x \cdot \frac{15}{100} = x \cdot (1 - 0{,}15) =$
$\quad = x \cdot 0{,}85$

x um p % vergrößert:
$x + x \cdot \frac{p}{100} = x \cdot (1 + \frac{p}{100})$

x um 10 % vergrößert:
$x + x \cdot \frac{10}{100} = x \cdot (1 + 0{,}10) =$
$\quad = x \cdot 1{,}10$

4.27 a)

		Probe:
„alter" Preis	x	740,1…
(erst) um 15 % gesenkt	x · 0,85	740,1… · 0,85 = = 629,0…
(dann) um 10 % erhöht	(x · 0,85) · 1,10	629,0… · 1,10 = = 692

$$(x \cdot 0{,}85) \cdot 1{,}10 = 692$$
$$x \cdot 0{,}935 = 692 \quad | : 0{,}935$$
$$x = 740{,}1\ldots \approx 740$$

Der Preis der Ware betrug ursprünglich rund **740 €**.

b)

		Probe:
eine Zahl	x	$\frac{1}{3}$
die um 2 größere Zahl	x + 2	$2\frac{1}{3} = \frac{7}{3}$
Summe der beiden Zahlen	x + (x + 2) = = 2x + 2	$\frac{1}{3} + \frac{7}{3} = \frac{8}{3}$
Kehrwert	$\frac{1}{2x+2}$	$1 : \frac{8}{3} = \frac{3}{8}$

4 Lineare Gleichungen und Ungleichungen — Lösungen

$\frac{1}{2x+2} = \frac{3}{8}$ | Kehrwert der Terme

$2x + 2 = \frac{8}{3}$ | -2

$2x = \frac{2}{3}$ | $:2$

$x = \frac{1}{3}$

Die Zahl lautet $\frac{1}{3}$.

> Der Kehrwert (reziproke Wert) des Terms $T(x)$ ist der Term $\frac{1}{T(x)}$.
> $\frac{8}{3} - 2 = \frac{8}{3} - \frac{6}{3} = \frac{2}{3}$

4.28 (Vergleiche mit dem Beispiel 4.27!)

a)

		Probe:
von 500 eine Zahl subtrahiert	$500 - x$	$500 - 20 = 480$
diese Differenz durch das Doppelte der Zahl dividiert	$\frac{500-x}{2x}$	$480 : 40 = 12$

$\frac{500 - x}{2x} = 12$ | $\cdot 2x$

$500 - x = 24x$ | $+ x$

$500 = 25x$ | $: 25$

$x = 20$

Die Zahl lautet **20**.

b) Berechne zuerst den Vorjahresumsatz!

$x \cdot 0{,}93 = 465\,000$ | $: 0{,}93$

$x = 500\,000$

Vorjahresumsatz: 500 000 €
angepeilter Umsatz: 550 000 €
angepeilte absolute Steigerung: **50 000 €**

$50\,000 : 500\,000 = 0{,}10 = \frac{10}{100} = 10\,\%$

angepeilte prozentuelle Steigerung: **10 %**

Probe:
500 000 € · 0,93 = 465 000 €
500 000 € · 1,10 = 550 000 €

Der Umsatz hätte um **50 000 €**, das sind **10 %**, gesteigert werden müssen.

> x um 7 % verringert:
> $x - x \cdot \frac{7}{100} = x \cdot (1 - 0{,}07) = x \cdot 0{,}93$

4.29 (Vergleiche mit den Beispielen 4.27 und 4.28!)

a) $x \cdot 0{,}55 = 935$ | $: 0{,}55$

$x = 1\,700$

Probe: $1\,700 \cdot 0{,}55 = 935$

Der Neupreis des Computers betrug **1 700 €**.

> x um 45 % verringert:
> $x - x \cdot \frac{45}{100} = x \cdot (1 - 0{,}45) = x \cdot 0{,}55$

b)

Radius des ursprünglichen Kreises	r
Flächeninhalt des ursprünglichen Kreises	$r^2 \cdot \pi$
der um 2 cm verlängerte Radius	$r + 2$
Flächeninhalt des vergrößerten Kreises	$(r + 2)^2 \cdot \pi$

> Flächeninhalt eines Kreises:
> $A = r^2 \cdot \pi$
> r … Radius
> $\pi = 3{,}141\,592\,653\ldots$

4 Lineare Gleichungen und Ungleichungen

$$(r + 2)^2 \cdot \pi = r^2 \cdot \pi + 40$$
$$(r^2 + 4r + 4) \cdot \pi = r^2 \cdot \pi + 40$$
$$r^2 \cdot \pi + 4r \cdot \pi + 4 \cdot \pi = r^2 \cdot \pi + 40 \quad | - r^2 \cdot \pi$$
$$4r \cdot \pi + 4 \cdot \pi = 40 \quad | - 4 \cdot \pi$$
$$4r \cdot \pi = 40 - 4 \cdot \pi \quad | : 4 \cdot \pi$$
$$r = \frac{40 - 4 \cdot \pi}{4 \cdot \pi} = \frac{10 - \pi}{\pi} = 2{,}18\ldots \approx 2{,}2$$

Probe:
Ursprünglicher Kreis: $(2{,}18\ldots)^2 \cdot \pi = 14{,}97\ldots$
Vergrößerter Kreis: $(4{,}18\ldots)^2 \cdot \pi = 54{,}97\ldots$
$54{,}97\ldots - 14{,}97\ldots = 40$

Der Radius des ursprünglichen Kreises beträgt rund **2,2 cm**.

4.30 a)

		Probe:
Gesamtbetrag	x	24 000
Bankmittel	$\frac{x}{4}$	6 000
Geld der Verwandten	$\frac{x}{3}$	8 000
Eigenmittel (Rest)	10 000 €	10 000

$$\frac{x}{4} + \frac{x}{3} + 10\,000 = x \quad | \cdot 12$$
$$3x + 4x + 120\,000 = 12x \quad | - 7x$$
$$120\,000 = 5x \quad | : 5$$
$$x = 24\,000 \Rightarrow \frac{x}{4} = 6\,000, \; \frac{x}{3} = 8\,000$$

Das Auto kostet **24 000 €**. Herr Eilig borgt sich bei der Bank **6 000 €** und bei Verwandten **8 000 €** aus.

b)

		Probe:
Seitenlänge des urspr. Quadrats	a	9
Flächeninhalt des urspr. Quadrats	a^2	81
die um 7 cm verkürzte Seitenlänge	a – 7	2
Flächeninhalt des verkl. Quadrats	$(a - 7)^2$	4
		81 – 4 = 77

$$(a - 7)^2 = a^2 - 77$$
$$a^2 - 14a + 49 = a^2 - 77 \quad | - a^2 - 49$$
$$-14a = -126 \quad | : (-14)$$
$$a = 9$$

Die Seitenlänge des ursprünglichen Quadrats beträgt **9 cm**.

4.31 (Vergleiche mit dem Beispiel 4.30 a)!)

$$x + (x \cdot 1{,}25) + [(x \cdot 1{,}25) \cdot 1{,}25] = 915$$
$$x + 1{,}25x + 1{,}5625x = 915$$
$$3{,}8125x = 915 \quad | : 3{,}8125$$
$$x = 240$$

Probe:
$240 € + 240 € \cdot 1{,}25 + 240 € \cdot 1{,}25^2 = 240 € + 300 € + 375 € = 915 €$

Die 3 Personen erhalten **240 €**, **300 €** bzw. **375 €**.

Flächeninhalt eines Quadrats:
$A = a \cdot a = a^2$
a … Seitenlänge

x um ein Viertel vermehrt:
$x + \frac{x}{4} = x \cdot (1 + \frac{1}{4}) =$
$= x \cdot 1{,}25$

4 Lineare Gleichungen und Ungleichungen — Lösungen

4.32 (Vergleiche mit den Beispielen 4.30 a) und 4.31!)

Angenommen B erhält x (€).

A erhält $\frac{1}{3}$ mehr als B: $\quad x + \frac{x}{3} = (1 + \frac{1}{3}) \cdot x = \frac{4}{3}x$

C erhält $\frac{2}{5}$ weniger als A, d. h. nur $(\frac{5}{5} - \frac{2}{5} =) \frac{3}{5}$ so viel
wie A: $\quad [\frac{4}{3}x] \cdot \frac{3}{5} = \frac{4}{5}x$

$$\frac{4}{3} + x + \frac{4}{5}x = 88\,360$$
$$\frac{20}{15}x + \frac{15}{15}x + \frac{12}{15}x = 88\,360 \quad | \cdot 15$$
$$20x + 15x + 12x = 1\,325\,400$$
$$47x = 1\,325\,400 \quad | : 47$$
$$x = 28\,200$$

Probe:
$28\,200 \cdot \frac{4}{3} + 28\,200 + 28\,200 \cdot \frac{4}{5} = 37\,600 + 28\,200 + 22\,560 = 88\,360$

A erhält **37 600 €**, B erhält **28 200 €** und die Person C erhält **22 560 €**.

$\frac{4}{3} = \frac{20}{15}$
$\frac{4}{5} = \frac{12}{15}$

4.33 a) Der mathematische Zusammenhang zwischen dem zurückgelegten Weg, der Geschwindigkeit und der Zeit lautet:

$s = v \cdot t$ (zurückgelegter) Weg = Geschwindigkeit × Zeit

	Geschwindigkeit in km/h	Fahrzeit bis zum Zusammentreffen in h	Der bis dahin zurückgel. Weg in km
LKW	35	t	35 · t
PKW	65	t − 2	65 · (t − 2)

Wenn der LKW dem PKW begegnet, dann ist die Summe der von beiden Fahrzeugen zurückgelegten Wegstrecken 270 km.

$$35 \cdot t + 65 \cdot (t - 2) = 270$$
$$35t + 65t - 130 = 270 \quad | + 130$$
$$100t = 400 \quad | : 100$$
$$t = 4$$

Probe:

Der LKW ist (t =) 4 h unterwegs, der PKW (t − 2 h =) 2 h.

Der vom LKW zurückgelegte Weg: 35 km · 4 = 140 km

Der vom PKW zurückgelegte Weg: 65 km · 2 = 130 km

$\qquad\qquad\qquad\qquad$ 140 km + 130 km = 270 km

Die Fahrzeuge treffen einander **um 10:00 Uhr**. Sie sind zu dieser Zeit **140 km** vom Ort X entfernt.

Zusammenhang zwischen Weg (s), Geschwindigkeit (v) und Zeit (t):

$s = v \cdot t$

Die (skizzenhafte) Veranschaulichung der in der „Bewegungsaufgabe" vorliegenden Problemstellung kann sehr nützlich sein:

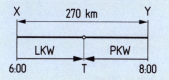

b) Um 9:30 Uhr ist der LKW bereits 3,5 h unterwegs. Der PKW ist zu dieser Zeit erst 1,5 h unterwegs.

Der vom LKW zurückgelegte Weg: 35 km · 3,5 = 122,5 km
Der vom PKW zurückgelegte Weg: 65 km · 1,5 = 97,5 km

Entfernung voneinander: 270 km − 122,5 km − 97,5 km = 50 km

Variante (Probe):   9:30 Uhr ist $\frac{1}{2}$ h vor dem Treffpunkt 10:00 Uhr.
Der LKW legt in $\frac{1}{2}$ h (35 km : 2 =) 17,5 km zurück.

Der PKW legt in $\frac{1}{2}$ h (65 km : 2 =) 32,5 km zurück.
17,5 km + 32,5 km = 50 km.

Um 9:30 Uhr sind die Fahrzeuge **50 km** voneinander entfernt.

Graphische Lösung für a) und b):
Der zurückgelegte Weg wächst (bei konstanter Geschwindigkeit) linear mit der Zeit. Für die graphische Darstellung bedeutet das, dass die zu den einzelnen Zeit-Punkten gehörenden Weg-Punkte auf einer Geraden liegen.

LKW: 1. Punkt: (z. B.)   6:00 Uhr, 0 km
         2. Punkt: (z. B.) 11:00 Uhr, 35 km · 5 = 175 km
                    175 km ≙ 175 · 0,4 mm = 70 mm

PKW: 1. Punkt: (z. B.)   8:00 Uhr, 270 km ≙ 108 mm
         2. Punkt: (z. B.) 11:00 Uhr, 270 km − 65 km · 3 = 75 km
                    75 km ≙ 75 · 0,4 mm = 30 mm

x-Achse (Zeit):
Einheit (z. B.):
        1 h ≙ 20 mm

y-Achse (Weg):
Einheit (z. B.):
    100 km ≙ 40 mm
     10 km ≙   4 mm

    175 km ≙ 70 mm
    270 km ≙ 108 mm
     75 km ≙ 30 mm

    56 mm ≙ 140 km

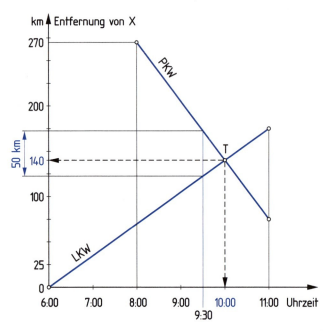

4 Lineare Gleichungen und Ungleichungen

Lösungen 89

4.34 (Vergleiche mit dem Beispiel 4.32!)

a)

	Geschwindigkeit in km/h	Fahr- bzw. Gehzeit bis zum Zusammentreffen in h	Der bis dahin zurückgel. Weg in km
F	5	t	5 · t
M	30	t – 1	30 · (t – 1)

Wenn der Motorradfahrer M den Fußgänger F eingeholt hat, dann haben beide eine gleich große Wegstrecke zurückgelegt.

$5 \cdot t = 30 \cdot (t - 1)$
$\quad 5t = 30t - 30 \quad | -5t + 30$
$\quad 30 = 25t \quad | :25$
$\quad\quad t = 1{,}2$

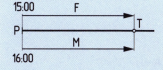

Probe:
Der Fußgänger ist (t = 1,2 h =) 1 h 12 min unterwegs. Der Motorradfahrer ist zu dieser Zeit erst (t – 1 h = 0,2 h =) 12 min unterwegs.

0,1 h = 6 min
1,2 h = 1 h 12 min

Der vom Fußgänger zurückgelegte Weg: 5 km · 1,2 = 6 km
Der vom Motorradfahrer zurückgelegte Weg: 30 km · 0,2 = 6 km

Der Motorradfahrer holt den Fußgänger **um 16:12 Uhr** ein. Beide sind zu dieser Zeit **6 km** vom Ort P entfernt.

b) Wenn der Motorradfahrer einen Vorsprung von 10 km hat, dann gilt für die Wege (in km):

Weg des Motorradfahrers = Weg des Fußgängers + 10 km

(Nach wie vor ist der Motorradfahrer aber 1 h weniger unterwegs als der Fußgänger.)

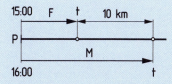

$30 \cdot (t - 1) = 5 \cdot t + 10$
$\quad 30t - 30 = 5t + 10 \quad | -5t + 30$
$\quad\quad\quad 25t = 40 \quad | :25$
$\quad\quad\quad\quad t = 1{,}6$

Probe:
Der Fußgänger ist (t = 1,6 h =) 1 h 36 min unterwegs. Der Motorradfahrer ist zu dieser Zeit (t – 1 h = 0,6 h =) 36 min unterwegs.

0,1 h = 6 min
1,6 h = 1 h 36 min

Der vom Fußgänger zurückgelegte Weg: 5 km · 1,6 = 8 km
Der vom Motorradfahrer zurückgelegte Weg: 30 km · 0,6 = 18 km

Vorsprung des Motorradfahrers: 18 km – 8 km = 10 km

Der Motorradfahrer hat einen Vorsrung von 10 km um **16:36 Uhr**.

x-Achse (Zeit):
Einheit (z. B.):
   1 h ≙ 40 mm
   0,1 h = 6 min ≙ 4 mm

8 mm rechts von
   16:00 Uhr ≙ 16:12 Uhr
24 mm rechts von
   16:00 Uhr ≙ 16:36 Uhr

y-Achse (Weg):
Einheit (z. B.):
   10 km ≙ 20 mm
   30 km ≙ 60 mm

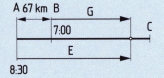

Grafische Lösung für a) und b):

F: 1. Punkt: (z. B.) 15:00 Uhr, 0 km
    2. Punkt: (z. B.) 17:00 Uhr, 5 km · 2 = 10 km ≙ 20 mm

M: 1. Punkt: (z. B.) 16:00 Uhr, 0 km
    2. Punkt: (z. B.) 17:00 Uhr, 30 km · 1 = 30 km ≙ 60 mm

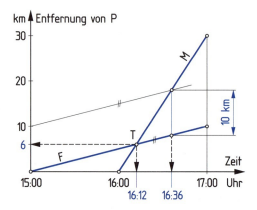

Das Einzeichnen des 10-km-Vorsprungs in die Graphik erfolgt so:
Zeichne durch den Punkt (15:00 Uhr | 10 km) eine Parallele zu F,
die M schneidet! Zeichne durch diesen Schnittpunkt eine
Normale auf die Zeit-Achse, die F schneidet! Die beiden so
ermittelten Schnittpunkte sind genau 20 mm ≙ 10 km
voneinander entfernt.

4.35 (Vergleiche mit den Beispielen 4.33 und 4.34!)

a)

	Geschwindigkeit in km/h	Fahrzeit bis zum Zusammentreffen in h	Der bis dahin zurückgel. Weg in km
G	30	t	30 · t
E	58	t − 1,5	58 · (t − 1,5)

Wenn der Eilzug den Güterzug eingeholt hat, dann gilt für die
Wege (in km):

Weg des Eilzugs = 67 km + Weg des Güterzugs

$$58 \cdot (t - 1{,}5) = 67 + 30 \cdot t$$
$$58t - 87 = 67 + 30t \quad | \; 30t + 87$$
$$28t = 154 \quad | : 28$$
$$t = 5{,}5$$

Probe:
Der Güterzug ist (t = 5,5 h =) 5 h 30 min unterwegs. Der Eilzug ist
zu dieser Zeit erst (t − 1,5 h =) 4 h unterwegs.
Der vom Güterzug zurückgelegte Weg: 30 km · 5,5 = 165 km
Der vom Eilzug zurückgelegte Weg: 58 km · 4 = 232 km
                                    232 km − 165 km = 67 km

Der Eilzug holt den Güterzug **um 12:30 Uhr** ein. Die Züge sind zu
dieser Zeit **165 km** vom Ort B entfernt.

4 Lineare Gleichungen und Ungleichungen — Lösungen

b) Wenn sich der Eilzug 35 km hinter dem Güterzug befindet, dann gilt für die Wege (in km):

Weg des Eilzugs + 35 km = 67 km + Weg des Güterzugs

$$58 \cdot (t - 1{,}5) + 35 = 67 + 30 \cdot t$$
$$58t - 87 + 35 = 67 + 30t$$
$$58t - 52 = 67 + 30t \quad | -30t + 52$$
$$28t = 119 \quad | :28$$
$$t = 4{,}25$$

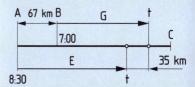

Probe:
Der Güterzug ist (t = 4,25 h =) 4 h 15 min unterwegs. Der Eilzug ist zu dieser Zeit erst (t − 1,5 h = 2,75 h =) 2 h 45 min unterwegs.
Entfernung des Güterzugs von A:
30 km · 4,25 + 67 km = 194,5 km
Entfernung des Eilzugs von A: 58 km · 2,75 = 159,5 km
Vorsprung des Güterzugs: 194,5 km − 159,5 km = 35 km

7,00 h + 4,25 h = 11,25 h = 11 h 15 min

Es ist **11:15 Uhr**, wenn sich der Eilzug 35 km hinter dem Güterzug befindet.

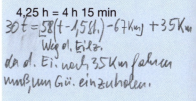

4.36 a)

	Menge in l	Säuregehalt in %	Menge an (reiner) Säure in l	Probe: Menge an (reiner) Säure in l
S	42	80	42 · 0,80 = 33,6	33,6
W	x	0	x · 0 = 0	0
M	42 + x	60	(42 + x) · 0,60	56 · 0,6 = 33,6

Beim Mischen des Wassers mit der Säure ändert sich nur die Konzentration (der Säure); die Menge an (reiner) Säure bleibt gleich.

$$33{,}6 = (42 + x) \cdot 0{,}6 \quad | :0{,}6$$
$$56 = 42 + x \quad | -42$$
$$x = 14$$

Der Laborant benötigt **14 Liter** (destilliertes) Wasser.

80%ige Säure: Das bedeutet (z. B.), dass sich 1 l der Säure aus 0,2 l Wasser und 0,8 l (reiner) Säure zusammensetzt.

b)

	Menge in l	Alkoholgehalt in %	Menge an (reinem) Alkohol in l	Probe: Menge an (reinem) Alkohol in l
Alk. 1	x	96	x · 0,96	4,70... · 0,96 = 4,51...
Alk. 2	16	30	16 · 0,30 = 4,8	4,8
M	x + 16	45	(x + 16) · 0,45	9,31...
				20,70... · 0,45 = 9,31...

Die Menge an (reinem) Alkohol in der Mischung ist genauso groß wie die Summe der Mengen an (reinem) Alkohol der Komponenten.

$(x + 16) \cdot 0{,}45 = x \cdot 0{,}96 + 4{,}8$
$0{,}45x + 7{,}2 = 0{,}96x + 4{,}8 \quad |-0{,}45x - 4{,}8$
$2{,}4 = 0{,}51x \quad |:0{,}51$
$x = 4{,}70... \approx 4{,}7$

Es sind rund **4,7 Liter** an 96%igem Alkohol zuzugeben.

4.37 (Vergleiche mit dem Beispiel 4.36!)

a)

	Menge in kg	Salzgehalt in %	Menge an (reinem) Salz in kg	Probe: Menge an (reinem) Salz in kg
Sole 1	15	12	15 · 0,12 = 1,8	1,8
Wasser	x	0	x · 0 = 0	0
Sole 2	15 − x	18	(15 − x) · 0,18	10 · 0,18 = 1,8

Beim Eindampfen wird der Lösung Wasser entzogen (15 − x)! Dadurch ändert sich nur die Konzentration der Lösung, die Menge an (reinem) Salz bleibt gleich.

$1{,}8 = (15 - x) \cdot 0{,}18 \quad |:0{,}18$
$10 = 15 - x \quad |-10 + x$
$x = 5$

Die Laborantin muss der Salzlösung **5 kg ≙ 5 Liter** Wasser entziehen.

b)

	Menge in l	Alkoholgehalt in %	Menge an (reinem) Alkohol in l	Probe: Menge an (reinem) Alkohol in l
Alk. 1	4	50	4 · 0,50 = 2	2
Alk. 2	5	75	5 · 0,75 = 3,75	3,75
M	9	x	$9 \cdot \frac{x}{100}$	5,75
				$9 \cdot 0{,}63\dot{8} = 5{,}75$

$9 \cdot \frac{x}{100} = 2 + 3{,}75 \quad |\cdot 100$
$9x = 575 \quad |:9$
$x = 63{,}\dot{8} \approx 64$

Die Mischung ist rund **64%ig**.

4 Lineare Gleichungen und Ungleichungen — Lösungen

4.38 (Vergleiche mit den Beispiel 4.36 und 4.37!)

a)

	Menge in l	Säuregehalt in %	Menge an (reiner) Säure in l	Probe: Menge an (reiner) Säure in l
S	3 − x	85	(3 − x) · 0,85	2,11... · 0,85 = 1,8
W	x	0	x · 0 = 0	0
M	3	60	3 · 0,60 = 1,8	1,8

$(3 - x) \cdot 0{,}85 = 1{,}8 \quad |: 0{,}85$
$ 3 - x = 2{,}11... \approx 2{,}1 \quad |+ x - 2{,}11...$
$ x = 0{,}88... \approx 0{,}9$

Es müssen rund **0,9 Liter Wasser** mit rund **2,1 Liter 85%iger Säure** gemischt werden.

b) In 2 Mengen-Anteilen 25%iger Lauge sind 2 · 0,25 = 0,5 Mengen-Einheiten (reine) Lauge enthalten.
In 3 Mengen-Anteilen 70%iger Lauge sind 3 · 0,70 = 2,1 Mengen-Einheiten (reine) Lauge enthalten.
In 5 Mengen-Anteilen x-%iger Lauge sind $5 \cdot \frac{x}{100} = 0{,}05x$ Mengen-Einheiten (reine) Lauge enthalten.

$0{,}5 + 2{,}1 = 0{,}05x$
$\phantom{0{,}5 + 2{,}1 =} 0{,}05x = 2{,}6 \quad |: 0{,}05$
$\phantom{0{,}5 + 2{,}1 = 0{,}05} x = 52$

Probe: 0,52 · 5 = 2,6

Das Laugengemisch ist **52%ig.**

Hinweise zu den Beispielen 4.39–4.42

Ungleichungen können – wie Gleichungen – durch Äquivalenzumformungen gelöst werden. Es ist jedoch auf Folgendes zu achten: Wird eine Ungleichung mit einer negativen Zahl multipliziert bzw. durch eine negative Zahl dividiert, so muss das Ungleichheitszeichen „umgekehrt" werden, d. h. aus „<" bzw. „≤" wird „>" bzw. „≥".

Die Lösungsmenge einer Ungleichung beinhaltet all jene Zahlen, für die die Ungleichung eine wahre Aussage liefert.

Die Kontrolle des Ergebnisses kann nur stichprobenartig erfolgen. Belegt man dabei die Variable mit einer Zahl aus der Lösungsmenge, so muss die Ungleichung eine wahre Aussage (w. A.) liefern. Beim Belegen der Variablen mit einer Zahl, die nicht zur Lösungsmenge gehört, muss die Ungleichung eine falsche Aussage (f. A.) liefern.

Multiplizieren einer Ungleichung mit einer negativen Zahl:
$\quad a < b \quad |\cdot c,$ wobei $c < 0$
$a \cdot c > b \cdot c$

Dividieren einer Ungleichung durch eine negative Zahl:
$\quad a < b \quad |: c,$ wobei $c < 0$
$a : c > b : c$

4.39

$2 - \frac{3x + 2}{5} < \frac{7 - 6x}{4} + \frac{x}{2} \quad |\cdot 20$
$2 \cdot 20 - (3x + 2) \cdot 4 < (7 - 6x) \cdot 5 + x \cdot 10$
$ 40 - 12x - 8 < 35 - 30x + 10x$
$ 32 - 12x < 35 - 20x \quad |- 32 + 20x$
$ 8x < 3 \quad |: 8$
$ x < \frac{3}{8}$

$\mathbf{L} = \{x \in \mathbb{R} \mid x < \tfrac{3}{8}\}$ — Kontrollen: Siehe nächste Seite!

kgV(2, 4, 5) = 20
Erweiterungs-Faktoren, mit denen die Zähler zu multiplizieren sind (von li. nach re.):
20 : 5 = 4
20 : 4 = 5
20 : 2 = 10

Stichprobenartige Kontrollen:

1) Z. B.: x = 0 (0 ∈ L)
   Linke Seite der Ungleichung: $2 - \frac{2}{5} = 1\frac{3}{5}$
   Rechte Seite der Ungleichung: $\frac{7}{4} + 0 = 1\frac{3}{4}$ $1\frac{3}{5} < 1\frac{3}{4}$ w. A.

2) Z. B.: x = 1 (1 ∉ L)
   Linke Seite der Ungleichung: $2 - \frac{5}{5} = 2 - 1 = 1$
   Rechte Seite der Ungleichung: $\frac{1}{4} + \frac{1}{2} = \frac{3}{4}$ $1 < \frac{3}{4}$ f. A.

Veranschaulichung der Lösungsmenge:
Wähle die Einheitsstrecke (zwischen 0 und 1) z. B. 80 mm lang!
Dann entsprechen jedem Achtel genau 10 mm.

Der Punkt $\frac{3}{8}$ gehört nicht mehr zur Lösungsmenge. Dies soll mit dem „hohlen" Ring an der Stelle $\frac{3}{8}$ ausgedrückt werden.

Aus Gründen der Übersichtlichkeit ist der Strahl, der die Lösungsmenge veranschaulichen soll, von der Zahlengerade „abgehoben" gezeichnet.

kgV(3, 5, 6) = 30
Erweiterungs-Faktoren, mit denen die Zähler zu multiplizieren sind (von li. nach re.):
30 : 6 = 5
30 : 5 = 6
30 : 3 = 10

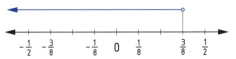

4.40 (Vergleiche mit dem Beispiel 4.39!)

$$\frac{4x-3}{6} + \frac{2}{5} \geq 2x - \frac{1+5x}{3} \quad |\cdot 30$$
$$(4x-3) \cdot 5 + 2 \cdot 6 \geq 2x \cdot 30 - (1+5x) \cdot 10$$
$$20x - 15 + 12 \geq 60x - 10 - 50x$$
$$20x - 3 \geq 10x - 10 \quad |+3-10x$$
$$10x \geq -7 \quad |:10$$
$$x \geq -\frac{7}{10}$$

L = {x ∈ ℝ | x ≥ $-\frac{7}{10}$}

Stichprobenartige Kontrollen:

1) Z. B.: x = 0 (0 ∈ L)
   Linke Seite der Ungleichung: $-\frac{3}{6} + \frac{2}{5} = -\frac{15}{30} + \frac{12}{30} = -\frac{3}{30} = -\frac{1}{10}$
   Rechte Seite der Ungleichung: $0 - \frac{1}{3} = -\frac{1}{3}$ $-\frac{1}{10} \geq -\frac{1}{3}$ w. A.

$-\frac{1}{10} \geq -\frac{1}{3}$, denn es gilt:
Die von zwei Zahlen auf der Zahlengeraden weiter links liegende Zahl ist die kleinere Zahl.

2) Z. B.: x = –1 (–1 ∉ L)
   Linke Seite der Ungleichung: $-\frac{7}{6} + \frac{2}{5} = -\frac{35}{30} + \frac{12}{30} = -\frac{23}{30}$
   Rechte Seite der Ungleichung: $-2 - \frac{-4}{3} = -\frac{60}{30} + \frac{40}{30} = -\frac{20}{30}$
   $-\frac{23}{30} \geq -\frac{20}{30}$ f. A.

Der Punkt $-\frac{7}{10}$ gehört zur Lösungsmenge. Dies soll mit dem „vollen" Ring an der Stelle $-\frac{7}{10}$ ausgedrückt werden.

Wähle die Einheitsstrecke (zwischen 0 und 1) z. B. 100 mm lang!
Dann entsprechen jedem Zehntel genau 10 mm.

4 Lineare Gleichungen und Ungleichungen — Lösungen

4.41 (Vergleiche mit den Beispielen 4.39 und 4.40!)

$$(4x - 5)(4x + 5) \cdot 4 + 8x(10x - 7) \geq (12x - 1)^2 - 5$$
$$(16x^2 - 25) \cdot 4 + 80x^2 - 56x \geq 144x^2 - 24x + 1 - 5$$
$$64x^2 - 100 + 80x^2 - 56x \geq 144x^2 - 24x - 4$$
$$144x^2 - 100 - 56x \geq 144x^2 - 24x - 4 \quad | -144x^2$$
$$-100 - 56x \geq -24x - 4 \quad | +100 + 24x$$
$$-32x \geq 96 \quad | : (-32)$$
$$x \leq -3$$

L = {x ∈ ℝ | x ≤ −3}

Wird eine Ungleichung durch eine negative Zahl dividiert, so muss das Ungleichheitszeichen „umgekehrt" werden.

Stichprobenartige Kontrollen:

1) Z. B.: x = −3 (−3 ∈ L)
   Linke Seite der Ungleichung:
   (−17) · (−7) · 4 + (−24) · (−37) = 476 + 888 = 1 364
   Rechte Seite der Ungleichung: (−37)² − 5 = 1 369 − 5 = 1 364
   1 364 ≥ 1 364 w. A.

2) Z. B.: x = −2 (−2 ∉ L)
   Linke Seite der Ungleichung:
   (−13) · (−3) · 4 + (−16) · (−27) = 156 + 432 = 588
   Rechte Seite der Ungleichung: (−25)² − 5 = 625 − 5 = 620
   588 ≥ 620 f. A.

Veranschaulichung der Lösungsmenge:
Wähle die Einheitsstrecke (zwischen 0 und 1) z. B. 20 mm lang!
Dann entsprechen jedem Ganzen genau 20 mm.

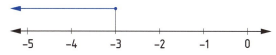

4.42 (Vergleiche mit den Beispielen 4.35 – 4.41!)

$$(9x + 2)^2 - 3(5 - 6x)^2 > (8 - 3x) \cdot 9x + 1$$
$$81x^2 + 36x + 4 - 3(25 - 60x + 36x^2) > 72x - 27x^2 + 1$$
$$81x^2 + 36x + 4 - 75 + 180x - 108x^2 > 72x - 27x^2 + 1$$
$$-27x^2 + 216x - 71 > 72x - 27x^2 + 1 \quad | +27x^2$$
$$216x - 71 > 72x + 1 \quad | -72x + 71$$
$$144x > 72 \quad | : 144$$
$$x > \tfrac{1}{2}$$

L = {x ∈ ℝ | x > ½}

$\frac{72}{144} = \frac{1}{2}$

Stichprobenartige Kontrollen:

1) Z. B.: x = 1 (1 ∈ L)
   Linke Seite der Ungleichung: 11² − 3 · (−1)² = 121 − 3 = 118
   Rechte Seite der Ungleichung: 5 · 9 + 1 = 46   118 > 46 w. A.

2) Z. B.: x = 0 (0 ∉ L)
   Linke Seite der Ungleichung: 2² − 3 · 5² = 4 − 75 = −71
   Rechte Seite der Ungleichung: 8 · 0 + 1 = 1   −71 > 1 f. A.

Veranschaulichung der Lösungsmenge:
Wähle die Einheitsstrecke (zwischen 0 und 1) z. B. 100 mm lang!
Dann entsprechen jedem Zehntel genau 10 mm.

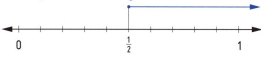

4 Lineare Gleichungen und Ungleichungen

$\mathbb{N} = \{0, 1, 2, 3, ...\}$
$\mathbb{N}^* = \{1, 2, 3, ...\}$

4.43 a) (Beachte die Hinweise zu den Beispielen 4.39–4.42!)

$$x \cdot 4 - 15 < 20 \quad | + 15$$
$$4x < 35 \quad | : 4$$
$$x < 8{,}75$$

Welche natürlichen (!) Zahlen sind kleiner als 8,75?

L = {0, 1, 2, 3, 4, 5, 6, 7, 8}

Stichprobenartige Kontrollen:
1) Z. B.: $x = 8$ ($8 \in L$)
   $8 \cdot 4 - 15 = 32 - 15 = 17 \quad 17 < 20$ w. A.
2) Z. B.: $x = 9$ ($9 \notin L$)
   $9 \cdot 4 - 15 = 36 - 15 = 21 \quad 21 < 20$ f. A.

Umfang eines Rechtecks:
$u = a \cdot 2 + b \cdot 2 =$
$= (a + b) \cdot 2$
a, b ... Seitenlängen

b) Wähle z. B.: a ... die Länge, b ... die Breite

Für den Umfang gilt: $2a + 2b = 24 \Rightarrow a + b = 12$

a soll stets mehr als doppelt so lang wie b sein.

$$a > 2b \quad | + b$$
$$a + b > 3b \quad | \text{ersetze } (a + b) \text{ durch } 12$$
$$12 > 3b \quad | : 3$$
$$b < 4$$

Aus $a + b = 12$ und $b < 4 \Rightarrow a > 8$

Stichprobenartige Kontrollen ($a > 2b$):
1) Z. B.: $a = 9 \Rightarrow b = 12 - 9 = 3 \quad 9 > 2 \cdot 3$ w. A.
2) Z. B.: $a = 7 \Rightarrow b = 12 - 7 = 5 \quad 7 > 2 \cdot 5$ f. A.

Die Länge des Rechtecks muss stets **größer als 8 cm** sein.

Begründung, warum aus
$a + b = 12$ und $b < 4$
folgt: $a > 8$.
Wäre $b = 4$, dann müsste a
$12 - 4 = 8$ sein. In dem Maß, in
dem man b kleiner als 4
annimmt, in demselben Maß
muss a größer als 8 sein, denn
die Summe aus a und b soll
immer 12 betragen.

4.44 a)
$$(x + 5) \cdot 8 > 100 \quad | : 8$$
$$x + 5 > 12{,}5 \quad | - 5$$
$$x > 7{,}5$$

L = {8, 9, 10, ...}

Stichprobenartige Kontrollen:
1) Z. B.: $x = 8$ ($8 \in L$)
   $(8 + 5) \cdot 8 = 13 \cdot 8 = 104 \quad 104 > 100$ w. A.
2) Z. B.: $x = 7$ ($7 \notin L$)
   $(7 + 5) \cdot 8 = 12 \cdot 8 = 96 \quad 96 > 100$ f. A.

4 Lineare Gleichungen und Ungleichungen — Lösungen

b) Rechne wie mit Zinseszinsen!
Egons Schulden heute: K_0
Egons Schulden nach n Jahren: K_n
Wachstumsrate seiner Schulden: $p\% = 15\%$
$$(1 + \tfrac{p}{100}) = (1 + \tfrac{15}{100}) = 1{,}15$$
$K_n = K_0 \cdot 1{,}15^n$

Die Schulden K_n sollen das Doppelte von K_0 überschreiten.

$$K_n > 2 \cdot K_0$$
$$K_0 \cdot 1{,}15^n > 2 \cdot K_0 \quad | : K_0$$
$$1{,}15^n > 2$$

$1{,}15^2 = 1{,}32\ldots$
$1{,}15^3 = 1{,}52\ldots$
$1{,}15^4 = 1{,}74\ldots$
$1{,}15^5 = 2{,}01\ldots$

Probierverfahren: Multipliziere 1,15 so oft mit sich selbst, bis der Wert des Produkts erstmals größer als 2 ist! Die Ergebnisse für alle Stufen der Annäherung an die Zahl 2 findest du in der Randspalte.

Kontrollen: Das Probierverfahren liefert die Zahlenwerte, für die die Ungleichung eine wahre oder falsche Aussage ergibt.

Egons Schulden werden erstmals **nach 5 Jahren** das Doppelte ihrer heutigen Höhe überschreiten.

4.45 a) Dauert es genau 20 h, bis der Vorratsbehälter geleert ist, so beträgt die pro Stunde abgegebene Wassermenge
(1 800 l : 20 =) 90 l.
Soll der Behälter frühestens in 20 h geleert sein, so bedeutet das, dass der Vorgang auch länger dauern darf. Dann darf aber die pro Stunde abgegebene Wassermenge auch weniger als 90 l betragen.

$x \leqslant 90$ l/h

Frühestens in 20 Stunden, d. h.: in 20 Stunden oder später.

Dauert es genau 24 h, bis der Vorratsbehälter geleert ist, so beträgt die pro Stunde abgegebene Wassermenge
(1 800 l : 24 =) 75 l.
Soll der Behälter spätestens in 24 h geleert sein, so bedeutet das, dass der Vorgang nicht länger dauern darf. Dann darf aber die pro Stunde abgegebene Wassermenge auch nicht weniger als 75 l betragen.

$x \geqslant 75$ l/h

Spätestens in 24 Stunden, d. h.: in 24 Stunden oder früher.

Fasse beide Bedingungen zusammen: **75 l/h $\leqslant x \leqslant$ 90 l/h**

Stichprobenartige Kontrollen:

1) Z. B.: $x = 80$ (l/h)   1 800 : 80 = 22,5
   $20 \leqslant 22{,}5 \leqslant 24$ w. A.

2) Z. B.: $x = 60$ (l/h)   1 800 : 60 = 30
   $20 \leqslant 30$ w. A., aber $30 \leqslant 24$ f. A.

3) Z. B.: $x = 100$ (l/h)   1 800 : 100 = 18
   $18 \leqslant 24$ w. A., aber $20 \leqslant 18$ f. A.

Die Vorrichtung muss **mindestens 75 l Wasser pro Stunde** abgeben und darf **höchstens 90 l Wasser pro Stunde** abgeben.

4 Lineare Gleichungen und Ungleichungen

Umfang eines gleichschenkligen Dreiecks:
$u = a \cdot 2 + c$
a ... Schenkellänge
c ... Basislänge

Begründung, warum aus $2a + c = 30$ und $2a > 20$ folgt: $c < 10$.
Wäre $2a = 20$, dann müsste c $30 - 20 = 10$ sein. In dem Maß, in dem man $2a$ größer als 20 annimmt, in demselben Maß muss c kleiner als 10 sein, denn die Summe aus $2a$ und c soll immer 30 betragen.

b) (Vergleiche mit dem Beispiel 4.43 b)!)

Für den Umfang gilt: $2a + c = 30$

c soll stets kürzer als a sein: $c < a$

$$\begin{aligned} c &< a & | +2a \\ c + 2a &< 3a & | \text{ersetze } (2a+c) \text{ durch } 30 \\ 30 &< 3a & | :3 \\ a &> 10 \end{aligned}$$

Aus $2a + c = 30$ und $a > 10$, d. h. $2a > 20 \Rightarrow c < 10$

Stichprobenartige Kontrollen ($c < a$):

1) Z. B.: $c = 9 \Rightarrow a = (30 - 9) : 2 = 10{,}5 \quad 9 < 10{,}5$ w. A.
2) Z. B.: $c = 11 \Rightarrow a = (30 - 11) : 2 = 9{,}5 \quad 11 < 9{,}5$ f. A.

Die Basislänge muss stets **kleiner als 10 cm** sein.

4.46 a) Angebot 2: Die Kosten K_2 steigen (linear) mit der Stückzahl n gemäß der Gleichung K_2 (in €) $= 3{,}80 \cdot n$.
Angebot 1: Die Kosten K_1 steigen (ebenfalls linear) mit der Stückzahl n; allerdings ist die Pauschale von 12 000 € stets hinzuzurechnen: K_1 (in €) $= 2{,}20 \cdot n + 12\,000$.

Angebot 2 günstiger als Angebot 1, d. h.:

$$\begin{aligned} K_2 &< K_1 \\ 3{,}8n &< 2{,}2n + 12\,000 & | -2{,}2n \\ 1{,}6n &< 12\,000 & | :1{,}6 \\ n &< 7\,500 \end{aligned}$$

Stichprobenartige Kontrollen:

1) Z. B.: $n = 7\,000$ Stück
   $K_1 = 2{,}20\, € \cdot 7\,000 + 12\,000\, € = 27\,400\, €$
   $K_2 = 3{,}80\, € \cdot 7\,000 = 26\,600\, € \quad 26\,600\, € < 27\,400\, €$ w. A.

2) Z. B.: $n = 8\,000$ Stück
   $K_1 = 2{,}20 \cdot 8\,000 + 12\,000\, € = 29\,600\, €$
   $K_2 = 3{,}80 \cdot 8\,000 = 30\,400\, € \quad 30\,400\, € < 29\,600\, €$ f. A.

Das Angebot 2 ist bis zu einer Stückzahl von **7 499** günstiger als das Angebot 1.

b) In beiden Angeboten wachsen die Kosten linear an. Für die graphische Darstellung bedeutet das jeweils, dass die zu den einzelnen Stückzahlen gehörenden Kosten-Punkte auf einer Geraden liegen. Ermittle für jedes Angebot zwei – der Genauigkeit wegen möglichst weit auseinander liegende – Kosten-Punkte und verbinde sie durch eine gerade Linie!

Angebot 1:
1. Punkt: (z. B.) $n = 0$ Stück, $K_2 = 12\,000\, € \triangleq 24$ mm
2. Punkt: (z. B.) $n = 10\,000$ Stück, $K_1 = 34\,000\, € \triangleq 68$ mm

Angebot 2:
1. Punkt: (z. B.) $n = 0$ Stück, $K_2 = 0\, €$
2. Punkt: (z. B.) $n = 10\,000$ Stück, $K_2 = 38\,000\, € \triangleq 76$ mm

4 Lineare Gleichungen und Ungleichungen — Lösungen

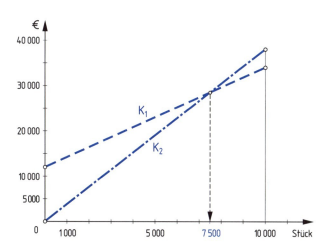

x-Achse (Stückanzahl):
Einheit (z. B.):
    1 000 Stück ≙ 10 mm
   10 000 Stück ≙ 100 mm
    7 500 Stück ≙ 75 mm

y-Achse (Kosten):
Einheit (z. B.):
    1 000 € ≙ 2 mm
    5 000 € ≙ 10 mm
  12 000 € ≙ 24 mm
  34 000 € ≙ 68 mm
  38 000 € ≙ 76 mm

4.47 a) „Genauer" Wert: 365 Tage
    Ungenauer Wert: 360 Tage   360 − 365 = −5
    Absoluter Fehler: **−5 Tage**
    Relativer Fehler: $-\frac{5}{365} = -0{,}013\ldots \approx$ **−0,01**   0,01 = 1 %
    Prozentueller Fehler: rund **1 %**

Absoluter Fehler:
Differenz zwischen dem ungenauen Wert und dem „genauen" Wert.

Relativer Fehler:
Verhältnis des absoluten Fehlers zum „genauen" Wert.

b) „Genauer" Wert: 365,25 Tage
    Ungenauer Wert: 365 Tage
    Absoluter Fehler: **−0,25 Tage**   365 − 365,25 = −0,25
    Relativer Fehler: $-\frac{0{,}25}{365{,}25} = -0{,}000\,6\ldots \approx$ **−0,001**
    Prozentueller Fehler: rund **0,1 % = 1 ‰**   0,001 = 0,1 %

Prozentualer Fehler:
Betrag des in Prozenten angegeben relativen Fehlers.

4.48 a) Im gegebenen Zusammenhang ist eine Abweichung dasselbe wie ein Fehler. Die relative Abweichung ist das Verhältnis der absoluten Abweichung zum „genauen" Wert (Sollwert). Die prozentuale Abweichung ist der Betrag der in Prozenten angegebenen relativen Abweichung.
    Absolute Abweichung: 0,5 °C
    Relative Abweichung: $\frac{0{,}5}{20{,}0} = 0{,}025$
    Prozentuale Abweichung: $0{,}025 = \frac{2{,}5}{100} =$ **2,5 %**

b) 4 % von 20 °C: 20 · 0,04 = 0,8
    Bereich: **19,2 °C ≤ t ≤ 20,8 °C**
    Die Temperatur darf höchstens auf **19,2 °C** absinken und darf **20,8 °C** nicht überschreiten.

c) 5 % von 20 °C: 20 · 0,05 = 1
    Der Toleranzbereich beträgt demnach 20 ± 1 °C oder in Form einer Ungleichung geschrieben: 19 °C ≤ t ≤ 21 °C.
    21,1 °C ist aber größer als 21 °C.
    Eine Temperatur von 21,1 °C darf **nicht mehr toleriert** werden.

Toleranzbereich:
Abweichungen vom Soll-Wert, die (noch) zulässig sind.

Toleranzgrenzen:
kleinster und größter (noch) zulässiger Wert.

5 Funktionen

Hinweise zu den nachfolgenden Beispielen

In einer Funktion der Variablen x und y wird jedem x-Wert genau ein y-Wert zugeordnet.
Die Funktionsgleichung y = f(x) gibt an, wie die Variable y von der Variablen x abhängt. f(x) heißt Funktionsterm.
Für den Graphen einer Funktion (die graphische Darstellung) werden möglichst viele (Zuordnungs-)Punkte P(x|y) in einem Koordinatensystem eingezeichnet und – sofern sinnvoll – durch eine Linie zu einer „glatten Kurve" miteinander verbunden. (Diese „Kurve" kann auch eine Gerade sein.)

Der Graph der Funktion mit der Funktionsgleichung
y = kx (x, k ∈ ℝ, k ≠ 0)
ist eine Gerade durch den Koordinatenursprung.
Der konstante Faktor k ist die Steigung der Geraden.
Ist k > 0, so steigt die Gerade (von li. nach re.) an. Ist k < 0, so fällt sie (von li. nach re.) ab.

Einheiten auf den Koordinatenachsen (z. B.):
x-Achse: 1 cm
y-Achse: 1 cm

5.1 a) $y = \frac{7}{10}x$ im Intervall $-3 \leq x \leq 4$ ($x \in \mathbb{R}$)

Wertetabelle (z. B.):

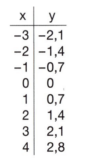

Funktionsgraf:

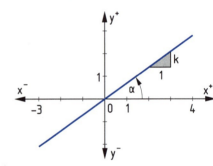

b) Es handelt sich um eine (homogene) **lineare Funktion**.
Der Funktionsgraf ist **eine Gerade durch den Koordinatenursprung.**

c) Die Steigung k einer Geraden im Koordinatensystem gibt darüber Auskunft, um wie viel sich ein y-Wert verändert, wenn man den zugehörigen x-Wert um 1 vergrößert.

Durch einen Blick auf die Wertetabelle oder durch Einsetzen in die Funktionsgleichung y = kx = $\frac{7}{10}$ · x mit x = 1 (y = k · 1 = k = = $\frac{7}{10}$ = 0,7) kannst du erkennen:

Anstieg: **k = $\frac{7}{10}$ = 0,7**

Der Steigungswinkel α einer Geraden (im Koordinatensystem) ist der Winkel, den die Gerade mit der positiven x-Achse einschließt.
Eine Gerade steigt an, wenn α > 0 (0° < α < 90°).
Eine Gerade fällt ab, wenn α < 0 (–90° < α < 0°).

Steigungswinkel (mit dem Winkelmesser gemessen): **α = 35°**

Steigungswinkel α einer Geraden:
Winkel, den eine Gerade mit der positiven x-Achse einschließt.
Ist α > 0 (0° < α < 90°), so steigt die Gerade (von li. nach re.) an.
Ist α < 0 (–90° < α < 0°), so fällt sie (von li. nach re.) ab.

d) Z. B.: k = 0,5 = $\frac{1}{2}$
y = $\frac{1}{2}$x = $\frac{x}{2}$

5.2 (Vergleiche mit dem Beispiel 5.1!)

a) y = –1,2x im Intervall –3 ≤ x ≤ 3 (x ∈ ℝ)

Wertetabelle (z. B.):

x	y
–3	3,6
–2	2,4
–1	1,2
0	0
1	–1,2
2	–2,4
3	–3,6

Funktionsgraf:

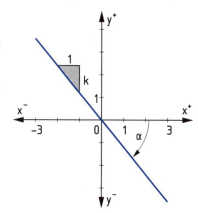

Einheiten auf den Koordinatenachsen (z. B.):
x-Achse: 1 cm
y-Achse: 1 cm

b) Es handelt sich um eine (homogene) **lineare Funktion**. Der Funktionsgraf ist **eine Gerade durch den Koordinatenursprung**.

c) Anstieg: **k = –1,2**

Steigungswinkel (mit dem Winkelmesser gemessen): α = –50°

d) Z. B.: k = 1 **y = x**

5.3 (Vergleiche mit den Beispielen 5.1 und 5.2!)

a) v = g · t, $g_{Erde} \approx 10$ m/s², $g_{Mond} \approx \frac{1}{6} \cdot g_{Erde}$, 0 s ≤ t ≤ 5 s

Wertetabelle (z. B.):

Falldauer t in s	Fallgeschwindigkeit in m/s	
	$v_{Erde} \approx 10 \cdot t$	$v_{Mond} \approx \frac{10}{6} \cdot t$
1	10	$1,\dot{6} \approx 1,7$
2	20	$3,\dot{3} \approx 3,3$
3	30	5
4	40	$6,\dot{6} \approx 6,7$
5	50	$8,\dot{3} \approx 8,3$

b) Die Funktion v = g · t ist vom Typ y = k · x. Ihr Graf ist eine Gerade durch den Koordinatenursprung. Für das Zeichnen einer Geraden genügt ein weiterer – der Genauigkeit wegen möglichst weit entfernt liegender – Punkt.

Wähle z. B. die Punkte mit den Koordinaten x = 5 s und y = 50 m/s ≙ 100 mm bzw. y ≈ 8,3 m/s ≙ 16,6 mm ≈ 17 mm!

x-Achse (Zeit):
Einheit (z. B.):
   1 s ≙ 1 cm
y-Achse (Geschwindigkeit):
Einheit (z. B.):
   1 m/s ≙ 2 mm
   50 m/s ≙ 100 mm
   8,3 m/s ≙ 16,6 mm ≈ 17 mm

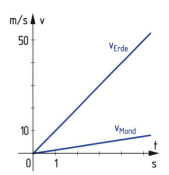

c) Es handelt sich jeweils um eine (homogene) **lineare Funktion**.

Die Grafen sind **Strahlen, ausgehend vom Koordinatenursprung**.

Der Graph der Funktion mit der Funktionsgleichung
$y = kx + d$
$(x, y, d \in \mathbb{R}, k \neq 0, d \neq 0)$
ist eine Gerade.

Der konstante Faktor k ist die Steigung der Geraden. Ist k > 0, so steigt die Gerade (von li. nach re.) an. Ist k < 0, so fällt sie (von li. nach re.) ab.

Die Konstante d ist der sog. „Abschnitt der Geraden auf der y-Achse" und gibt an, in welcher Entfernung vom Koordinatenursprung die Gerade die y-Achse schneidet.

Einheiten auf den Koordinatenachsen (z. B.):
x-Achse: 1 cm
y-Achse: 1 cm

5.4 (Vergleiche mit den Beispielen 5.1 und 5.2!)

a) $y = \frac{3}{2}x - \frac{5}{2}$ im Intervall $-2 \leq x \leq 4$ $(x \in \mathbb{R})$

Wertetabelle (z. B.): Funktionsgraf:

x	y
-2	-5,5
-1	-4
0	-2,5
1	-1
2	0,5
3	2
4	3,5

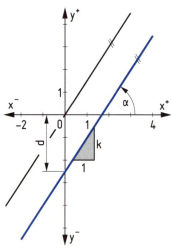

b) Es handelt sich um eine (inhomogene) **lineare Funktion**. Der Funktionsgraf ist **eine Gerade**, die im Punkt P(0|–2,5) die y-Achse schneidet.

Koeffizientenvergleich:
$y = \boxed{k} \cdot x + \boxed{d}$
$y = \boxed{\frac{3}{2}} \cdot x + \boxed{-\frac{5}{2}}$

c) Durch einen Blick auf die Wertetabelle oder durch Vergleich der Koeffizienten der (allgemeinen) Funktionsgleichung $y = kx + d$ mit jenen der gegebenen Gleichung $y = \frac{3}{2}x - \frac{5}{2}$ kannst du erkennen:

Anstieg: $k = \frac{3}{2} = 1,5$

Steigungswinkel (mit dem Winkelmesser gemessen): $\alpha = 56°$

Der Abschnitt d auf der y-Achse gibt die Entfernung vom Koordinatenursprung an, in dem die Gerade die y-Achse schneidet. Der Schnittpunkt der Geraden mit der y-Achse hat die Koordinaten x = 0 und $y = k \cdot 0 + d = d$.

Steigungswinkel α einer Geraden:
Winkel, den eine Gerade mit der positiven x-Achse einschließt.
Ist α > 0 (0° < α < 90°), so steigt die Gerade (von li. nach re.) an.
Ist α < 0 (–90° < α < 0°), so fällt sie (von li. nach re.) ab.

Abschnitt auf der y-Achse: $d = -\frac{5}{2} = -2,5$

d) Eine Gerade, die parallel zum vorliegenden Funktionsgraphen ist, hat denselben Anstieg k wie dieser. Da die Gerade durch den Koordinatenursprung O(0|0) gehen soll, ist der Abschnitt auf der y-Achse d = 0. ⇒ **$y = \frac{3}{2}x$**

5 Funktionen — Lösungen

5.5 (Vergleiche mit dem Beispiel 5.4!)

a) $y = -\frac{1}{2}x + 3$ im Intervall $-1 \leq x \leq 8$ ($x \in \mathbb{R}$)

Einheiten auf den Koordinatenachsen (z. B.):
x-Achse: 1 cm
y-Achse: 1 cm

Wertetabelle (z. B.):   Funktionsgraf:

x	y
−1	3,5
0	3
1	2,5
2	2
3	1,5
4	1
5	0,5
6	0
7	−0,5
8	−1

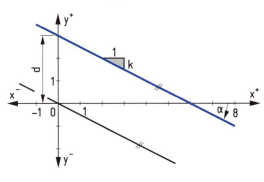

b) Es handelt sich um eine (inhomogene) **lineare Funktion.**
Der Funktionsgraf ist **eine Gerade,** die im Punkt P(0|3) die y-Achse schneidet.

c) Durch einen Blick auf die Wertetabelle oder durch Vergleich der Koeffizienten der (allgemeinen) Funktionsgleichung $y = kx + d$ mit jenen der gegebenen Gleichung $y = -\frac{1}{2}x + 3$ kannst du erkennen:

Anstieg: $k = -\frac{1}{2} = -0{,}5$

Koeffizientenvergleich:
$y = \boxed{k} \cdot x + \boxed{d}$
$y = \boxed{-\frac{1}{2}} \cdot x + \boxed{3}$

Steigungswinkel (mit dem Winkelmesser gemessen): $\alpha = -26{,}5°$

Abschnitt auf der y-Achse: $d = 3$

d) $y = -\frac{1}{2}x$

5.6 a) $y = 3 - x^2$ im Intervall $-3 \leq x \leq 3$ ($x \in \mathbb{R}$)

Einheiten auf den Koordinatenachsen (z. B.):
x-Achse: 1 cm
y-Achse: 1 cm
Verwende für das Zeichnen der Kurven ein Kurvenlineal!

Wertetabelle (z. B.):   Funktionsgraf:

x	y
−3	−6
−2	−1
−1	2
0	3
1	2
2	−1
3	−6

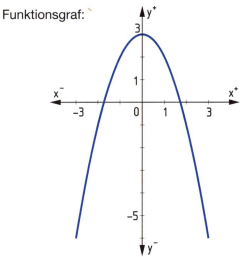

b) Der Funktionsterm $y = 3 - x^2$ ist ein Polynom 2. Grades.
Die höchste vorkommende Potenz ist das quadratische Glied.
Es handelt sich um eine **quadratische Funktion.**
(Die Kurve ist eine Parabel.)

Polynom 2. Grades:
$y = ax^2 + bx + c$ (a, b, c, x ∈ ℝ)
Mehrgliedriger Ausdruck, in dem die höchste vorkommende Potenz eine Potenz mit dem Exponenten 2 ist.

5 Funktionen

Skizze:

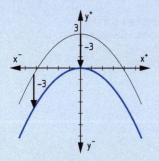

Einheiten auf den Koordinatenachsen (z. B.):
x-Achse: 1 cm
y-Achse: 1 cm
Verwende für das Zeichnen der Kurve ein Kurvenlineal!

Funktionsterm für die „verschobene" Funktion:
Der Graph der verschobenen Funktion soll genauso aussehen wie jener der gegebenen Funktion, nur dass er um drei Einheiten in negativer y-Richtung verschoben ist. D. h., von jedem Funktionswert der gegebenen Funktion ist 3 zu subtrahieren.

Du erhältst demnach die gesuchte Funktionsgleichung, indem du von der gegebenen Funktionsgleichung 3 subtrahierst.

$y = (3 - x^2) - 3 = 3 - x^2 - 3 = -x^2$

$y = -x^2$

5.7 (Vergleiche mit dem Beispiel 5.6!)

a) $y = x^2 - 2x - 3$ im Intervall $-2 \leq x \leq 4$ ($x \in \mathbb{R}$)

Wertetabelle (z. B.): Funktionsgraf:

x	y
-2	5
-1	0
0	-3
1	-4
2	-3
3	0
4	5

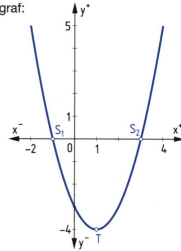

b) Es handelt sich um eine **quadratische Funktion**. (Die Kurve ist eine Parabel.)

Koordinaten des tiefsten Punkts des Funktionsgrafen: **T(1|–4)**

Koordinaten der Schnittpunkte des Funktionsgrafen mit der x-Achse: **S_1(–1|0), S_2(3|0)**

5.8 a) $V = r^2 \pi h$, $h = 10$ cm, 0 cm $\leq r \leq 5$ cm

Wertetabelle (z. B.):   Funktionsgraf zu b):

Radius r in cm	Volumen in cm³ $V = r^2 \pi \cdot 10$
1	31,4... ≈ 30
2	125,6... ≈ 130
3	282,7... ≈ 280
4	502,6... ≈ 500
5	785,3... ≈ 790

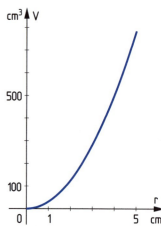

b) Es handelt sich um eine **quadratische Funktion.** (Die Kurve ist eine Parabel.)

x-Achse (Radius):
Einheit (z. B.): 1 cm
y-Achse (Volumen):
Einheit (z. B.):
  10 cm³ ≙ 1 mm
  30 cm³ ≙ 3 mm
  130 cm³ ≙ 13 mm
  280 cm³ ≙ 28 mm
  500 cm³ ≙ 50 mm
  790 cm³ ≙ 79 mm
Verwende für das Zeichnen der Kurve ein Kurvenlineal!

5 Funktionen — Lösungen

5.9 **a)** $y = 3 \cdot \sqrt{x}$ im Intervall $0 \leq x \leq 5$ ($x \in \mathbb{R}$)

Wertetabelle (z. B.):   Funktionsgraf:

x	y
0	0
0,5	2,12… ≈ 2,1
1	3
2	4,24… ≈ 4,2
3	5,19… ≈ 5,2
4	6
5	6,70… ≈ 6,7

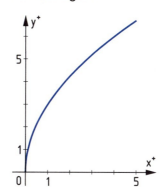

Einheiten auf den Koordinatenachsen (z. B.):
x-Achse: 1 cm
y-Achse: 1 cm

Verwende für das Zeichnen der Kurve ein Kurvenlineal!

b) Es handelt sich um eine **Quadratwurzelfunktion.**

Funktionsterm für die „verschobene" Funktion:

Der Graf der verschobenen Funktion soll genauso aussehen wie jener der gegebenen Funktion, nur dass er um eine Einheit in positiver x-Richtung verschoben ist. D. h. im Vergleich zur gegebenen Funktion werden bei der verschobenen Funktion die Funktionswerte erst um eine x-Einheit weiter rechts angenommen.

$\Rightarrow y = 3 \cdot \sqrt{x - 1}$

Da es (in der Menge der reellen Zahlen) aus negativen Zahlen keine Wurzeln gibt, musst du das Intervall, auf dem die Funktion „definiert" sein soll (d. h. sinnvolle Werte liefern soll), ändern.

$y = 3 \cdot \sqrt{x - 1}$ im Intervall **$1 \leq x \leq 6$** ($x \in \mathbb{R}$)

Skizze:

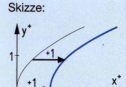

5.10 (Vergleiche mit dem Beispiel 5.9!)

a) $y = 4 - \sqrt{x}$ im Intervall $0 \leq x \leq 9$ ($x \in \mathbb{R}$)

Wertetabelle (z. B.):   Funktionsgraf:

x	y
0	4
1	3
2	2,58… ≈ 2,6
3	2,26… ≈ 2,3
4	2
5	1,76… ≈ 1,8
6	1,55… ≈ 1,6
7	1,35… ≈ 1,4
8	1,17… ≈ 1,2
9	1

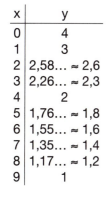
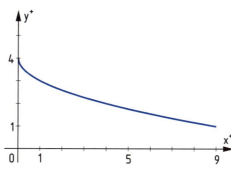

Einheiten auf den Koordinatenachsen (z. B.):
x-Achse: 1 cm
y-Achse: 1 cm

Verwende für das Zeichnen der Kurve ein Kurvenlineal!

Skizze:

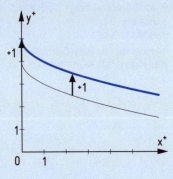

x-Achse (Höhe):
Einheit (z. B.):
   0,1 m ≙ 1 cm
y-Achse (Geschwindigkeit):
Einheit (z. B.):
   0,1 m/s ≙ 1 mm
   1 m/s ≙ 10 mm
   1,4 m/s ≙ 14 mm
   2 m/s ≙ 20 mm
   2,4 m/s ≙ 24 mm
   2,8 m/s ≙ 28 mm
   3,2 m/s ≙ 32 mm
   3,5 m/s ≙ 35 mm
   3,7 m/s ≙ 37 mm
   4 m/s ≙ 40 mm
   4,2 m/s ≙ 42 mm
   4,5 m/s ≙ 45 mm

Verwende für das Zeichnen der Kurve ein Kurvenlineal!

b) Es handelt sich um eine **Quadratwurzelfunktion**.

Funktionsterm für die „verschobene" Funktion (vergleiche mit dem Beispiel 5.6 c)): Du erhältst die gesuchte Funktionsgleichung, indem du zur gegebenen Funktionsgleichung 1 addierst.

$y = (4 - \sqrt{x}) + 1 = 4 - \sqrt{x} + 1 = 5 - \sqrt{x}$

$y = 5 - \sqrt{x}$

5.11 a) $v = \sqrt{2 \cdot g \cdot h}$, $g_{Erde} \approx 10$ m/s², 0 m ⩽ h ⩽ 1 m

Achte darauf, dass bei der Berechnung die Einheiten der Größen aufeinander abgestimmt sind; d. h. z. B. g in m/s² und h in m!

Wertetabelle (z. B.):

Höhe h in m	Ausflussgeschw. in m/s $v \approx \sqrt{20 \cdot h}$
0,05	1
0,1	1,41… ≈ 1,4
0,2	2
0,3	2,44… ≈ 2,4
0,4	2,82… ≈ 2,8
0,5	3,16… ≈ 3,2
0,6	3,46… ≈ 3,5
0,7	3,74… ≈ 3,7
0,8	4
0,9	4,24… ≈ 4,2
1,0	4,47… ≈ 4,5

b)

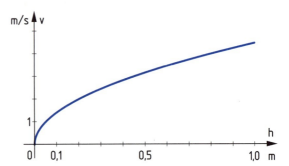

Es handelt sich um eine **Quadratwurzelfunktion**.

5.12 a) $y = \frac{1}{x + 3}$ im Intervall $-7 \leq x \leq 1$ ($x \in \mathbb{R}$)

Werte, die die Variable x nicht annehmen darf, da sonst eine Division durch null auftreten würde:

$x + 3 \neq 0 \Rightarrow$ **$x \neq -3$**

Um die Funktion auch im Bereich $-4 < x < -2$ gut darstellen zu können, ist es vorteilhaft, z. B. für die x-Werte $-3,5$; $-3,25$; $-2,75$ und $-2,5$ die Funktionswerte zu ermitteln und einzuzeichnen.

Wertetabelle (z. B.): Funktionsgraf:

x	y
−7	−0,25
−6	−0,$\dot{3}$ ≈ 0,3
−5	−0,5
−4	−1
−3,5	−2
−3,25	−4
−2,75	4
−2,5	2
−2	1
−1	0,5
0	0,$\dot{3}$ ≈ 0,3
1	0,25

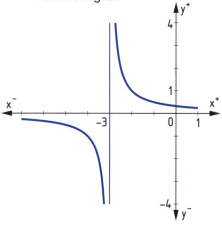

Einheiten auf den Koordinatenachsen (z. B.):
x-Achse: 1 cm
y-Achse: 1 cm
Verwende für das Zeichnen der Kurve ein Kurvenlineal!

Gebrochen rationale Funktion: Funktion mit einem Funktionsterm y = f(x), bei dem die (unabhängige) Variable x im Nenner auftritt.

b) Es handelt sich um eine **gebrochen rationale Funktion**.
(Die beiden Kurven bilden eine Hyperbel.)

Funktionsterm für die „verschobene" Funktion (vergleiche mit dem Beispiel 5.9 b)):

y = $\frac{1}{x}$ (x ≠ 0)

Skizze:

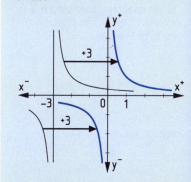

5.13 a) $I = \frac{U}{R}$, U = 100 V, 0 Ω ≤ R ≤ 1 000 Ω

Wertetabelle (z. B.):

Widerstand R in Ω	Stromstärke I in A I = 100 : R
100	1,0
200	0,5
400	0,25
600	0,1$\dot{6}$ ≈ 0,17
800	0,125 ≈ 0,13
1 000	0,1

b)

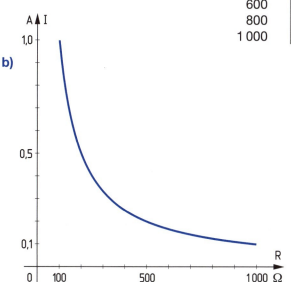

Es handelt sich um eine **gebrochen rationale Funktion**.
(Die Kurve ist ein Ast einer Hyperbel.)

x-Achse (Widerstand):
Einheit (z. B.):
  100 Ω ≙ 10 mm
y-Achse (Stromstärke):
Einheit (z. B.):
  1 A ≙ 100 mm
  0,1 A ≙ 10 mm
  0,5 A ≙ 50 mm
  0,25 A ≙ 25 mm
  0,17 A ≙ 17 mm
  0,13 A ≙ 13 mm
Verwende für das Zeichnen der Kurve ein Kurvenlineal!

Die Funktion $I = \frac{U}{R}$ ist vom Typ $y = \frac{c}{x}$
c ... eine Konstante.
Der Graf einer solchen Funktion ist eine Hyperbel.

6 Lineare Gleichungen mit zwei Unbekannten

Lineare Gleichung mit den zwei Unbekannten bzw. Variablen x und y (x, y ∈ ℝ):
ax + by = c   (a, b, c ∈ ℝ)
a, b, c ... Konstanten

Die graphische Darstellung einer linearen Gleichung mit zwei Unbekannten (Variablen) ist eine Gerade.

kgV(4, 6) = 12

Hinweise zu den nachfolgenden Beispielen

Für das rechnerische Lösen eines Gleichungssystems mit zwei Unbekannten bzw. Variablen gibt es mehrere Verfahren, z. B. das Einsetzungsverfahren, das Gleichsetzungsverfahren oder das Additionsverfahren. Welches dieser Verfahren am zweckmäßigsten ist, hängt jeweils von der Form ab, in der die Gleichungen vorliegen. Ziel jedes dieser Verfahren ist es, das System der beiden linearen Gleichungen in **eine** lineare Gleichung mit **einer** Unbekannten überzuführen. Die Lösung dieser Gleichung liefert den Wert einer Unbekannten. Nach Einsetzen in eine der gegebenen Gleichungen kannst du den Wert der anderen Unbekannten berechnen.

Das graphische Lösen eines Gleichungssystems mit zwei Unbekannten bzw. Variablen beruht auf der Tatsache, dass die graphische Darstellung einer linearen Gleichung mit zwei Unbekannten (Variablen) in einem Koordinatensystem eine Gerade ist; und zwei Gerade können einander ist (z. B.) schneiden. Die Koordinaten dieses Schnittpunkts sind dann die Lösungen des Gleichungssystems.

6.1 a) Rechnerisches Lösen (z. B.) nach dem Additionsverfahren:

I: 3x + 4y = 17 | · 3
II: 5x − 6y = 3 | · 2

I: 9x + 12y = 51 ⎫
II: 10x − 12y = 6 ⎭ +

19x   = 57 | : 19
x = 3

I: 3 · 3 + 4y = 17 | − 9
    4y = 8 | : 4
y = 2

Probe: x = 3, y = 2
Linke Seite der Gleichung I: 3 · 3 + 4 · 2 = 9 + 8 = 17
Rechte Seite der Gleichung I: 17
Linke Seite der Gleichung II: 5 · 3 − 6 · 2 = 15 − 12 = 3
Rechte Seite der Gleichung II: 3

Grafisches Lösen:
Die graphische Darstellung einer linearen Gleichung mit zwei Unbekannten (Variablen) ist eine Gerade. Für das Zeichnen einer Geraden genügen zwei – der Genauigkeit wegen möglichst weit auseinander liegende – Punkte.

Gl. I: 3x + 4y = 17 ⇒ y = $\frac{17 - 3x}{4}$

Gl. I, 1. Punkt: x = −1, y = [17 − 3 · (−1)] : 4 = 5
Gl. I, 2. Punkt: x = 7,   y = (17 − 3 · 7) : 4 = −1

6 Lineare Gleichungen mit zwei Unbekannten — Lösungen

Gl. II: $5x - 6y = 3 \Rightarrow y = \frac{5x - 3}{6}$

Gl. II, 1. Punkt: $x = 0$, $y = (5 \cdot 0 - 3) : 6 = -0{,}5$

Gl. II, 2. Punkt: $x = 6$, $y = (5 \cdot 6 - 3) : 6 = 4{,}5$

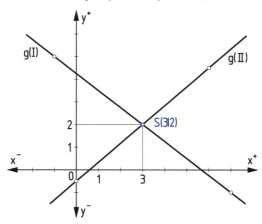

Einheiten auf den Koordinatenachsen (z. B.):
x-Achse: 1 cm
y-Achse: 1 cm

b) Ein Gleichungssystem hat unendlich viele Lösungen, wenn die Gleichungen äquivalent sind. Das System besteht dann eigentlich nur aus einer einzigen Gleichung (mit zwei Variablen).

Z. B.   **I: 10x − 12y = 6**

Da die graphische Darstellung einer linearen Gleichung mit zwei Variablen eine Gerade ist, folgt:

Die Geraden g(I) und g(II) würden zusammenfallen.

Gl. I und Gl. II sind äquivalent, denn es gilt: Gl. I = 2 · Gl. II.
Beachte: Die Gleichungen
I: $5x - 6y = 3$ oder
II: $15x - 18y = 9$ usw.
wären ebenso gültige Antworten zu b).

6.2   (Vergleiche mit dem Beispiel 6.1!)

a) Rechnerisches Lösen (z. B.) nach dem Additionsverfahren:

$\quad$ I: $16x + 5y = 11$ $| \cdot 2$
$\quad$ II: $3x - 2y = 5$ $| \cdot 5$

$\quad$ I: $32x + 10y = 22$ $\Big\}\ +$
$\quad$ II: $15x - 10y = 25$

$\qquad\qquad 47x \qquad = 47$ $| : 47$
$\qquad\qquad\quad\ \ \mathbf{x = 1}$

II: $3 \cdot 1 - 2y = 5$ $| - 3$
$\qquad\quad -2y = 2$ $| : (-2)$
$\qquad\qquad \mathbf{y = -1}$

Probe: $x = 1$, $y = -1$

Linke Seite der Gleichung I: $16 \cdot 1 + 5 \cdot (-1) = 16 - 5 = 11$
Rechte Seite der Gleichung I: 11
Linke Seite der Gleichung II: $3 \cdot 1 - 2 \cdot (-1) = 3 + 2 = 5$
Rechte Seite der Gleichung II: 5

Grafisches Lösen:

Gl. I: $16x + 5y = 11 \Rightarrow y = \frac{11 - 16x}{5}$

Gl. I, 1. Punkt: $x = -0{,}5$, $y = [11 - 16 \cdot (-0{,}5)] : 5 = 3{,}8$

Gl. I, 2. Punkt: $x = 2$, $y = (11 - 16 \cdot 2) : 5 = -4{,}2$

6 Lineare Gleichungen mit zwei Unbekannten

Einheiten auf den Koordinatenachsen (z. B.):
x-Achse: 1 cm
y-Achse: 1 cm

Gl. II: $3x - 2y = 5 \Rightarrow y = \frac{3x-5}{2}$
Gl. II, 1. Punkt: $x = -1$, $y = [3 \cdot (-1) - 5] : 2 = -4$
Gl. II, 2. Punkt: $x = 3$, $y = (3 \cdot 3 - 5) : 2 = 2$

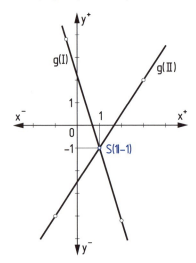

b) Das Gleichungssystem hätte keine Lösung, wenn zwischen den Aussagen der beiden Gleichungen ein Widerspruch bestünde.

Z. B. **II: 16x + 5y = 12**, denn 16x + 5y kann nicht einerseits (gemäß I) 11 und andererseits (gemäß II) 12 sein.

Für die grafische Darstellung würde das bedeuten, dass die beiden Geraden keinen Schnittpunkt hätten:

Die Geraden **g(I) und g(II) wären parallel.**

Der Graf für eine (Funktions-)Gleichung des Typs
y = kx + d
(x, k, d ∈ ℝ, k ≠ 0, d ≠ 0)
ist eine Gerade.

6.3 a) Die beiden Punkte müssen die Gleichung einer Geraden, d. h. eine Gleichung des Typs y = kx + d, erfüllen.

$$y = kx + d$$
I: $A \in g$: $-5 = k \cdot (-4) + d$
II: $B \in g$: $7 = k \cdot 6 + d$

Lösen (z. B.) nach dem Gleichsetzungsverfahren:

I: $-4k + d = -5 \qquad | +4k$
II: $6k + d = 7 \qquad | -6k$

I: $d = \boxed{-5 + 4k}$
II: $d = \boxed{7 - 6k}$

$\boxed{-5 + 4k} = \boxed{7 - 6k} \qquad | +5 + 6k$
$10k = 12 \qquad | :10$
$k = \frac{12}{10} = \frac{6}{5}$

II: $d = 7 - 6 \cdot \frac{6}{5} = 7 - \frac{36}{5} = 7 - 7\frac{1}{5} = -\frac{1}{5}$

$y = \frac{6}{5}x - \frac{1}{5} \Leftrightarrow 6x - 5y = 1$

$y = \frac{6}{5}x - \frac{1}{5} \qquad | \cdot 5$
$5y = 6x - 1 \qquad | -5y + 1$
$6x - 5y = 1$

Probe:
A ∈ g: Linke Seite der Geraden-Gleichung:
$6 \cdot (-4) - 5 \cdot (-5) = -24 + 25 = 1$
B ∈ g: Linke Seite der Geraden-Gleichung:
$6 \cdot 6 - 5 \cdot (-5) = 36 - 35 = 1$
Rechte Seite der Geraden-Gleichung: (jeweils) 1

b) 1) Parallele Geraden haben gleichen Anstieg k, aber verschieden große Abschnitte d auf der y-Achse.
Z. B.: **$y = \frac{6}{5}x + 2 \Leftrightarrow 6x - 5y = -10$**

2) Für eine Gerade, die durch den Koordinatenursprung verläuft, ist der Abschnitt auf der y-Achse d = 0.
$y = \frac{6}{5}x \Leftrightarrow 6x - 5y = 0$

$y = \frac{6}{5}x \quad |\cdot 5$
$5y = 6x \quad |-5y$
$6x - 5y = 0$

6.4 (Vergleiche mit dem Beispiel 6.3!)

a) Die beiden Punkte müssen die Gleichung einer Geraden, d. h. eine Gleichung des Typs y = kx + d, erfüllen.

$y = kx + d$
I: P ∈ h: $7 = k \cdot (-1) + d$
II: Q ∈ h: $-3 = k \cdot 4 + d$

Der Graph für eine (Funktions-) Gleichung des Typs
y = kx + d
(x, k, d ∈ ℝ, k ≠ 0, d ≠ 0)
ist eine Gerade.

Lösen (z. B.) nach dem Additionsverfahren:

I: $\quad -k + d = 7$
II: $\quad 4k + d = -3 \quad |\cdot (-1)$

I: $\quad -k + d = 7$
II: $\quad -4k - d = 3$ } +

$\quad -5k = 10 \quad |:(-5)$
$\quad k = -2$

I: $-(-2) + d = 7$
$2 + d = 7 \Rightarrow d = 5$

$y = -2x + 5 \Leftrightarrow 2x + y = 5$

Probe:
P ∈ h: Linke Seite der Geraden-Gleichung:
$2 \cdot (-1) + 7 = 5$
Q ∈ h: Linke Seite der Geraden-Gleichung:
$2 \cdot 4 + (-3) = 5$
Rechte Seite der Geraden-Gleichung: (jeweils) 5

b) 1) Parallele Geraden haben gleichen Anstieg k, aber verschieden große Abschnitte d auf der y-Achse.
Z. B.: **$y = -2x + 1 \Leftrightarrow 2x + y = 1$**

2) Für eine Gerade, die durch den Koordinatenursprung verläuft, ist der Abschnitt auf der y-Achse d = 0.
$y = -2x \Leftrightarrow 2x + y = 0$

6.5 I: $\quad(6x + 5)(2y - 7) + 4x(8 - 3y) + 15 = 0$
I: $\quad 12xy + 10y - 42x - 35 + 32x - 12xy + 15 = 0$
I: $\quad\quad\quad\quad\quad\quad\quad -10x + 10y - 20 = 0 \quad |:(-10)$
I: $\quad\quad\quad\quad\quad\quad\quad\quad\quad x - y + 2 = 0$

II: $\quad(10x + 9)2y - (5y - 1)(4x + 3) + 47 = 0$
II: $\quad 20xy + 18y - 20xy + 4x - 15y + 3 + 47 = 0$
II: $\quad\quad\quad\quad\quad\quad\quad\quad 4x + 3y + 50 = 0$

Lösen (z. B.) nach dem Einsetzungsverfahren:
I: $\quad x - y + 2 = 0 \quad |+y - 2$
II: $\quad 4x + 3y + 50 = 0$
I: $\quad\quad x = \boxed{y - 2}$
II: $\quad 4 \cdot \boxed{(y - 2)} + 3y + 50 = 0$
$\quad\quad\quad 4y - 8 + 3y + 50 = 0 \quad |-42$
$\quad\quad\quad\quad\quad\quad\quad 7y = -42 \quad |:7$
$\quad\quad\quad\quad\quad\quad\quad\quad \mathbf{y = -6}$

I: $\quad x = -6 - 2$
$\quad\quad \mathbf{x = -8}$

Probe: $x = -8,\ y = -6$
Linke Seite der Gleichung I:
$(-43) \cdot (-19) + (-32) \cdot 26 + 15 = 817 - 832 + 15 = 0$
Rechte Seite der Gleichung I: $\quad 0$
Linke Seite der Gleichung II:
$(-71) \cdot (-12) - (-31) \cdot (-29) + 47 = 852 - 899 + 47 = 0$
Rechte Seite der Gleichung II: $\quad 0$

6.6 I: $\quad \frac{2}{3}x - \frac{5}{8}y = 17 \quad |\cdot 24$
II: $\quad \frac{x}{2} + \frac{y}{4} = 53 \quad |\cdot 4$

kgV(3, 8) = 24
kgV(2, 4) = 4

I: $\quad 16x - 15y = 408$
II: $\quad 2x + y = 212$

Lösen (z. B.) nach dem Einsetzungsverfahren:
II: $\quad 2x + y = 212 \quad |-2x$
$\quad\quad\quad y = \boxed{212 - 2x}$

I: $16x - 15 \cdot \boxed{(212 - 2x)} = 408$
$\quad\quad 16x - 3\,180 + 30x = 408 \quad |+3\,180$
$\quad\quad\quad\quad\quad\quad 46x = 3\,588 \quad |:46$
$\quad\quad\quad\quad\quad\quad\quad \mathbf{x = 78}$

II: $y = 212 - 2 \cdot 78 = 212 - 156$
$\quad \mathbf{y = 56}$

6 Lineare Gleichungen mit zwei Unbekannten — Lösungen

Probe: $x = 78$, $y = 56$
Linke Seite der Gleichung I: $\frac{2}{3} \cdot 78 - \frac{5}{8} \cdot 56 = 52 - 35 = 17$
Rechte Seite der Gleichung I: 17
Linke Seite der Gleichung II: $39 + 14 = 53$
Rechte Seite der Gleichung II: 53

6.7 Lösen (z. B.) nach dem Gleichsetzungsverfahren:

I: $\qquad 1{,}6y = -0{,}7x + 5{,}2 \quad | : 2$
I: $\qquad 0{,}8y = -0{,}35x + 2{,}6 \quad | \cdot 3$
I: $\qquad 2{,}4y = \boxed{-1{,}05x + 7{,}8}$

II: $\qquad 2{,}4y = \boxed{1{,}7x + 18{,}8}$

$\boxed{1{,}7x + 18{,}8} = \boxed{-1{,}05x + 7{,}8} \quad | + 1{,}05x - 18{,}8$
$\qquad 2{,}75x = -11 \quad | : 2{,}75$
$\qquad\qquad x = -4$

I: $1{,}6y = 2{,}8 + 5{,}2$
I: $1{,}6y = 8 \quad | : 1{,}6$
$\qquad y = 5$

Probe: $x = -4$, $y = 5$
Linke Seite der Gleichung I: $1{,}6 \cdot 5 = 8$
Rechte Seite der Gleichung I: $-0{,}7 \cdot (-4) + 5{,}2 = 2{,}8 + 5{,}2 = 8$
Linke Seite der Gleichung II: $2{,}4 \cdot 5 = 12$
Rechte Seite der Gleichung II: $1{,}7 \cdot (-4) + 18{,}8 = -6{,}8 + 18{,}8 = 12$

6.8 Werte, die die Unbekannten x und y nicht annehmen dürfen:

$y - 2 \neq 0 \Rightarrow \mathbf{y \neq 2}$
$2x + 3 \neq 0 \Rightarrow 2x \neq -3 \Rightarrow \mathbf{x \neq -\frac{3}{2}}$

I: $\qquad \frac{x-6}{y-2} = \frac{3}{8} \qquad | \cdot 8(y-2)$
I: $\quad (x-6) \cdot 8 = (y-2) \cdot 3$
I: $\qquad 8x - 48 = 3y - 6 \qquad | + 48 - 3y$
I: $\qquad 8x - 3y = 42$

II: $\qquad \frac{2y-5}{2x+3} = \frac{5}{7} \qquad | \cdot 7(2x+3)$
II: $\quad (2y-5) \cdot 7 = (2x+3) \cdot 5$
II: $\qquad 14y - 35 = 10x + 15 \qquad | + 35 - 10x$
II: $\quad -10x + 14y = 50$

Lösen (z. B.) nach dem Additionsverfahren:

I: $\qquad 8x - 3y = 42 \qquad | \cdot 5$
II: $\quad -10x + 14y = 50 \qquad | \cdot 4$

I: $\qquad 40x - 15y = 210$
II: $\quad -40x + 56y = 200$ $\Bigg\} +$

$\qquad\qquad 41y = 410 \qquad | : 41$
$\qquad\qquad\quad\; \mathbf{y = 10}$

I: $\quad 8x - 30 = 42 \quad |+30$

$\quad\quad 8x = 72 \quad |:8$

$\quad\quad\quad\mathbf{x = 9}$

Probe: x = 9, y = 10

Linke Seite der Gleichung I: $\frac{9-6}{10-2} = \frac{3}{8}$

Rechte Seite der Gleichung I: $\frac{3}{8}$

Linke Seite der Gleichung II: $\frac{20-5}{18+3} = \frac{15}{21} = \frac{5}{7}$

Rechte Seite der Gleichung II: $\frac{5}{7}$

6.9 (Vergleiche mit dem Beispiel 6.8!)

Werte, die die Unbekannten x und y nicht annehmen dürfen:

$x - 1 \neq 0 \Rightarrow \mathbf{x \neq 1} \quad\quad y + 4 \neq 0 \Rightarrow \mathbf{y \neq -4}$

$x + 3 \neq 0 \Rightarrow \mathbf{x \neq -3} \quad\quad y - 2 \neq 0 \Rightarrow \mathbf{y \neq 2}$

I: $\quad\quad \frac{4x}{x-1} + \frac{y}{y+4} = 5 \quad\quad |\cdot (x-1)(y+4)$

I: $\quad 4x \cdot (y+4) + y \cdot (x-1) = 5 \cdot (x-1)(y+4)$

I: $\quad\quad 4xy + 16x + xy - y = 5 \cdot (xy - y + 4x - 4)$

I: $\quad\quad 5xy + 16x - y = 5xy - 5y + 20x - 20 \quad |-5xy - 20x + 5y$

I: $\quad\quad\quad -4x + 4y = -20 \quad |:4$

I: $\quad\quad\quad -x + y = -5$

II: $\quad\quad \frac{3y}{y-2} - \frac{2x}{x+3} = 1 \quad\quad |\cdot (y-2)(x+3)$

II: $3y \cdot (x+3) - 2x \cdot (y-2) = 1 \cdot (y-2)(x+3)$

II: $\quad\quad 3xy + 9y - 2xy + 4x = xy - 2x + 3y - 6$

II: $\quad\quad xy + 4x + 9y = xy - 2x + 3y - 6 \quad |-xy + 2x - 3y$

II: $\quad\quad\quad 6x + 6y = -6 \quad |:6$

II: $\quad\quad\quad x + y = -1$

Lösen (z. B.) nach dem Additionsverfahren:

I: $-x + y = -5$ ⎫
II: $\;\;x + y = -1$ ⎬ +

$\quad\quad 2y = -6 \quad |:2$

$\quad\quad\;\;\mathbf{y = -3}$

II: $\;\;x - 3 = -1 \quad |+3$

$\quad\quad\;\;\mathbf{x = 2}$

Probe: x = 2, y = −3

Linke Seite der Gleichung I: $\frac{8}{1} + \frac{-3}{1} = 8 - 3 = 5$

Rechte Seite der Gleichung I: 5

Linke Seite der Gleichung II: $\frac{-9}{-5} - \frac{4}{5} = \frac{9}{5} - \frac{4}{5} = \frac{5}{5} = 1$

Rechte Seite der Gleichung II: 1

6 Lineare Gleichungen mit zwei Unbekannten — Lösungen

6.10 Lösen (z. B.) nach dem Additionsverfahren:

I: $a(x - b) = by$
II: $b(x - a) = ay$

I: $ax - ab = by \qquad | \cdot b$
II: $bx - ab = ay \qquad | \cdot (-a)$

I: $abx - ab^2 = b^2 y$
II: $-abx + a^2 b = -a^2 y$ $\Bigg\} +$

$-ab^2 + a^2 b = b^2 y - a^2 y \qquad |$ Herausheben
$ab(-b + a) = y(b^2 - a^2)$
$ab(a - b) = y(-1)(a^2 - b^2) \qquad | : (-1)(a^2 - b^2)\ast)$

$$y = -\frac{ab(a-b)}{(a+b)(a-b)}$$

$$y = -\frac{ab}{a+b}$$

I: $ax - ab = b \cdot \left(-\dfrac{ab}{a+b}\right) \qquad | + ab$

$ax = -\dfrac{ab^2}{a+b} + ab \qquad | : a$

$x = -\dfrac{b^2}{a+b} + b = \dfrac{-b^2}{a+b} + \dfrac{b(a+b)}{a+b}$

$x = \dfrac{-b^2 + ab + b^2}{a+b}$

$$x = \frac{ab}{a+b}$$

$-b + a = a - b$
$b^2 - a^2 = (-1) \cdot (-b^2 + a^2) =$
$\qquad = (-1) \cdot (a^2 - b^2)$

*) $a^2 - b^2 = (a+b)(a-b)$
$a^2 - b^2 \neq 0 \Rightarrow a \neq \pm b$

Probe: $x = \dfrac{ab}{a+b}, \quad y = -\dfrac{ab}{a+b}$

Linke Seite der Gleichung I:
$a \cdot \left(\dfrac{ab}{a+b} - b\right) = a \cdot \left(\dfrac{ab}{a+b} - \dfrac{b(a+b)}{a+b}\right) = a \cdot \dfrac{ab - ab - b^2}{a+b} = -\dfrac{ab^2}{a+b}$

Rechte Seite der Gleichung I: $b \cdot \left(-\dfrac{ab}{a+b}\right) = -\dfrac{ab^2}{a+b}$

Linke Seite der Gleichung II:
$b \cdot \left(\dfrac{ab}{a+b} - a\right) = b \cdot \left(\dfrac{ab}{a+b} - \dfrac{a(a+b)}{a+b}\right) = b \cdot \dfrac{ab - a^2 - ab}{a+b} = -\dfrac{a^2 b}{a+b}$

Rechte Seite der Gleichung II: $a \cdot \left(-\dfrac{ab}{a+b}\right) = -\dfrac{a^2 b}{a+b}$

Der Umformungsschritt „Division durch a" ist der Grund für die in der Angabe gemachte Zusatzbedingung ($a \neq 0$).

6.11 Werte, die die (Form-)Variablen a und b nicht annehmen dürfen:
$b \neq 0, a \neq 0$

Lösen (z. B.) nach dem Additionsverfahren:

I: $\dfrac{x}{b} - ay = a \qquad | \cdot b$
II: $bx - \dfrac{y}{a} = b \qquad | \cdot a$

I: $x - aby = ab$
II: $abx - y = ab \qquad | \cdot (-ab)$

*) $(1 - a^2b^2) \neq 0 \Rightarrow$
$\Rightarrow a^2b^2 \neq 1 \Rightarrow$
$\Rightarrow ab \neq \pm 1 \Rightarrow a \neq \pm \frac{1}{b}$

$(1 - a^2b^2) = (1 + ab)(1 - ab)$

I: $\quad x - aby = ab$
II: $-a^2b^2x + aby = -a^2b^2$ $\Big\} +$

$\quad x - a^2b^2x = ab - a^2b^2 \quad |$ Herausheben
$\quad x(1 - a^2b^2) = ab(1 - ab) \quad | : (1 - a^2b^2)\text{*})$
$\quad\quad x = \frac{ab(1 - ab)}{(1 + ab)(1 - ab)}$
$\quad\quad \mathbf{x = \frac{ab}{1 + ab}}$

I: $\frac{ab}{1 + ab} : b - ay = a$
$\quad \frac{a}{1 + ab} - ay = a \quad | : a$
$\quad \frac{1}{1 + ab} - y = 1 \quad | + y - 1$
$\quad y = \frac{1}{1 + ab} - 1 = \frac{1}{1 + ab} - \frac{1 + ab}{1 + ab} = \frac{1 - 1 - ab}{1 + ab}$
$\quad \mathbf{y = -\frac{ab}{1 + ab}}$

Probe: $x = \frac{ab}{1 + ab}, \quad y = -\frac{ab}{1 + ab}$

Linke Seite der Gleichung I:
$\frac{ab}{1 + ab} : b - a \cdot \left(-\frac{ab}{1 + ab}\right) = \frac{a}{1 + ab} + \frac{a^2b}{1 + ab} = \frac{a + a^2b}{1 + ab} = \frac{a(1 + ab)}{(1 + ab)} = a$

Rechte Seite der Gleichung I: a

Linke Seite der Gleichung II:
$b \cdot \frac{ab}{1 + ab} - \left(-\frac{ab}{1 + ab}\right) : a = \frac{ab^2}{1 + ab} + \frac{b}{1 + ab} = \frac{ab^2 + b}{1 + ab} = \frac{b(ab + 1)}{(1 + ab)} = b$

Rechte Seite der Gleichung II: b

6.12 a)

zwei Zahlen	x und y
ihre Differenz	$x - y = 14$
das Viertel der ersten Zahl	$\frac{x}{4}$
das Fünftel der zweiten Zahl	$\frac{y}{5}$
$\frac{x}{4}$ ist um 6 größer als $\frac{y}{5}$	$\frac{x}{4} = \frac{y}{5} + 6$

I: $\quad x - y = 14 \quad | + y$
II: $\quad \frac{x}{4} = \frac{y}{5} + 6 \quad | \cdot 20$

I: $\quad x = \boxed{14 + y}$
II: $5x - 4y = 120$

II*): $5 \cdot \boxed{14 + y} - 4y = 120$
$\quad 70 + 5y - 4y = 120 \quad | - 70$
$\quad \mathbf{y = 50}$

I: $\quad x = 14 + 50 \mathbf{= 64}$

Probe: $x = 64, y = 50$
$64 - 50 = 14; \quad 64 : 4 - 6 = 16 - 6 = 10; \quad 50 : 5 = 10$
Die Zahlen lauten **64** und **50**.

*) Lösen nach dem Einsetzungsverfahren

6 Lineare Gleichungen mit zwei Unbekannten — Lösungen

b)
I: $\quad x \cdot y = 144$
II: $\quad \frac{x}{y} = 16 \quad | \cdot y$
II: $\quad x = \boxed{16y}$
I*): $\boxed{16y} \cdot y = 144 \quad | : 16$
$\quad y^2 = 9 \quad | \sqrt{}$
$\quad y = 3$
I: $\quad x = 144 : 3 = \mathbf{48}$

Probe: $48 \cdot 3 = 144 \quad 48 : 3 = 16$

Die Zahlen lauten **48** und **3**.

(Wert eines) Produkt(s): Ergebnis einer Multiplikation
(Wert eines) Quotient(en): Ergebnis einer Division.

*) Lösen nach dem Einsetzungsverfahren

6.13

a)

	Anzahl
rote Bälle	R
blaue Bälle	B
	R + B = 70

Um $\frac{1}{3}$ mehr rote Bälle als blaue Bälle, d. h. die Anzahl der roten Bälle beträgt $\frac{4}{3}$-mal die Anzahl der blauen Bälle: $R = B \cdot \frac{4}{3}$

I: $\quad R + B = 70$
II: $\quad R = \boxed{\frac{4}{3} \cdot B}$
I*): $\boxed{\frac{4}{3} \cdot B} + B = 70 \quad | \cdot 3$
$\quad 4B + 3B = 210$
$\quad 7B = 210 \quad | : 7$
$\quad B = 30 \Rightarrow R = 70 - 30 = 40$

Probe: $30 + 40 = 70,\ 30 + \frac{1}{3} \cdot 30 = 30 + 10 = 40$

Im Korb liegen **40 rote** und **30 blaue** Bälle.

$\frac{1}{3}$ mehr als x, d. h.
$x + \frac{x}{3} = \frac{3 \cdot x}{3} + \frac{x}{3} = \frac{4 \cdot x}{3} = x \cdot \frac{4}{3}$

*) Lösen nach dem Einsetzungsverfahren

b) S ... Schachtelmasse, D ... Deckelmasse

I: $\quad S + D = 110$
II: $\quad S = \boxed{D + 100}$
I*): $\boxed{D + 100} + D = 110 \quad | - 100$
$\quad 2D = 10 \quad | : 2$
$\quad D = 5$
I: $\quad S = 100 + 5 = 105$

Probe:
Gesamtmasse: $105 + 5 = 110$
Massen im Vergleich: $105 - 5 = 100$
Die Masse der Schachtel beträgt **105 g**, die Masse des Deckels **5 g**.

Variante, ohne das geforderte Gleichungssystem („Kopfrechnung"):
Zieht man von der Gesamtmasse 100 g ab, so erhält man die Masse von zwei Deckeln.
110 g − 100 g = 10 g
Masse des Deckels:
10 g : 2 = 5 g

*) Lösen nach dem Einsetzungsverfahren

Einspurige Fahrzeuge haben (im Allgemeinen) 2 Räder, zweispurige (im Allgemeinen) 4 Räder.

*) Lösen nach dem Einsetzungsverfahren

6.14 a) Anz. d. Räder = Anz. d. Fahrzeuge × Anz. d. Räder pro Fahrzeug

	Anzahl der Fahrzeuge	Anzahl der Räder
einsp. Fahrzeuge	x	x · 2
zweisp. Fahrzeuge	y	y · 4
		x · 2 + y · 4 = 30

Doppelt so viele zweispurige wie einspurige Fahrzeuge, d. h. die Anzahl der zweispurigen Fahrzeuge ist 2-mal so groß wie die Anzahl der einspurigen: y = 2x.

$$\text{I: } \quad 2x + 4y = 30$$
$$\text{II: } \quad y = \boxed{2x}$$
$$\text{I*): } 2x + 4 \cdot \boxed{2x} = 30$$
$$\quad\quad\quad 10x = 30 \quad |:10$$
$$\quad\quad\quad x = 3$$
$$\text{II: } \quad y = 2 \cdot 3 = 6$$

Probe:
Anzahl der einspurigen Fahrzeuge: 3
Anzahl der zweispurigen Fahrzeuge: 2 · 3 = 6
AnzahlderRäder: 3 · 2 + 6 · 4 = 6 + 24 = 30

In der Kolonne fahren **3 einspurige** und **6 zweispurige** Fahrzeuge.

b)

Sorte Preis in €/Rose	Anzahl der Rosen	Preis in €	Probe II: Preis in €
1,25	x	1,25 · x	1,25 · 40 = 50
1,60	y	1,60 · y	1,60 · 35 = 56
zusammen	x + y = 75	106	106
	Probe I: 40 + 35 = 75		

$$\text{I: } \quad\quad x + y = 75 \quad |\cdot(-1{,}25)$$
$$\text{II: } 1{,}25x + 1{,}60y = 106$$

$$\left.\begin{array}{l}\text{I: } -1{,}25x - 1{,}25y = -93{,}75 \\ \text{II: } 1{,}25x + 1{,}60y = 106\end{array}\right\} +$$

$$\text{*) } \quad\quad 0{,}35y = 12{,}25 \quad |:0{,}35$$
$$\quad\quad\quad y = 35$$
$$\text{I: } \quad\quad x + 35 = 75 \quad |-35$$
$$\quad\quad\quad x = 40$$

Herr Strauß hat **40 Rosen** zu 1,25 €/Stück und **35 Rosen** zu 1,60 €/Stück geliefert bekommen.

*) Lösen nach dem Additionsverfahren

6 Lineare Gleichungen mit zwei Unbekannten — Lösungen

6.15

Kraft in N	Länge des Hebelarms in m	Drehmoment in Nm	Probe II: Drehmoment in Nm
15	l_1	$15 \cdot l_1$	$15 \cdot 0{,}8 = 12$
40	l_2	$40 \cdot l_2$	$40 \cdot 0{,}3 = 12$
	$l_1 + l_2 = 1{,}1(0)$	Hebelgesetz: $15 \cdot l_1 = 40 \cdot l_2$	
	Probe I: $0{,}8 + 0{,}3 = 1{,}1$		

I: $l_1 + l_2 = 1{,}1$ $\vert\ -l_1$
I: $l_2 = \boxed{1{,}1 - l_1}$
II: $15 \cdot l_1 = 40 \cdot l_2$
II*): $15 \cdot l_1 = 40 \cdot \boxed{(1{,}1 - l_1)}$
   $15 \cdot l_1 = 44 - 40 \cdot l_1$ $\vert\ +40 \cdot l_1$
   $55 \cdot l_1 = 44$ $\vert\ : 55$
   $l_1 = 0{,}8$
I: $l_2 = 1{,}1 - 0{,}8 = 0{,}3$

Die Die 15 N große Kraft muss in einer Entfernung von **0,80 m = 80 cm** von der Drehachse angreifen, die 40 N große Kraft muss **0,3 m = 30 cm** von der Drehachse entfernt angreifen.

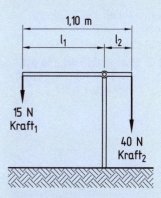

Hebelgesetz:
Kraft$_1$ × Länge d. Kraftarms$_1$ =
= Kraft$_2$ × Länge d. Kraftarms$_2$

Zu dem Produkt aus
Kraft × Länge des Kraftarms
sagt man auch Drehmoment.
Einheit: Newtonmeter (Nm)

*) Lösen nach dem Einsetzungsverfahren

6.16 (Vergleiche mit dem Beispiel 6.15!)

Kraft in N	Länge des Hebelarms in m	Drehmoment in Nm	Probe II: Drehmoment in Nm
50	l_1	$50 \cdot l_1$	$50 \cdot 0{,}3 = 15$
12	l_2	$12 \cdot l_2$	$12 \cdot 1{,}25 = 15$
	$l_2 - l_1 = 0{,}95$	Hebelgesetz: $50 \cdot l_1 = 12 \cdot l_2$	
	Probe I: $1{,}25 - 0{,}3 = 0{,}95$		

I: $l_2 - l_1 = 0{,}95$ $\vert\ +l_1$
I: $l_2 = \boxed{0{,}95 + l_1}$
II: $50 \cdot l_1 = 12 \cdot l_2$
II*): $50 \cdot l_1 = 12 \cdot \boxed{(0{,}95 + l_1)}$
   $50 \cdot l_1 = 11{,}4 + 12 \cdot l_1$ $\vert\ -12 \cdot l_1$
   $38 \cdot l_1 = 11{,}4$ $\vert\ : 38$
   $l_1 = 0{,}3$
I: $l_2 = 0{,}95 + 0{,}3 = 1{,}25$

Die Last muss in **0,30 m = 30 cm**, die Kraft in **1,25 m = 125 cm** Entfernung von der Drehachse angreifen.

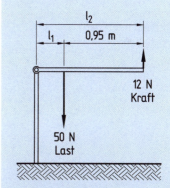

Hebelgesetz:
Kraft × Länge d. Kraftarms =
= Last × Länge d. Lastarms

(Die „Last" ist – physikalisch betrachtet – auch eine Kraft.)

Zu dem Produkt aus
Kraft × Länge des Kraftarms
sagt man auch Drehmoment.
Einheit: Newtonmeter (Nm)

*) Lösen nach dem Einsetzungsverfahren

6 Lineare Gleichungen mit zwei Unbekannten

Wärmeinhalt des Wassers bezogen auf 0 °C:
$Q = 4{,}2 \cdot m \cdot t$
Q ... Energie in Kilojoule (kJ)
m ... Masse in kg (1 kg ≙ 1 l)
t ... Temperatur in °C

6.17 Erwärmt man einen Körper von 0 °C auf t °C, so benötigt man dazu eine gewisse Energiemenge, die dann im Körper „gespeichert" ist. Man nennt diese Energie den Wärmeinhalt Q des Körpers. Die Physik stellt uns eine Formel für den Wärmeinhalt des Wassers (siehe Randspalte) zur Verfügung.

Wasser-temperatur	Anzahl der Liter	Wärmeinhalt in kJ	Probe II: Wärmeinhalt in kJ
10 °C	x	$4{,}2 \cdot x \cdot 10$	$4{,}2 \cdot 4 \cdot 10 = 168$
70 °C	y	$4{,}2 \cdot y \cdot 70$	$4{,}2 \cdot 8 \cdot 70 = 2352$
50 °C	x + y = 12	$4{,}2 \cdot 12 \cdot 50 = 2520$	2520
	Probe I: 4 + 8 = 12		

Unter der Annahme, dass die Summe der Wärmeinhalte der Körper vor dem Mischen genauso groß ist wie der Wärmeinhalt der Mischung, gilt:

II: $4{,}2 \cdot x \cdot 10 + 4{,}2 \cdot y \cdot 70 = 4{,}2 \cdot 12 \cdot 50 \quad |: 42$
$ x + 7y = 60$

I: $x + y = 12$
II: $x + 7y = 60 \quad |\cdot (-1)$

I: $x + y = 12 \;\}\; +$
II: $-x - 7y = -60$

*) $-6y = -48 \quad |: (-6)$
$y = 8$

I: $x = 12 - 8 = 4$

Man muss **4 l** Wasser mit einer Temperatur von 10 °C und **8 l** Wasser mit einer Temperatur von 70 °C mischen.

*) Lösen nach dem Additionsverfahren

6.18

	Länge in cm	Breite in cm	Flächeninhalt in cm²	Probe: Flächeninhalt in cm²
urspr. Rechteck	a	b	$a \cdot b$	$34 \cdot 21 = 714$
8 cm² größeres Rechteck	a + 4	b − 2	$(a+4) \cdot (b-2) = a \cdot b + 8$	$38 \cdot 19 = 722$ $722 - 8 = 714$
32 cm² kleineres Rechteck	a − 3	b + 1	$(a-3) \cdot (b+1) = a \cdot b - 32$	$31 \cdot 22 = 682$ $682 + 32 = 714$

I: $(a + 4) \cdot (b - 2) = a \cdot b + 8$
I: $ab + 4b - 2a - 8 = ab + 8 \quad |-ab + 8$
I: $4b - 2a = 16 \quad |: 2$
I: $2b - a = 8$

II: $(a - 3) \cdot (b + 1) = a \cdot b - 32$
II: $ab - 3b + a - 3 = ab - 32 \quad |-ab + 3$
II: $-3b + a = -29$

6 Lineare Gleichungen mit zwei Unbekannten — Lösungen

$$\begin{array}{ll} \text{I:} & 2b - a = 8 \\ \text{II:} & -3b + a = -29 \end{array} \Big\} +$$

*) $\quad -b = -21 \quad |\cdot(-1)$
$\quad\quad b = 21$

I: $\quad 2 \cdot 21 - a = 8 \quad | + a - 8$
$\quad\quad\quad a = 34$

Die Seitenlängen des Rechtecks betragen **34 cm** und **21 cm**.

*) Lösen nach dem Additionsverfahren

6.19

	Kathetenlängen in cm		Flächeninhalt in cm²	Probe: Flächeninhalt in cm²
	längere K.	kürzere K.		
urspr. Dreieck	$K_1 = K_2 + 3$	K_2	$(K_1 \cdot K_2) : 2$	$(18 \cdot 15) : 2 = 135$
um 5 cm² größeres Dreieck	$K_1 + 2$	$K_2 - 1$	$[(K_1 + 2) \cdot (K_2 - 1)] : 2 =$ $= (K_1 \cdot K_2) : 2 + 5$	$(20 \cdot 14) : 2 = 140$ $140 - 5 = 135$

I: $\quad\quad\quad\quad K_1 = \boxed{K_2 + 3}$
II: $\quad [(K_1 + 2) \cdot (K_2 - 1)] : 2 = (K_1 \cdot K_2) : 2 + 5 \quad |\cdot 2$
II: $\quad\quad (K_1 + 2) \cdot (K_2 - 1) = K_1 \cdot K_2 + 10$
II: $\quad K_1 K_2 + 2K_2 - K_1 - 2 = K_1 K_2 + 10 \quad\quad | - K_1 K_2 + 2$
II: $\quad\quad\quad\quad 2K_2 - K_1 = 12$

II*): $\quad\quad 2 K_2 - \boxed{(K_2 + 3)} = 12$
$\quad\quad\quad\quad 2K_2 - K_2 - 3 = 12 \quad | + 3$
$\quad\quad\quad\quad\quad\quad K_2 = 15$

I: $\quad\quad\quad\quad K_1 = 15 + 3 = 18$

Die Längen der Katheten betragen **18 cm** und **15 cm**.

Katheten:
Die Seiten im rechtwinkligen Dreieck, die den rechten Winkel einschließen.

*) Lösen nach dem Einsetzungsverfahren

6.20

a) Unter der flussaufwärts gerichteten Geschwindigkeit des Schiffs versteht man seine Geschwindigkeit relativ zum Ufer.

Die Eigengeschwindigkeit des Schiffs v_S ist seine Geschwindigkeit relativ zum Wasser. v_F sei die Fließgeschwindigkeit des Flusses.

Die flussaufwärts gerichtete Geschwindigkeit des Schiffs ist das Ergebnis aus der Eigengeschwindigkeit des Schiffs und der Fließgeschwindigkeit des Flusses. Da beide einander entgegengesetzt sind, gilt: $v_S - v_F = 10{,}7$ (kn).

Bei der Fahrt flussabwärts addieren sich die Geschwindigkeiten: $v_S + v_F = 13{,}5$ (kn).

$$\begin{array}{ll} \text{I:} & v_S - v_F = 10{,}7 \\ \text{II:} & v_S + v_F = 13{,}5 \end{array} \Big\} +$$

*) $\quad 2v_S = 24{,}2 \quad | : 2$
$\quad\quad v_S = 12{,}1$

1 Knoten (kn) =
= 1 Seemeilen/Stunde (sm/h) =
= 1,852 km/h.

*) Lösen nach dem Additionsverfahren

6 Lineare Gleichungen mit zwei Unbekannten

1 km/h = $\frac{1\,000\,m}{3\,600\,s}$ = $\frac{10}{36}$ m/s

Näherungsweise gilt:
1 km/h ≈ 0,25 m/s = $\frac{1}{4}$ m/s

Zusammenhang zwischen Weg (s), Geschwindigkeit (v) und Zeit (t): s = v · t

1,11... h = 1 h + 0,11... h
0,11... h = 60 min · 0,11... =
= 6,94... min ≈ 7 min

I: v_F = 13,5 − v_S = 13,5 − 12,1 = 1,4

12,1 kn = 1,852 km/h · 12,1 = 22,409 2 km/h ≈ **22,4 km/h**

1,4 kn = 1,852 km/h · 1,4 = 2,592 8 km/h = $\frac{10}{36}$ m/s · 2,592 8 =
= 0,720... m/s ≈ **0,7 m/s**

Die Eigengeschwindigkeit des Schiffs beträgt **12,1 kn ≈ 22,4 km/h**.

Die Fließgeschwindigkeit des Flusses beträgt rund **0,7 m/s**.

b) Der Weg, den das Schiff zuerst flussaufwärts fährt, muss genauso lang sein wie der, den es später flussabwärts fährt. Soll das Schiff genau 2 Stunden unterwegs sein, dann darf es t Stunden flussaufwärts und (2 − t) Stunden flussabwärts fahren.

$$10{,}7 \cdot t = 13{,}5 \cdot (2 - t)$$
$$10{,}7t = 27 - 13{,}5t \quad | + 13{,}5t$$
$$24{,}2t = 27 \quad | : 24{,}2$$
$$t = 1{,}11...$$

t ≈ 1 h 7 min

Zurückgelegter Weg:
Rechne zuerst um: 10,7 kn = 1,852 km/h · 10,7 = 19,916 4 km/h

19,916 4 · 1,11... = 22,10... ≈ 22,1

Das Schiff darf rund **1 h 7 min** flussaufwärts fahren. Es entfernt sich dabei rund **22,1 km** von seinem Ausgangspunkt.

6.21 (Vergleiche mit den Beispielen 4.33 – 4.35!)

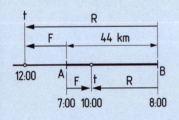

a)

	v in km/h	Zeit in h	zurückgel. Weg bis zum Ereignis in km	Probe I und II: zurückgel. Weg bis zum Ereignis in km
F	v_F	3	$v_F \cdot 3$	
R	v_R	2	$v_R \cdot 2$	4 · 3 + 16 · 2 = 44
F	v_F	5	$v_F \cdot 5$	
R	v_R	4	$v_R \cdot 4$	16 · 4 − 4 · 5 = 44

I: Wenn der Radfahrer dem Fußgänger begegnet, dann ist die Summe der von beiden zurückgelegten Wegstrecken 44 km:
$v_F \cdot 3 + v_R \cdot 2 = 44$

II: Wenn der Radfahrer den Fußgänger eingeholt hat, dann gilt für die Wege (in km):
Weg des Radfahrers = Weg des Fußgängers + 44 (km)
$v_R \cdot 4 = v_F \cdot 5 + 44$

6 Lineare Gleichungen mit zwei Unbekannten — Lösungen

$$\begin{aligned}&\text{I:}\quad 3v_F + 2v_R = 44 \quad |\cdot(-2)\\ &\text{II:}\ -5v_F + 4v_R = 44\end{aligned}$$

$$\left.\begin{aligned}&\text{I:}\ -6v_F - 4v_R = -88\\ &\text{II:}\ -5v_F + 4v_R = 44\end{aligned}\right\} +$$

$$\begin{aligned}\text{*)} \quad -11v_F &= -44 \quad |:(-11)\\ v_F &= 4\end{aligned}$$

$$\begin{aligned}\text{I:}\ 3\cdot 4 + 2v_R &= 44 \quad |-12\\ 2v_R &= 32 \quad |:2\\ v_R &= 16\end{aligned}$$

*) Lösen nach dem Additionsverfahren

Die (mittlere) Geschwindigkeit des Fußgängers beträgt **4 km/h**, die des Radfahrers **16 km/h**.

b) Begegnung:
Der vom Fußgänger zurückgelegte Weg: 4 km · 3 = 12 km
44 km – 12 km = 32 km

Die Begegnung findet **32 km** vom Ort B entfernt statt.

Einholen:
Der vom Fußgänger zurückgelegte Weg: 4 km · 5 = 20 km

Der Fußgänger wird in einer Entfernung von **20 km** vom Ort A vom Radfahrer eingeholt.

6.22 (Vergleiche mit den Beispielen 4.36–4.38!)

	Menge in l	Säuregehalt in %	Menge an (reiner) Säure in l	Probe I und II: Menge an (reiner) Säure in l
Säure 1	4	x	$4 \cdot \frac{x}{100} = 0{,}04x$	$0{,}04 \cdot 45 = 1{,}8$
Säure 2	1	y	$1 \cdot \frac{y}{100} = 0{,}01y$	$0{,}01 \cdot 60 = 0{,}6$
Mischung I	4 + 1 = 5	48	5 · 0,48 = 2,4	2,4
Säure 1	8	x	$8 \cdot \frac{x}{100} = 0{,}08x$	$0{,}08 \cdot 45 = 3{,}6$
Säure 2	7	y	$7 \cdot \frac{y}{100} = 0{,}07y$	$0{,}07 \cdot 60 = 4{,}2$
Mischung II	8 + 7 = 15	52	15 · 0,52 = 7,8	7,8

$$\begin{aligned}&\text{I:}\quad 0{,}04x + 0{,}01y = 2{,}4 \quad |\cdot(-2)\\ &\text{II:}\ \ 0{,}08x + 0{,}07y = 7{,}8\end{aligned}$$

$$\left.\begin{aligned}&\text{I:}\ -0{,}08x - 0{,}02y = -4{,}8\\ &\text{II:}\ \ 0{,}08x + 0{,}07y = 7{,}8\end{aligned}\right\} +$$

$$\begin{aligned}\text{*)} \quad 0{,}05y &= 3 \quad |:0{,}05\\ y &= 60\end{aligned}$$

$$\begin{aligned}\text{I:}\ 0{,}04x + 0{,}01\cdot 60 &= 2{,}4 \quad |-0{,}6\\ 0{,}04x &= 1{,}8 \quad |:0{,}04\\ x &= 45\end{aligned}$$

*) Lösen nach dem Additionsverfahren

Die Säuren sind **45%ig** bzw. **60%ig**.

6 Lineare Gleichungen mit zwei Unbekannten

6.23 (Vergleiche mit den Beispielen 4.36–4.38 und dem Beispiel 6.22!)

	Menge in l	Laugen-gehalt in %	Menge an (reiner) Lauge in l	Probe II: Menge an (reiner) Lauge in l	Probe I: Menge in l
Lauge 1	x	30	x · 0,30	0,2 · 0,30 = 0,06	0,2
Lauge 2	y	45	y · 0,45	0,8 · 0,45 = 0,36	0,8
Mischung	x + y = 1	42	1 · 0,42	0,42	1,0

$$\begin{aligned}
\text{I:} &\quad x + y = 1 \quad | \cdot (-10) \\
\text{II:} &\quad 0{,}3x + 0{,}45y = 0{,}42 \quad | \cdot \tfrac{100}{3}
\end{aligned}$$

$$\left.\begin{aligned}
\text{I:} &\quad -10x - 10y = -10 \\
\text{II:} &\quad 10x + 15y = 14
\end{aligned}\right\} +$$

*) $\qquad 5y = 4 \quad |:5$

$\qquad y = \tfrac{4}{5} = 0{,}8$

I: $\qquad x + \tfrac{4}{5} = 1 \quad | - \tfrac{4}{5}$

$\qquad x = \tfrac{1}{5} = 0{,}2$

Man muss **0,2 l** der 30%igen Lauge mit **0,8 l** der 45%igen Lauge mischen.

*) Lösen nach dem Additionsverfahren

6.24 (Vergleiche mit dem Beispiel 6.23!)

	Menge in l	Alkoholge-halt in %	Menge an (reinem) Alkohol in l	Probe I: Menge an (reinem) Alkohol in l	Probe II: Menge in l
Alk. 1	x	60	x · 0,60	3 · 0,6 = 1,8	3
Alk. 2	y	40	y · 0,40	2 · 0,4 = 0,8	2
Mischung	x + y	52	(x + y) · 0,52	5 · 0,52 = 2,6	3 + 2 = 5

$$\begin{aligned}
0{,}6x + 0{,}4y &= (x + y) \cdot 0{,}52 \\
0{,}6x + 0{,}4y &= 0{,}52x + 0{,}52y \quad | - 0{,}52x - 0{,}4y \\
0{,}08x &= 0{,}12y \quad |:0{,}08 \\
x &= 1{,}5y \quad |:y \\
\tfrac{x}{y} &= 1{,}5 = \tfrac{3}{2} \\
x : y &= 3 : 2
\end{aligned}$$

60%iger und 40iger Alkohol sind im Verhältnis **3 : 2** zu mischen.

Variante:
Berechne jeweils die Differenz im Alkoholgehalt zwischen einer Alkoholsorte und der Mischung.
60 % − 52 % = 8 %
52 % − 40 % = 12 %
Im umgekehrten Verhältnis zum Alkoholgehalt ist dann zu mischen: 12 : 8 = 3 : 2.

7 Statistik

7.1 Arithmetischer Mittelwert $\bar{x}$:
Du erhältst den arithmetischen Mittelwert einer Datenmenge, indem du alle Einzelwerte addierst und den Wert dieser Summe durch die Anzahl der Einzelwerte dividierst.

4A: $\bar{x} = \frac{12+24+18+21+24+22+4+21+18+23+12+17+14+21+8+16+13}{17} = \frac{288}{17} =$
$= 16{,}94\ldots \approx 17$

$\bar{x} \approx 17$ Punkte

4B: $\bar{x} = \frac{17+24+23+18+18+23+13+19+16+15+22+21+17+20+15+18+9}{17} = \frac{308}{17} =$
$= 18{,}11\ldots \approx 18$

$\bar{x} \approx 18$ Punkte

Zentralwert (Median) z:
Du erhältst den Zentralwert einer Datenmenge, indem du die Einzelwerte zuerst der Größe nach – wie in einer Liste – anordnest. Der Zentralwert „teilt" dann diese geordnete Liste in zwei gleich große Teile. Die Werte der „unteren Hälfte" sind alle kleiner als der Zentralwert oder höchstens genauso groß. Die Werte der „oberen Hälfte" sind alle größer als der Zentralwert oder wenigstens genauso groß.

4A: 4 8 12 12 13 14 16 17 │18│ 18 21 21 21 22 23 24 24
        8 Elemente ≤ 18   8 Elemente ≥ 18

z = 18 Punkte

4B: 9 13 15 15 16 17 17 18 │18│ 18 19 20 21 22 23 23 24
        8 Elemente ≤ 18   8 Elemente ≥ 18

z = 18 Punkte

Modalwert (Modus) m:
Du erhältst den Modalwert einer Datenmenge, indem du aus allen Einzelwerten denjenigen heraussuchst, der am öftesten vorkommt.

4A: 4 8 12 12 13 14 16 17 18 18 │21 21 21│ 22 23 24 24

Der Wert 21 kommt 3-mal vor. **m = 21 Punkte**

4B: 9 13 15 15 16 17 17 │18 18 18│ 19 20 21 22 23 23 24

Der Wert 18 kommt 3-mal vor. **m = 18 Punkte**

Die Zentralwerte der Tests sind gleich groß. Wählt man die arithmetischen Mittel als Vergleichswerte, so hat die 4A-Klasse besser abgeschnitten. (Der arithmetische Mittelwert berücksichtigt die hohen Punktewerte stark.) Der Modalwert ist nur dann aussagekräftig, wenn er nicht nur der häufigste, sondern der „bei weitem häufigste" Wert ist.

Arithmetischer Mittelwert:
Summe der Einzelwerte dividiert durch die Anzahl der Einzelwerte.
$\bar{x} = \frac{x_1 + x_2 + \ldots + x_n}{n}$
$x_1, x_2, \ldots, x_n \ldots$ Einzelwerte
$n \ldots$ Anzahl der Einzelwerte

Zentralwert (Median) z:
die Mitte in einer geordneten Liste von Werten.

Modalwert (Modus) m:
der häufigste Wert in einer Liste von Werten.
Beachte:
Eine Liste von Werten kann auch mehr als einen Modalwert haben.

Beachte: Die Einzelwerte wurden gemäß ihrer Häufigkeit jeweils zu fünf Summanden zusammengefasst.	**7.2** (Vergleiche mit dem Beispiel 7.1!) Arithmetischer Mittelwert $\bar{x}$: 4A: $\bar{x} = \frac{1\cdot 4+2\cdot 8+3\cdot 6+4\cdot 1+5\cdot 3}{4+8+6+1+3} = \frac{4+16+18+4+15}{22} = \frac{57}{22} = 2{,}59\dot{0} \approx \mathbf{2{,}6}$ 4B: $x = \frac{1\cdot 5+2\cdot 7+3\cdot 9+4\cdot 2+5\cdot 2}{5+7+9+2+2} = \frac{5+14+27+8+10}{25} = \frac{64}{25} = 2{,}56 \approx \mathbf{2{,}6}$

Beachte: Bei einer geraden Anzahl von Elementen ist der Zentralwert (Median) das arithmetische Mittel der beiden in der Mitte der Liste stehenden Werte. $z = \frac{2+2}{2} = \frac{4}{2} = 2$	Zentralwert (Median) z:
	4A: 1 1 1 1 2 2 2 2 2 $\boxed{2}$ $\boxed{2}$ 3 3 3 3 3 3 4 5 5 5
	  $\underbrace{\qquad\qquad}_{11\text{ Noten} \leq 2}$ $\underbrace{\qquad\qquad}_{11\text{ Noten} \geq 2}$
	z = 2
	4B: 1 1 1 1 1 2 2 2 2 2 2 2 $\boxed{3}$ 3 3 3 3 3 3 3 3 4 4 5 5
	  $\underbrace{\qquad\qquad}_{12\text{ Noten} \leq 3}$ $\underbrace{\qquad\qquad}_{12\text{ Noten} \geq 3}$
	z = 3

	Modalwert (Modus) m: 4A: Die Note 2 (Gut) kommt 8-mal vor. **m = 2** 4B: Die Note 3 (Befriedigend) kommt 9-mal vor. **m = 3** Die arithmetischen Mittelwerte für die beiden Schularbeiten sind nahezu gleich groß. Wählt man den Zentralwert als Vergleichswert, so hat die 4A-Klasse besser abgeschnitten. Die 4A-Klasse hat auch beim Vergleich der Modalwerte besser abgeschnitten.
Quartile einer geordneten Liste: 3 Zahlen, die eine geordnete Liste in 4 gleich große Teile zerlegen.	**7.3 a)** Schreib die Geldbeträge (in Euro) als geordnete Liste an! Die drei Quartile q_1, $q_2 = z$ und q_3 teilen eine geordnete Liste in vier gleich große Teile, sodass gilt: 25 % aller Werte sind höchstens so groß wie q_1, das erste Quartil, 50 % aller Werte sind höchstens so groß wie $q_2 = z$, der Zentralwert, und 75 % aller Werte sind höchstens so groß wie q_3, das dritte Quartil. Beachte: Tritt ein Quartil als Listenelement auf, so wird es keinem Listen-„Viertel" zugeordnet. Dann erfüllen aber die Zahlen q_1, $q_2 = z$ und q_3 die 25/50/75 %-Forderung nicht mehr genau.

7 Statistik — Lösungen

Suche nun den Zentralwert (Median) z! Es gibt 27 Werte. 13 Werte liegen links vom Zentralwert (z = q_2), 13 Werte liegen rechts davon. Suche nun für jede „Hälfte" der Liste abermals den Zentralwert! Es gibt jeweils 13 Werte. 6 Werte liegen jeweils links von diesem Zentralwert, 6 Werte liegen jeweils rechts davon.

2 3 5 5 5 8 9 9 9 10 10 10 10 | 11 | 12 13 14 15 15 16 17 17 18 20 20 25 30

6 Werte   6 Werte   6 Werte   6 Werte

13 Werte   13 Werte

Ist die Anzahl der Werte (Elemente) einer Liste kein Vielfaches von 4, so erfüllen die Zahlen q_1, q_2 = z und q_3 die 25/50/75 %-Forderung nicht mehr ganz genau.

Minimum: x_{min} = 2 €
Maximum: x_{max} = 30 €
Spannweite: R = x_{max} − x_{min} 30 € − 2 € = 28 €
     R = 28 €
1. Quartil: q_1 = 9 €
Zentralwert: z = q_2 = 11 €
3. Quartil: q_3 = 17 €

Minimum x_{min} … der kleinste Wert.

Maximum x_{max} … der größte Wert.

Spannweite R … der Unterschied (die Differenz) zwischen dem größten und dem kleinsten Wert.

b) Die Länge des Kastenschaubilds ist durch die Spannweite R und das Darstellungsverhältnis (1 € ≙ 5 mm) festgelegt:

R = 28 €   28 € = 5 mm · 28 = 140 mm

Lage des 1. Quartils im Kastenschaubild:
q_1 = 9 €   9 € − 2 € = 7 €
     7 € = 5 mm · 7 ≙ 35 mm (rechts von x_{min})

Lage des 2. Quartils, d. h. des Zentralwerts im Kastenschaubild:
q_2 = z = 11 €   11 € − 2 € = 9 €
     9 € ≙ 5 mm · 9 = 45 mm (rechts von x_{min})

Lage des 3. Quartils im Kastenschaubild:
q_3 = 17 €   17 € − 2 € = 15 €
     15 € ≙ 5 mm · 15 = 75 mm (rechts von x_{min})

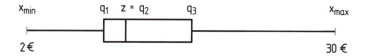

Kastenschaubild: Schaubild für Daten, aus dem sich das Minimum, das Maximum, die Spannweite und die drei Quartile – damit auch der Zentralwert – direkt ablesen lassen.

Wähle für die Breite des Kastens (z. B.) 1 cm!

7.4 (Vergleiche mit dem Beispiel 7.3!)

a) Geordnete Liste der Zeiten (in Sekunden):

8,4; 8,9; 9,0; 9,1; 9,1; 9,1; 9,2; 9,2; 9,3; 9,3; | 9,3 | ; | 9,5 | ; 9,6; 9,7; 9,8; 10,0; 10,1; 10,1; 10,1; 10,3; 10,7; 10,9

5 Werte   5 Werte   5 Werte   5 Werte

11 Werte   11 Werte

z: $\frac{9{,}3 + 9{,}5}{2} = \frac{18{,}8}{2} = 9{,}4$

Minimum: $x_{min} = 8{,}4$ s
Maximum: $x_{max} = 10{,}9$ s
Spannweite: $R = x_{max} - x_{min}$ $10{,}9$ s $- 8{,}4$ s $= 2{,}5$ s
$R = 2{,}5$ s
1. Quartil: $q_1 = 9{,}1$ s
Zentralwert: $z = q_2 = 9{,}4$ s
3. Quartil: $q_3 = 10{,}1$ s

b) Länge des Kastenschaubilds: 0,1 s $\triangleq$ 5 mm
$R = 2{,}5$ s $2{,}5$ s $\triangleq$ 5 mm $\cdot$ 25 = 125 mm

Lage der Quartile im Kastenschaubild:
$q_1 = 9{,}1$ s $9{,}1$ s $- 8{,}4$ s $= 0{,}7$ s
             $0{,}7$ s $\triangleq$ 5 mm $\cdot$ 7 = 35 mm (rechts von x_{min})
$q_2 = z = 9{,}4$ s $9{,}4$ s $- 8{,}4$ s $= 1{,}0$ s
             $1{,}0$ s $\triangleq$ 5 mm $\cdot$ 10 = 50 mm (rechts von x_{min})
$q_3 = 10{,}1$ s $10{,}1$ s $- 8{,}4$ s $= 1{,}7$ s
             $1{,}7$ s $\triangleq$ 5 mm $\cdot$ 17 = 85 mm (rechts von x_{min})

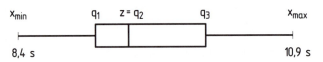

7.5 a) Aus einem Kastenschaubild können das Minimum x_{min}, das Maximum x_{max}, die drei Quartile q_1, $q_2 = z$ und q_3 und die Spannweite unmittelbar abgelesen werden. Ergänze die Abbildung durch eine Beschriftung der Punkte x_{min}, x_{max}, q_1, $q_2 = z$ und q_3!

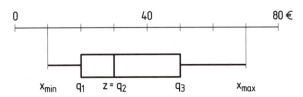

Minimum: $x_{min} = 10$ €; d. h. das Taschengeld der Befragten betrug mindestens 10 €.
Maximum: $x_{max} = 70$ €; d. h. das Taschengeld der Befragten betrug höchstens 70 €.
Spannweite: $R = 60$ €   70 € $-$ 10 € $=$ 60 €
1. Quartil: $q_1 = 20$ €; d. h. 25 % der Befragten erhielten höchstens 20 € Taschengeld.
Zentralwert: $z = q_2 = 30$ €; d. h. 50 % der Befragten erhielten höchstens 30 € Taschengeld.
3. Quartil: $q_3 = 50$ €; d. h. 75 % der Befragten erhielten höchstens 50 € Taschengeld.

Spannweite:
$R = x_{max} - x_{min}$

b) Es gibt 7 Werte. Der Zentralwert (Median) gibt die Mitte einer geordneten Liste von Werten an. 3 Werte liegen links, 3 Werte liegen rechts vom Zentralwert ($z = q_2$). Das 1. und das 3. Quartil findest du, indem du für jede „Hälfte" der Liste abermals den Zentralwert suchst. Ein Wert liegt jeweils links von diesem Zentralwert, ein Wert liegt jeweils rechts von diesem Zentralwert.

Beachte: Tritt ein Quartil als Element der Liste auf, so wird es keinem Listen-„Viertel" zugeordnet.

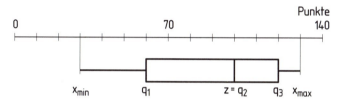

Wähle für die Breite des Kastens (z. B.) 1 cm!

7.6 (Vergleiche mit dem Beispiel 7.5!)

a)

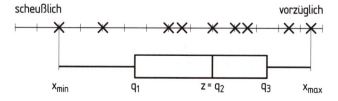

Minimum: x_{min} = **30 Punkte**; d. h. die Teilnehmer und Teilnehmerinnen am Test erreichten mindestens 30 Punkte.

Maximum: x_{max} = **130 Punkte**; d. h. die Teilnehmer und Teilnehmerinnen am Test erreichten höchstens 130 Punkte.

Spannweite: **R = 100 Punkte**   130 Pkt. − 30 Pkt. = 100 Pkt.

Spannweite:
$R = x_{max} - x_{min}$

1. Quartil: q_1 = **60 Punkte**; d. h. 25 % der Teilnehmer und Teilnehmerinnen am Test erreichten höchstens 60 Punkte.

Zentralwert: $z = q_2$ = **100 Punkte**; d. h. 50 % der Teilnehmer und Teilnehmerinnen am Test erreichten höchstens 100 Punkte.

3. Quartil: q_3 = **120 Punkte**; d. h. 75 % der Teilnehmer und Teilnehmerinnen am Test erreichten höchstens 120 Punkte.

b) Es gibt 9 Werte. 4 Werte liegen links, 4 Werte liegen rechts vom Zentralwert ($z = q_2$). Das 1. und das 3. Quartil findest du, indem du für jede „Hälfte" der Liste abermals den Zentralwert suchst. Zwei Werte liegen jeweils links von diesem Zentralwert, zwei Werte liegen jeweils rechts von diesem Zentralwert. Das 1. Quartil liegt in der Mitte zwischen dem 2. und dem 3. Kreuz (von links). Das 3. Quartil liegt in der Mitte zwischen dem 7. und dem 8. Kreuz (von links).

Kastenschaubild:
Schaubild für Daten, aus dem sich das Minimum, das Maximum, die Spannweite und die Quartile – damit auch der Zentralwert – direkt ablesen lassen.

Minimum x_{min} … der kleinste Wert.
Maximum x_{max} … der größte Wert.

7.7 a)

Klasse	Entfernung in km	abs.	relat. Häufigkeit	proz.
K_1	$0 \leq s < 5$	2	$\frac{2}{17} = 0{,}117… \approx 0{,}12$	12 %
K_2	$5 \leq s < 10$	7	$\frac{7}{17} = 0{,}411… \approx 0{,}41$	41 %
K_3	$10 \leq s < 15$	5	$\frac{5}{17} = 0{,}294… \approx 0{,}29$	29 %
K_4	$15 \leq s < 20$	2	$\frac{2}{17} = 0{,}117… \approx 0{,}12$	12 %
K_5	$20 \leq s$	1	$\frac{17}{17} = 0{,}058… \approx 0{,}06$	6 %
Gesamt		17	$\frac{17}{17} = 1{,}000$	100 %

b) Schreibe die Weglängen (in km) als geordnete Liste an!

1,5; 4,5; 5,5; 6,0; 7,0; 7,0; 7,0; 8,5; ⟨9,0⟩; 11,0; 12,5; 12,5; 14,0; 14,0; 15,0; 18,0; 25,0

4 Werte   4 Werte   4 Werte   4 Werte
   8 Werte   8 Werte

Spannweite:
Der Unterschied (die Differenz) zwischen dem größten und dem kleinsten Wert.

Quartile einer geordneten Liste:
3 Zahlen, die eine geordnete Liste in 4 gleich große Teile zerlegen.
Ist die Anzahl der Werte (Elemente) einer Liste kein Vielfaches von 4, so erfüllen die Quartile diese Forderung nicht mehr ganz genau.

Wähle für die Breite des Kastens (z. B.) 1 cm!

1 km ≙ 4 mm, 5 km ≙ 20 mm

Minimum: $x_{min} = 1{,}5$ km ≙ 6 mm rechts von null
Maximum: $x_{max} = 25{,}0$ km ≙ 100 mm rechts von null
1. Quartil: $q_1 = (6{,}0\text{ km} + 7{,}0\text{ km}) : 2 = 6{,}5$ km
6,5 km ≙ 26 mm rechts von null
Zentralwert: $z = q_2 = 9$ km ≙ 36 mm rechts von null
3. Quartil: $q_3 = 14$ km ≙ 56 mm rechts von null

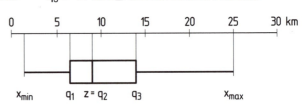

Der Zahlenstrahl (als Vergleichsmaßstab) ist nicht unbedingt notwendig. Lässt du den Zahlenstrahl weg, so musst du mindestens zwei Werte im Kastenschaubild als Beschriftung eintragen.
Z. B.: $x_{min} = 1{,}5$ km und $x_{max} = 25{,}0$ km.

c) Klassenübersichtstabelle: Es ist zwar unmöglich, einen ganz bestimmten Einzelwert zu entnehmen, dafür ist aber eine übersichtliche Einteilung in Entfernungs-„Zonen" erfolgt. (Diese Einteilung kann z. B. für die Zuteilung von Fahrtkostenzuschüssen herangezogen werden.)

Kastenschaubild: Minimum, Maximum, Spannweite (die Differenz zwischen x_{max} und x_{min}) und Zentralwert sind veranschaulicht und somit gut zu erkennen. Die Quartile machen z. B. deutlich, wo sich Werte häufen, nämlich im Bereich für Entfernungen von 6,5 km bis 14 km Länge.

7 Statistik — Lösungen

7.8 (Vergleiche mit dem Beispiel 7.7!)

a)

Klasse	Putzdauer in min:s	abs.	relat. Häufigkeit		proz.
K_1	$00{:}00 \leq t < 00{:}30$	2	$\frac{2}{16} = 0{,}125$	$\approx 0{,}13$	13 %
K_2	$00{:}30 \leq t < 01{:}00$	5	$\frac{5}{16} = 0{,}3125$	$\approx 0{,}31$	31 %
K_3	$01{:}00 \leq t < 01{:}30$	7	$\frac{7}{16} = 0{,}4375$	$\approx 0{,}44$	44 %
K_4	$01{:}30 \leq t < 02{:}00$	1	$\frac{1}{16} = 0{,}0625$	$\approx 0{,}06$	6 %
K_5	$02{:}00 \leq t < 02{:}30$	1	$\frac{1}{16} = 0{,}0625$	$\approx 0{,}06$	6 %
K_6	$02{:}30 \leq t < 03{:}00$	0	0		0 %
Gesamt		16	$\frac{16}{16} = 1{,}00$		100 %

b) Geordnete Liste der Zeiten (min:s):

0:20, 0:27, 0:38, 0:40, 0:50, 0:54, 0:58, |1:05|, |1:09|, 1:10, 1:12, 1:14, 1:18, 1:20, 1:35, 2:10

4 Werte — 4 Werte — 4 Werte — 4 Werte
8 Werte — 8 Werte

$1 \text{ s} \;\triangleq\; 1 \text{ mm}$, $10 \text{ s} \;\triangleq\; 10 \text{ mm}$

Minimum: $x_{min} = 20 \text{ s} \triangleq 20 \text{ mm}$ rechts von null

Maximum: $x_{max} = 2 \text{ min } 10 \text{ s} = 130 \text{ s} \triangleq 130 \text{ mm}$ rechts von null

1. Quartil: $q_1 = (40 \text{ s} + 50 \text{ s}) : 2 = 45 \text{ s} \triangleq 45 \text{ mm}$ rechts von null

Zentralwert: $z = q_2 = (65 \text{ s} + 69 \text{ s}) : 2 = 67 \text{ s} = 1 \text{ min } 7 \text{ s}$
$1 \text{ min } 7 \text{ s} = 67 \text{ s} \triangleq 67 \text{ mm}$ rechts von null

3. Quartil: $q_3 = (74 \text{ s} + 78 \text{ s}) : 2 = 76 \text{ s} = 1 \text{ min } 16 \text{ s}$
$1 \text{ min } 16 \text{ s} = 76 \text{ s} \triangleq 76 \text{ mm}$ rechts von null

1:05 min:s = 65 s
1:09 min:s = 69 s
1:14 min:s = 74 s
1:18 min:s = 78 s

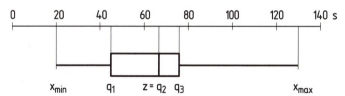

c) Klassenübersichtstabelle: Es ist zwar unmöglich, einen ganz bestimmten Einzelwert zu entnehmen, dafür ist aber eine übersichtliche Einteilung erfolgt. (Diese Einteilung kann z. B. als Grundlage für eine grafische Veranschaulichung mit Hilfe eines Streifenschaubilds dienen.)

Kastenschaubild: Minimum, Maximum, Spannweite (die Differenz zwischen x_{max} und x_{min}) und Zentralwert sind veranschaulicht und somit gut zu erkennen. Die Quartile machen z. B. deutlich, wo sich Werte häufen, nämlich im Bereich für eine Putzdauer von 45 s bis 76 s = 1 min 16 s.

Arithmetischer Mittelwert:
Summe der Einzelwerte dividiert durch die Anzahl der Einzelwerte.

$$\overline{x} = \frac{x_1 + x_2 + \ldots + x_n}{n}$$

$x_1, x_2, \ldots, x_n \ldots$ Einzelwerte
$n \ldots$ Anzahl der Einzelwerte

Standardabweichung:
Streuungsmaß, das die durchschnittliche Abweichung (Streuung) der Einzelwerte $x_1, x_2, \ldots, x_n$ vom arithmetischen Mittelwert $\overline{x}$ angibt.

$$s_{\overline{x}} = \sqrt{\frac{(x_1 - \overline{x})^2 + (x_2 - \overline{x})^2 + \ldots + (x_n - \overline{x})^2}{n}}$$

Berechnungen mit Hilfe der statistischen Funktionen eines Taschenrechners:

1) Wähle die Betriebsart „Statistik"!
2) Jeweils: Eingabe eines Werts und Aufruf der $\boxed{\Sigma+}$-Funktion.
3) Mittelwertbildung durch Aufruf der $\boxed{\overline{x}}$-Funktion.
4) Berechnung der Standardabweichung durch Aufruf der $\boxed{\sigma xn}$-Funktion.

7.9 a) Trage – aus Gründen der Übersichtlichkeit – die Werte der Größe nach geordnet in eine Tabelle ein!

i	x_i	$x_i - \overline{x}$	$(x_i - \overline{x})^2$
1	39 912	–10 236	104 775 696
2	44 741	–5 407	29 235 649
3	46 443	–3 705	13 727 025
4	48 395	–1 753	3 073 009
5	48 544	–1 604	2 572 816
6	49 705	–443	196 249
7	52 256	2 108	4 443 664
8	52 835	2 687	7 219 969
9	53 761	3 613	13 053 769
10	54 167	4 019	16 152 361
11	55 339	5 191	26 946 481
12	55 678	5 530	30 580 900
	601 776	0	251 977 588

Arithmetischer Mittelwert $\overline{x}$: $601\,776 : 12 = 50\,148 \approx 50\,000$

$\overline{x} \approx 50\,000$ Betätigungen

Standardabweichung $s_{\overline{x}}$: $\sqrt{\frac{251\,977\,588}{12}} = 4\,582{,}3\ldots \approx 5\,000$

$s_x \approx 5\,000$ Betätigungen

Bedeutung der Standardabweichung:

Die Lebensdauer der Schalter streut um einen Mittelwert von (rund) 50 000 Betätigungen um durchschnittlich (rund) 5 000 Betätigungen. D. h.: Die durchschnittliche Lebensdauer eines Schalters wird zwischen 45 000 und 55 000 Betätigungen liegen.

b) Es ist das Produkt mit der kleineren Standardabweichung zu bevorzugen.

Begründung:
Eine dreimal so große Standardabweichung bedeutet, dass die durchschnittliche Lebensdauer der Schalter viel breiter streut. Damit wird es z. B. schwierig zu planen, wann ein Schalter, bevor er noch defekt wird, ausgetauscht gehört.

7 Statistik — Lösungen

7.10 (Vergleiche mit dem Beispiel 7.9!)

a) Arithmetischer Mittelwert $\bar{x}$:   5 328 : 16 = 333
$\bar{x}$ = 333 ml

Standardabweichung $s_{\bar{x}}$: $\sqrt{\frac{960}{16}} = 7{,}745\ldots \approx 8$

$s_{\bar{x}} \approx$ 8 ml

Bedeutung der Standardabweichung:
Die Füllmenge streut um ihren Mittelwert von 333 ml um durchschnittlich (rund) 8 ml. D. h.: Durchschnittlich werden in die Dosen 8 ml zu wenig oder 8 ml zu viel eingefüllt.

b) Für einen Toleranzbereich von 330 ± 10 ml liegt die untere Toleranzgrenze bei 320 ml, die obere bei 340 ml. Demnach sind 4 der 16 Dosen Ausschuss: $\frac{4}{16} = \frac{1}{4} = 0{,}25 = 25\,\%$
25 % der abgefüllten Dosen sind Ausschuss.

c) 10 % von 16 Dosen sind ≈ 2 Dosen (Ausschuss).
Löse durch Probieren!
Z. B.: Für eine Bereichsbreite von ±11 ml verschieben sich die Toleranzgrenzen zu den Werten (330 ml – 11 ml =) 319 ml bzw. (330 ml + 11 ml =) 341 ml. Durch einen Blick auf die geordneten (!) Tabellenwerte kannst du erkennen, dass nach wie vor vier Werte außerhalb des Toleranzbereichs liegen.
Für eine Bereichsbreite von ±12 ml verschieben sich die Toleranzgrenzen zu den Werten 318 ml bzw. 342 ml. Jetzt liegen nur noch zwei Werte außerhalb des Toleranzbereichs, womit die Forderung (näherungsweise) erfüllt ist.
Der Toleranzbereich müsste **330 ± 12 ml** betragen.

Tabelle zu 7.10 a):

i	x_i	$x_i - \bar{x}$	$(x_i - \bar{x})^2$
1	318	–15	225
2	320	–13	169
3	325	–8	64
4	326	–7	49
5	330	–3	9
6	331	–2	4
7	331	–2	4
8	333	0	0
9	334	1	1
10	334	1	1
11	337	4	16
12	339	6	36
13	339	6	36
14	342	9	81
15	344	11	121
16	345	12	144
	5 328	0	960

Toleranzbereich:
Abweichungen vom Soll-Wert, die (noch) zulässig sind.

Toleranzgrenzen:
größter und kleinster (noch) zulässiger Wert.

7.11 (Vergleiche mit den Beispielen 7.9 und 7.10!)

a) Arithmetischer Mittelwert $\bar{x}$:   15,04 : 20 = 0,752 ≈ 0,75
$\bar{x} \approx$ 0,75 mm

Standardabweichung $s_{\bar{x}}$: $\sqrt{\frac{0{,}022\,520}{20}} = 0{,}033\ldots \approx 0{,}03$

$s_{\bar{x}} \approx$ 0,03 mm

Bedeutung der Standardabweichung:
Der Elektrodenabstand streut um seinen Mittelwert von (rund) 0,75 mm um durchschnittlich (rund) 0,03 mm. D. h.: Der Elektrodenabstand ist durchschnittlich um (rund) 0,03 mm zu klein bzw. zu groß.

b) Toleranzbereich: 0,75 ± 0,05 mm ⇒
⇒ untere Toleranzgr.: 0,70 mm   obere Toleranzgr.: 0,80 mm
Drei der 20 Zündkerzen sind Ausschuss: $\frac{3}{20} = 0{,}15 = 15\,\%$
15 % der Zündkerzen sind Ausschuss.

c) 5 % von 20 Zündkerzen, das ist 1 Zündkerze (Ausschuss).
Löse durch Probieren!
Für eine Bereichsbreite von ±0,06 mm verschieben sich die Toleranzgrenzen zu den Werten 0,69 mm bzw. 0,81 mm. Damit liegt nur mehr ein Wert außerhalb des Toleranzbereichs, womit die Forderung erfüllt ist.
Der Toleranzbereich müsste **0,75 ± 0,06 mm** betragen.

Tabelle zu 7.11 a):

i	x_i	$x_i - \bar{x}$	$(x_i - \bar{x})^2$
1	0,68	–0,072	0,005 184
2	0,69	–0,062	0,003 844
3	0,70	–0,052	0,002 704
4	0,72	–0,032	0,001 024
5	0,73	–0,022	0,000 484
6	0,74	–0,012	0,000 144
7	0,75	–0,002	0,000 004
8	0,75	–0,002	0,000 004
9	0,75	–0,002	0,000 004
10	0,76	0,008	0,000 064
11	0,76	0,008	0,000 064
12	0,76	0,008	0,000 064
13	0,76	0,008	0,000 064
14	0,77	0,018	0,000 324
15	0,77	0,018	0,000 324
16	0,77	0,018	0,000 324
17	0,78	0,028	0,000 784
18	0,79	0,038	0,001 444
19	0,80	0,048	0,002 304
20	0,81	0,058	0,003 364
	15,04	0	0,022 520

8 Lehrsatz des Pythagoras

Skizze:

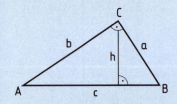

Lehrsatz des PYTHAGORAS:
Für **rechtwinklige** Dreiecke gilt:
$a^2 + b^2 = c^2$
$c = \sqrt{a^2 + b^2}$
a, b … Kathetenlängen
c … Hypotenusenlänge

Katheten:
die Seiten im rechtwinkligen Dreieck, die den rechten Winkel miteinander einschließen.

Hypotenuse:
die längste Seite im rechtwinkligen Dreieck; sie liegt dem rechten Winkel gegenüber.

Flächeninhalt eines rechtwinkligen Dreiecks:
$A = \frac{1}{2} \cdot a \cdot b = \frac{1}{2} \cdot c \cdot h$
a, b … Kathetenlängen
c … Hypotenusenlänge
h … Höhe

Inkreisradius eines rechtwinkligen Dreiecks:
$\varrho = \frac{a \cdot b}{a + b + c} = \frac{a \cdot b}{u}$
a, b … Kathetenlängen
c … Hypotenusenlänge
u … Umfang

8.1

1) $c = \sqrt{a^2 + b^2}$ $\sqrt{11{,}2^2 + 13{,}5^2} = \sqrt{307{,}69} = 17{,}54\ldots \approx 17{,}5$
   c ≈ 17,5 cm

2) $u = a + b + c$ $11{,}2 + 13{,}5 + 17{,}54\ldots = 42{,}24\ldots \approx 42{,}2$
   u ≈ 42,2 cm

3) $A = \frac{1}{2} \cdot a \cdot b$ $(11{,}2 \cdot 13{,}5) : 2 = 75{,}6$
   A = 75,6 cm²

4) $A = \frac{1}{2} \cdot c \cdot h \Rightarrow h = \frac{2 \cdot A}{c}$ $(2 \cdot 75{,}6) : 17{,}54\ldots = 8{,}61\ldots \approx 8{,}6$
   h ≈ 8,6 cm

5) Der Umkreis eines rechtwinkligen Dreiecks ist der THALESkreis. Der Radius des THALESkreises ist halb so groß wie die Länge der Hypotenuse.
   $r = \frac{c}{2}$ $17{,}54\ldots : 2 = 8{,}77\ldots \approx 8{,}8$
   r ≈ 8,8 cm

6) $\varrho = \frac{a \cdot b}{a + b + c} = \frac{a \cdot b}{u}$ $(11{,}2 \cdot 13{,}5) : 42{,}24\ldots = 3{,}57\ldots \approx 3{,}6$
   ϱ ≈ 3,6 cm

8.2 (Vergleiche mit dem Beispiel 8.1!)

1) $a = \sqrt{c^2 - b^2}$ $\sqrt{194^2 - 51^2} = \sqrt{35\,035} = 187{,}1\ldots \approx 187$
   a ≈ 187 mm

2) $u = a + b + c$ $187{,}1\ldots + 51 + 194 = 432{,}1\ldots \approx 432$
   u ≈ 432 mm

3) $A = \frac{1}{2} \cdot a \cdot b$ $(187{,}1\ldots \cdot 51) : 2 = 4\,772{,}9\ldots \approx 4\,770$
   A ≈ 4 770 mm²

4) $A = \frac{1}{2} \cdot c \cdot h \Rightarrow h = \frac{2 \cdot A}{c}$ $(2 \cdot 4\,772{,}9\ldots) : 194 = 49{,}2\ldots \approx 49$
   h ≈ 49 mm

5) $r = \frac{c}{2}$ $194 : 2 = 97$
   r = 97 mm

6) $\varrho = \frac{a \cdot b}{a + b + c} = \frac{a \cdot b}{u}$ $(187{,}1\ldots \cdot 51) : 432{,}1\ldots = 22{,}0\ldots \approx 22$
   ϱ ≈ 22 mm

8 Lehrsatz des Pythagoras — Lösungen

8.3 (Vergleiche mit den Beispielen 8.1 und 8.2!)

1) $b = \sqrt{c^2 - a^2}$ $\sqrt{62{,}5^2 - 33{,}6^2} = \sqrt{2\,777{,}29} = 52{,}7$
   b = 52,7 cm

2) $u = a + b + c$ $33{,}6 + 52{,}7 + 62{,}5 = 148{,}8$
   u = 148,8 cm

3) $A = \tfrac{1}{2} \cdot a \cdot b$ $(33{,}6 \cdot 52{,}7) : 2 = 885{,}36 \approx 885$
   A ≈ 885 cm²

4) $A = \tfrac{1}{2} \cdot c \cdot h \Rightarrow h = \tfrac{2 \cdot A}{c}$ $(2 \cdot 885{,}36) : 62{,}5 = 28{,}33\ldots \approx 28{,}3$
   h ≈ 28,3 cm

5) $r = \tfrac{c}{2}$ $62{,}5 : 2 = 31{,}25 \approx 31{,}3$
   r = 31,3 cm

6) $\varrho = \tfrac{a \cdot b}{a + b + c} = \tfrac{a \cdot b}{u}$ $(33{,}6 \cdot 52{,}7) : 148{,}8 = 11{,}9$
   ϱ ≈ 11,9 cm

8.4 Flächeninhalt: „Umschreibe" das Dreieck mit einem Rechteck und ermittle den Flächeninhalt des Dreiecks durch Differenzbildung!

Flächeninhalt eines rechtwinkligen Dreiecks:
$A = \tfrac{1}{2} \cdot a \cdot b$
a, b … Kathetenlängen

Flächeninhalt eines Rechtecks:
$A = a \cdot b$
a, b … Seitenlängen

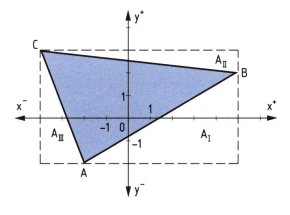

$A_I = 14$ cm² $(7 \cdot 4) : 2 = 14$
$A_{II} = 4{,}5$ cm² $(9 \cdot 1) : 2 = 4{,}5$
$A_{III} = 5$ cm² $(5 \cdot 2) : 2 = 5$
$A = A_I + A_{II} + A_{III}$ $14 + 4{,}5 + 5 = 23{,}5$
$A = 23{,}5$ cm²

Rechteck: $9 \cdot 5 = 45$
$A = 45$ cm²

Dreieck: $45 - 23{,}5 = 21{,}5$
A = 21,5 cm²

Der Flächeninhalt des Dreiecks ABC beträgt **21,5 cm²**.

Fortsetzung auf der nächsten Seite.

8 Lehrsatz des Pythagoras

Lehrsatz des PYTHAGORAS:
Für rechtwinklige Dreiecke gilt:
$a^2 + b^2 = c^2$

a, b ... Kathetenlängen
c ... Hypotenusenlänge

Umfang: Berechne die Seitenlängen des Dreiecks, indem du den Pythagoreischen Lehrsatz jeweils auf die rechtwinkligen Dreiecke A_I, A_{II} und A_{III} anwendest!

$\overline{AB}$ im Dreieck I: $\sqrt{7^2 + 4^2} = \sqrt{49 + 16} = \sqrt{65} = 8{,}06\ldots \approx 8{,}1$

$\overline{AB} \approx 8{,}1$ cm

$\overline{BC}$ im Dreieck II: $\sqrt{9^2 + 1^2} = \sqrt{81 + 1} = \sqrt{82} = 9{,}05\ldots \approx 9{,}1$

$\overline{BC} \approx 9{,}1$ cm

$\overline{CA}$ im Dreieck III: $\sqrt{5^2 + 2^2} = \sqrt{25 + 4} = \sqrt{29} = 5{,}38\ldots \approx 5{,}4$

$\overline{CA} \approx 5{,}4$ cm

Kontrollen:
Die einzelnen Messergebnisse stimmen (im Rahmen der Messgenauigkeit) mit den Rechenergebnissen überein.

$u = \overline{AB} + \overline{BC} + \overline{CA}$ $8{,}06\ldots + 9{,}05\ldots + 5{,}38\ldots =$
$= 22{,}50\ldots \approx 22{,}5$

u ≈ 22,5 cm

Der Umfang des Dreiecks ABC beträgt rund **22,5 cm.**

Flächeninhalt eines rechtwinkligen Dreiecks:
$A = \frac{1}{2} \cdot a \cdot b$
a, b ... Kathetenlängen

Flächeninhalt eines Rechtecks:
$A = a \cdot b$
a, b ... Seitenlängen

8.5 (Vergleiche mit dem Beispiel 8.4!)

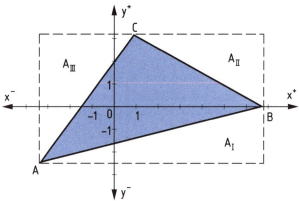

Flächeninhalt:

$A_I = 12{,}75$ cm² $(10{,}2 \cdot 2{,}5) : 2 = 12{,}75$
$A_{II} = 9{,}44$ cm² $(5{,}9 \cdot 3{,}2) : 2 = 9{,}44$
$A_{III} = 12{,}255$ cm² $(4{,}3 \cdot 5{,}7) : 2 = 12{,}255$

$A = A_I + A_{II} + A_{III}$ $12{,}75 + 9{,}44 + 12{,}255 = 34{,}445$
$A = 34{,}445$ cm²

Rechteck: $10{,}2 \cdot 5{,}7 = 58{,}14$
$A = 58{,}14$ cm²

Dreieck: $58{,}14 - 34{,}445 = 23{,}695 \approx 24$
A ≈ 24 cm²

Der Flächeninhalt des Dreiecks ABC beträgt rund **24 cm².**

8 Lehrsatz des Pythagoras — Lösungen

Umfang:

$\overline{AB}$ im Dreieck I: $\quad\sqrt{10,2^2 + 2,5^2} = \sqrt{110,29} = 10,50\ldots \approx 10,5$

$\overline{AB} \approx 10,5$ cm

$\overline{BC}$ im Dreieck II: $\quad\sqrt{5,9^2 + 3,2^2} = \sqrt{45,05} = 6,71\ldots \approx 6,7$

$\overline{BC} \approx 6,7$ cm

$\overline{CA}$ im Dreieck III: $\quad\sqrt{5,7^2 + 4,3^2} = \sqrt{50,98} = 7,14\ldots \approx 7,1$

$\overline{CA} \approx 7,1$ cm

Kontrollen:
Die einzelnen Messergebnisse stimmen (im Rahmen der Messgenauigkeit) mit den Rechenergebnissen überein.

$u = \overline{AB} + \overline{BC} + \overline{CA} \qquad 10,50\ldots + 6,71\ldots + 7,14\ldots =$
$\qquad\qquad\qquad\qquad\qquad = 24,35\ldots \approx 24,4$

u ≈ 24,4 cm

Der Umfang des Dreiecks ABC beträgt rund **24,4 cm**.

Lehrsatz des PYTHAGORAS:
Für **rechtwinklige** Dreiecke gilt:
$a^2 + b^2 = c^2$
a, b … Kathetenlängen
c … Hypotenusenlänge

8.6 (Vergleiche mit den Beispielen 8.4 und 8.7!)

Flächeninhalt:

$A_I = 589,875$ m² $\qquad (16,5 \cdot 71,5) : 2 = 589,875$
$A_{II} = 742$ m² $\qquad (26,5 \cdot 56,0) : 2 = 742$
$A_{III} = 1\,372$ m² $\qquad (28,0 \cdot 98,0) : 2 = 1\,372$

$A = A_I + A_{II} + A_{III} \qquad 589,875 + 742 + 1\,372 = 2\,703,875$
$A = 2\,703,875$ m²

Rechteck: $\qquad 98,0 \cdot (28,0 + 56,0) = 8\,232$
$A = 8\,232$ m²

Grundstück: $\qquad 8\,232 - 2\,703,875 = 5\,528,125 \approx 5\,500$
A ≈ 5 500 m²

Das Grundstück ist rund **5 500 m²** groß.

Umfang:

$\overline{BC}$ im Dreieck I: $\quad\sqrt{16,5^2 + 71,5^2} = \sqrt{5\,384,5} = 73,3\ldots$
$\overline{CD}$ im Dreieck II: $\quad\sqrt{26,5^2 + 56,0^2} = \sqrt{3\,838,25} = 61,9\ldots$
$\overline{DA}$ im Dreieck III: $\quad\sqrt{28,0^2 + 98,0^2} = \sqrt{10\,388} = 101,9\ldots$

$u = \overline{AB} + \overline{BC} + \overline{CD} + \overline{DA} \qquad 67,5 + 73,3\ldots + 61,9\ldots + 101,9\ldots =$
$\qquad\qquad\qquad\qquad\qquad\qquad = 304,75\ldots \approx 305$

u ≈ 305 m

Die Umzäunung ist rund **305 m** lang.

Ermittlung der Längen der Katheten des Dreiecks I:
28,0 m + 56,0 m = 84,0 m
84,0 m − 67,5 m = 16,5 m
98,0 m − 26,5 m = 71,5 m

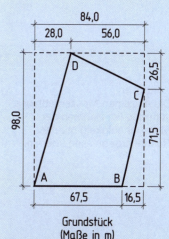

Grundstück
(Maße in m)

Flächeninhalt eines rechtwinkligen Dreiecks:
$A = \frac{1}{2} \cdot a \cdot b$
a, b … Kathetenlängen

Zentralabstand:
Abstand vom Mittelpunkt eines Kreises.

Tangente:
Gerade, die einen Kreis berührt.

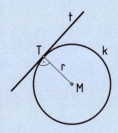

Kontrollen:
Die einzelnen Messergebnisse stimmen (im Rahmen der Messgenauigkeit) mit den Rechenergebnissen überein.

8.7 **a)** Konstruktionsgang (Vorschlag):
1) Zeichne den Kreis und nimm den Punkt P im Abstand von 91 mm vom Kreismittelpunkt M an! Zeichne die Strecke MP!
2) Da eine Tangente normal auf den im Berührungspunkt T gezeichneten Radius steht, ist das Dreieck MPT rechtwinklig. Du kannst es unter Anwendung des Satzes von THALES wie folgt konstruieren. Zeichne mit der Strecke $\frac{\overline{MP}}{2}$ als Radius den THALESkreis! Den Mittelpunkt M_T des THALESkreises erhältst du mit Hilfe der Streckensymmetrale s_{MP}.
Der THALESkreis schneidet den gegebenen Kreis. Du erhältst den Berührungspunkt T_1 bzw. T_2.

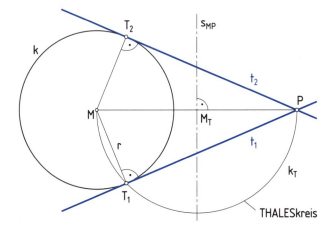

b) Ziehe zur Berechnung der Tangentenstrecke t (= $\overline{PT_1}$ = $\overline{PT_2}$) z. B. das rechtwinklige Dreieck MPT_1 heran!

$\triangle MPT_1$: $\quad t^2 + r^2 = z^2 \Rightarrow t^2 = z^2 - r^2$

$t = \sqrt{z^2 - r^2} \qquad\qquad \sqrt{91^2 - 35^2} = \sqrt{7\,056} = 84$

t = 84 mm

8 Lehrsatz des Pythagoras — Lösungen

8.8 (Vergleiche mit dem Beispiel 8.7!)

a)

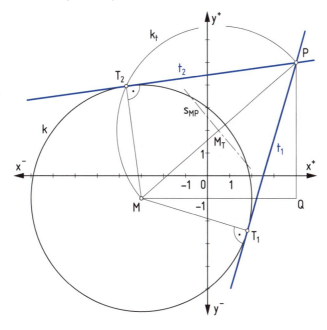

b) Ziehe zur Berechnung der Entfernung des Punkts P vom Punkt M ($z = \overline{MP}$) das rechtwinklige Dreieck MQP heran!

△MQP: $\overline{MQ} = 7{,}0$ cm, $\overline{QP} = 6{,}0$ cm

$(\overline{MP})^2 = (\overline{MQ})^2 + (\overline{QP})^2$

$\overline{MP} = \sqrt{(\overline{MQ})^2 + (\overline{QP})^2}$ $\qquad \sqrt{7^2 + 6^2} = \sqrt{85} = 9{,}21\ldots \approx 9{,}2$

$z = \overline{MP} \approx 9{,}2$ cm

Zieh zur Berechnung der Tangentenstrecke t (= $\overline{PT_1} = \overline{PT_2}$) z. B. das rechtwinklige Dreieck MPT$_1$ heran!

△MPT$_1$: $t^2 + r^2 = z^2 \Rightarrow t^2 = z^2 - r^2$

$t = \sqrt{z^2 - r^2}$ $\qquad \sqrt{(9{,}21\ldots)^2 - 5^2} = \sqrt{60} = 7{,}74\ldots \approx 7{,}7$

$t \approx 7{,}7$ cm

Kontrollen:
Die einzelnen Messergebnisse stimmen (im Rahmen der Messgenauigkeit) mit den Rechenergebnissen überein.

8.9 Pythagoreischer Lehrsatz (Formel): $x^2 + y^2 = z^2$
In (kurzgefassten) Worten: Die Summe der Kathetenquadrate ist gleich dem Hypotenusenquadrat.

Kathetensatz (Formeln): $x^2 = z \cdot r$ und $y^2 = z \cdot s$
In (kurzgefassten) Worten: Das Quadrat einer Kathete ist gleich dem Produkt aus Hypotenuse und dem (dieser Kathete) anliegenden Hypotenusenabschnitt.

Höhensatz: (Formel): $h^2 = r \cdot s$
In (kurzgefassten) Worten: Das Quadrat der Höhe ist gleich dem Produkt der beiden Hypotenusenabschnitte.

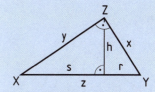

x, y … Kathetenlängen
z … Hypotenuselänge
h … Höhe des rechtw. Dreiecks; sie teilt die Hypotenuse in zwei Abschnitte
r, s … Hypotenusenabschnitte

8 Lehrsatz des Pythagoras

Für **rechtwinklige** Dreiecke gilt:

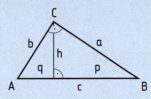

Lehrsatz des PYTHAGORAS:
$a^2 + b^2 = c^2$

Kathetensatz:
$a^2 = c \cdot p$ und $b^2 = c \cdot q$

Höhensatz:
$h^2 \ldots p \cdot q$

a, b … Kathetenlängen
c … Hypotenusenlänge
p, q … Hypotenusenabschnitte
h … Höhe

Skizze:

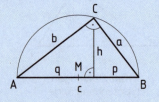

8.10 (Vergleiche mit den Beispielen 8.1, 8.2 und 8.3!)

1) $b^2 = c \cdot q \Rightarrow c = \frac{b^2}{q}$ $\quad 58^2 : 28 = 120{,}1\ldots \approx 120$
   c ≈ 120 mm

2) $a = \sqrt{c^2 - b^2}$ $\quad \sqrt{(120{,}1\ldots)^2 - 58^2} = \sqrt{11\,070{,}3\ldots} =$
   $= 105{,}2\ldots \approx 105$
   a ≈ 105 mm

3) Berechne zuerst den Hypotenusenabschnitt p!
   $c = p + q \Rightarrow p = c - q \quad 120{,}1\ldots - 28 = 92{,}1\ldots \approx 92$
   p ≈ 92 mm
   $h = \sqrt{p \cdot q}$ $\quad \sqrt{92{,}1\ldots \cdot 28} = \sqrt{2\,580} = 50{,}7\ldots \approx 51$
   h ≈ 51 mm

4) $A = \frac{1}{2} \cdot a \cdot b$ $\quad (105{,}1\ldots \cdot 58) : 2 = 3\,051{,}2\ldots \approx 3\,100$
   A ≈ 3 100 mm²

5) $r = \frac{c}{2}$ $\quad 120{,}1\ldots : 2 = 60{,}0\ldots \approx 60$
   r ≈ 60 mm

6) $\varrho = \frac{a \cdot b}{a + b + c}$ $\quad (105{,}2\ldots \cdot 58) : (105{,}2\ldots + 58 + 120{,}1\ldots) =$
   $= 21{,}5\ldots \approx 22$
   ϱ ≈ 22 mm

8.11 (Vergleiche mit den Beispielen 8.1–8.3!)

a) $c = p + q$ $\quad 111 + 46 = 157$
   c = 157 mm
   $a = \sqrt{c \cdot p}$ $\quad \sqrt{157 \cdot 111} = \sqrt{17\,427} = 132{,}0\ldots \approx 132$
   a ≈ 132 mm
   $b = \sqrt{c \cdot q}$ $\quad \sqrt{157 \cdot 46} = \sqrt{7\,222} = 84{,}9\ldots \approx 85$
   b ≈ 85 mm
   $h = \sqrt{p \cdot q}$ $\quad \sqrt{111 \cdot 46} = \sqrt{5\,106} = 71{,}4\ldots \approx 71$
   h ≈ 71 mm

b) Konstruktionsgang (Vorschlag):
   1) Beginne mit der Hypotenuse $c = p + q = \overline{AB}$ und errichte über dieser Strecke einen Halbkreis (THALESkreis). Den Mittelpunkt des THALESkreises erhältst du mit Hilfe der Streckensymmetrale s_{AB}.
   2) Da die Höhe des rechtwinkligen Dreiecks die Hypotenuse in die zwei Hypotenusenabschnitte p und q teilt, brauchst du nur in diesem Teilungspunkt eine Normale auf die Hypotenuse c zeichnen. Diese Normale schneidet den Halbkreis (THALESkreis). Du erhältst den Eckpunkt C.

8 Lehrsatz des Pythagoras — Lösungen

8.12

1) $A = \frac{1}{2} \cdot a \cdot b \Rightarrow a = \frac{2 \cdot A}{b}$ $(2 \cdot 100) : 12 = 16,\dot{6} \approx 16,7$

   a ≈ 16,7 m

2) $c = \sqrt{a^2 + b^2}$ $\sqrt{(16,\dot{6})^2 + 12^2} = \sqrt{421,\dot{7}} =$
   $= 20,53\ldots \approx 20,5$

   c ≈ 20,5 m

3) $a^2 = c \cdot p \Rightarrow p = \frac{a^2}{c}$ $(16,\dot{6})^2 : 20,53\ldots = 13,52\ldots \approx 13,5$

   p ≈ 13,5 m

   $c = p + q \Rightarrow q = c - p$ $20,53\ldots - 13,52\ldots = 7,01\ldots \approx 7,0$

   q ≈ 7,0 m

4) $h = \sqrt{p \cdot q}$ $\sqrt{13,52\ldots \cdot 7,01\ldots} = \sqrt{94,83\ldots} =$
   $= 9,73\ldots \approx 9,7$

   h ≈ 9,7 m

5) $r = \frac{c}{2}$ $20,53\ldots : 2 = 10,26\ldots \approx 10,3$

   r ≈ 10,3 m

6) $\varrho = \frac{a \cdot b}{a + b + c}$ $(16,\dot{6} \cdot 12) : (16,\dot{6} + 12 + 20,53\ldots) =$
   $= 4,06\ldots \approx 4,1$

   ϱ ≈ 4,1 m

Flächeninhalt eines rechtwinkligen Dreiecks:
$A = \frac{1}{2} \cdot a \cdot b = \frac{1}{2} \cdot c \cdot h$
a, b … Kathetenlängen
c … Hypotenusenlänge
h … Höhe

Variante zur Berechnung von q:
$b^2 = c \cdot q \Rightarrow q = \frac{b^2}{c}$

Variante zur Berechnung von h:
$A = \frac{1}{2} \cdot c \cdot h \Rightarrow h = \frac{2 \cdot A}{c}$

8.13 Beachte: Soll der Nenner eines Bruchs frei von Wurzeln sein – was vor allem beim Rechnen ohne Taschenrechner erwünscht ist/war und in manchen Formelsammlungen zu finden ist –, so musst du den Bruch „geschickt" erweitern. Man nennt dieses Umwandeln „Rationalmachen des Nenners". Halte dann beim Anschreiben von Formeln – wenn möglich – folgende Reihenfolge ein: zuerst die rationalen Termteile, dann die Variablen und zum Schluss die irrationalen Termteile.

a) In einem Quadrat ist die Diagonalenlänge das $\sqrt{2}$fache der Seitenlänge.

$d = a \cdot \sqrt{2} \Rightarrow a = \frac{d}{\sqrt{2}} = \frac{1}{\sqrt{2}} \cdot d$ $\frac{1}{\sqrt{2}} = \frac{1 \cdot \sqrt{2}}{\sqrt{2} \cdot \sqrt{2}} = \frac{\sqrt{2}}{2} = \frac{1}{2} \cdot \sqrt{2}$

$a = \frac{1}{\sqrt{2}} \cdot d = \frac{1}{2} \cdot d \cdot \sqrt{2}$

Umfang u:

$u = a \cdot 4 = \frac{1}{\sqrt{2}} \cdot d \cdot 4 = \frac{4}{\sqrt{2}} \cdot d$ $\frac{4}{\sqrt{2}} = \frac{4 \cdot \sqrt{2}}{\sqrt{2} \cdot \sqrt{2}} = \frac{4 \cdot \sqrt{2}}{2} = 2 \cdot \sqrt{2}$

$u = \frac{4}{\sqrt{2}} \cdot d = 2 \cdot d \cdot \sqrt{2}$

Flächeninhalt A: $A = a^2 = (\frac{1}{\sqrt{2}} \cdot d)^2 = \frac{1}{2} \cdot d^2$

Umkreisradius r: $r = \frac{d}{2} = \frac{1}{2} \cdot d$

Inkreisradius ϱ:

$\varrho = \frac{a}{2} = (\frac{1}{\sqrt{2}} \cdot d) : 2 = \frac{1}{2 \cdot \sqrt{2}} \cdot d$ $\frac{1}{2 \cdot \sqrt{2}} = \frac{1 \cdot \sqrt{2}}{2 \cdot \sqrt{2} \cdot \sqrt{2}} = \frac{\sqrt{2}}{2 \cdot 2} = \frac{\sqrt{2}}{4} = \frac{1}{4} \cdot \sqrt{2}$

$\varrho = \frac{1}{2 \cdot \sqrt{2}} \cdot d = \frac{1}{4} \cdot d \cdot \sqrt{2}$

b) Seitenlänge d: $u = a \cdot 4 \Rightarrow \mathbf{a = \frac{u}{4} = \frac{1}{4} \cdot u}$

Diagonalenlänge d: $d = a \cdot \sqrt{2} = \frac{1}{4} \cdot u \cdot \sqrt{2}$

Flächeninhalt A: $A = a^2 = (\frac{1}{4} \cdot u)^2 = \frac{1}{16} \cdot u^2$

Skizze:

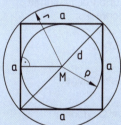

Länge der Diagonale eines Quadrats:
$d = a \cdot \sqrt{2}$
a … Seitenlänge

Umfang und Flächeninhalt eines Quadrats:
$u = 4 \cdot a$
$A = a \cdot a = a^2$
a … Seitenlänge

Skizze:

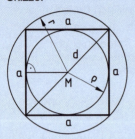

Umkreisradius r: $r = \frac{d}{2} = (\frac{1}{4} \cdot u \cdot \sqrt{2}) : 2 = \frac{1}{8} \cdot u \cdot \sqrt{2}$

Inkreisradius ϱ: $\varrho = \frac{a}{2} = (\frac{1}{4} \cdot u) : 2 = \frac{1}{8} \cdot u$

c) Seitenlänge a: $A = a^2 \Rightarrow \mathbf{a = \sqrt{A}}$

Diagonalenlänge d: $d = a \cdot \sqrt{2} = \sqrt{A} \cdot \sqrt{2} = \sqrt{2 \cdot A}$

Umfang u: $u = a \cdot 4 = \mathbf{4 \cdot \sqrt{A}}$

Umkreisradius r: $r = \frac{d}{2} = \frac{1}{2} \cdot \sqrt{2 \cdot A} = \sqrt{\frac{1}{4} \cdot 2 \cdot A} = \sqrt{\frac{A}{2}}$

Inkreisradius ϱ: $\varrho = \frac{a}{2} = \frac{\sqrt{A}}{2} = \mathbf{\frac{1}{2} \cdot \sqrt{A}}$

8.14 a) $a : b = 1 : 2 \Rightarrow a = 1 \cdot t,\ b = 2 \cdot t$

$u = 2a + 2b = 2 \cdot t + 2 \cdot 2t = 6t$

$6t = 168 \Rightarrow t = 168 : 6 = 28$

a = 28,0 m, b = 56,0 m

$d = \sqrt{a^2 + b^2}$ $\sqrt{28^2 + 56^2} = \sqrt{3\,920} = 62{,}60\ldots \approx 62{,}6$

d ≈ 62,6 m

$r = \frac{d}{2}$ $62{,}60\ldots : 2 = 31{,}30\ldots \approx 31{,}3$

r ≈ 31,3 m

Skizze:

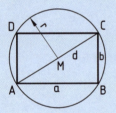

Umfang und Flächeninhalt eines Rechtecks:
$u = a \cdot 2 + b \cdot 2 =$
$= (a + b) \cdot 2$
$A = a \cdot b$
a, b … Seitenlängen

Länge der Diagonale eines Rechtecks:
$d = \sqrt{a^2 + b^2}$
a, b … Seitenlänge

b) 1) $u_R = (a + b) \cdot 2$ $(28 + 56) \cdot 2 = 168$

$u_R = 168$ m

Das Quadrat und das Rechteck sind umfanggleich.
D. h.: $u_Q = u_R$.

$u_Q = 4 \cdot s \Rightarrow s = u_Q : 4 = u_R : 4$ $168 : 4 = 42$

s = 42 m

2) $A_R = a \cdot b$ $28 \cdot 56 = 1\,568$

$A_R = 1\,568$ m²

Quadrat: $A_Q = s \cdot s = s^2$

Das Quadrat und das Rechteck sind flächengleich.
D. h.: $A_Q = A_R$

$s^2 = A_R \Rightarrow s = \sqrt{A_R}$ $\sqrt{1\,568} = 39{,}59\ldots \approx 39{,}6$

s ≈ 39,6 m

8.15 (Vergleiche mit dem Beispiel 8.14!)

a) $x : y = 2 : 3 \Rightarrow x = 2 \cdot t,\ y = 3 \cdot t$

$A = x \cdot y = 2 \cdot t \cdot 3 \cdot t = 6t^2$

$6t^2 = 1\,350 \Rightarrow t = \sqrt{1\,350 : 6} = \sqrt{225} = 15$

x = 30,0 m, y = 45,0 m

$d = \sqrt{x^2 + y^2}$ $\sqrt{30^2 + 45^2} = \sqrt{2\,925} = 54{,}08\ldots \approx 54{,}1$

d ≈ 54,1 m

$r = \frac{d}{2}$ $54{,}08\ldots : 2 = 27{,}04\ldots \approx 27{,}0$

r ≈ 27,0 m

8 Lehrsatz des Pythagoras — Lösungen

b) 1) $u_R = (x + y) \cdot 2$ $(30 + 45) \cdot 2 = 150$

$u_R = 150$ m

$u_Q = 4 \cdot a \Rightarrow a = u_Q : 4 = u_R : 4$

$150 : 4 = 37{,}5$

a = 37,5 m

2) $A_Q = 2 \cdot A_R$ $2 \cdot 30 \cdot 45 = 2\,700$

$A_Q = 2\,700$ m²

$s^2 = A_Q \Rightarrow s = \sqrt{A_Q}$ $\sqrt{2\,700} = 51{,}96\ldots \approx 52{,}0$

s ≈ 52,0 m

8.16 a) Länge a: $A = a \cdot b \Rightarrow \mathbf{a = \dfrac{A}{b}}$

Umfang u: $u = 2a + 2b = \mathbf{2 \cdot \dfrac{A}{b} + 2b = 2 \cdot \left(\dfrac{A}{b} + b\right)}$

Diagonalenlänge d: $d = \sqrt{a^2 + b^2} = \sqrt{\left(\dfrac{A}{b}\right)^2 + b^2} = \mathbf{\sqrt{\dfrac{A^2}{b^2} + b^2}}$

Umkreisradius r: $r = \dfrac{d}{2} = \mathbf{\dfrac{1}{2} \cdot \sqrt{\dfrac{A^2}{b^2} + b^2}}$

b) Länge a: $u = (a + b) \cdot 2 \Rightarrow a + b = \dfrac{u}{2} \Rightarrow \mathbf{a = \dfrac{u}{2} - b}$

Flächeninhalt A: $A = a \cdot b = \mathbf{\left(\dfrac{u}{2} - b\right) \cdot b}$

Diagonalenlänge d: $d = \sqrt{a^2 + b^2} = \sqrt{\left(\dfrac{u}{2} - b\right)^2 + b^2} =$

$= \sqrt{\dfrac{u^2}{4} - 2 \cdot \dfrac{u}{2} \cdot b + b^2 + b^2} = \mathbf{\sqrt{\dfrac{u^2}{4} - u \cdot b + 2b^2}}$

8.17 a) Basislänge c: Ziehe zur Berechnung von c z. B. das rechtwinklige Dreieck AHC heran!

△AHC: $\left(\dfrac{c}{2}\right)^2 + h_c^2 = a^2 \quad |-h_c^2$

$\dfrac{c^2}{4} = a^2 - h_c^2 \quad |\cdot 4$

$c^2 = 4 \cdot (a^2 - h_c^2) \quad |\sqrt{}$

$\mathbf{c = 2 \cdot \sqrt{a^2 - h_c^2}}$

Umfang u: $u = 2a + c = 2a + 2 \cdot \sqrt{a^2 - h_c^2} = \mathbf{2 \cdot (a + \sqrt{a^2 - h_c^2})}$

Flächeninhalt A:

$A = \dfrac{1}{2} \cdot c \cdot h_c = \dfrac{1}{2} \cdot 2 \cdot \sqrt{a^2 - h_c^2} \cdot h_c = \mathbf{h_c \cdot \sqrt{a^2 - h_c^2}}$

b) Basislänge c:

$c = 2 \cdot \sqrt{a^2 - h_c^2}$ $2 \cdot \sqrt{65^2 - 52^2} = 2 \cdot \sqrt{1\,521} = 78$

c = 78 mm

Flächeninhalt A:

$A = h_c \cdot \sqrt{a^2 - h_c^2}$ $52 \cdot \sqrt{65^2 - 52^2} = 52 \cdot 39 =$
$= 2\,028 \approx 2\,000$

A ≈ 2 000 mm²

Höhe h_a:

$A = \dfrac{1}{2} \cdot a \cdot h_a \Rightarrow h_a = \dfrac{2 \cdot A}{a}$ $(2 \cdot 2\,028) : 65 = 62{,}4 \approx 62$

h_a ≈ 62 mm

Skizze:

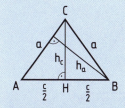

Umfang eines gleichschenkligen Dreiecks:
$u = a \cdot 2 + c$
a … Schenkellänge
c … Basislänge

Flächeninhalt eines gleichschenkligen Dreiecks:
$A = \dfrac{1}{2} \cdot c \cdot h_c = \dfrac{1}{2} \cdot a \cdot h_a$
c … Basislänge
a … Schenkellänge
h_c, h_a … Höhen

8.18 (Vergleiche mit dem Beispiel 8.17!)

a) Basislänge c: $A = \frac{1}{2} \cdot c \cdot h_c \Rightarrow c = \frac{2 \cdot A}{h_c}$

Schenkellänge a: $a^2 = (\frac{c}{2})^2 + h_c^2 = (\frac{2 \cdot A}{2 \cdot h_c})^2 + h_c^2 = \frac{A^2}{h_c^2} + h_c^2$

$\mathbf{a = \sqrt{\frac{A^2}{h_c^2} + h_c^2}}$

Höhe h_a: $A = \frac{1}{2} \cdot a \cdot h_a \Rightarrow h_a = \frac{2 \cdot A}{a} \Rightarrow \mathbf{h_a = \dfrac{2 \cdot A}{\sqrt{\frac{A^2}{h_c^2} + h_c^2}}}$

b) Basislänge c:

$c = \frac{2 \cdot A}{h_c}$ $(2 \cdot 1) : 1{,}5 = 1{,}\dot{3} \approx 1{,}3$

$\mathbf{c \approx 1{,}3 \ m}$

Schenkellänge a:

$a = \sqrt{\frac{A^2}{h_c^2} + h_c^2}$ $\sqrt{\frac{1}{2{,}25} + 2{,}25} = \sqrt{2{,}69\dot{4}} = 1{,}64\ldots \approx 1{,}6$

$\mathbf{a \approx 1{,}6 \ m}$

Umfang u:

$u = 2a + c$ $2 \cdot 1{,}64\ldots + 1{,}\dot{3} = 4{,}61\ldots \approx 4{,}6$

$\mathbf{u \approx 4{,}6 \ m}$

Höhe h_a:

$A = \frac{1}{2} \cdot a \cdot h_a \Rightarrow h_a = \frac{2 \cdot A}{a}$

$(2 \cdot 1) : 1{,}64\ldots = 1{,}21\ldots \approx 1{,}2$

$\mathbf{h_a \approx 1{,}2 \ m}$

Skizze:

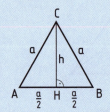

8.19 a) Ziehe zur Berechnung der Höhe z. B. das rechtwinklige Dreieck AHC heran!

△AHC: $(\frac{a}{2})^2 + h^2 = a^2 \quad | - (\frac{a}{2})^2$

$h^2 = a^2 - (\frac{a}{2})^2$ $a^2 - (\frac{a}{2})^2 = a^2 - \frac{a^2}{4} = \frac{3}{4}a^2$

$h^2 = \frac{3}{4}a^2 \quad | \sqrt{\ }$ $\sqrt{\frac{3}{4}a^2} = \frac{\sqrt{3}}{2} \cdot a = \frac{a}{2} \cdot \sqrt{3}$

$\mathbf{h = \frac{a}{2} \cdot \sqrt{3}}$

b) Seitenlänge a:

$h = \frac{a}{2} \cdot \sqrt{3} \quad | \cdot 2$

$2 \cdot h = a \cdot \sqrt{3} \quad | : \sqrt{3}$

$\mathbf{a = \frac{2}{\sqrt{3}} \cdot h = \frac{2}{3} \cdot h \cdot \sqrt{3}}$ $\frac{2}{\sqrt{3}} = \frac{2 \cdot \sqrt{3}}{\sqrt{3} \cdot \sqrt{3}} = \frac{2 \cdot \sqrt{3}}{3} = \frac{2}{3} \cdot \sqrt{3}$

Flächeninhalt A: $A = \frac{1}{2} \cdot a \cdot h = \frac{1}{2} \cdot \frac{2}{\sqrt{3}} \cdot h \cdot h$

$\mathbf{A = \frac{1}{\sqrt{3}} \cdot h^2 = \frac{h^2}{3} \cdot \sqrt{3}}$ $\frac{1}{\sqrt{3}} = \frac{1 \cdot \sqrt{3}}{\sqrt{3} \cdot \sqrt{3}} = \frac{\sqrt{3}}{3} = \frac{1}{3} \cdot \sqrt{3}$

8 Lehrsatz des Pythagoras — Lösungen

c) Seitenlänge a:

$a = \frac{2}{3} \cdot h \cdot \sqrt{3}$ $\qquad \frac{2}{3} \cdot 1 \cdot \sqrt{3} = 1{,}15\ldots \approx 1{,}2$

a ≈ 1,2 m

Flächeninhalt A:

$A = \frac{h^2}{3} \cdot \sqrt{3}$ $\qquad \frac{1}{3} \cdot \sqrt{3} = 0{,}57\ldots \approx 0{,}6$

A ≈ 0,6 m²

d) Das Verhältnis $\frac{h}{a}$ ist für jedes gleichseitige Dreieck gleich. Rechne daher „stilvoll" mit Termen und nicht mit Zahlenwerten (was auch möglich wäre)!

$p\,\% = \frac{p}{100} = \frac{\text{(Prozent)Anteil}}{\text{Grundwert}} \qquad \frac{h}{a} = \frac{\frac{a}{2} \cdot \sqrt{3}}{a} = \frac{a}{2 \cdot a} \cdot \sqrt{3} = \frac{\sqrt{3}}{2} =$

$\qquad\qquad\qquad\qquad\qquad\qquad\qquad = 0{,}866\ldots \approx 0{,}87 = \frac{87}{100} = 87\,\%$

p % ≈ 87 %

Die Höhe h beträgt rund **87 %** der Länge der Seite a.

8.20 a) $A = \frac{1}{2} \cdot a \cdot h$. Ziehe zur Berechnung der Höhe z. B. das rechtwinklige Dreieck AHC heran!

Skizze:

△AHC: $(\frac{a}{2})^2 + h^2 = a^2 \quad | - (\frac{a}{2})^2$

$\qquad\qquad h^2 = a^2 - (\frac{a}{2})^2 \qquad a^2 - (\frac{a}{2})^2 = a^2 - \frac{a^2}{4} = \frac{3}{4}a^2$

$\qquad\qquad h^2 = \frac{3}{4}a^2 \quad | \sqrt{\;} \qquad \sqrt{\frac{3}{4}a^2} = \frac{\sqrt{3}}{2} \cdot a = \frac{a}{2} \cdot \sqrt{3}$

$\qquad\qquad h = \frac{a}{2} \cdot \sqrt{3}$

$A = \frac{1}{2} \cdot a \cdot h = \frac{1}{2} \cdot a \cdot \frac{a}{2} \cdot \sqrt{3}$

$A = \frac{a^2}{4} \cdot \sqrt{3}$

b) $A = \frac{a^2}{4} \cdot \sqrt{3} \quad | \cdot 4$

$4 \cdot A = a^2 \cdot \sqrt{3} \quad | : \sqrt{3}$

$a^2 = \frac{4}{\sqrt{3}} \cdot A \quad | \sqrt{\;}$

$a = 2 \cdot \sqrt{\frac{A}{3} \cdot \sqrt{3}}$

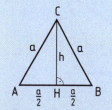

$\sqrt{\frac{4}{\sqrt{3}} \cdot A} = 2 \cdot \sqrt{\frac{A}{\sqrt{3}}} =$

$= 2 \cdot \sqrt{\frac{A \cdot \sqrt{3}}{\sqrt{3} \cdot \sqrt{3}}} = 2 \cdot \sqrt{\frac{A \cdot \sqrt{3}}{3}} =$

$= 2 \cdot \sqrt{\frac{A}{3} \cdot \sqrt{3}}$

c) Seitenlänge a:

$a = 2 \cdot \sqrt{\frac{A}{3} \cdot \sqrt{3}}$ $\qquad 2 \cdot \sqrt{\frac{1}{3} \cdot \sqrt{3}} = 1{,}51\ldots \approx 1{,}5$

a ≈ 1,5 m

Höhe h:

$h = \frac{a}{2} \cdot \sqrt{3}$ $\qquad (1{,}51\ldots \cdot \sqrt{3}) : 2 = 1{,}31\ldots \approx 1{,}3$

h ≈ 1,3 m

d) $a : h = a : (\frac{a}{2} \cdot \sqrt{3})$ $\qquad a : (a \cdot \frac{\sqrt{3}}{2}) = 1 : 1 \cdot \frac{\sqrt{3}}{2} = 2 : \sqrt{3} =$

$\qquad\qquad\qquad\qquad\qquad\qquad = 1 : 0{,}86\ldots \approx 1 : 0{,}9 = 10 : 9$

a : h = 2 : √3 ≈ 10 : 9

Die Seitenlänge a verhält sich zur Höhe h ungefähr wie **10 : 9**.

8 Lehrsatz des Pythagoras

Skizze:

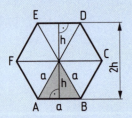

Höhe eines gleichseitigen Dreiecks:
$h = \frac{a}{2} \cdot \sqrt{3}$

Flächeninhalt eines gleichseitigen Dreiecks:
$A = \frac{a^2}{4} \cdot \sqrt{3}$
a ... Seitenlänge

Skizze:

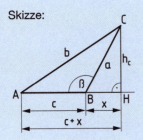

Beachte: Das Dreieck ABC muss stumpfwinklig sein ($\beta > 90°$).

$(a + b)^2 = a^2 + 2ab + b^2$

Inkreisradius eines Dreiecks:
$\varrho = \frac{2 \cdot A}{u}$
A ... Flächeninhalt
u ... Umfang

8.21 **a)** Denk dir das regelmäßige Sechseck aus sechs gleichseitigen Dreiecken zusammengesetzt. Der Abstand zweier gegenüberliegender Sechseckseiten ist demnach genauso groß wie zwei Höhen eines der gleichseitigen (Teil-)Dreiecke.

$h = \frac{a}{2} \cdot \sqrt{3} \Rightarrow 2 \cdot h = a \cdot \sqrt{3}$ $\quad 2 \cdot h = 10{,}4$ cm

$a \cdot \sqrt{3} = 10{,}4 \quad | : \sqrt{3}$

$a = 10{,}4 : \sqrt{3} = 6{,}00... \approx 6{,}0$

a ≈ 6,0 m

b) A = 6 × Flächeninhalt eines der gleichseitigen (Teil-)Dreiecke

$A = 6 \cdot \frac{a^2}{4} \cdot \sqrt{3}$ $\quad [6 \cdot (6{,}00...)^2 \cdot \sqrt{3}] : 4 = 93{,}6... \approx 94$

A ≈ 94 cm²

c) $A = 6 \cdot \frac{a^2}{4} \cdot \sqrt{3} = \frac{3}{2} \cdot a^2 \cdot \sqrt{3}$

8.22 Ziehe zur Berechnung der Höhe h_c die beiden rechtwinkligen Dreiecke AHC und BHC heran!

△AHC: $h_c^2 + (c + x)^2 = b^2 \Rightarrow h_c^2 = b^2 - (c + x)^2$

△BHC: $h_c^2 + x^2 = a^2 \Rightarrow h_c^2 = a^2 - x^2$

Setze die für h_c^2 gewonnenen Terme gleich!

$a^2 - x^2 = b^2 - (c + x)^2$

$68^2 - x^2 = 109^2 - (59 + x)^2$

$4\,624 - x^2 = 11\,881 - (3\,481 + 2 \cdot 59 \cdot x + x^2)$

$4\,624 - x^2 = 11\,881 - 3\,481 - 118x - x^2 \quad | + x^2$

$4\,624 = 8\,400 - 118x \quad | - 8\,400$

$-3\,776 = -118x \quad | : (-118)$

$x = 32$

x = 32 mm

△BHC: $h_c = \sqrt{a^2 - x^2}$ $\qquad \sqrt{68^2 - 32^2} = \sqrt{3\,600} = 60$

h_c = 60 mm

Flächeninhalt A:

$A = \frac{1}{2} \cdot c \cdot h_c$ $\qquad (59 \cdot 60) : 2 = 1\,770 \approx 1\,800$

A ≈ 1 800 mm²

Inkreisradius ϱ:

$\varrho = \frac{2 \cdot A}{u}$ $\qquad (2 \cdot 1\,770) : (68 + 109 + 59) = 3\,540 : 236 = 15$

ϱ = 15 mm

8 Lehrsatz des Pythagoras — Lösungen

8.23 (Vergleiche mit dem Beispiel 8.22!)

$\triangle HBC$: $x^2 + h_c^2 = a^2 \Rightarrow x^2 = a^2 - h_c^2$

$x = \sqrt{a^2 - h_c^2}$ $\qquad \sqrt{97^2 - 72^2} = \sqrt{4225} = 65$

$x = 65$ mm

$c - x = 21$ mm $\qquad 86 - 65 = 21$

$\triangle AHC$: $b^2 = (c - x)^2 + h_c^2$

$b = \sqrt{(c - x)^2 + h_c^2}$ $\qquad \sqrt{21^2 + 72^2} = \sqrt{5625} = 75$

b = 75 mm

Flächeninhalt A:

$A = \tfrac{1}{2} \cdot c \cdot h_c$ $\qquad (86 \cdot 72) : 2 = 3096 \approx 3100$

A ≈ 3100 mm²

Inkreisradius ϱ:

$\varrho = \dfrac{2 \cdot A}{u}$ $\qquad (2 \cdot 3096) : (97 + 75 + 86) = 6192 : 258 = 24$

ϱ = 24 mm

Skizze:

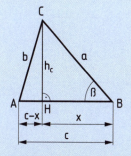

Beachte: β soll ein spitzer Winkel sein.

8.24 a) Ziehe zur Berechnung der Seitenlänge a z. B. das rechtwinklige Dreieck ABP heran!

$\triangle ABP$: $a^2 = \left(\tfrac{e}{2}\right)^2 + \left(\tfrac{f}{2}\right)^2$

$a = \sqrt{\left(\tfrac{e}{2}\right)^2 + \left(\tfrac{f}{2}\right)^2}$ $\qquad \sqrt{30^2 + 72^2} = \sqrt{6084} = 78$

a = 78 mm

Flächeninhalt A:

$A = \tfrac{1}{2} \cdot e \cdot f$ $\qquad (60 \cdot 144) : 2 = 4320 \approx 4300$

A ≈ 4300 mm²

Der Inkreisradius ϱ ist halb so groß wie die Höhe des Rhombus. Die Höhe ist der (Normal-)Abstand zweier gegenüberliegender Seiten. $\varrho = \tfrac{h}{2}$. Die Höhe h kannst du mit der „anderen" Formel für den Flächeninhalt eines Rhombus ausdrücken.

$A = a \cdot h \Rightarrow h = \tfrac{A}{a}$

$\varrho = \tfrac{h}{2} = \tfrac{A}{2 \cdot a}$ $\qquad 4320 : (2 \cdot 78) = 27{,}6\ldots \approx 28$

ϱ ≈ 28 mm

b) β = 120° bedeutet, dass der Rhombus von der Diagonale f in zwei gleichseitige Dreiecke geteilt wird. Somit gilt: **f = a = 60 mm**

Der Flächeninhalt des Rhombus ergibt sich aus der Summe der Flächeninhalte der beiden gleichseitigen (Teil-)Dreiecke.

$A = 2 \cdot \tfrac{a^2}{4} \cdot \sqrt{3} = \tfrac{a^2}{2} \cdot \sqrt{3}$ $\qquad (60^2 : 2) \cdot \sqrt{3} = 3117{,}6\ldots \approx 3100$

A ≈ 3100 mm²

Die Länge der Diagonale e erhältst du aus der Formel für den Flächeninhalt des Rhombus.

$A = \tfrac{1}{2} \cdot e \cdot f \Rightarrow e = \tfrac{2 \cdot A}{f}$ $\qquad (2 \cdot 3117{,}6\ldots) : 60 = 103{,}9\ldots \approx 104$

e ≈ 104 mm

Rhombus (Raute): Parallelogramm mit vier gleich langen Seiten. Die Diagonalen eines Rhombus halbieren einander und stehen aufeinander normal.

Skizze:

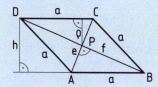

Flächeninhalt eines Rhombus:
$A = \tfrac{1}{2} \cdot e \cdot f = a \cdot h$
e, f … Diagonalenlängen
a … Seitenlänge
h … Höhe

Flächeninhalt eines gleichseitigen Dreiecks:
$A = \tfrac{a^2}{4} \cdot \sqrt{3}$
a … Seitenlänge

8 Lehrsatz des Pythagoras

Skizze:

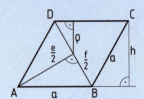

8.25 (Vergleiche mit dem Beispiel 8.24!)

a) Diagonalenlänge e:

$(\frac{e}{2})^2 + (\frac{f}{2})^2 = a^2 \Rightarrow (\frac{e}{2})^2 = a^2 - (\frac{f}{2})^2 \Rightarrow \frac{e}{2} = \sqrt{a^2 - (\frac{f}{2})^2}$

$e = 2 \cdot \sqrt{a^2 - (\frac{f}{2})^2}$ $2 \cdot \sqrt{60^2 - 24^2} = 2 \cdot \sqrt{3024} =$
$= 109{,}9\ldots \approx 110$

e ≈ 110 mm

Flächeninhalt A:

$A = \frac{1}{2} \cdot e \cdot f$ $(109{,}9\ldots \cdot 48) : 2 = 2639{,}5\ldots \approx 2600$

A ≈ 2600 mm²

Inkreisradius ϱ: $A = a \cdot h \Rightarrow h = \frac{A}{a}$

$\varrho = \frac{h}{2} = \frac{A}{2 \cdot a}$ $(2639{,}5\ldots) : (2 \cdot 60) = 21{,}9\ldots \approx 22$

ϱ ≈ 22 mm

b) Diagonalenlänge f:

$A = \frac{1}{2} \cdot e \cdot f \Rightarrow f = \frac{2 \cdot A}{e}$ $(2 \cdot 1) : 1 = 2$

f = 2,0 m

Seitenlänge a: $a^2 = (\frac{e}{2})^2 + (\frac{f}{2})^2$

$a = \sqrt{(\frac{e}{2})^2 + (\frac{f}{2})^2}$ $\sqrt{0{,}5^2 + 1^2} = \sqrt{1{,}25} = 1{,}11\ldots \approx 1{,}1$

a ≈ 1,1 m

Höhe h:

$A = a \cdot h \Rightarrow h = \frac{A}{a}$ $1 : 1{,}11\ldots = 0{,}89\ldots \approx 0{,}9$

h ≈ 0,9 m

Parallelogramm (Rhomboid):
Viereck, bei dem je zwei gegenüberliegende Seiten parallel (und gleich lang) sind.

Spitzer Winkel:
0° < α < 90°

Skizze:

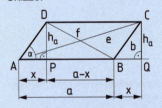

Flächeninhalt eines Parallelogramms:
$A = a \cdot h_a = b \cdot h_b$
a, b ... Seitenlängen
h_a, h_b ... Höhen

8.26 Ziehe zur Berechnung der Seitenlänge a die rechtwinkligen Dreiecke APD und PBD heran!

△APD: $x^2 + h_a^2 = b^2 \Rightarrow x^2 = b^2 - h_a^2$

$x = \sqrt{b^2 - h_a^2}$ $\sqrt{40^2 - 32^2} = \sqrt{576} = 24$

x = 24 mm

△PBD: $(a - x)^2 + h_a^2 = f^2 \Rightarrow (a - x)^2 = f^2 - h_a^2$

$a - x = \sqrt{f^2 - h_a^2}$ $\sqrt{68^2 - 32^2} = \sqrt{3600} = 60$

a − x = 60 mm ⇒ a = 60 mm + x   60 + 24 = 84

a = 84 mm

Ziehe zur Berechnung der Diagonalenlänge e das rechtwinklige Dreieck AQC heran!

△AQC: $e^2 = (a + x)^2 + h_a^2$ a + x = 84 mm + 24 mm = 108 mm
$e = \sqrt{(a + x)^2 + h_a^2}$ $\sqrt{108^2 + 32^2} = \sqrt{12688} =$
$= 112{,}6\ldots \approx 113$

e ≈ 113 mm

Flächeninhalt A:

$A = a \cdot h_a$ $84 \cdot 32 = 2688 \approx 2700$

A ≈ 2700 mm²

8 Lehrsatz des Pythagoras — Lösungen

8.27 (Vergleiche mit dem Beispiel 8.26!)

Seitenlänge b:

△ABP: $x^2 + h_b^2 = a^2 \Rightarrow x^2 = a^2 - h_b^2$

$x = \sqrt{a^2 - h_b^2}$ $\qquad$ $\sqrt{39^2 - 36^2} = \sqrt{225} = 15$

x = 15 mm

△APC: $(b - x)^2 + h_b^2 = e^2 \Rightarrow (b - x)^2 = e^2 - h_b^2$

$b - x = \sqrt{e^2 - h_b^2}$ $\qquad$ $\sqrt{60^2 - 36^2} = \sqrt{2\,304} = 48$

b − x = 48 mm ⇒ b = 48 mm + x $\qquad$ 48 + 15 = 63

b = 63 mm

Diagonalenlänge f:

△BQD: $f^2 = (b + x)^2 + h_b^2$ $\qquad$ b + x = 63 mm + 15 mm = 78 mm

$f = \sqrt{(b + x)^2 + h_b^2}$ $\qquad$ $\sqrt{78^2 + 36^2} = \sqrt{7\,380} = 85{,}9\ldots \approx 86$

f ≈ 86 mm

Flächeninhalt A:

$A = b \cdot h_b$ $\qquad$ 63 · 36 = 2 268 ≈ 2 300

A ≈ 2 300 mm²

Stumpfer Winkel:
90° < α < 180°

Skizze:

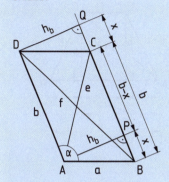

8.28 Ziehe zur Berechnung der Seitenlänge b = d das rechtwinklige Dreieck QBC heran!

$x = \overline{AP} = \overline{QB}$

$a - c = 2x \Rightarrow x = \frac{a - c}{2}$ $\qquad$ (57 − 21) : 2 = 18

x = 18 mm

△QBC: $b^2 = x^2 + h^2$

$b = \sqrt{x^2 + h^2}$ $\qquad$ $\sqrt{18^2 + 80^2} = \sqrt{6\,724} = 82$

b = d = 82 mm

Ziehe zur Berechnung der Diagonalenlänge e = f das rechtwinklige Dreieck AQC heran!

△AQC: $e^2 = (a - x)^2 + h^2$ $\qquad$ a − x = 57 mm − 18 mm = 39 mm

$e = \sqrt{(a - x)^2 + h^2}$ $\qquad$ $\sqrt{39^2 + 80^2} = \sqrt{7\,921} = 89$

e = f = 89 mm

Flächeninhalt A:

$A = \frac{1}{2} \cdot (a + c) \cdot h$ $\qquad$ [(57 + 21) · 80] : 2 = 3 120 ≈ 3 100

A ≈ 3 100 mm²

Trapez:
Viereck mit zwei parallelen Seiten.

Skizze:

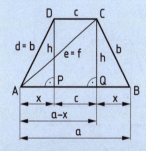

Flächeninhalt eines Trapezes:

$A = \frac{1}{2} \cdot (a + c) \cdot h$

a, c … Seitenlängen der Parallelseiten

h … Höhe des Trapezes (Abstand der Parallelseiten)

Skizze:

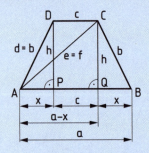

Trapez:
Viereck mit zwei parallelen Seiten.

Spitzer Winkel:
0° < α < 90°

Skizze:

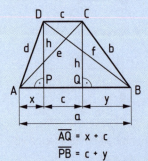

$\overline{AQ} = x + c$
$\overline{PB} = c + y$

Flächeninhalt eines Trapezes:
$A = \frac{1}{2} \cdot (a + c) \cdot h$

a, c ... Seitenlängen der Parallelseiten
h ... Höhe des Trapezes (Abstand der Parallelseiten)

8.29 (Vergleiche mit dem Beispiel 8.28!)

Höhe h:

$A = \frac{1}{2} \cdot (a + c) \cdot h \Rightarrow h = \frac{2 \cdot A}{a + c}$ (2 · 5) : (3,7 + 1,2) = 2,04... ≈ 2,0

h ≈ 2,0 m

Seitenlänge b = d:

$x = \overline{AP} = \overline{QB}$

$a - c = 2x \Rightarrow x = \frac{a-c}{2}$ (3,7 – 1,2) : 2 = 1,25

x = 1,25 m

△QBC: $b^2 = h^2 + x^2$

$b = \sqrt{h^2 + x^2}$ $\sqrt{(2,04...)^2 + 1,25^2} = \sqrt{5,72...} =$
= 2,39... ≈ 2,4

b = d ≈ 2,4 m

Diagonalenlänge e = f:

△AQC: $e^2 = (a - x)^2 + h^2$ a – x = 3,7 m – 1,25 m = 2,45 m

$e = \sqrt{(a - x)^2 + h^2}$ $\sqrt{2,45^2 + (2,04...)^2} = \sqrt{10,16...} =$
= 3,18... ≈ 3,2

e = f ≈ 3,2 m

8.30 (Vergleiche mit den Beispielen 8.28 und 8.29!)

Ziehe zur Berechnung der Seitenlänge b das rechtwinklige Dreieck QBC heran! Zuerst musst du aber die Längen der Strecken x und y ermitteln.

△APD: $x^2 + h^2 = d^2 \Rightarrow x^2 = d^2 - h^2$

$x = \sqrt{d^2 - h^2}$ $\sqrt{68^2 - 60^2} = \sqrt{1\,024} = 32$

x = 32 mm

$a = x + c + y \Rightarrow y = a - x - c$ 123 – 32 – 31 = 60

y = 60 mm

△QBC: $b^2 = y^2 + h^2$

$b = \sqrt{y^2 + h^2}$ $\sqrt{60^2 + 60^2} = \sqrt{7\,200} = 84,8... ≈ 85$

b ≈ 85 mm

Ziehe zur Berechnung der Diagonalenlänge e das rechtwinklige Dreieck AQC heran!

△AQC: $e^2 = (x + c)^2 + h^2$ x + c = 32 mm + 31 mm = 63 mm

$e = \sqrt{(x + c)^2 + h^2}$ $\sqrt{63^2 + 60^2} = \sqrt{7\,569} = 87$

e = 87 mm

Ziehe zur Berechnung der Diagonalenlänge f das rechtwinklige Dreieck PBD heran!

△PBD: $f^2 = (c + y)^2 + h^2$ c + y = 31 mm + 60 mm = 91 mm

$f = \sqrt{(c + y)^2 + h^2}$ $\sqrt{91^2 + 60^2} = \sqrt{11\,881} = 109$

f = 109 mm

Flächeninhalt A:

$A = \frac{1}{2} \cdot (a + c) \cdot h$ [(123 + 31) · 60] : 2 = 4 620 ≈ 4 600

A ≈ 4 600 mm²

8 Lehrsatz des Pythagoras — Lösungen

8.31 (Vergleiche mit dem Beispiel 8.30!)

a) Die maximale (Wasser-)Spiegelbreite ist in der Zeichnung durch die Strecke DC dargestellt.

$\triangle APD$: $x^2 + 3{,}6^2 = 3{,}9^2 \Rightarrow x^2 = 3{,}9^2 - 3{,}6^2 = 2{,}25$

$x = 1{,}5$ m $\qquad \sqrt{2{,}25} = 1{,}5$

$\triangle BCQ$: $y^2 + 3{,}6^2 = 4{,}5^2 \Rightarrow y^2 = 4{,}5^2 - 3{,}6^2 = 7{,}29$

$y = 2{,}7$ m $\qquad \sqrt{7{,}29} = 2{,}7$

$\overline{DC} = x + 1{,}3\text{ m} + y = 1{,}5\text{ m} + 1{,}3\text{ m} + 2{,}7\text{ m} = \mathbf{5{,}5\text{ m}}$

Die maximale (Wasser-)Spiegelbreite beträgt **5,5 m**.

Querschnittfläche A:

$A = \tfrac{1}{2} \cdot (a + c) \cdot h \qquad [(5{,}5 + 1{,}3) \cdot 3{,}6] : 2 = 12{,}24 \approx 12$

A ≈ 12 m²

Der Flächeninhalt der Querschnittfläche beträgt **12 m²**.

b) Die in halber Höhe eines Trapezes eingezeichnete Parallele zu den Parallelseiten heißt Mittellinie des Trapezes. Ihre Länge ist das arithmetische Mittel der Längen der beiden Parallelseiten.

$m = \tfrac{a + c}{2} \qquad (5{,}5 + 1{,}3) : 2 = 3{,}4$

m = 3,4 m

Ist der Kanal bis zur halben Höhe gefüllt, so beträgt die (Wasser-)Spiegelbreite **3,4 m**.

8.32 Ziehe zur Berechnung der Seitenlänge a z. B. das rechtwinklige Dreieck BPA heran! Zuerst musst du aber die Längen der Strecken x und y ermitteln.

$\triangle BCP$: $x^2 + (\tfrac{f}{2})^2 = b^2 \Rightarrow x^2 = b^2 - (\tfrac{f}{2})^2$

$x = \sqrt{b^2 - (\tfrac{f}{2})^2} \qquad \tfrac{f}{2} = 33{,}6\text{ m} : 2 = 16{,}8\text{ m}$

$x = 42{,}5$ cm $\qquad \sqrt{45{,}7^2 - 16{,}8^2} = \sqrt{1\,806{,}25} = 42{,}5$

$x + y = e \Rightarrow y = e - x \qquad 58{,}5 - 42{,}5 = 16$

$y = 16$ cm

$\triangle BPA$: $a^2 = y^2 + (\tfrac{f}{2})^2$

$a = \sqrt{y^2 + (\tfrac{f}{2})^2} \qquad \sqrt{16^2 + 16{,}8^2} = \sqrt{538{,}24} = 23{,}2$

a = 23,2 cm

Flächeninhalt A:

$A = \tfrac{1}{2} \cdot e \cdot f \qquad (58{,}5 \cdot 33{,}6) : 2 = 982{,}8 \approx 980$

A ≈ 980 cm²

Skizze:

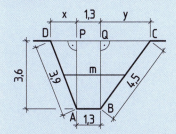

a … max. Spiegelbreite = 5,5 m
c … Sohlbreite = 1,3 m

Länge der Mittellinie eines Trapezes:

$m = \tfrac{a + c}{2}$

a, c … Längen der Parallelseiten

Deltoid (Drachenviereck): Viereck mit zwei Paar gleich langer Seiten. Die Schnittpunkte gleich langer Seiten liegen auf der Symmetrieachse des Deltoids.

Skizze:

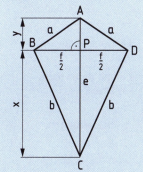

8 Lehrsatz des Pythagoras

Flächeninhalt eines Deltoids:
$A = \frac{1}{2} \cdot e \cdot f$
e, f ... Diagonalenlängen

8.33 (Vergleiche mit dem Beispiel 8.32!)

Diagonalenlänge f:

$A = \frac{1}{2} \cdot e \cdot f \Rightarrow f = \frac{2 \cdot A}{e}$ $(2 \cdot 2640) : 88 = 60$

f = 60,0 cm

Seitenlänge b: Berechne zuerst x und y (siehe Skizze zu 8.32)!

△BPA: $y^2 + (\frac{f}{2})^2 = a^2 \Rightarrow y^2 = a^2 - (\frac{f}{2})^2$ $\frac{f}{2} = 30,0$ cm

$y = \sqrt{a^2 - (\frac{f}{2})^2}$ $\sqrt{34^2 - 30^2} = \sqrt{256} = 16$

y = 16,0 cm

$x + y = e \Rightarrow x = e - y$ $88 - 16 = 72$

x = 72,0 cm

△BCP: $b^2 = x^2 + (\frac{f}{2})^2$

$b = \sqrt{x^2 + (\frac{f}{2})^2}$ $\sqrt{72^2 + 30^2} = \sqrt{6084} = 78$

b = 78,0 cm

Skizze:

Flächeninhalt eines Deltoids:
$A = \frac{1}{2} \cdot e \cdot f$
e, f ... Diagonalenlängen

Flächeninhalt eines rechtwinkligen Dreiecks:
$A = \frac{1}{2} \cdot a \cdot b$
a, b ... Kathetenlängen

8.34 a) Ziehe zur Berechnung der Diagonalenlänge e z. B. das rechtwinkelige Dreieck ABC heran!

△ABC: $e^2 = a^2 + b^2$

$e = \sqrt{a^2 + b^2}$ $\sqrt{39^2 + 80^2} = \sqrt{7921} = 89$

e = 89 mm

Ziehe zur Berechnung der Diagonalenlänge f die Formel für den Flächeninhalt eines Deltoids heran! Dazu musst du aber erst den Flächeninhalt des Deltoids berechnen. Denk dir das Deltoid aus den beiden „gleich großen" (genauer gesagt: gegensinnig kongruenten) rechtwinkligen Dreiecken ABC und ADC zusammengesetzt!

$A = (\frac{1}{2} \cdot a \cdot b) \cdot 2 = a \cdot b$ $39 \cdot 80 = 3120$

$A = 3120$ mm²

$A = \frac{1}{2} \cdot e \cdot f \Rightarrow f = \frac{2 \cdot A}{e}$ $(2 \cdot 3120) : 89 = 70,1... \approx 70$

f ≈ 70 mm

b) Begründung:

Das gegebene Deltoid kann man sich aus zwei „gleich großen" (genauer gesagt: gegensinnig kongruenten) rechtwinkligen Dreiecken zusammengesetzt denken. Jedes dieser rechtwinkligen Dreiecke hat einen Umkreis, den THALESkreis. Infolge der symmetrischen Lage der beiden Dreiecke – sie liegen mit ihren Hypotenusen aneinander und die Hypotenusen bilden die Symmetrieachse – fallen die beiden Umkreismittelpunkte in einem Punkt, dem Umkreismittelpunkt M des Deltoids, zusammen.

$r = \frac{\overline{AC}}{2} = \frac{e}{2}$ $89 : 2 = 44,5 \approx 45$

r ≈ 45 mm

9 Prisma und Pyramide

9.1 a) $d_1 = a \cdot \sqrt{2}$
   $d^2 = a^2 + (a \cdot \sqrt{2})^2 = a^2 + a^2 \cdot 2 = 3 \cdot a^2$
   $d = a \cdot \sqrt{3}$

   b) $\varrho = \frac{m}{V} \Rightarrow V = \frac{m}{\varrho}$
   $V = a^3 \Rightarrow a = \sqrt[3]{V} = \sqrt[3]{\frac{m}{\varrho}}$ $\sqrt[3]{100 : 7900} = 0{,}233\ldots \approx 0{,}23$
   $a \approx 0{,}23$ m = 23 cm
   $d = a \cdot \sqrt{3}$ $0{,}233\ldots \cdot \sqrt{3} = 0{,}403\ldots \approx 0{,}40$
   $d \approx 0{,}40$ m = 40 cm

Skizze:

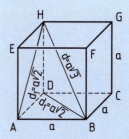

Dichte = $\frac{\text{Masse}}{\text{Volumen}}$

$\varrho = \frac{m}{V} \Rightarrow \varrho \cdot V = m \Rightarrow V = \frac{m}{\varrho}$

9.2 a) 1) $V = a^3 \Rightarrow \mathbf{a = \sqrt[3]{V}}$

   2) $\mathbf{d_1 = a \cdot \sqrt{2} = \sqrt[3]{V} \cdot \sqrt{2}}$

   3) $\mathbf{d = a \cdot \sqrt{3} = \sqrt[3]{V} \cdot \sqrt{3}}$

   4) $\mathbf{O = 6 \cdot a^2 = 6 \cdot (\sqrt[3]{V})^2}$

   b) $a = \sqrt[3]{V}$ $\sqrt[3]{10} = 2{,}15\ldots \approx 2{,}2$
   $a \approx 2{,}2$ cm
   $d_1 = a \cdot \sqrt{2}$ $2{,}15\ldots \cdot \sqrt{2} = 3{,}04\ldots \approx 3{,}0$
   $d_1 \approx 3{,}0$ cm
   $d = a \cdot \sqrt{3}$ $2{,}15\ldots \cdot \sqrt{3} = 3{,}73\ldots \approx 3{,}7$
   $d \approx 3{,}7$ cm
   $O = 6 \cdot a^2$ $6 \cdot (2{,}15\ldots)^2 = 27{,}84\ldots \approx 28$
   $O \approx 28$ cm²

Skizze:

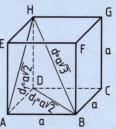

Länge der Flächendiagonale:
$d_1 = a \cdot \sqrt{2}$
Länge der Raumdiagonale:
$d = a \cdot \sqrt{3}$
Volumen eines Würfels:
$V = a \cdot a \cdot a = a^3$
Oberfläche eines Würfels:
$O = 6 \cdot a \cdot a = 6a^2$
a … Kantenlänge

9.3 (Vergleiche mit dem Beispiel 9.2!)

   a) 1) $O = 6 \cdot a^2 \Rightarrow a^2 = \frac{O}{6} \Rightarrow \mathbf{a = \sqrt{\frac{O}{6}}}$

   2) $\mathbf{d_1 = a \cdot \sqrt{2} = \sqrt{\frac{O}{6}} \cdot \sqrt{2} = \sqrt{\frac{O \cdot 2}{6}} = \sqrt{\frac{O}{3}}}$

   3) $\mathbf{d = a \cdot \sqrt{3} = \sqrt{\frac{O}{6}} \cdot \sqrt{3} = \sqrt{\frac{O \cdot 3}{6}} = \sqrt{\frac{O}{2}}}$

   4) $\mathbf{V = a^3 = \left(\sqrt{\frac{O}{6}}\right)^3 = \sqrt{\frac{O^3}{6^3}} = \sqrt{\frac{O^3}{216}}}$

   Beachte: $(\sqrt{x})^3 = \sqrt{x} \cdot \sqrt{x} \cdot \sqrt{x} = \sqrt{x \cdot x \cdot x} = \sqrt{x^3}$

b) $a = \sqrt{\frac{O}{6}}$ $\sqrt{\frac{1}{6}} = 0{,}40\ldots \approx 0{,}4$

a ≈ 0,4 m

$d_1 = \sqrt{\frac{O}{3}}$ $\sqrt{\frac{1}{3}} = 0{,}57\ldots \approx 0{,}6$

d₁ ≈ 0,6 m

$d = \sqrt{\frac{O}{2}}$ $\sqrt{\frac{1}{2}} = 0{,}70\ldots \approx 0{,}7$

d ≈ 0,7 m

$V = \sqrt{\frac{O^3}{216}}$ $\sqrt{\frac{1}{216}} = 0{,}068\ldots \approx 0{,}07$

V ≈ 0,07 m³

9.4 a) Volumen V:
Wie du der nebenstehenden Abbildung entnehmen kannst, erhältst du das Volumen des Körpers, indem du vom Volumen eines Würfels mit der Kantenlänge 2a das Volumen von drei kleinen Prismen – sie haben jeweils das Volumen eines halben Würfels mit der Kantenlänge a – abziehst.

Großer Würfel: $(2a)^3 = 8a^3$

Drei kleine halbe Würfel: $3 \cdot \frac{1}{2} \cdot a^3 = \frac{3}{2} \cdot a^3 = 1{,}5a^3$

Differenz der Volumina: $8a^3 - 1{,}5a^3 = 6{,}5a^3$

V = 6,5a³

Oberfläche O:
Wie du der nebenstehenden Abbildung entnehmen kannst, setzt sich die Oberfläche des Körpers aus folgenden Flächen zusammen:

15 Quadrate (Seitenlänge a): $15a^2$

6 halbe Quadrate (Seitenlänge a): $6 \cdot \frac{1}{2} \cdot a^2 = 3a^2$

3 Rechtecke (Seitenlängen a und a · √2): $3 \cdot a \cdot a \cdot \sqrt{2} = 3a^2 \cdot \sqrt{2}$

O = 15a² + 3a² + 3a² · √2 = 18a² + 3a² · √2 = 3a² · (6 + √2)

b) Prozentsatz für das Volumen des herausgeschnittenen Körpers:

$p\% = \frac{p}{100} = \frac{\text{(Prozent-)Anteil}}{\text{Grundwert}}$ $\frac{6{,}5a^3}{8a^3} = \frac{6{,}5}{8} = 0{,}812\ldots \approx$

$\approx 0{,}81 = \frac{81}{100} = 81\%$

p % ≈ 81 %

Das Volumen macht rund **81 %** des Würfelvolumens aus.

Prozentsatz für die Oberfläche des herausgeschnittenen Körpers:

$p\% = \frac{p}{100} = \frac{\text{(Prozent-)Anteil}}{\text{Grundwert}}$ $\frac{3a^2 \cdot (6 + \sqrt{2})}{24a^2} = [3 \cdot (6 + \sqrt{2})] : 24 =$

$= 0{,}926\ldots \approx 0{,}93 = \frac{93}{100} = 93\%$

p % ≈ 93 %

Die Oberfläche macht rund **93 %** der Würfeloberfläche aus.

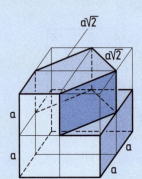

Länge der Diagonale eines Quadrats:
d = a · √2
a … Seitenlänge

Oberfläche des großen Würfels:
O = 6 · (2a)² = 6 · 4a² = 24a²

9 Prisma und Pyramide — Lösungen

9.5 (Vergleiche mit dem Beispiel 9.4!)

a) Volumen V:
- 1 Quader (Kantenlängen s, s und 2s): $s \cdot s \cdot 2s = 2s^3$
- 1 halber Quader (Kantenlängen s, s und 2s): $\frac{1}{2} \cdot s \cdot s \cdot 2s = s^3$
- 1 Würfel (Kantenlänge s): s^3
- 1 halber Würfel (Kantenlänge s): $\frac{1}{2} \cdot s^3$

V = $2s^3 + s^3 + s^3 + \frac{1}{2} \cdot s^3$ = **4,5s³**

Oberfläche O:
- 7 Quadrate (Seitenlänge s): $7s^2$
- 2 halbe Quadrate (Seitenlänge s): $2 \cdot \frac{1}{2} \cdot s^2 = s^2$
- 2 Rechtecke (Seitenlängen s und 2s): $2 \cdot s \cdot 2s = 4s^2$
- 2 halbe Rechtecke (Seitenlängen s und 2s): $2 \cdot \frac{1}{2} \cdot s \cdot 2s = 2s^2$
- 1 Rechteck (Seitenlängen s und $s \cdot \sqrt{2}$): $s \cdot s \cdot \sqrt{2} = s^2 \cdot \sqrt{2}$
- 1 Rechteck (Seitenlängen s und $s \cdot \sqrt{5}$): $s \cdot s \cdot \sqrt{5} = s^2 \cdot \sqrt{5}$

O = $7s^2 + s^2 + 4s^2 + 2s^2 + s^2 \cdot \sqrt{2} + s^2 \cdot \sqrt{5}$ =
= **14s² + s² · √2 + s² · √5 = s² · (14 + √2 + √5)**

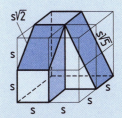

Diagonalenlänge eines Rechtecks mit den Seitenlängen 2s und s:
$d = \sqrt{(2s)^2 + s^2} = \sqrt{4s^2 + s^2} = \sqrt{5s^2} = s \cdot \sqrt{5}$

b) Prozentsatz für das Volumen des herausgeschnittenen Körpers:

$p\% = \frac{p}{100} = \frac{\text{(Prozent-)Anteil}}{\text{Grundwert}} \qquad \frac{4{,}5s^3}{8s^3} = \frac{4{,}5}{8} = 0{,}562\ldots \approx$
$\approx 0{,}56 = \frac{56}{100} = 56\%$

p % ≈ 56 %

Das Volumen macht rund **56 %** des Würfelvolumens aus.

Prozentsatz für die Oberfläche des herausgeschnittenen Körpers:

$p\% = \frac{p}{100} = \frac{\text{(Prozent-)Anteil}}{\text{Grundwert}} \qquad \frac{s^2 \cdot (14 + \sqrt{2} + \sqrt{5})}{24s^2} = 17{,}65\ldots : 24 =$
$= 0{,}735\ldots \approx 0{,}74 = \frac{74}{100} = 74\%$

p % ≈ 74 %

Die Oberfläche macht rund **74 %** der Würfeloberfläche aus.

9.6 a)
1) Flächendiagonale d_1: $\;d_1 = \sqrt{a^2 + a^2} = \sqrt{2 \cdot a^2} = \mathbf{a \cdot \sqrt{2}}$
   Flächendiagonale d_2: $\;\mathbf{d_2 = \sqrt{a^2 + h^2}}$

2) Raumdiagonale d: $\;d = \sqrt{d_1^2 + h^2} = \sqrt{2 \cdot a^2 + h^2}$

3) Oberfläche O: $\;O = 2 \cdot G + M = \mathbf{2 \cdot a^2 + 4 \cdot a \cdot h}$

4) Volumen V: $\;V = G \cdot h = \mathbf{a^2 \cdot h}$

b) Das Volumen des Würfels (mit der Kantenlänge s) und das Volumen des Quaders sollen gleich groß sein.

$V_W = V_Q$

$\mathbf{s^3 = a^2 \cdot h \Rightarrow s = \sqrt[3]{a^2 \cdot h}}$

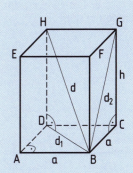

9 Prisma und Pyramide

Quader mit **quadratischer** Grundfläche:

Längen der Flächendiagonalen:
$d_1 = a \cdot \sqrt{2}$
$d_2 = \sqrt{a^2 + h^2}$

Länge der Raumdiagonale:
$d = \sqrt{d_1^2 + h^2} = \sqrt{2 \cdot a^2 + h^2}$

Oberfläche und Volumen:
$O = 2 \cdot a^2 + 4 \cdot a \cdot h$
$V = a^2 \cdot h$

a, h ... Kantenlängen

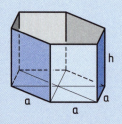

Flächeninhalt eines gleichseitigen Dreiecks:
$A = \frac{a^2}{4} \cdot \sqrt{3}$

a ... Seitenlänge

Dichte = $\frac{\text{Masse}}{\text{Volumen}}$

$\varrho = \frac{m}{V} \Rightarrow m = \varrho \cdot V$

Achte darauf, dass in der Rechnung die Einheiten der Größen aufeinander abgestimmt sind; d. h. z. B. Dichte in kg/dm³ und Volumen in dm³!

Schwimmbecken – Längsschnitt
(Maße in m;
Tiefen doppelt so groß dargestellt)

c) $d_1 = a \cdot \sqrt{2}$ $\quad 1,5 \cdot \sqrt{2} = 2,121... \approx 2,12$

$d_1 \approx 2,12$ m

$d_2 = \sqrt{a^2 + h^2}$ $\quad \sqrt{1,5^2 + 2^2} = \sqrt{6,25} = 2,50$

$d_2 = 2,50$ m

$d = \sqrt{2 \cdot a^2 + h^2}$ $\quad \sqrt{2 \cdot 1,5^2 + 2^2} = \sqrt{8,5} =$
$\qquad\qquad\qquad\qquad = 2,915... \approx 2,92$

$d \approx 2,92$ m

$O = 2 \cdot a^2 + 4 \cdot a \cdot h$ $\quad 2 \cdot 1,5^2 + 4 \cdot 1,5 \cdot 2 = 16,5$

$O = 16,5$ m²

$V = a^2 \cdot h$ $\quad 1,5^2 \cdot 2 = 4,50$

$V = 4,50$ m³

$s = \sqrt[3]{a^2 \cdot h}$ $\quad \sqrt[3]{1,5^2 \cdot 2} = \sqrt[3]{4,5} = 1,650... \approx 1,65$

$s \approx 1,65$ m

9.7 a) Die Grundfläche des Behälters ist ein regelmäßiges Sechseck. Denk es dir aus 6 gleichseitigen Dreiecken zusammengesetzt!

$G = 6 \cdot \frac{a^2}{4} \cdot \sqrt{3} = \frac{3}{2} \cdot a^2 \cdot \sqrt{3}$

$V = G \cdot h = \frac{3}{2} \cdot a^2 \cdot h \cdot \sqrt{3}$

b) $V = \frac{3}{2} \cdot a^2 \cdot h \cdot \sqrt{3}$ $\quad (3 \cdot 50^2 \cdot 60 \cdot \sqrt{3}) : 2 =$
$\qquad\qquad\qquad\qquad\qquad = 389\,711,4... \approx 390\,000$

$V = 390\,000$ cm³ = 390 dm³ = 390 l

Der Behälter hat einen Fassungsraum von rund **390 l**.

c) Aufgefülltes Volumen:

$V = \frac{3}{4} \cdot 389\,711,4...$ cm³ $= 292\,283,5...$ cm³ $=$
$= 292,2...$ dm³ ≈ 290 dm³ ($= 290$ l Blumenerde)

$\varrho = \frac{m}{V} \Rightarrow m = \varrho \cdot V$

Dichte der Blumenerde: $\varrho = 400$ kg/m³ $= 0,4$ kg/dm³
$\qquad\qquad\qquad\qquad\qquad 0,4 \cdot 292,2... = 116,9... \approx 120$

m ≈ 120 kg

Es befinden sich rund **120 kg** Blumenerde im Behälter.

9.8 a) Denke dir das Schwimmbecken bzw. den mit Wasser gefüllten Teil des Schwimmbeckens aus vier (liegenden) Prismen – zwei davon sind Quader – zusammengesetzt!
Die „Grundflächen" dieser Prismen sind zwei Rechtecke bzw. zwei Trapeze. Unter der Höhe dieser Prismen ist jeweils die Breite des Beckens zu verstehen.

Beachte, dass das Becken bloß bis 20 cm unter seinen Rand gefüllt ist! Du darfst daher zur Berechnung des Volumens der „Wasser-Prismen" nicht die jeweilige Beckentiefe heranziehen, sondern musst mit der um 0,2 m geringeren Wassertiefe rechnen.

9 Prisma und Pyramide — Lösungen

Rechteck im seichten Teil: 11 · 1,4 = 15,4
Rechteck im tiefen Teil: 7,5 · 3,8 = 28,5
Trapez im seichten Teil: [(0,6 + 1,4) · 15,5] : 2 = 15,5
Trapez im tiefen Teil: [(1,4 + 3,8) · 6] : 2 = 15,6
15,4 + 28,5 + 15,5 + 15,6 = 75

G = 75 m²;   h = Beckenbreite = 14 m

V = G · h   75 · 14 = 1 050

V = 1 050 m³ = 1 050 000 l = **10 500 hl**

Es befinden sich **10 500 hl** Wasser im Schwimmbecken.

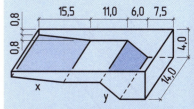

Skizze:
Schwimmbecken-Gesamtansicht
(Maße in m;
Tiefen doppelt so groß dargestellt)

b) Bodenfläche (von li. nach re.):

großes, schräg*) liegendes Rechteck: 15,52... · 14 = 217,2...
großes, waagrecht liegendes Rechteck: 11 · 14 = 154
kleines, schräg**) liegendes Rechteck: 6,46... · 14 = 90,4...
kleines, waagrecht liegendes Rechteck: 7,5 · 14 = 105

Seitenflächen:
vordere und hintere Seitenfläche, bestehend jeweils aus
2 Rechtecken und 2 Trapezen:

2 kleine Rechtecke: 2 · 1,6 · 11 = 35,2
2 große Rechtecke: 2 · 4 · 7,5 = 60
2 Trapeze im seichten Teil: 2 · [(0,8 + 1,6) · 15,5] : 2 = 37,2
2 Trapeze im tiefen Teil: 2 · [(1,6 + 4) · 6] : 2 = 33,6

linke (rechteckige) Seitenfläche: 0,8 · 14 = 11,2
rechte (rechteckige) Seitenfläche: 4 · 14 = 56

217,2... + 154 + 90,4... + 105 + 35,2 + 60 +
+ 37,2 + 33,6 + 11,2 + 56 = 799,9... ≈ 800

A ≈ 800 m²

Es werden mindestens **800 m²** Stahlplatten verarbeitet.

*) Berechnung der schräg verlaufenden Strecke x:
$x = \sqrt{15,5^2 + 0,8^2} =$
$= \sqrt{240,89} =$
$= 15,52... (\approx 15,5)$

**) Berechnung der schräg verlaufenden Strecke y:
$y = \sqrt{2,4^2 + 6^2} =$
$= \sqrt{41,76} =$
$= 6,46... (\approx 6,5)$

c) Ein würfelförmiger Behälter mit 1 m = 1 000 mm Kantenlänge hat eine Grundfläche von 1 m² und fasst genau 1 000 l Wasser. Daraus folgt: Jedem Millimeter, den das Wasser in diesem Würfel hoch steht, entspricht eine Menge von genau 1 l. Gehen 40 l Wasser pro m² nieder, so bedeutet das 40 mm = 4 cm Niederschlag.

Das Becken **kann** die niedergegangene Regenmenge noch **fassen**. (Der Wasserspiegel steigt um 4 cm.)

Volumen der in das Becken fallenden Regenmenge:
rechteckige (offene) Beckenfläche G: 15,5 + 11 + 6 + 7,5 = 40
                                                               40 · 14 = 560
G = 560 m²
V = G · h   h = 4 cm = 0,04 m
                          560 · 0,04 = 22,40

V = 22,4 m³ = 22 400 l = **224 hl**

Es fallen **224 hl** Regen in das Becken.

1 m³ = 1 000 dm³ = 1 000 l

Merke dir:
1 mm Niederschlag ≙ 1 l Wasser/m²

9 Prisma und Pyramide

Skizze:

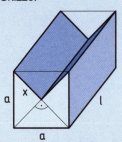

Berechnung der Strecke x:
Betrachte a als Diagonale in einem Quadrat mit der Seitenlänge x! Dann gilt:

$a = x \cdot \sqrt{2} \Rightarrow x = \frac{a}{\sqrt{2}}$

$2 \cdot \frac{1}{\sqrt{2}} = \sqrt{2} \cdot \sqrt{2} \cdot \frac{1}{\sqrt{2}} = \sqrt{2}$

Dichte = $\frac{\text{Masse}}{\text{Volumen}}$

$\varrho = \frac{m}{V} \Rightarrow m = \varrho \cdot V$

Skizze:

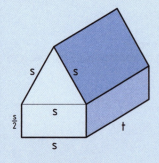

Flächeninhalt eines gleichseitigen Dreiecks:
$A = \frac{a^2}{4} \cdot \sqrt{3}$
a ... Seitenlänge

9.9 **a)** Volumen: Betrachte die Stahlschiene als (liegendes) Prisma, das aus einem Quader mit quadratischer Grundfläche entstanden ist, indem ein Prisma in der Größe eines Viertels des Quaders herausgeschnitten wurde!

$V = a^2 \cdot l - \frac{1}{4} \cdot a^2 \cdot l = (1 - \frac{1}{4}) \cdot a^2 \cdot l = \frac{3}{4} \cdot a^2 \cdot l$

Oberfläche:

3 Rechtecke (Seitenlängen a und l): $3 \cdot a \cdot l$

2 Rechtecke (Seitenlängen $x = \frac{a}{\sqrt{2}}$ und l):
$2 \cdot x \cdot l = 2 \cdot \frac{a}{\sqrt{2}} \cdot l = a \cdot l \cdot \sqrt{2}$

2 Quadrate (Seitenlänge a), denen jeweils ein Viertel ihrer Fläche „fehlt": $2 \cdot (a^2 - \frac{1}{4} \cdot a^2) = 2 \cdot \frac{3}{4} \cdot a^2 = \frac{3}{2} \cdot a^2 = 1{,}5 \cdot a^2$

$O = 1{,}5 \cdot a^2 + 3 \cdot a \cdot l + a \cdot l \cdot \sqrt{2} = \mathbf{1{,}5 \cdot a^2 + a \cdot l \cdot (3 + \sqrt{2})}$

b) Oberfläche:
$O = 1{,}5 \cdot a^2 + a \cdot l \cdot (3 + \sqrt{2})$

$1{,}5 \cdot 1{,}8^2 + 1{,}8 \cdot 100 \cdot (3 + \sqrt{2}) = 799{,}4\ldots \approx 800$

$O \approx 800 \text{ cm}^2 = 8 \text{ dm}^2$

Die Oberfläche der Stahlschiene beträgt rund **800 cm² = 8 dm²**.

Volumen:
$V = \frac{3}{4} \cdot a^2 \cdot l$ $\qquad \frac{3}{4} \cdot 1{,}8^2 \cdot 100 = 243 \approx 240$

$V \approx 240 \text{ cm}^3 = 0{,}24 \text{ dm}^3$

Das Volumen der Stahlschiene beträgt rund **240 cm³ = 0,24 dm³**.

Masse: $\varrho = 7\,800 \text{ kg/m}^3 = 7{,}8 \text{ kg/dm}^3$

Achte darauf, dass in der Rechnung die Einheiten der Größen aufeinander abgestimmt sind; d. h. z. B. Dichte in kg/dm³ und Volumen in dm³!

$\varrho = \frac{m}{V} \Rightarrow m = \varrho \cdot V$ $\qquad 7{,}8 \cdot 0{,}243 = 1{,}895\,4 \approx 1{,}9$

m ≈ 1,9 kg

Die Masse der Stahlschiene beträgt rund **1,9 kg**.

9.10 (Vergleiche mit dem Beispiel 9.9!)

a) Volumen: Denke dir das Werkstück aus zwei (liegenden) Prismen zusammengesetzt! Die „Grundflächen" dieser Prismen sind ein Rechteck mit den Seitenlängen s und $\frac{s}{2}$ sowie ein gleichseitiges Dreieck mit der Seitenlänge s.

$V = s \cdot \frac{s}{2} \cdot t + \frac{s^2}{4} \cdot \sqrt{3} \cdot t = \mathbf{s^2 \cdot t \cdot (\frac{1}{2} + \frac{1}{4} \cdot \sqrt{3})}$

Oberfläche:

3 Rechtecke (Seitenlängen s und t): $3 \cdot s \cdot t$

2 Rechtecke (Seitenlängen $\frac{s}{2}$ und t): $2 \cdot \frac{s}{2} \cdot t = s \cdot t$

2 Rechtecke (Seitenlängen $\frac{s}{2}$ und s): $2 \cdot \frac{s}{2} \cdot s = s^2$

2 gleichs. Dreiecke (Seitenlänge jeweils s): $2 \cdot \frac{s^2}{4} \cdot \sqrt{3} = \frac{s^2}{2} \cdot \sqrt{3}$

$O = 3 \cdot s \cdot t + s \cdot t + s^2 + \frac{s^2}{2} \cdot \sqrt{3} = \mathbf{4 \cdot s \cdot t + s^2 \cdot (1 + \frac{1}{2} \cdot \sqrt{3})}$

9 Prisma und Pyramide — Lösungen

b) Oberfläche:
$$O = 4 \cdot s \cdot t + s^2 \cdot (1 + \tfrac{1}{2} \cdot \sqrt{3})$$
$$4 \cdot 6{,}5 \cdot 25 + 6{,}5^2 \cdot (1 + 0{,}5 \cdot \sqrt{3}) = 728{,}8\ldots \approx 730$$

$O \approx 730$ cm² = 7,3 dm²

Die Oberfläche des Werkstücks beträgt rund **730 cm² = 7,3 dm²**.

Volumen:
$$V = s^2 \cdot t \cdot (\tfrac{1}{2} + \tfrac{1}{4} \cdot \sqrt{3}) \qquad 6{,}5^2 \cdot 25 \cdot (0{,}5 + 0{,}25 \cdot \sqrt{3}) =$$
$$= 985{,}4\ldots \approx 990$$

$V \approx 990$ cm³ = 0,99 dm³

Das Volumen des Werkstücks beträgt rund **990 cm³ = 0,99 dm³**.

Dichte des Materials:
Achte darauf, dass in der Rechnung die Einheiten der Größen aufeinander abgestimmt sind; d. h. z. B. Masse in kg und Volumen in dm³!

$m = 550$ g $= 0{,}55$ kg, $V = 985{,}4\ldots$ cm³ $= 0{,}985\,4\ldots$ dm³

$\varrho = \tfrac{m}{V} \qquad\qquad 0{,}55 : 0{,}985\,4\ldots = 0{,}558\ldots \approx 0{,}56$

Die Dichte ϱ des Materials beträgt rund **0,56 kg/dm³**.

9.11 a) Berechne zuerst das Volumen der Glasschmelze!
Achte darauf, dass in der Rechnung die Einheiten der Größen aufeinander abgestimmt sind; d. h. z. B. Dichte in kg/dm³ und Masse in kg (100 g = 0,1 kg)!

$\varrho = \tfrac{m}{V} \Rightarrow V = \tfrac{m}{\varrho} \qquad 0{,}1 : 2600 = 0{,}000\,038\,4\ldots \approx 0{,}000\,040$

$V \approx 0{,}000\,040$ m³ $= 0{,}040$ dm³ $= 40$ cm³

Die Grundfläche G des Prismas ist ein gleichseitiges Dreieck. Die Höhe $h = a$.

$V = G \cdot h = \tfrac{a^2}{4} \cdot \sqrt{3} \cdot a = \tfrac{a^3}{4} \cdot \sqrt{3} \Rightarrow a^3 = \tfrac{4 \cdot V}{\sqrt{3}}$

$a = \sqrt[3]{\tfrac{4 \cdot V}{\sqrt{3}}} \qquad \sqrt[3]{\tfrac{4 \cdot 38{,}4\ldots}{\sqrt{3}}} = \sqrt[3]{88{,}8\ldots} = 4{,}46\ldots \approx 4{,}5$

$a \approx 4{,}5$ cm

b) Das Volumen des Würfels (Kantenlänge z. B. x) und das Volumen des Glasprismas sollen gleich groß sein.

$x^3 = V \Rightarrow x = \sqrt[3]{V} \qquad \sqrt[3]{38{,}4\ldots} = 3{,}37\ldots \approx 3{,}4$

$x \approx 3{,}4$ cm

c) Die Oberfläche des Prismas O_P setzt sich aus zwei gleichseitigen Dreiecken (Seitenlänge a) und aus drei Quadraten (Seitenlänge a) zusammen.

$O_P = 2 \cdot \tfrac{a^2}{4} \cdot \sqrt{3} + 3 \cdot a^2 = \tfrac{a^2}{2} \cdot \sqrt{3} + 3 \cdot a^2 = a^2 \cdot (\tfrac{\sqrt{3}}{2} + 3)$
$(4{,}46\ldots)^2 \cdot (\tfrac{\sqrt{3}}{2} + 3) = 76{,}96\ldots$

Oberfläche des Würfels:
$O_W = 6 \cdot x^2 \qquad 6 \cdot (3{,}37\ldots)^2 = 68{,}36\ldots$

Differenz der Volumina: $76{,}96\ldots - 68{,}36\ldots = 8{,}59\ldots \approx 8{,}6$

Der Würfel hat eine um rund **8,6 cm²** größere Oberfläche.

Volumen eines geraden Prismas:
$V = G \cdot h$
G … Grundfläche,
h … Höhe

Dichte = $\tfrac{\text{Masse}}{\text{Volumen}}$
$\varrho = \tfrac{m}{V}$

Skizze:

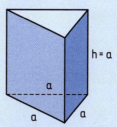

Flächeninhalt eines gleichseitigen Dreiecks:
$A = \tfrac{a^2}{4} \cdot \sqrt{3}$
a … Seitenlänge

Volumen eines Würfels:
$V = a \cdot a \cdot a = a^3$
a … Kantenlänge

9 Prisma und Pyramide

Skizze:

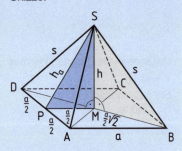

Regelmäßige Pyramide: Pyramide, deren Grundfläche ein regelmäßiges Vieleck ist und deren Seitenkanten gleich lang sind.

Die Spitze einer regelmäßigen Pyramide liegt genau über dem (Umkreis-)Mittelpunkt der Grundfläche.

9.12

1) Grundkante a: Ziehe zur Berechnung der Grundkante a z. B. das rechtwinklige Dreieck MBS heran!
Beachte: Die Strecke MB ist die Diagonale eines Quadrats mit der Seitenlänge $\frac{a}{2}$ · $\overline{MB} = \frac{a}{2} \cdot \sqrt{2}$

$\triangle MBS$: $h^2 + (\frac{a}{2} \cdot \sqrt{2})^2 = s^2 \Rightarrow (\frac{a}{2} \cdot \sqrt{2})^2 = s^2 - h^2$

$(\frac{a}{2} \cdot \sqrt{2})^2 = \frac{a^2}{4} \cdot 2 = \frac{a^2}{2} = s^2 - h^2$

$a^2 = 2 \cdot (s^2 - h^2)$

$a = \sqrt{2 \cdot (s^2 - h^2)}$ $\sqrt{2 \cdot (4-1)} = \sqrt{6} = 2{,}44\ldots \approx 2{,}4$

Seitenflächenhöhe h_a: $\triangle PMS$: $h_a^2 = (\frac{a}{2})^2 + h^2$

$h_a = \sqrt{(\frac{a}{2})^2 + h^2}$ $\sqrt{\frac{6}{4} + 1} = \sqrt{2{,}5} = 1{,}58\ldots \approx 1{,}6$

Oberfläche O: $O = G + M = a^2 + 4 \cdot (\frac{1}{2} \cdot a \cdot h_a) = a^2 + 2 \cdot a \cdot h_a$

$6 + 2 \cdot \sqrt{6} \cdot \sqrt{2{,}5} = 13{,}7\ldots \approx 14$

Volumen V: $V = \frac{1}{3} \cdot G \cdot h = \frac{1}{3} \cdot a^2 \cdot h$ $(6 \cdot 1) : 3 = 2$

2) Seitenflächenhöhe h_a:

$O = a^2 + 2 \cdot a \cdot h_a \Rightarrow 2 \cdot a \cdot h_a = O - a^2 \Rightarrow h_a = \frac{O - a^2}{2 \cdot a}$

$h_a = \frac{O - a^2}{2 \cdot a}$ $(5 - 1) : (2 \cdot 1) = 2$

Körperhöhe h: $h_a^2 = (\frac{a}{2})^2 + h^2 \Rightarrow h = \sqrt{h_a^2 - (\frac{a}{2})^2}$

$h = \sqrt{h_a^2 - (\frac{a}{2})^2}$ $\sqrt{4 - \frac{1}{4}} = \sqrt{3{,}75} = 1{,}93\ldots \approx 1{,}9$

Seitenkante s: $\triangle MBS$: $s^2 = h^2 + (\frac{a}{2} \cdot \sqrt{2})^2 = h^2 + \frac{a^2}{4} \cdot 2 = h^2 + \frac{a^2}{2}$

$s = \sqrt{h^2 + \frac{a^2}{2}}$ $\sqrt{3{,}75 + \frac{1}{2}} = \sqrt{4{,}25} = 2{,}06\ldots \approx 2{,}1$

$V = \frac{1}{3} \cdot a^2 \cdot h$ $(1 \cdot \sqrt{3{,}75}) : 3 = 0{,}64\ldots \approx 0{,}6$

3) Körperhöhe h: $V = \frac{1}{3} \cdot a^2 \cdot h \Rightarrow a^2 \cdot h = 3 \cdot V \Rightarrow h = \frac{3 \cdot V}{a^2}$

$h = \frac{3 \cdot V}{a^2}$ $(3 \cdot 1) : 1 = 3$

$s = \sqrt{h^2 + \frac{a^2}{2}}$ $\sqrt{9 + \frac{1}{2}} = \sqrt{9{,}5} = 3{,}08\ldots \approx 3{,}1$

$h_a = \sqrt{(\frac{a}{2})^2 + h^2}$ $\sqrt{\frac{1}{4} + 9} = \sqrt{9{,}25} = 3{,}04\ldots \approx 3{,}0$

$O = a^2 + 2 \cdot a \cdot h_a$ $1 + 2 \cdot 1 \cdot \sqrt{9{,}25} = 7{,}08\ldots \approx 7{,}1$

Regelm. quadratische Pyramide	1)	2)	3)
Grundkante a	≈ 2,4 m	1,0 m	1,0 m
Körperhöhe h	1,0 m	≈ 1,9 m	3,0 m
Seitenkante s	2,0 m	≈ 2,1 m	≈ 3,1 m
Seitenflächenhöhe h_a	≈ 1,6 m	2,0 m	≈ 3,0 m
Oberfläche O	≈ 14 m²	5,0 m²	≈ 7,1 m²
Volumen V	2,0 m³	≈ 0,6 m³	1,0 m³

9 Prisma und Pyramide — Lösungen

9.13 (Vergleiche mit dem Beispiel 9.12!)

a) Höhe h: Die Strecke MB ist die halbe Diagonale des Grundflächenquadrats: $\overline{MB} = \frac{1}{2} \cdot a \cdot \sqrt{2} = \frac{a}{2} \cdot \sqrt{2}$

Die gleichschenklig-rechtwinkligen Dreiecke MBS und ABM (z. B.) sind kongruent (deckungsgleich).

Daraus folgt:

$h = \overline{MS} = \overline{BM} = \frac{a}{2} \cdot \sqrt{2}$

Volumen V: $V = \frac{1}{3} \cdot G \cdot h = \frac{1}{3} \cdot a^2 \cdot \frac{a}{2} \cdot \sqrt{2} = \frac{a^3}{6} \cdot \sqrt{2}$

Oberfläche O: $O = G + M = a^2 + 4 \cdot (\frac{1}{2} \cdot a \cdot h_a) = a^2 + 2 \cdot a \cdot h_a$

Drücke die Seitenflächenhöhe h_a durch die Seitenlänge a aus!

△PMS: $h_a^2 = (\frac{a}{2})^2 + h^2 \Rightarrow h_a = \sqrt{(\frac{a}{2})^2 + h^2}$

$h = \frac{a}{2} \cdot \sqrt{2} \Rightarrow h^2 = \frac{a^2}{4} \cdot 2 = \frac{a^2}{2}$

$h_a = \sqrt{\frac{a^2}{4} + \frac{a^2}{2}} = \sqrt{3 \cdot \frac{a^2}{4}} = \frac{a}{2} \cdot \sqrt{3}$

$O = a^2 + 2 \cdot a \cdot h_a = a^2 + 2 \cdot a \cdot \frac{a}{2} \cdot \sqrt{3} = a^2 + a^2 \cdot \sqrt{3} = \mathbf{a^2 \cdot (1 + \sqrt{3})}$

b) $V = \frac{a^3}{6} \cdot \sqrt{2} \Rightarrow a = \sqrt[3]{\frac{6 \cdot V}{\sqrt{2}}}$ $\sqrt[3]{\frac{6 \cdot 1}{\sqrt{2}}} = \sqrt[3]{4{,}24\ldots} = 1{,}61\ldots \approx 1{,}6$

a ≈ 1,6 m

$h = \frac{a}{2} \cdot \sqrt{2}$ $(1{,}61\ldots \cdot \sqrt{2}) : 2 = 1{,}14\ldots \approx 1{,}1$

h ≈ 1,1 m

Skizze: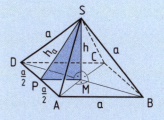

9.14 (Vergleiche mit dem Beispiel 9.12!)

1) Seitenkante s: △MBS: $\overline{MB} = \frac{1}{2} \cdot \overline{BD} = \frac{1}{2} \cdot \sqrt{a^2 + b^2}$

$s^2 = h^2 + \overline{MB}^2 = h^2 + \frac{1}{4} \cdot (a^2 + b^2)$

$s = \sqrt{h^2 + \frac{a^2 + b^2}{4}}$ $\sqrt{9 + \frac{4 + 2{,}25}{4}} = \sqrt{10{,}5625} = 3{,}25 \approx 3{,}3$

Seitenflächenhöhe h_a: △SMP: $h_a^2 = h^2 + (\frac{b}{2})^2$

$h_a = \sqrt{h^2 + (\frac{b}{2})^2}$ $\sqrt{9 + 0{,}75^2} = \sqrt{9{,}5625} = 3{,}09\ldots \approx 3{,}1$

Seitenflächenhöhe h_b: △SQM: $h_b^2 = h^2 + (\frac{a}{2})^2$

$h_b = \sqrt{h^2 + (\frac{a}{2})^2}$ $\sqrt{9 + 1} = \sqrt{10} = 3{,}16\ldots \approx 3{,}2$

Oberfläche O:

$O = G + M =$
$= a \cdot b + 2 \cdot (\frac{1}{2} \cdot a \cdot h_a) + 2 \cdot (\frac{1}{2} \cdot b \cdot h_b) =$
$= a \cdot b + a \cdot h_a + b \cdot h_b$

$2 \cdot 1{,}5 + 2 \cdot 3{,}09\ldots + 1{,}5 \cdot 3{,}16\ldots =$
$= 13{,}9\ldots \approx 14$

Volumen V:

$V = \frac{1}{3} \cdot G \cdot h = \frac{1}{3} \cdot a \cdot b \cdot h$ $(2 \cdot 1{,}5 \cdot 3) : 3 = 3{,}0$

2) Körperhöhe h: $V = \frac{1}{3} \cdot a \cdot b \cdot h \Rightarrow a \cdot b \cdot h = 3 \cdot V \Rightarrow h = \frac{3 \cdot V}{a \cdot b}$

$h = \frac{3 \cdot V}{a \cdot b}$ $(3 \cdot 1) : (1 \cdot 2{,}5) = 1{,}2$

Skizze 1: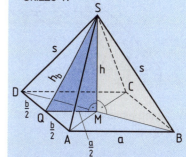

Skizze 2: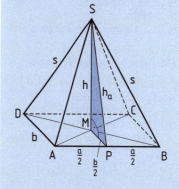

$$s = \sqrt{h^2 + \tfrac{a^2 + b^2}{4}} \qquad \sqrt{1{,}44 + \tfrac{1 + 6{,}25}{4}} = \sqrt{3{,}2525} = 1{,}80\ldots \approx 1{,}8$$

$$h_a = \sqrt{h^2 + \left(\tfrac{b}{2}\right)^2} \qquad \sqrt{1{,}44 + 1{,}25^2} = \sqrt{3{,}0025} = 1{,}73\ldots \approx 1{,}7$$

$$h_b = \sqrt{h^2 + \left(\tfrac{a}{2}\right)^2} \qquad \sqrt{1{,}44 + 0{,}25} = \sqrt{1{,}69} = 1{,}3$$

$$O = a \cdot b + a \cdot h_a + b \cdot h_b$$
$$1 \cdot 2{,}5 + 1 \cdot 1{,}73\ldots + 2{,}5 \cdot 1{,}3 = 7{,}48\ldots \approx 7{,}5$$

Rechteckige Pyramide	1)	2)
Grundkante a	2,0 m	1,0 m
Grundkante b	1,5 m	2,5 m
Körperhöhe h	3,0 m	**1,2 m**
Seitenkante s	**≈ 3,3 m**	**≈ 1,8 m**
Seitenflächenhöhe h_a	**≈ 3,1 m**	**≈ 1,7 m**
Seitenflächenhöhe h_b	**≈ 3,2 m**	**1,3 m**
Oberfläche O	**≈ 14 m²**	**≈ 7,5 m²**
Volumen V	**3,0 m³**	1,0 m³

Veranstaltungszelt
(Maße in m)

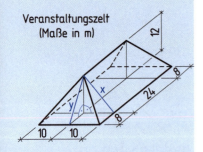

Volumen eines geraden Prismas:
$V = G \cdot h$

Volumen einer rechteckigen Pyramide:
$V = \tfrac{1}{3} \cdot G \cdot h = \tfrac{1}{3} \cdot a \cdot b \cdot h$
G … Grundfläche
h … Höhe
a, b … Längen der Grundkanten

Flächeninhalt eines Trapezes:
$A = \tfrac{1}{2} \cdot (a + c) \cdot h$
a, c … Seitenlängen
(Parallelseiten)
h … Höhe des Trapezes
(Abstand der Parallelseiten)

9.15 a) Der „umbaute Raum" ist das Volumen des Zelts. Denke dir das Zelt aus einem liegenden dreiseitigen Prisma (der Mittelteil des Zelts) und einer rechteckigen Pyramide (die zwei seitlichen Teile des Zelts) zusammengesetzt! Die „Grundfläche" des (liegenden) Prismas ist ein gleichschenkliges Dreieck (Basislänge 20 m, Höhe 12 m). Die „Höhe" dieses Prismas beträgt 24 m.
Die Grundfläche der Pyramide ist ein Rechteck (Seitenlängen 16 m und 20 m). Die Höhe dieser Pyramide beträgt 12 m.

Prisma:
G = 120 m²   (20 · 12) : 2 = 120
V = 2 880 m³   120 · 24 = 2 880

Pyramide:
G = 320 m²   (16 · 20) = 320
V = 1 280 m³   (320 · 12) : 3 = 1 280
gesamt: 2 880 + 1 280 = 4 160 ≈ 4 200

V ≈ 4 200 m³
Die Größe des „umbauten Raums" beträgt rund **4 200 m³**.

b) Die vier Zeltwände werden von zwei gleichschenkligen Trapezen [Längen der Parallelseiten (8 m + 24 m + 8 m =) 40 m und 24 m, Trapezhöhe x] und zwei gleichschenkligen Dreiecken (Basislänge 20 m, Dreieckhöhe y) gebildet.

Streckenlänge x: $x^2 = 10^2 + 12^2 \Rightarrow x = \sqrt{244} = 15{,}6\ldots$
Streckenlänge y: $y^2 = 8^2 + 12^2 \Rightarrow y = \sqrt{208} = 14{,}4\ldots$

Trapez: [(40 + 24) · 15,6…] : 2 = 499,8…
Dreieck: (20 · 14,4…) : 2 = 144,2…
             (499,8… + 144,2…) · 2 = 1 288,1… ≈ 1 300

A ≈ 1 300 m²   Es werden rund **1 300 m²** Zeltplane benötigt.

9 Prisma und Pyramide — Lösungen

9.16 a) Die „Grundfläche" der Pyramide ist ein regelmäßiges Sechseck. Denke es dir aus 6 gleichseitigen Dreiecken zusammengesetzt!

$G = 6 \cdot \frac{a^2}{4} \cdot \sqrt{3} = \frac{3}{2} \cdot a^2 \cdot \sqrt{3}$

$V = \frac{1}{3} \cdot G \cdot h = \frac{1}{3} \cdot \frac{3}{2} \cdot a^2 \cdot \sqrt{3} \cdot h = \mathbf{\frac{1}{2} \cdot a^2 \cdot h \cdot \sqrt{3}}$

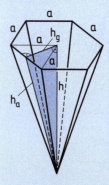

Skizze:

b) Die Behälterwände (= der Mantel der Pyramide) werden von 6 gleichschenkligen Dreiecken (Basislänge a, Seitenflächenhöhe h_a) gebildet. Ziehe zur Berechnung der Seitenflächenhöhe h_a das rechtwinklige Dreieck mit der Hypotenusenlänge h_a und den Kathetenlängen h (= die Körperhöhe) und h_g (h_g ist die Höhe in einem der 6 gleichseitigen Teildreiecke der Grundfläche) heran!

$h_g = \frac{a}{2} \cdot \sqrt{3} \Rightarrow h_g^2 = \frac{a^2}{4} \cdot 3 = \frac{3}{4} \cdot a^2$

$h_a^2 = h^2 + h_g^2 = h^2 + \frac{3}{4} \cdot a^2 \Rightarrow h_a = \sqrt{h^2 + \frac{3}{4} \cdot a^2}$

$M = 6 \cdot (\frac{1}{2} \cdot a \cdot h_a) = 3 \cdot a \cdot h_a = 3 \cdot a \cdot \sqrt{h^2 + \frac{3}{4} \cdot a^2}$

$3 \cdot 12 \cdot \sqrt{40^2 + 0{,}75 \cdot 12^2} =$

M ≈ 1 500 cm² $= 36 \cdot \sqrt{1\,708} = 1\,487{,}8\ldots \approx 1\,500$

M' = M · 1,15   1 487,8… · 1,15 = 1 710,9… ≈ 1 700

M' ≈ 1 700 cm²

Es werden mindestens **1 700 cm²** Kartonmaterial benötigt.

c) $V = \frac{1}{2} \cdot a^2 \cdot h \cdot \sqrt{3}$ $(12^2 \cdot 40 \cdot \sqrt{3}) : 2 = 4\,988{,}3\ldots \approx 5\,000$

V = 5 000 cm³ = 5 dm³

Höhe und Flächeninhalt eines gleichseitigen Dreiecks:

$h = \frac{a}{2} \cdot \sqrt{3}$

$A = \frac{a^2}{4} \cdot \sqrt{3}$

a … Seitenlänge

Um 15 % mehr als M:
$M + M \cdot \frac{15}{100} = M \cdot (1 + 0{,}15) = M \cdot 1{,}15$

9.17 (Vergleiche mit den Beispielen 9.12, 9.14 und 9.16!)

1) Körperhöhe h: △FMS: $s^2 = h^2 + a^2 \Rightarrow h^2 = s^2 - a^2$

$h = \sqrt{s^2 - a^2}$ $\sqrt{4 - 1} = \sqrt{3} = 1{,}73\ldots \approx 1{,}7$

Seitenflächenhöhe h_a:
Ziehe zur Berechnung der Seitenflächenhöhe h_a z. B. das rechtwinklige Dreieck SMP mit der Hypotenusenlänge h_a und den Kathetenlängen h (= die Körperhöhe) und h_g (h_g ist die Höhe in einem der 6 gleichseitigen Teildreiecke der Grundfläche) heran!
Variante: Du könntest h_a z. B. auch mit Hilfe des Seitenflächen-Teildreiecks BPS berechnen:

$s^2 = h_a^2 + (\frac{a}{2})^2 \Rightarrow h_a = \sqrt{s^2 - (\frac{a}{2})^2}$

$h_g = \frac{a}{2} \cdot \sqrt{3} \Rightarrow h_g^2 = \frac{a^2}{4} \cdot 3 = \frac{3}{4} \cdot a^2$

$h_a^2 = h^2 + h_g^2 = h^2 + \frac{3}{4} \cdot a^2 \Rightarrow h_a = \sqrt{h^2 + \frac{3}{4} \cdot a^2}$

$h_a = \sqrt{h^2 + \frac{3}{4} \cdot a^2}$ $\sqrt{3 + 0{,}75 \cdot 1} = \sqrt{3{,}75} = 1{,}93\ldots \approx 1{,}9$

Oberfläche O: $O = M + G = 6 \cdot (\frac{1}{2} \cdot a \cdot h_a) + 6 \cdot (\frac{a^2}{4} \cdot \sqrt{3}) =$
$= 3 \cdot a \cdot h_a + \frac{3}{2} \cdot a^2 \cdot \sqrt{3}$

$3 \cdot 1 \cdot 1{,}93\ldots + 1{,}5 \cdot 1 \cdot \sqrt{3} = 8{,}40\ldots \approx 8{,}4$

Volumen V: $V = \frac{1}{3} \cdot G \cdot h = \frac{1}{3} \cdot (6 \cdot \frac{a^2}{4} \cdot \sqrt{3}) \cdot h = \frac{1}{2} \cdot a^2 \cdot h \cdot \sqrt{3}$

$0{,}5 \cdot 1 \cdot \sqrt{3} \cdot \sqrt{3} = 1{,}5$

Skizze:

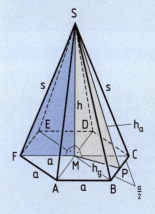

9 Prisma und Pyramide

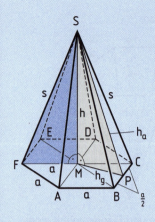

Höhe und Flächeninhalt eines gleichseitigen Dreiecks:
$h = \frac{a}{2} \cdot \sqrt{3}$
$A = \frac{a^2}{4} \cdot \sqrt{3}$
a ... Seitenlänge

2) $V = \frac{1}{2} \cdot a^2 \cdot h \cdot \sqrt{3} \Rightarrow a^2 \cdot h \cdot \sqrt{3} = 2 \cdot V \Rightarrow a^2 = \frac{2 \cdot V}{h \cdot \sqrt{3}}$

$a = \sqrt{\frac{2 \cdot V}{h \cdot \sqrt{3}}}$ $\sqrt{\frac{2 \cdot 5}{2{,}5 \cdot \sqrt{3}}} = \sqrt{2{,}30\ldots} = 1{,}51\ldots \approx 1{,}5$

$s = \sqrt{h^2 + a^2}$ $\sqrt{2{,}5^2 + 2{,}30\ldots} = \sqrt{8{,}55\ldots} =$
$= 2{,}92\ldots \approx 2{,}9$

$h_a = \sqrt{h^2 + \frac{3}{4} \cdot a^2}$ $\sqrt{2{,}5^2 + 0{,}75 \cdot 2{,}30\ldots} = \sqrt{7{,}98\ldots} =$
$= 2{,}82\ldots \approx 2{,}8$

$O = 3 \cdot a \cdot h_a + \frac{3}{2} \cdot a^2 \cdot \sqrt{3}$
$3 \cdot 1{,}51\ldots \cdot 2{,}82\ldots + 1{,}5 \cdot 2{,}30\ldots \cdot \sqrt{3} = 18{,}8\ldots \approx 19$

3) $O = 3 \cdot a \cdot h_a + \frac{3}{2} \cdot a^2 \cdot \sqrt{3} \Rightarrow 3 \cdot a \cdot h_a = O - \frac{3}{2} \cdot a^2 \cdot \sqrt{3} \Rightarrow$
$\Rightarrow h_a = (O - \frac{3}{2} \cdot a^2 \cdot \sqrt{3}) : (3 \cdot a)$
$(1 - 1{,}5 \cdot 0{,}16 \cdot \sqrt{3}) : (3 \cdot 0{,}4) = 0{,}58\ldots : 1{,}2 = 0{,}486\ldots \approx 0{,}49$

$h_a^2 = h^2 + \frac{3}{4} \cdot a^2 \Rightarrow h^2 = h_a^2 - \frac{3}{4} \cdot a^2$

$h = \sqrt{h_a^2 - \frac{3}{4} \cdot a^2}$ $\sqrt{(0{,}486\ldots)^2 - 0{,}75 \cdot 0{,}16} =$
$= \sqrt{0{,}117\ldots} = 0{,}342\ldots \approx 0{,}34$

$s = \sqrt{h^2 + a^2}$ $\sqrt{0{,}117\ldots + 0{,}16} = \sqrt{0{,}277\ldots} =$
$= 0{,}526\ldots \approx 0{,}53$

$V = \frac{1}{2} \cdot a^2 \cdot h \cdot \sqrt{3}$ $0{,}5 \cdot 0{,}16 \cdot 0{,}342\ldots \cdot \sqrt{3} =$
$= 0{,}047\ldots \approx 0{,}05$

Regelm. sechsseitige Pyramide	1)	2)	3)
Grundkante a	1,0 m	≈ 1,5 m	0,40 m
Körperhöhe h	≈ 1,7 m	2,5 m	≈ 0,34 m
Seitenkante s	2,0 m	≈ 2,9 m	≈ 0,53 m
Seitenflächenhöhe h_a	≈ 1,9 m	≈ 2,8 m	≈ 0,49 m
Oberfläche O	≈ 8,4 m²	≈ 19 m²	1,0 m²
Volumen V	1,5 m³	5,0 m³	≈ 0,05 m³

9.18 (Vergleiche mit dem Beispiel 9.13!)

a) Ein regelmäßiger Oktaeder ist eine **quadratische Doppelpyramide**, bei der **alle Seitenkanten gleich lang** sind. Jede der **acht Begrenzungsflächen** ist ein **gleichseitiges** Dreieck.

b) Die Oktaederoberfläche wird von acht gleichseitigen Dreiecken gebildet.
$O = 8 \cdot (\frac{a^2}{4} \cdot \sqrt{3}) = 2 \cdot a^2 \cdot \sqrt{3}$

c) Kantenlänge a: $O = 2 \cdot a^2 \cdot \sqrt{3} \Rightarrow a^2 = \frac{O}{2 \cdot \sqrt{3}}$

$a = \sqrt{\frac{O}{2 \cdot \sqrt{3}}}$ $\sqrt{\frac{1}{2 \cdot \sqrt{3}}} = \sqrt{0{,}288\ldots} = 0{,}537\ldots \approx 0{,}54$

a ≈ 0,54 m = 54 cm

Die Raumdiagonalen eines regelm. Oktaeders sind alle gleich lang. $\overline{AC}$ z. B. ist die Länge der Diagonale im Quadrat ABCD.

$\overline{AC} = \overline{BD} = \overline{EF} = a \cdot \sqrt{2}$ $0{,}537\ldots \cdot \sqrt{2} = 0{,}759 \approx 0{,}76$

$\overline{AC} = \overline{BD} = \overline{EF} \approx 0{,}76$ m = 76 cm

Regelmäßiger Oktaeder: Doppelpyramide mit acht gleichseitigen Dreiecken als Begrenzungsflächen.
Skizze:

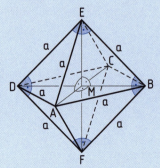

9 Prisma und Pyramide — Lösungen

9.19 (Vergleiche mit den Beispielen 9.13 und 9.18!)

a) AC und BD sind die Diagonalen des Quadrats ABCD.
$\overline{AC} = \overline{BD} = a \cdot \sqrt{2}$

$\overline{MB} = \tfrac{1}{2} \cdot \overline{BD} = \tfrac{1}{2} \cdot a \cdot \sqrt{2}$

Die gleichschenklig-rechtwinkligen Dreiecke ABM und BEM (z. B.) sind kongruent (deckungsgleich); d. h. $\overline{MB} = \overline{ME}$

$\overline{EF} = 2 \cdot \overline{ME} = a \cdot \sqrt{2}$

Die drei Raumdiagonalen AC, BD und EF sind **gleich lang**. Ihre Länge beträgt $a \cdot \sqrt{2}$.

Da die Raumdiagonalen BD und EF gleich lang sind und aufeinander normal stehen, ist die Schnittfigur DFBE ein **Quadrat**.

b) Der Oktaeder ist eine Doppelpyramide. Die Höhe in einer dieser Pyramiden ist – vergleiche mit a) – genauso lang wie die halbe Diagonale des Grundflächenquadrats.

$h = \overline{ME} = \overline{MA} = \tfrac{1}{2} \cdot \overline{AC} = \tfrac{1}{2} \cdot a \cdot \sqrt{2}$

$V = 2 \cdot (\tfrac{1}{3} \cdot G \cdot h) = 2 \cdot \tfrac{1}{3} \cdot a^2 \cdot \tfrac{1}{2} \cdot a \cdot \sqrt{2} = \tfrac{1}{3} \cdot a^3 \cdot \sqrt{2}$

c) $V = \tfrac{1}{3} \cdot a^3 \cdot \sqrt{2} \Rightarrow a^3 = \tfrac{3 \cdot V}{\sqrt{2}}$

$a = \sqrt[3]{\tfrac{3 \cdot V}{\sqrt{2}}}$ $\qquad \sqrt[3]{\tfrac{3 \cdot 1}{\sqrt{2}}} = \sqrt[3]{2{,}12\ldots} = 1{,}28\ldots \approx 1{,}3$

a ≈ 1,3 m

9.20 a) Ein regelmäßiger Tetraeder ist eine **regelmäßige dreiseitige Pyramide,** bei der **alle Seitenkanten gleich lang** sind. Jede der **4 Begrenzungsflächen** ist ein **gleichseitiges** Dreieck.

b) Ziehe zur Berechnung der Tetraederhöhe h z. B. das rechtwinklige Dreieck CFD heran! (F … Fußpunkt der Höhe)

$\triangle CFD: \ h^2 + \overline{CF}^2 = a^2 \Rightarrow h = \sqrt{a^2 - \overline{CF}^2}$

Die Kantenlänge a kannst du aus der Formel für die Tetraederoberfläche ermitteln. Die Tetraederoberfläche wird von vier gleichseitigen Dreiecken gebildet.

$O = 4 \cdot (\tfrac{a^2}{4} \cdot \sqrt{3}) = a^2 \cdot \sqrt{3} \Rightarrow a^2 = \tfrac{O}{\sqrt{3}}$

$a = \sqrt{\tfrac{O}{\sqrt{3}}}$ $\qquad \sqrt{\tfrac{1}{\sqrt{3}}} = \sqrt{0{,}577\ldots} = 0{,}759\ldots \approx 0{,}76$

a ≈ 0,76 m = 76 cm

Regelmäßiger Tetraeder: dreiseitige Pyramide mit vier gleichseitigen Dreiecken als Begrenzungsflächen.

Skizze:

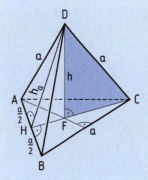

9 Prisma und Pyramide

Höhe und Flächeninhalt eines gleichseitigen Dreiecks:
$h = \frac{a}{2} \cdot \sqrt{3}$
$A = \frac{a^2}{4} \cdot \sqrt{3}$
a ... Seitenlänge

Beachte die mögliche Umformung:
$\sqrt{\frac{2}{3}} = \frac{\sqrt{2}}{\sqrt{3}} = \frac{\sqrt{2} \cdot \sqrt{3}}{\sqrt{3} \cdot \sqrt{3}} = \frac{\sqrt{6}}{3}$
$h = a \cdot \frac{\sqrt{6}}{3}$

Die Länge der Strecke CF ist $\frac{2}{3} \cdot \overline{CH}$. (Beachte: Zwei Höhen eines gleichseitigen Dreiecks teilen einander im Verhältnis 2 : 1!)
$\overline{CH}$ ist die Höhe des gleichseitigen Grundflächendreiecks.
Es gilt: $\overline{CH} = \frac{a}{2} \cdot \sqrt{3}$
$\overline{CF} = \frac{2}{3} \cdot \overline{CH} = \frac{2}{3} \cdot \frac{a}{2} \cdot \sqrt{3} = \frac{a}{3} \cdot \sqrt{3}$
△CFD: $h = \sqrt{a^2 - \overline{CF}^2} = \sqrt{a^2 - (\frac{a}{3} \cdot \sqrt{3})^2} =$
$= \sqrt{a^2 - \frac{a^2}{3}} = \sqrt{\frac{2}{3} \cdot a^2} = a \cdot \sqrt{\frac{2}{3}}$
$0{,}759 \ldots \cdot \sqrt{\frac{2}{3}} = 0{,}620 \ldots \approx 0{,}62$

h ≈ 0,62 m = 62 cm

c) Auch für das Tetraeder gilt die Formel für das Volumen einer Pyramide. Die Grundfläche G ist ein Viertel der gesamten Oberfläche.
$G = 0{,}25 \text{ m}^2$
$V = \frac{1}{3} \cdot G \cdot h$ $(0{,}25 \cdot 0{,}62\ldots) : 3 = 0{,}051 \approx 0{,}05$
V ≈ 0,05 m³ = 50 dm³

Volumen und Oberfläche eines Tetraeders:
$V = \frac{a^3}{12} \cdot \sqrt{2}$
$O = a^2 \cdot \sqrt{3}$
a ... Kantenlänge

9.21 (Vergleiche mit dem Beispiel 9.20!)
a) $V = \frac{a^3}{12} \cdot \sqrt{2} \Rightarrow a^3 = \frac{12 \cdot V}{\sqrt{2}}$ $\frac{1}{4} l = \frac{1}{4} \text{ dm}^3 = 250 \text{ cm}^3$
$a = \sqrt[3]{\frac{12 \cdot V}{\sqrt{2}}}$ $\sqrt[3]{\frac{12 \cdot 250}{\sqrt{2}}} = \sqrt[3]{2\,121{,}32\ldots} =$
$= 12{,}84\ldots \approx 12{,}8$

a ≈ 12,8 cm
Die Seitenkante einer Packung beträgt rund **12,8 cm**.

b) Da in eine Packung $\frac{1}{4}$ l abgefüllt wird, braucht man zum Abfüllen von 100 l (100 : $\frac{1}{4}$ = 100 · 4 =) 400 Packungen.
Oberfläche einer Verpackung:
$O = a^2 \cdot \sqrt{3}$ $(12{,}84\ldots)^2 \cdot \sqrt{3} = 285{,}95\ldots$
Verpackungsmaterial für 400 Packungen inkl. Zugabe von 10 %:

Um 10 % mehr als O:
$O + O \cdot \frac{10}{100} = O \cdot (1 + 0{,}10) =$
$= O \cdot 1{,}10$

$O' = 400 \cdot O \cdot 1{,}10$ $400 \cdot 285{,}95\ldots \cdot 1{,}10 =$
$= 125\,820{,}3\ldots \approx 130\,000$

O' ≈ 130 000 cm² = 13 m²
Es werden mindestens **13 m²** Verpackungsmaterial benötigt.

9.22 a) Die Grundfläche G der Pyramide ist eine halbe Würfelfläche:
$G = \frac{1}{2} \cdot s^2$. Die Höhe der Pyramide $h = s$.
$V = \frac{1}{3} \cdot G \cdot h = \frac{1}{3} \cdot \frac{1}{2} \cdot s^2 \cdot s = \frac{1}{6} \cdot s^3$
Oberfläche O:
Zwei halbe Quadrate (Seitenlänge s): $2 \cdot (\frac{1}{2} \cdot s^2) = s^2$
△ABH und △BDH sind rechtwinklig und gleich groß (Kathetenlängen s und $s \cdot \sqrt{2}$): $2 \cdot (\frac{1}{2} \cdot s \cdot s \cdot \sqrt{2}) = s^2 \cdot \sqrt{2}$
$O = s^2 + s^2 \cdot \sqrt{2} = s^2 \cdot (1 + \sqrt{2})$

Skizze:

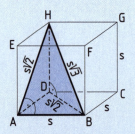

Volumen und Oberfläche eines Würfels:
$V = a \cdot a \cdot a = a^3$
$O = 6 \cdot a \cdot a = 6a^2$
a ... Kantenlänge

b) $V_P : V_W = (\frac{1}{6} \cdot s^3) : s^3 = \frac{1}{6} : 1 =$ **1 : 6**
$O_P : O_W = [s^2 \cdot (1 + \sqrt{2})] : [6 \cdot s^2] = (1 + \sqrt{2}) : 6 =$
$= 2{,}41\ldots : 6 = 1 : 2{,}48\ldots \approx 1 : 2{,}5 = 2 : 5$
$O_P : O_W \approx 2 : 5$

9.23 a) Die Grundfläche G der Pyramide ist ein gleichseitiges Dreieck:
$G = \frac{a^2}{4} \cdot \sqrt{3}$. Die Höhe der Pyramide h = a.
$V = \frac{1}{3} \cdot G \cdot h = \frac{1}{3} \cdot \frac{a^2}{4} \cdot \sqrt{3} \cdot a = \frac{a^3}{12} \cdot \sqrt{3}$

Oberfläche O:
Zwei halbe Quadrate (Seitenlänge a): $2 \cdot (\frac{1}{2} \cdot a^2) = a^2$
Ein gleichseitiges Dreieck (Seitenlänge a): $\frac{a^2}{4} \cdot \sqrt{3} = a^2 \cdot \frac{\sqrt{3}}{4}$

Ein gleichschenkliges Dreieck (Basislänge a, Höhe h_a): Ziehe zur Ermittlung der Höhe h_a z. B. das rechtwinklige Dreieck HBF heran!
△HBF: $h_a^2 + (\frac{a}{2})^2 = (a \cdot \sqrt{2})^2 \Rightarrow$
$\Rightarrow h_a^2 = (a \cdot \sqrt{2})^2 - (\frac{a}{2})^2 = 2 \cdot a^2 - \frac{a^2}{4} = \frac{7}{4} \cdot a^2$
$h_a = \sqrt{\frac{7}{4} \cdot a^2} = a \cdot \sqrt{\frac{7}{4}} = \frac{a}{2} \cdot \sqrt{7}$

Flächeninhalt des gleichschenkligen Dreiecks ABF:
$\frac{1}{2} \cdot a \cdot h_a = \frac{1}{2} \cdot a \cdot \frac{a}{2} \cdot \sqrt{7} = \frac{a^2}{4} \cdot \sqrt{7} = a^2 \cdot \frac{\sqrt{7}}{4}$

O $= a^2 + a^2 \cdot \frac{\sqrt{3}}{4} + a^2 \cdot \frac{\sqrt{7}}{4} = a^2 \cdot (1 + \frac{\sqrt{3}}{4} + \frac{\sqrt{7}}{4})$

b) $V = \frac{a^3}{12} \cdot \sqrt{3}$ $(5^3 \cdot \sqrt{3}) : 12 = 18{,}0\ldots \approx 18$
V ≈ 18 m³

$O = a^2 \cdot (1 + \frac{\sqrt{3}}{4} + \frac{\sqrt{7}}{4})$ $5^2 \cdot (1 + \frac{\sqrt{3}}{4} + \frac{\sqrt{7}}{4}) = 52{,}3\ldots \approx 52$
O ≈ 52 m²

Skizze:

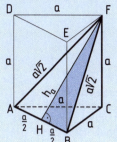

Flächeninhalt eines gleichseitigen Dreiecks:
$A = \frac{a^2}{4} \cdot \sqrt{3}$
a … Seitenlänge

10 Der Kreis

10.1 a) $u = 2 \cdot r \cdot \pi$ $2 \cdot 1 \cdot \pi = 6{,}28\ldots \approx 6{,}3$
u ≈ 6,3 m

b) $u = 2 \cdot r \cdot \pi \Rightarrow r = \frac{u}{2 \cdot \pi}$ $1 : (2 \cdot \pi) = 0{,}159\ldots \approx 0{,}16$
r ≈ 0,16 m = 16 cm

c) Quadrat: $u_Q = 4 \cdot a$ Kreis: $u_k = 2 \cdot r \cdot \pi$ $u_k = u_Q$
$2 \cdot r \cdot \pi = 4 \cdot a \Rightarrow r = \frac{4 \cdot a}{2 \cdot \pi} = \frac{2 \cdot a}{\pi}$ bzw. $a = \frac{2 \cdot r \cdot \pi}{4} = \frac{r \cdot \pi}{2}$

10.2 a) $u_{Sechseck} = 6 \cdot r$, $u_{Kreis} = 2 \cdot r \cdot \pi$, $u_{Quadrat} = 8 \cdot r$
$u_{Sechseck} < u_{Kreis} < u_{Quadrat}$
$6 \cdot r < 2 \cdot r \cdot \pi < 8 \cdot r \quad |: (2 \cdot r)$
$3 < \pi < 4$

Eine **untere Schranke** für π ist **3**. Eine **obere Schranke** für π ist **4**.
Eine **untere Schranke** für den Kreisumfang **u** ist $(2 \cdot r \cdot 3 =)$ **6 · r**.
Eine **obere Schranke** für den Kreisumfang **u** ist $(2 \cdot r \cdot 4 =)$ **8 · r**.

b) Die Zahl π und damit der Umfang des Kreises könnten genauer eingeschränkt werden, würde man für die Rechnung (dem Kreis) eingeschriebene bzw. umgeschriebene Vielecke mit einer größeren Anzahl von Ecken verwenden.

Umfang eines Kreises:
$u = 2 \cdot r \cdot \pi = d \cdot \pi$
r … Radius
d … Durchmesser
π (sprich „pi") = 3,141 592 653 …

Skizze:

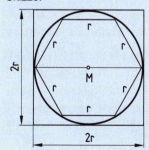

10 Der Kreis

10.3 a) 1) $\frac{377}{120} = 3{,}1416\ldots \qquad \pi = 3{,}1415\ldots$
Der Näherungswert stimmt auf **3** Dezimalen mit π überein.

2) $\sqrt[3]{31} = 3{,}1413\ldots \qquad \pi = 3{,}1415\ldots$
Der Näherungswert stimmt auf **3** Dezimalen mit π überein.

Beachte: Der Unterschied zwischen π und dem Näherungswert soll in Prozent von π ausgedrückt werden. Daher ist π der Grundwert.

b) 1) $p\% = \frac{p}{100} = \frac{\text{(Prozent-)Anteil}}{\text{Grundwert}} \quad \frac{3{,}1416\ldots}{\pi} = 1{,}000\,023\ldots \approx$
$\approx 1{,}00002 = \frac{100{,}002}{100} = 100{,}002\,\%$
100,002 % von π (dem Grundwert); das sind 0,002 % mehr als der Grundwert.
Der Näherungswert ist um rund **0,002 %** (von π) zu groß.

2) $p\% = \frac{p}{100} = \frac{\text{(Prozent-)Anteil}}{\text{Grundwert}} \quad \frac{3{,}1413\ldots}{\pi} = 0{,}999\,932\ldots \approx$
$\approx 0{,}99993 = \frac{99{,}993}{100} = 99{,}993\,\%$
99,993 % von π (dem Grundwert); das sind
(100 % − 99,993 % =) 0,007 % weniger als der Grundwert.
Der Näherungswert ist um rund **0,007 %** (von π) zu klein.

10.4 a) 1) $\frac{22}{7} = 3{,}142\ldots \qquad \pi = 3{,}141\ldots$
Der Näherungswert stimmt auf **2** Dezimalen mit π überein.

2) $\sqrt{9{,}81} = 3{,}13\ldots \qquad \pi = 3{,}14\ldots$
Der Näherungswert stimmt auf **1** Dezimale mit π überein.

Beachte: Der Unterschied zwischen π und dem Näherungswert soll in Prozent von π ausgedrückt werden. Daher ist π der Grundwert.

b) 1) $p\% = \frac{p}{100} = \frac{\text{(Prozent-)Anteil}}{\text{Grundwert}} \quad \frac{3{,}142\ldots}{\pi} = 1{,}00040\ldots \approx$
$\approx 1{,}0004 = \frac{100{,}04}{100} = 100{,}04\,\%$
100,04 % von π (dem Grundwert); das sind 0,04 % mehr als der Grundwert.
Der Näherungswert ist um rund **0,04 %** (von π) zu groß.

Die meisten (wissenschaftlichen) Taschenrechner verfügen über einen fix eingespeicherten Wert für die Zahl π (sprich „pi"). Dieser Wert ist dann über eine bestimmte Taste(nfolge) erreichbar.

2) $p\% = \frac{p}{100} = \frac{\text{(Prozent-)Anteil}}{\text{Grundwert}} \quad \frac{3{,}13\ldots}{\pi} = 0{,}9969\ldots \approx$
$\approx 0{,}997 = \frac{99{,}7}{100} = 99{,}7\,\%$
99,7 % von π (dem Grundwert); das sind
(100 % − 99,7 % =) 0,3 % weniger als der Grundwert.
Der Näherungswert ist um rund **0,3 %** (von π) zu klein.

Mathematischer Zusammenhang zwischen dem Weg (s), der Geschwindigkeit (v) und der Zeit (t):
$s = v \cdot t \qquad t = \frac{s}{v} \qquad v = \frac{s}{t}$

Achte darauf, dass bei den Berechnungen die Einheiten der Größen aufeinander abgestimmt sind; d. h. z. B. für b): Weg in km und Zeit in h bzw. für d): Weg in km und Geschwindigkeit in km/h.

10.5 a) $R = r + 300\text{ km} = 6370\text{ km} + 300\text{ km} = 6670\text{ km}$
$u = 2 \cdot R \cdot \pi \qquad 2 \cdot 6670 \cdot \pi = 41\,908{,}8\ldots \approx 42\,000$
$u \approx \mathbf{42\,000\text{ km}}$
Der Satellit legt bei einer Umkreisung der Erde rund **42 000 km** zurück.

b) Der Satellit legt in 90 min = 1,5 h den Bahnumfang zurück.
$s = v \cdot t \Rightarrow v = \frac{s}{t} \qquad 41\,908{,}8\ldots : 1{,}5 =$
$= 27\,939{,}2\ldots \approx 28\,000$
$v \approx \mathbf{28\,000\text{ km/h}}$
Die Geschwindigkeit des Satelliten beträgt rund **28 000 km/h**.

c) Wenn der Satellit die Erde in 1,5 h einmal umkreist, dann kann er die Erde in 24 h so oft umkreisen, wie 1,5 (h) in 24 (h) enthalten sind.

$$24 : 1,5 = 16$$

Der Satellit umkreist die Erde in einem Tag (rund) **16-mal**.

d) Der Satellit „überfliegt" in 90 min einen Landstrich mit der Länge des gesamten Erdumfangs u_E.

$u_E = 2 \cdot r \cdot \pi$ \qquad $2 \cdot 6\,370 \cdot \pi = 40\,023,8\ldots$ ($\approx 40\,000$)

($u_E \approx 40\,000$ km)

Für eine Strecke von 1 km braucht der Satellit $\frac{90}{40\,023,8\ldots}$ min.

Um einen 500 km langen Landstrich zu „überfliegen", braucht der Satellit dann $\frac{90}{40\,023,8\ldots} \cdot 500 = 1,1\ldots$ min $\approx$ **1 min 7 sec**

Der 500 km lange Landstrich wird in rund **1 min 7 s** „überflogen".

1,1… min = (1 + 0,1…) min
0,1… min = 60 s · 0,1… =
= 7,4… s ≈ 7 s

10.6 a) Der geographische Südpol hat eine südliche geographische Breite von 90°. Zu dem (Meridian-)Bogenstück, das von Norberts Standort bis zum Südpol reicht, gehört ein Zentriwinkel von (90° − φ = 90° − 34° 30′ =) 55° 30′ = 55,5°.

$b = \frac{r \cdot \pi \cdot \alpha}{180}$ \qquad $\alpha = 55,5°$ \quad $r = 6\,370$ km

$\frac{6\,370 \cdot \pi \cdot 55,5}{180} = 6\,170,3\ldots \approx 6\,200$

b ≈ 6 200 km

Norbert ist rund **6 200 km** vom (geographischen) Südpol entfernt.

Skizze:

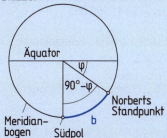

b) $b = \frac{r \cdot \pi \cdot \alpha}{180} \Rightarrow b \cdot 180 = r \cdot \pi \cdot \alpha \Rightarrow \alpha = \frac{b \cdot 180}{r \cdot \pi}$

$\alpha = \frac{b \cdot 180}{r \cdot \pi}$ \qquad $\frac{111 \cdot 180}{6\,370 \cdot \pi} = 0,998\ldots \approx 1$

α ≈ 1°

Einer (Meridian-)Bogenlänge von 111 km entspricht (auf der Erde) ein Zentriwinkel von rund 1°.

Länge eines Kreisbogens:
$b = \frac{r \cdot \pi \cdot \alpha}{180}$
r … Radius
α … Zentriwinkel in Grad
π = 3,141 592 653 …

10.7 (Vergleiche mit dem Beispiel 10.6!)

a) Zentriwinkel α zum (Meridian-)Bogenstück:

$\alpha = 90° - \varphi = 90° - 66° 30' = 23° 30' = 23,5°$

$b = \frac{r \cdot \pi \cdot \alpha}{180}$ \qquad $\frac{6\,370 \cdot \pi \cdot 23,5}{180} = 2\,612,6\ldots \approx 2\,600$

b ≈ 2 600 km

Herbert ist rund **2 600 km** vom (geographischen) Nordpol entfernt.

Skizze:

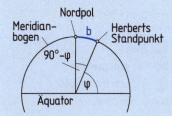

b) $b = \frac{r \cdot \pi \cdot \alpha}{180} \Rightarrow b \cdot 180 = r \cdot \pi \cdot \alpha \Rightarrow \alpha = \frac{b \cdot 180}{r \cdot \pi}$

$\alpha = \frac{b \cdot 180}{r \cdot \pi}$ \qquad $\frac{1,852 \cdot 180}{6\,370 \cdot \pi} = 0,016\ldots$

$(0,016\ldots)° = (0,999\ldots)' \approx 1'$

α ≈ 1′

Einer (Meridian-)Bogenlänge von 1 sm = 1 NM entspricht (auf der Erde) ein Zentriwinkel von rund **1′**.

1 Seemeile (sm) =
= 1 Nautische Meile (NM) =
= 1,852 km

1° = 60′
(0,016…)° = 60′ · 0,016… =
= (0,999…)′ ≈ 1′

10 Der Kreis

Skizze:

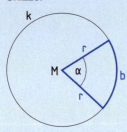

Kreissektor:
Teil einer Kreisfläche, der von einem Kreisbogen und zwei Radien begrenzt wird.

Länge eines Kreisbogens:
$b = \frac{r \cdot \pi \cdot \alpha}{180}$
r ... Radius
α ... Zentriwinkel in Grad
π = 3,141 592 653 ...

Umfang eines Kreissektors:
$u = 2 \cdot r + b$
r ... Radius
b ... Länge des Kreisbogens

Umfang eines Kreises:
$u = 2 \cdot r \cdot \pi$

Länge eines Kreisbogens:
$b = \frac{r \cdot \pi \cdot \alpha}{180}$
r ... Radius
α ... Zentriwinkel in Grad
π = 3,141 592 653 ...

Variante:
50 min entsprechen
$(\frac{50}{60} =) \frac{5}{6}$ Umdrehungen:
$s = \frac{5}{6} \cdot 2 \cdot r \cdot \pi$

Variante:
45 min entsprechen
$\frac{3}{4}$ Umdrehungen.
$s = \frac{3}{4} \cdot 2 \cdot r \cdot \pi$

10.8

1) $b = \frac{r \cdot \pi \cdot \alpha}{180}$ $\qquad \frac{1 \cdot \pi \cdot 4}{180} = 0,069... \approx 0,07 \qquad 0,07\text{ m} = 7\text{ cm}$
   $u = 2 \cdot r + b$ $\qquad 2 \cdot 1 + 0,07 = 2,07 \qquad 2,07\text{ m} = 2\text{ m }7\text{ cm}$

2) $b = \frac{r \cdot \pi \cdot \alpha}{180} \Rightarrow b \cdot 180 = r \cdot \pi \cdot \alpha \Rightarrow \alpha = \frac{b \cdot 180}{r \cdot \pi}$
   $\alpha = \frac{b \cdot 180}{r \cdot \pi}$ $\qquad \frac{1 \cdot 180}{1 \cdot \pi} = 57,2... \approx 57$
   $u = 2 \cdot r + b$ $\qquad 2 \cdot 1 + 1 = 3$

3) $b = \frac{r \cdot \pi \cdot \alpha}{180} \Rightarrow b \cdot 180 = r \cdot \pi \cdot \alpha \Rightarrow r = \frac{b \cdot 180}{\pi \cdot \alpha}$
   $\alpha = 7° 12' = 7° + \frac{12°}{60} = 7° + \frac{1°}{5} = 7,2°$
   $r = \frac{b \cdot 180}{\pi \cdot \alpha}$ $\qquad \frac{794 \cdot 180}{\pi \cdot 7,2} = 6318,4... \approx 6320$

4) $b = \frac{r \cdot \pi \cdot \alpha}{180} = \frac{r \cdot \pi \cdot 90}{180} = \frac{r \cdot \pi}{2}$
   $u = 2 \cdot r + \frac{r \cdot \pi}{2}$
   $1 = 2 \cdot r + \frac{r \cdot \pi}{2} \quad | \cdot 2$
   $2 = 4 \cdot r + r \cdot \pi$
   $2 = r \cdot (4 + \pi) \quad | : (4 + \pi)$
   $r = \frac{2}{4 + \pi} = 0,280... \approx 0,28 \qquad 0,28\text{ m} = 28\text{ cm}$
   $b = \frac{r \cdot \pi}{2}$ $\qquad \frac{(0,280...) \cdot \pi}{2} = 0,439... \approx 0,44 \qquad 0,44\text{ m} = 44\text{ cm}$

Kreissektor	1)	2)	3)	4)
Radius r	1,0 m	1,0 m	≈ 6 320 km	≈ 28 cm
Zentriwinkel α	4°	≈ 57°	7° 12′	90°
Bogenlänge b	≈ 7 cm	1,0 m	794 km	≈ 44 cm
Umfang u	≈ 2 m 7 cm	3,0 m	—	1,0 m

10.9

a) Der Stundenzeiger einer Uhr macht in 24 h = 1 Tag zwei volle Umdrehungen. In 365 Tagen sind das 730 Umdrehungen. Bei einer Umdrehung legt die Zeigerspitze den Kreisumfang eines Kreises mit einem Radius, der der Zeigerlänge entspricht, zurück.
$s = 730 \cdot 2 \cdot r \cdot \pi$ $\qquad 730 \cdot 2 \cdot 50 \cdot \pi = 229\,336,2... \approx 230\,000$
s ≈ 230 000 cm = 2 300 m = 2,3 km

b) Der Minutenzeiger einer Uhr macht in 1 h = 60 min eine volle Umdrehung. Dem entspricht ein Zentriwinkel von 360°. Da 5 min ein Zentriwinkel von 30° entspricht, entspricht 50 min ein Zentriwinkel von 300°.
$s = \frac{r \cdot \pi \cdot \alpha}{180}$ $\qquad \frac{12 \cdot \pi \cdot 300}{180} = 62,8... \approx 63$
s ≈ 63 mm

10.10 (Vergleiche mit dem Beispiel 10.9!)

a) Der Sekundenzeiger einer Uhr macht in 1 min eine volle Umdrehung. Ein Tag (= 24 h) hat 60 min · 24 = 1 440 min.
$s = 1\,440 \cdot 2 \cdot r \cdot \pi$ $\qquad 1\,440 \cdot 2 \cdot 11 \cdot \pi = 99\,525,6... \approx 100\,000$
s ≈ 100 000 mm = 100 m

b) 45 min entspricht ein Zentriwinkel von 270°.
$s = \frac{r \cdot \pi \cdot \alpha}{180}$ $\qquad \frac{1,4 \cdot \pi \cdot 270}{180} = 6,59... \approx 6,6$
s ≈ 6,6 m

10 Der Kreis — Lösungen

10.11 a) $A = r^2 \cdot \pi$ $\qquad$ $1 \cdot \pi = 3{,}14\ldots \approx 3{,}1$

$A \approx 3{,}1 \text{ m}^2$

b) Berechne zuerst den Radius des Kreises und setze mit diesem Wert in die Formel für den Flächeninhalt ein!

$u = 2 \cdot r \cdot \pi \Rightarrow r = \frac{u}{2 \cdot \pi}$ $\qquad$ $\frac{1}{2 \cdot \pi} = 0{,}159\ldots \;(\approx 0{,}16)$

($r \approx 0{,}16$ m)

$A = r^2 \cdot \pi$ $\qquad$ $(0{,}159\ldots)^2 \cdot \pi = 0{,}079\ldots \approx 0{,}08$

$A \approx 0{,}08 \text{ m}^2 = 8 \text{ dm}^2 = 800 \text{ cm}^2$

c) $A = r^2 \cdot \pi \Rightarrow r^2 = \frac{A}{\pi}$

$r = \sqrt{\frac{A}{\pi}}$ $\qquad$ $\sqrt{\frac{1}{\pi}} = 0{,}564\ldots \approx 0{,}56$

$r \approx 0{,}56 \text{ m} = 56 \text{ cm}$

d) Flächeninhalt des Kreises: $A_K = r^2 \cdot \pi$

Flächeninhalt des Quadrats: $A_Q = a^2$

$A_K = A_Q$

$r^2 \cdot \pi = a^2 \Rightarrow a = r \cdot \sqrt{\pi}$ bzw. $r = \frac{a}{\sqrt{\pi}}$

Umfang und Flächeninhalt eines Kreises:
$u = 2 \cdot r \cdot \pi = d \cdot \pi$
$A = r^2 \cdot \pi$
$r \ldots$ Radius
$d \ldots$ Durchmesser
$\pi = 3{,}141\,592\,653\ldots$

10.12 a) $A_{\text{Quadrat}} = (2 \cdot r)^2 = 4 \cdot r^2$

Denke dir das Sechseck aus sechs gleichseitigen Dreiecken (Seitenlänge r) zusammengesetzt!

$A_{\text{Sechseck}} = 6 \cdot \frac{r^2}{4} \cdot \sqrt{3} = \frac{3}{2} \cdot r^2 \cdot \sqrt{3}$

$A_{\text{Sechseck}} < A_{\text{Kreis}} < A_{\text{Quadrat}}$

$\frac{3}{2} \cdot r^2 \cdot \sqrt{3} < A_{\text{Kreis}} < 4 \cdot r^2$

Eine **untere Schranke** für den Flächeninhalt einer Kreisfläche ist $\frac{3}{2} \cdot r^2 \cdot \sqrt{3} = 2{,}59\ldots \cdot r^2 \approx \mathbf{2{,}6 \cdot r^2}$. Eine **obere Schranke** ist $\mathbf{4 \cdot r^2}$.

Um den Flächeninhalt einer Kreisfläche zu berechnen, ist r^2 mit einer Zahl zu multiplizieren, die größer als (rund) 2,5 und kleiner als 4 ist. Diese Zahl ist die Zahl π.

$\frac{3}{2} \cdot r^2 \cdot \sqrt{3} < r^2 \cdot \pi < 4 \cdot r^2 \quad |:r^2$

$\frac{3}{2} \cdot \sqrt{3} < \pi < 4$

Eine **untere Schranke** für π ist $\frac{3}{2} \cdot \sqrt{3} \approx \mathbf{2{,}6}$.
Eine **obere Schranke** für π ist **4**.

b) Die Zahl π und damit der Flächeninhalt des Kreises könnten genauer eingeschränkt werden, würde man für die Rechnung (dem Kreis) eingeschriebene bzw. umgeschriebene Vielecke mit einer größeren Anzahl von Ecken verwenden.

Skizze:

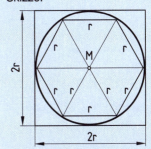

Flächeninhalt eines gleichseitigen Dreiecks:
$A = \frac{a^2}{4} \cdot \sqrt{3}$
$a \ldots$ Seitenlänge

10.13 1) $A = \frac{r \cdot b}{2}$ $\qquad$ $\frac{1 \cdot 1}{2} = 0{,}5$

$A = \frac{r^2 \cdot \pi \cdot \alpha}{360} \Rightarrow A \cdot 360 = r^2 \cdot \pi \cdot \alpha \Rightarrow \alpha = \frac{A \cdot 360}{r^2 \cdot \pi}$

$\alpha = \frac{A \cdot 360}{r^2 \cdot \pi}$ $\qquad$ $\frac{0{,}5 \cdot 360}{1 \cdot \pi} = 57{,}2\ldots \approx 57$

2) $A = \frac{r \cdot b}{2} \Rightarrow A \cdot 2 = r \cdot b \Rightarrow b = \frac{A \cdot 2}{r}$

$b = \frac{A \cdot 2}{r}$ $\qquad$ $\frac{1 \cdot 2}{1} = 2$

$\alpha = \frac{A \cdot 360}{r^2 \cdot \pi}$ $\qquad$ $\frac{1 \cdot 360}{1 \cdot \pi} = 114{,}5\ldots \approx 115$

Skizze:

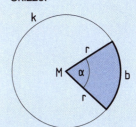

Kreissektor:
Teil einer Kreisfläche, der von einem Kreisbogen und zwei Radien begrenzt wird.

Länge eines Kreisbogens:
$b = \frac{r \cdot \pi \cdot \alpha}{180}$

Flächeninhalt eines Kreissektors:
$A = \frac{r^2 \cdot \pi \cdot \alpha}{360} = \frac{r \cdot r \cdot \pi \cdot \alpha}{2 \cdot 180} =$
$= \frac{r}{2} \cdot \frac{r \cdot \pi \cdot \alpha}{180} = \frac{r}{2} \cdot b = \frac{r \cdot b}{2}$

r ... Radius
α ... Zentriwinkel in Grad
π = 3,141 592 653 ...

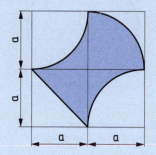

Länge der Diagonale eines Quadrats:
$d = a \cdot \sqrt{2}$
a ... Seitenlänge

3) $b = \frac{r \cdot \pi \cdot \alpha}{180}$ $\frac{1 \cdot \pi \cdot 1}{180} = 0{,}017\ldots \approx 0{,}02$

   $0{,}02\text{ m} = 2\text{ cm}$

   $A = \frac{r \cdot b}{2}$ $\frac{1 \cdot 0{,}017\ldots}{2} = 0{,}008\,7\ldots \approx 0{,}009$

   $0{,}009\text{ m}^2 = 90\text{ cm}^2$

4) $A = \frac{r^2 \cdot \pi \cdot \alpha}{360} \Rightarrow A \cdot 360 = r^2 \cdot \pi \cdot \alpha \Rightarrow r^2 = \frac{A \cdot 360}{\pi \cdot \alpha}$

   $r = \sqrt{\frac{A \cdot 360}{\pi \cdot \alpha}}$ $\sqrt{\frac{1 \cdot 360}{\pi \cdot 45}} = 1{,}59\ldots \approx 1{,}6$

   $A = \frac{r \cdot b}{2} \Rightarrow b = \frac{2 \cdot A}{r}$ $\frac{2 \cdot 1}{1{,}59\ldots} = 1{,}25\ldots \approx 1{,}3$

Kreissektor	1)	2)	3)	4)
Radius r	1,0 m	1,0 m	1,0 m	≈ 1,6 m
Zentriwinkel α	≈ 57°	≈ 115°	1°	45°
Bogenlänge b	1,0 m	2,0 m	2 cm	≈ 1,3 m
Flächeninhalt A	0,5 m²	1,0 m²	90 cm²	1,0 m²

10.14 a) Der Umfang des hervorgehobenen Flächenstücks setzt sich aus drei Viertelkreis-Bogenstücken – deren Gesamtlänge beträgt drei Viertel des Umfangs eines Kreises mit dem Radius r = a – und einer Strecke, die die Diagonale in dem Quadrat mit der Seitenlänge a darstellt, zusammen.

$u = 2 \cdot a \cdot \pi \cdot \frac{3}{4} + a \cdot \sqrt{2} = \frac{3}{2} \cdot a \cdot \pi + a \cdot \sqrt{2} =$
$= a \cdot (\frac{3}{2} \cdot \pi + \sqrt{2}) = a \cdot 6{,}12\ldots \approx \mathbf{6{,}1 \cdot a}$

Ermittle den Flächeninhalt (z. B.) durch Differenzbildung, indem du vom Flächeninhalt des Quadrats (Seitenlänge 2 · a) den Flächeninhalt eines halben Quadrats (Seitenlänge a), einer Viertelkreisfläche (Radius a) und eines ganzen Quadrats (Seitenlänge a) abziehst! Denke dir das zuletzt erwähnte (kleine) Quadrat aus einer Viertelkreisfläche und dem „sichelförmigen" Flächenstück zusammengesetzt, das diese auf das kleine Quadrat ergänzt!

$A = (2 \cdot a)^2 - \frac{a^2}{2} - \frac{a^2 \cdot \pi}{4} - a^2 = 4 \cdot a^2 - \frac{3 \cdot a^2}{2} - \frac{a^2 \cdot \pi}{4} =$
$= a^2 \cdot (4 - \frac{3}{2} - \frac{\pi}{4}) = \mathbf{a^2 \cdot (2{,}5 - \frac{\pi}{4})} = a^2 \cdot 1{,}71\ldots \approx \mathbf{1{,}7 \cdot a^2}$

b) $u = a \cdot 6{,}12\ldots$ $6 \cdot 6{,}12\ldots = 36{,}7\ldots \approx 37$

   u ≈ 37 cm

   $A = a^2 \cdot 1{,}71\ldots$ $36 \cdot 1{,}71\ldots = 61{,}7 \approx 62$

   A ≈ 62 cm²

c) $p\,\% = \frac{p}{100} = \frac{\text{(Prozent-)Anteil}}{\text{Grundwert}}$ $\frac{a^2 \cdot 1{,}71\ldots}{4 \cdot a^2} = \frac{1{,}71\ldots}{4} = 0{,}428\ldots \approx$

   $\approx 0{,}43 = \frac{43}{100} = 43\,\%$

   p % ≈ 43 %

   Rund **43 %** der Quadratfläche entfallen auf das hervorgehobene Flächenstück.

10 Der Kreis — Lösungen

10.15 (Vergleiche mit dem Beispiel 10.14!)

a) Der Umfang des hervorgehobenen Flächenstücks setzt sich aus einem großen Viertelkreis-Bogenstück (Radius 2 · x), einem kleinen Viertelkreis-Bogenstück (Radius x) und einer Strecke, die die Diagonale in dem Quadrat mit der Seitenlänge x darstellt, zusammen.

$$u = \frac{2 \cdot (2 \cdot x) \cdot \pi}{4} + \frac{2 \cdot x \cdot \pi}{4} + x \cdot \sqrt{2} = \frac{3 \cdot x \cdot \pi}{2} + x \cdot \sqrt{2} =$$
$$= x \cdot \left(\frac{3 \cdot \pi}{2} + \sqrt{2}\right) = x \cdot 6{,}12\ldots \approx \mathbf{6{,}1 \cdot x}$$

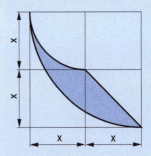

Ermittle den Flächeninhalt durch Differenzbildung, indem du vom Flächeninhalt der großen Viertelkreisfläche (Radius 2 · x) den Flächeninhalt der kleinen Viertelkreisfläche (Radius x) und den Flächeninhalt von einem ganzen und einem halben Quadrat (Seitenlänge jeweils x) abziehst.

$$A = \frac{(2 \cdot x)^2 \cdot \pi}{4} - \frac{x^2 \cdot \pi}{4} - \frac{3}{2} \cdot x^2 = \frac{4 \cdot x^2 \cdot \pi}{4} - \frac{x^2 \cdot \pi}{4} - \frac{3}{2} \cdot x^2 =$$
$$= \frac{3 \cdot x^2 \cdot \pi}{4} - \frac{3}{2} \cdot x^2 = x^2 \cdot \left(\frac{3 \cdot \pi}{4} - \frac{3}{2}\right) = x^2 \cdot 0{,}856\ldots \approx \mathbf{0{,}86 \cdot x^2}$$

Umfang und Flächeninhalt eines Kreises:
$u = 2 \cdot r \cdot \pi = d \cdot \pi$
$A = r^2 \cdot \pi$
r … Radius
d … Durchmesser
$\pi = 3{,}141\,592\,653\ldots$

b) $u = x \cdot 6{,}12\ldots$ $7 \cdot 6{,}12\ldots = 42{,}8\ldots \approx 43$

u ≈ 43 cm

$A = x^2 \cdot 0{,}856\ldots$ $49 \cdot 0{,}856\ldots = 41{,}9\ldots \approx 42$

A ≈ 42 cm²

Länge der Diagonale eines Quadrats:
$d = a \cdot \sqrt{2}$
a … Seitenlänge

c) $p\% = \frac{p}{100} = \frac{\text{(Prozent-)Anteil}}{\text{Grundwert}}$ $\frac{x^2 \cdot 0{,}856\ldots}{4 \cdot x^2} = \frac{0{,}856\ldots}{4} = 0{,}214\ldots \approx$
$\approx 0{,}21 = \frac{21}{100} = 21\%$

p % ≈ 21 %

Rund **21 %** der Quadratfläche entfallen auf das hervorgehobene Flächenstück.

10.16 a) Der Minutenzeiger einer Uhr überstreicht in 5 min eine Sektorfläche mit dem Zentriwinkel α = 30°. Nach 25 min beträgt dieser Zentriwinkel α = 150°.

$A = \frac{r^2 \cdot \pi \cdot \alpha}{360}$ $\frac{13^2 \cdot \pi \cdot 150}{360} = 221{,}2\ldots \approx 220$

A ≈ 220 mm² = 2,2 cm²

Flächeninhalt eines Kreissektors:
$A = \frac{r^2 \cdot \pi \cdot \alpha}{360}$
α … Zentriwinkel in Grad
$\pi = 3{,}141\,592\,563\ldots$

b) 1) Der Umfang des gegebenen Segments setzt sich aus einem Viertelkreis-Bogenstück und der Sehne, deren Länge der Diagonalenlänge in einem Quadrat mit der Seitenlänge r entspricht, zusammen.
Um die Länge des Viertelkreisbogens berechnen zu können, musst du zuerst r ermitteln.

$s = r \cdot \sqrt{2} \Rightarrow r = \frac{s}{\sqrt{2}}$ $\frac{1}{\sqrt{2}} = \frac{\sqrt{2}}{2} = 0{,}707\ldots \;(\approx 0{,}71)$

(r ≈ 0,71 m)

$u = b + s = \frac{2 \cdot r \cdot \pi}{4} + s = \frac{r \cdot \pi}{2} + s$

$\frac{(0{,}707\ldots) \cdot \pi}{2} + 1 = 2{,}11\ldots \approx 2{,}1$

u ≈ 2,1 m

Kreissegment:
Teil einer Kreisfläche, der von einer Sehne – das ist die Verbindungsstrecke zweier Punkte der Kreislinie – und einem Kreisbogen begrenzt wird.

Skizze:

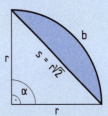

Ermittle den Flächeninhalt des Segments durch Differenzbildung, indem du vom Flächeninhalt der Viertelkreisfläche (Radius r) den Flächeninhalt eines halben Quadrats (Seitenlänge r) abziehst.

$$A = \frac{r^2 \cdot \pi}{4} - \frac{r^2}{2} = r^2 \cdot \left(\frac{\pi}{4} - \frac{1}{2}\right)$$

$(0,71\ldots)^2 \cdot \left(\frac{\pi}{4} - \frac{1}{2}\right) = 0,142\ldots \approx 0,14$

A ≈ 0,14 m² = 14 dm²

2) $p\% = \frac{p}{100} = \frac{\text{(Prozent-)Anteil}}{\text{Grundwert}}$ $\left[r^2 \cdot \left(\frac{\pi}{4} - \frac{1}{2}\right)\right] : \frac{r^2 \cdot \pi}{4} = \left(\frac{\pi}{4} - \frac{1}{2}\right) : \frac{\pi}{4} =$

$= 0,363\ldots \approx 0,36 = \frac{36}{100} = 36\%$

p % ≈ 36 %

Rund **36 %** der Sektorfläche entfallen auf die Segmentfläche.

10.17 a) Die Verbindungslinie überstreicht in einem Tag eine Sektorfläche mit einem Zentriwinkel von $\frac{360°}{365}$.

Ein Tag hat (3 600 s · 24 =) 86 400 Sekunden. Die Verbindungslinie überstreicht daher in einer Sekunde den 86 400sten Teil des „Tageswinkels".

$\alpha = \frac{360°}{365} : 86\,400 = \frac{360}{365 \cdot 86\,400}°$

$A = \frac{r^2 \cdot \pi \cdot \alpha}{360}$ $\frac{(150 \cdot 10^6)^2 \cdot \pi \cdot 360}{360 \cdot 365 \cdot 86\,400} = 2\,241\,433\,114,7\ldots \approx$

$\approx 2\,000\,000\,000$

A ≈ 2 Mrd. km²

Die (gedachte) Verbindungslinie Sonne – Erde überstreicht in einer Sekunde eine Fläche von rund **2 Mrd. km²**.

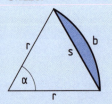

Skizze:

Flächeninhalt eines gleichseitigen Dreiecks:
$A = \frac{a^2}{4} \cdot \sqrt{3}$
a ... Seitenlänge

b) (Vergleiche mit dem Beispiel 10.16 b)!)

1) Der Umfang des gegebenen Segments setzt sich aus einem Sechstelkreis-Bogenstück (Zentriwinkel 360° : 6 = 60°) und der Sehne s = r zusammen. (Das aus den beiden Radien und der Sehne gebildete Dreieck ist – wegen α = 60° – gleichseitig!)

$u = b + s = \frac{2 \cdot r \cdot \pi}{6} + r = \frac{r \cdot \pi}{3} + r$ $\frac{1 \cdot \pi}{3} + 1 = 2,04\ldots \approx 2,0$

u ≈ 2,0 m

Ermittle den Flächeninhalt des Segments durch Differenzbildung, indem du vom Flächeninhalt der Sechstelkreisfläche (Radius r) den Flächeninhalt eines gleichseitigen Dreiecks (Seitenlänge r) abziehst!

$A = \frac{r^2 \cdot \pi}{6} - \frac{r^2}{4} \cdot \sqrt{3} = r^2 \cdot \left(\frac{\pi}{6} - \frac{\sqrt{3}}{4}\right)$

$1 \cdot \left(\frac{\pi}{6} - \frac{\sqrt{3}}{4}\right) = 0,090\ldots \approx 0,09$

A ≈ 0,09 m² = 9 dm²

2) $p\% = \frac{p}{100} = \frac{\text{(Prozent-)Anteil}}{\text{Grundwert}}$ $\left[r^2 \cdot \left(\frac{\pi}{6} - \frac{\sqrt{3}}{4}\right)\right] : \frac{r^2 \cdot \pi}{6} = \left(\frac{\pi}{6} - \frac{\sqrt{3}}{4}\right) : \frac{\pi}{6} =$

$= 0,173\ldots \approx 0,17 = \frac{17}{100} = 17\%$

p % ≈ 17 %

Rund **17 %** der Sektorfläche entfallen auf die Segmentfläche.

10 Der Kreis — Lösungen

10.18 1) $u = (r_1 + r_2) \cdot 2 \cdot \pi$ $(\sqrt{2} + 1) \cdot 2 \cdot \pi = 15{,}16\ldots \approx 15{,}2$
   $A = (r_1^2 - r_2^2) \cdot \pi$ $(2 - 1) \cdot \pi = \pi = 3{,}14\ldots \approx 3{,}1$

2) $u = (r_1 + r_2) \cdot 2 \cdot \pi \Rightarrow r_1 + r_2 = \frac{u}{2 \cdot \pi} \Rightarrow r_2 = \frac{u}{2 \cdot \pi} - r_1$
   $r_2 = \frac{u}{2 \cdot \pi} - r_1$ $\frac{10}{2 \cdot \pi} - 1 = 0{,}59\ldots \approx 0{,}60$
   $A = (r_1^2 - r_2^2) \cdot \pi$ $[1 - (0{,}59\ldots)^2] \cdot \pi = 2{,}04\ldots \approx 2{,}0$

3) $A = (r_1^2 - r_2^2) \cdot \pi \Rightarrow r_1^2 - r_2^2 = \frac{A}{\pi} \Rightarrow r_1^2 = \frac{A}{\pi} + r_2^2$
   $r_1 = \sqrt{\frac{A}{\pi} + r_2^2}$ $\sqrt{\frac{1}{\pi} + 1} = 1{,}14\ldots \approx 1{,}1$
   $u = (r_1 + r_2) \cdot 2 \cdot \pi$ $(1{,}14\ldots + 1) \cdot 2 \cdot \pi = 13{,}49\ldots \approx 13{,}5$

Kreisring	1)	2)	3)
Außenradius r_1	$\sqrt{2}$ m	1,0 m	≈ **1,1 m**
Innenradius r_2	1,0 m	**0,60 m**	1,0 m
Umfang u	≈ **15,2 m**	10 m	≈ **13,5 m**
Flächeninhalt A	≈ **3,1 m²**	≈ **2,0 m²**	1,0 m²

10.19 a) $d_1 = 10$ cm $\Rightarrow r_1 = 5$ cm $d_2 = 5$ cm $\Rightarrow r_2 = 2{,}5$ cm
   Kreisring: $A = (r_1^2 - r_2^2) \cdot \pi$ $(5^2 - 2{,}5^2) \cdot \pi = 58{,}9\ldots$ (≈ 59)
   (A ≈ 59 cm²)
   Kreis: $A = r_1^2 \cdot \pi$ $5^2 \cdot \pi = 78{,}5\ldots$ (≈ 79)
   (A ≈ 79 cm²)
   $p\% = \frac{p}{100} = \frac{\text{(Prozent-)Anteil}}{\text{Grundwert}}$ $\frac{(r_1^2 - r_2^2) \cdot \pi}{r_1^2 \cdot \pi} = \frac{(r_1^2 - r_2^2)}{r_1^2} =$
   $= \frac{18{,}75}{25} = 0{,}75 = \frac{75}{100} = 75\,\%$

p % = 75 %

75 % der Kreisfläche entfallen auf die Kreisringfläche.

b) Flächeninhalt des Kreisrings: $A_{KR} = (r_1^2 - r_2^2) \cdot \pi$
   Flächeninhalt des Kreises ($r = r_1 - r_2$): $A_K = r^2 \cdot \pi = (r_1 - r_2)^2 \cdot \pi$
   Behauptung: $A_K < A_{KR}$
   $(r_1 - r_2)^2 \cdot \pi < (r_1^2 - r_2^2) \cdot \pi \quad | : \pi$
   $(r_1 - r_2)^2 < r_1^2 - r_2^2$
   $(r_1 - r_2) \cdot (r_1 - r_2) < (r_1 + r_2) \cdot (r_1 - r_2) \quad | : (r_1 - r_2)$
   $(r_1 - r_2) < (r_1 + r_2)$ w. A.,

denn die Differenz der beiden Radien ist sicherlich kleiner als ihre Summe. In der Hoffnung, dass bei den einzelnen (Äquivalenz-)Umformungsschritten kein Fehler passiert ist, kannst du jetzt – aus der offensichtlichen Widerspruchsfreiheit der letzten Aussage – auf die Richtigkeit der Behauptung (rück)schließen und somit den Beweis als gelungen betrachten.

Kreisring:
Fläche, die von zwei konzentrischen Kreislinien begrenzt ist.

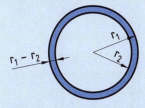

Umfang und Flächeninhalt eines Kreisrings:
$u = 2 \cdot r_1 \cdot \pi + 2 \cdot r_2 \cdot \pi =$
$= (r_1 + r_2) \cdot 2 \cdot \pi$

$A = r_1^2 \cdot \pi - r_2^2 \cdot \pi =$
$= (r_1^2 - r_2^2) \cdot \pi$

r_1 … Außenradius
r_2 … Innenradius
$\pi = 3{,}141\,592\,653\ldots$

Flächeninhalt eines Kreisrings:
$A = r_1^2 \cdot \pi - r_2^2 \cdot \pi =$
$= (r_1^2 - r_2^2) \cdot \pi$

r_1 … Außenradius
r_2 … Innenradius
$\pi = 3{,}141\,592\,653\ldots$

$a^2 - b^2 = (a + b)(a - b)$
Die Differenz der Quadrate zweier Terme ist zerlegbar in das Produkt aus der Summe und der Differenz der unquadrierten Terme.

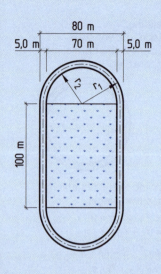

Flächeninhalt eines Kreisrings:
$A = r_1^2 \cdot \pi - r_2^2 \cdot \pi =$
$= (r_1^2 - r_2^2) \cdot \pi$
r_1 … Außenradius
r_2 … Innenradius
$\pi = 3{,}141\,592\,653\,…$

Zylinder:
Körper, der z. B. so aussieht wie eine Walze, Rolle oder Getränkedose.

Ein (Dreh-)Zylinder wird von zwei zueinander parallelen Kreisflächen und der Zylinderfläche (Mantelfläche) begrenzt.

Drehzylinder (gerader Zylinder): Zylinder, bei dem die Mantelfläche senkrecht auf die kreisförmige Grund- bzw. Deckfläche steht.

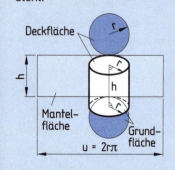

10.20 a) Denke dir die Laufbahn aus zwei Rechtecken (Seitenlängen 100 m und 5 m) und einem Kreisring (Außenradius $r_1 = 40$ m, Innenradius $r_2 = 35$ m) zusammengesetzt!

Lauffläche: $100 \cdot 5 \cdot 2 + (r_1^2 - r_2^2) \cdot \pi =$
$= 1\,000 + (40^2 - 35^2) \cdot \pi = 2\,178{,}0… \approx 2\,200$

Es werden rund **2 200 m²** Laufbelag benötigt.

b) Einfassung: $100 \cdot 4 + 2 \cdot r_1 \cdot \pi + 2 \cdot r_2 \cdot \pi =$
$= 400 + 2 \cdot \pi \cdot (40 + 35) = 871{,}2… \approx 872$

Es werden rund **872 m** Kantenmaterial benötigt.

c) Weg entlang der inneren Bahnbegrenzung (Kurvenradius 35 m):
$200 + 2 \cdot r_2 \cdot \pi = 200 + 2 \cdot 35 \cdot \pi = 419{,}9… (\approx 420)$

Weg in der Bahnmitte (Kurvenradius 37,5 m):
$200 + 2 \cdot 37{,}5 \cdot \pi = 435{,}6… (\approx 436)$

Unterschied der Weglängen: $435{,}6… - 419{,}9… = 15{,}7… \approx 16$

Ein Umlauf entlang der inneren Bahnbegrenzung ist um rund **16 m** kürzer als ein Umlauf entlang der Bahnmitte.

Beachte: Für die Berechnung des Wegunterschieds brauchst du die beiden jeweils 100 m langen, geraden Streckenabschnitte nicht unbedingt heranziehen. Es würde genügen, den Unterschied der beiden Kreisumfänge zu berechnen.

11 Zylinder – Kegel – Kugel

11.1
1) $V = r^2 \cdot \pi \cdot h \Rightarrow r^2 = \frac{V}{\pi \cdot h}$

$r = \sqrt{\frac{V}{\pi \cdot h}}$ $\sqrt{\frac{1}{\pi \cdot 1}} = 0{,}56… \approx 0{,}6$

$O = 2 \cdot r \cdot \pi \cdot (r + h)$ $2 \cdot 0{,}56… \cdot \pi \cdot (0{,}56… + 1) =$
$= 5{,}54… \approx 5{,}5$

2) $O = 2 \cdot r \cdot \pi \cdot (r + h)$
$1 = 2 \cdot 0{,}2 \cdot \pi \cdot (0{,}2 + h) \quad |:(0{,}4 \cdot \pi)$
$\frac{1}{0{,}4 \cdot \pi} = 0{,}2 + h \quad | -0{,}2$
$h = \frac{1}{0{,}4 \cdot \pi} - 0{,}2 = 0{,}59… \approx 0{,}6$

$V = r^2 \cdot \pi \cdot h \qquad 0{,}2^2 \cdot \pi \cdot 0{,}59… = 0{,}074\,8… \approx 0{,}075$

3) Die Mantelfläche eines Drehzylinders ist – in die Ebene ausgebreitet – ein Rechteck mit den Seitenlängen h (= Höhe des Zylinders) und $2 \cdot r \cdot \pi$ (= Umfang des Basis- bzw. Deckkreises).

Die Rechteckseite a ist genauso lang wie der Umfang ($u = 2 \cdot r \cdot \pi$) der kreisförmigen Zylindergrund- bzw. Zylinderdeckfläche.

$a = 2 \cdot r \cdot \pi \Rightarrow r = \frac{a}{2 \cdot \pi} \qquad \frac{50}{2 \cdot \pi} = 7{,}9… \approx 8{,}0$

$O = M + 2 \cdot G = a \cdot b + 2 \cdot r^2 \cdot \pi \qquad 50 \cdot 10 + 2 \cdot (7{,}9…)^2 \cdot \pi =$
$= 897{,}8… \approx 900$

$V = r^2 \cdot \pi \cdot h \qquad (7{,}9…)^2 \cdot \pi \cdot 10 = 1\,989{,}4… \approx 2\,000$

11 Zylinder – Kegel – Kugel

Lösungen

4) Bei einem gleichseitigen Zylinder sind Durchmesser und Höhe gleich groß: $d = 2 \cdot r = h$.

$M = 2 \cdot r \cdot \pi \cdot h = d \cdot \pi \cdot h \Rightarrow$ wegen $d = h$, $M = h \cdot \pi \cdot h = h^2 \cdot \pi$

$M = h^2 \cdot \pi \Rightarrow h = \sqrt{\frac{M}{\pi}}$ $\quad\quad \sqrt{\frac{1}{\pi}} = 0{,}56\ldots \approx 0{,}6$

$2 \cdot r = d = h \Rightarrow r = \frac{h}{2}$ $\quad\quad \frac{0{,}56\ldots}{2} = 0{,}28\ldots \approx 0{,}3$

$V = r^2 \cdot \pi \cdot h \Rightarrow$ wegen $h = 2 \cdot r$, $V = r^2 \cdot \pi \cdot 2 \cdot r = 2 \cdot r^3 \cdot \pi$

$\quad\quad 2 \cdot (0{,}28\ldots)^3 \cdot \pi = 0{,}141\ldots \approx 0{,}14$

Drehzylinder	1)	2)	3)	4)
Radius r	≈ 0,6 m	0,2 m	≈ 8,0 cm	≈ 0,3 m
Höhe h	1,0 m	≈ 0,6 m	h = b	≈ 0,6 m
Oberfläche O	≈ 5,5 m²	1,0 m²	≈ 900 cm²	—
Volumen V	1,0 m³	≈ 0,075 m³	≈ 2 000 cm³	≈ 0,14 m³
Mantelfläche M	—	—	Rechteck a = 50 cm b = 10 cm	gleichseitiger Zylinder M = 1,0 m²

11.2 a) 1) Durchschneidet man einen (allgemeinen) Drehzylinder längs einer zur Grundfläche normal stehenden Symmetrieebene, so entsteht eine Schnittfläche mit der Form eines **Rechtecks**. Bei einem gleichseitigen Zylinder ($d = 2 \cdot r = h$) hat die Schnittfigur die Form eines **Quadrats**.

2) Durchschneidet man einen (allgemeinen) Drehzylinder schräg zur Grundfläche, so entsteht eine Schnittfigur mit der Form einer **Ellipse**.

b) Die Mantelfläche eines Drehzylinders ist – in die Ebene ausgebreitet – ein Rechteck mit den Seitenlängen h (= Höhe des Zylinders) und $2 \cdot r \cdot \pi$ (= Umfang des Basis- bzw. Deckkreises). Vergleiche mit der Abbildung in der Randspalte bei 11.1!

1) Bei einem gleichseitigen Zylinder sind Durchmesser und Höhe gleich groß: $d = 2 \cdot r = h$.

$\mathbf{M = 2 \cdot r \cdot \pi \cdot h = 2 \cdot r \cdot \pi \cdot 2 \cdot r = 4 \cdot r^2 \cdot \pi}$

2) $\mathbf{O = M + G = 4 \cdot r^2 \cdot \pi + 2 \cdot r^2 \cdot \pi = 6 \cdot r^2 \cdot \pi}$

3) $\mathbf{V = G \cdot h = r^2 \cdot \pi \cdot 2 \cdot r = 2 \cdot r^3 \cdot \pi}$

c) $V = 2 \cdot r^3 \cdot \pi \Rightarrow r^3 = \frac{V}{2 \cdot \pi}$

$r = \sqrt[3]{\frac{V}{2 \cdot \pi}}$ $\quad\quad \sqrt[3]{\frac{1}{2 \cdot \pi}} = 0{,}541\ldots \approx 0{,}54$

r ≈ 0,54 m = 54 cm

$O = 6 \cdot r^2 \cdot \pi$ $\quad\quad 6 \cdot (0{,}541\ldots)^2 \cdot \pi = 5{,}53\ldots \approx 5{,}5$

O ≈ 5,5 m²

Volumen eines Drehzylinders:
$V = G \cdot h = r^2 \cdot \pi \cdot h$

Mantelfläche eines Drehzylinders:
$M = 2 \cdot r \cdot \pi \cdot h$

Oberfläche eines Drehzylinders:
$O = 2 \cdot G + M =$
$= 2 \cdot r^2 \cdot \pi + 2 \cdot r \cdot \pi \cdot h =$
$= 2 \cdot r \cdot \pi \cdot (r + h)$

G … Grundfläche
M … Mantelfläche
h … Höhe
r … Radius
π = 3,141 592 653 …

Gleichseitiger Zylinder:
Zylinder, dessen Durchmesser genauso groß ist wie seine Höhe.

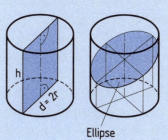

Ellipse

Volumen eines Drehzylinders:
$V = G \cdot h = r^2 \cdot \pi \cdot h$

Mantelfläche eines Drehzylinders:
$M = 2 \cdot r \cdot \pi \cdot h$

Oberfläche eines Drehzylinders:
$O = 2 \cdot G + M =$
$= 2 \cdot r^2 \cdot \pi + 2 \cdot r \cdot \pi \cdot h =$
$= 2 \cdot r \cdot \pi \cdot (r + h)$

G … Grundfläche
M … Mantelfläche
h … Höhe
r … Radius
π = 3,141 592 653 …

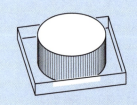

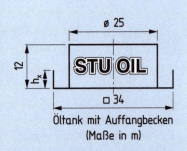

Öltank mit Auffangbecken
(Maße in m)

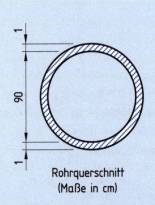

Rohrquerschnitt
(Maße in cm)

11.3 a) $V = r^2 \cdot \pi \cdot h$ $\quad r = \frac{d}{2} = 12{,}5$ m

$12{,}5^2 \cdot \pi \cdot 12 = 5\,890{,}4\ldots \approx 5\,900$

V ≈ 5 900 m³ = 5 900 000 l

Das Fassungsvermögen des Öltanks beträgt rund **5,9 Mio. Liter**.

b) Unter der Seitenwandung des Tanks ist der Mantel M des zylindrischen Behälters zu verstehen.

$M = 2 \cdot r \cdot \pi \cdot h = d \cdot \pi \cdot h \quad 25 \cdot \pi \cdot 12 = 942{,}4\ldots \approx 950$

M ≈ 950 m²

Es muss Farbe für rund **950 m²** bereitgestellt werden.

c) Das Fassungsvermögen des quaderförmigen Auffangbeckens muss dem des Tanks entsprechen.

Auffangbecken: $V = a^2 \cdot h_x \quad h_x \ldots$ die gesuchte Höhe

$a^2 \cdot h_x = 5\,890{,}4\ldots \quad | : a^2$

$h_x = \frac{5\,890{,}4\ldots}{a^2} \qquad \frac{5\,890{,}4\ldots}{34} = 5{,}09\ldots \approx 5{,}1$

h_x ≈ 5,1 m

Die Wände des Auffangbeckens müssen mindestens **5,1 m** hoch sein.

11.4 a) $V = r^2 \cdot \pi \cdot h$ $\quad r = \frac{d}{2} = 45$ cm $= 0{,}45$ m

$h = 50$ km $= 50\,000$ m

$0{,}45^2 \cdot \pi \cdot 50\,000 = 31\,808{,}6\ldots \approx 32\,000$

V ≈ 32 000 m³ = 32 000 000 l

Das Fassungsvermögen der Rohrleitung beträgt rund **32 Mio. Liter**.

b) Die verkleidete Fläche ist die Mantelfläche des zylindrischen Rohrs. Der Außenradius R des Rohrs ist, da die Wandstärke 10 mm = 1 cm beträgt, um 1 cm größer als der Innenradius r.

R = r + 1 cm = 45 cm + 1 cm = 46 cm = 0,46 m

$M = 2 \cdot R \cdot \pi \cdot h \quad 2 \cdot 0{,}46 \cdot \pi \cdot 50\,000 = 144\,513{,}2\ldots \approx 145\,000$

M ≈ 145 000 m²

Es muss Verkleidungsmaterial für rund **145 000 m²** Rohroberfläche bereitgestellt werden.

c) Sollte das Rohr an einer Stelle völlig auseinander brechen, dann könnte dort pro Sekunde eine Ölmenge in der Form eines Zylinders mit dem Durchmesser d = 90 cm (⇒ r = 45 cm = 0,45 m) und einer Länge (= Höhe h) von 1,3 m austreten. In einer Stunde (= 3 600 s) könnte dann die 3 600fache Menge austreten.

$V = r^2 \cdot \pi \cdot h \quad 0{,}45^2 \cdot \pi \cdot 1{,}3 \cdot 3\,600 = 2\,977{,}2\ldots \approx 3\,000$

V ≈ 3 000 m³ = 3 000 000 l

Im Falle eines Rohrbruchs könnten stündlich höchstens **3 Mio. Liter** Öl ausfließen.

11 Zylinder – Kegel – Kugel

Lösungen

11.5 a) Ermittle das Volumen der Schraubenmutter durch Differenzbildung, indem du vom Volumen V_P eines Prismas (Grundfläche: regelmäßiges Sechseck mit der Seitenlänge a = 5 mm, Höhe h = 4 mm) das Volumen V_Z eines Zylinders (Radius des Basiskreises r = 3 mm, Höhe h = 4 mm) abziehst.

Die Grundfläche des Prismas ist ein regelmäßiges Sechseck und besteht aus sechs gleichseitigen Dreiecken mit der Seitenlänge a = 5 mm.

$V_P = 6 \cdot \frac{a^2}{4} \cdot \sqrt{3} \cdot h \qquad 6 \cdot \frac{5^2}{4} \cdot \sqrt{3} \cdot 4 = 259{,}8\ldots$

$V_Z = r^2 \cdot \pi \cdot h \qquad 3^2 \cdot \pi \cdot 4 = 113{,}0\ldots$

Volumen einer Schraubenmutter: $V = V_P - V_Z$
($V \approx 150$ mm³) $\qquad 259{,}8\ldots - 113{,}0\ldots = 146{,}7\ldots \;(\approx 150)$

Volumen von 1 000 Schraubenmuttern:
$\qquad 146{,}7\ldots \cdot 1\,000 = 146\,710{,}2\ldots \;(\approx 150\,000)$
($V \approx 150\,000$ mm³)

Die Dichte des Stahls $\varrho = 7\,800$ kg/m³ $= 7{,}8$ kg/dm³.
Das Volumen $V = 146\,710{,}2\ldots$ mm³ $= 0{,}146\,710\,2\ldots$ dm³
$m = \varrho \cdot V \qquad 7{,}8 \cdot 0{,}14\ldots = 1{,}14\ldots \approx 1{,}1$

m ≈ 1,1 kg

1 000 Schraubenmuttern haben eine Masse von rund **1,1 kg**.

b) Das Material der zylindrischen Ausbohrung bildet den Abfall. Das zugehörige Volumen hast du bereits in a) ermittelt.

$p\% = \frac{p}{100} = \frac{\text{(Prozent-)Anteil}}{\text{Grundwert}} = \frac{V_Z}{V_P} \qquad \frac{113{,}0\ldots}{259{,}8\ldots} = 0{,}435\ldots \approx$
$\qquad \approx 0{,}44 = \frac{44}{100} = 44\,\%$

Es werden rund **44 %** des Ausgangskörpers zu Abfall.

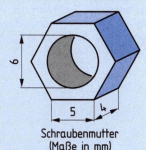

Schraubenmutter (Maße in mm)

Flächeninhalt eines gleichseitigen Dreiecks:
$A = \frac{a^2}{4} \cdot \sqrt{3}$
a … Seitenlänge

Dichte = $\frac{\text{Masse}}{\text{Volumen}}$

$\varrho = \frac{m}{V} \Rightarrow m = \varrho \cdot V$

Achte darauf, dass in der Rechnung die Einheiten der Größen aufeinander abgestimmt sind; d. h. z. B. Dichte in kg/dm³ und Volumen in dm³!

11.6 a) Die Glasfaser stellt einen Zylinder mit einem Basiskreisdurchmesser von 0,2 mm und einer Höhe (= Länge) h_x dar. Die Glasschmelze – ihr Volumen musst du zuerst berechnen – wird gleichsam in einen Zylinder mit gleichem Volumen umgegossen.

Die Dichte des Glases $\varrho = 2\,200$ kg/m³ $= 2{,}2$ kg/dm³. m = 1 kg

Volumen der Glasschmelze V_S: $\quad \varrho = \frac{m}{V_S} \Rightarrow V_S = \frac{m}{\varrho} = \frac{1}{2{,}2}$ dm³

Volumen der Glasfaser V_F:
$V_F = r^2 \cdot \pi \cdot h_x \qquad r = \frac{d}{2} = 0{,}1$ mm $= 0{,}001$ dm
$V_F = 0{,}001^2 \cdot \pi \cdot h_x$

$\qquad V_F = V_S$

$0{,}001^2 \cdot \pi \cdot h_x = \frac{1}{2{,}2} \quad |:(0{,}001^2 \cdot \pi)$

$\qquad h_x = \frac{1}{2{,}2 \cdot 0{,}001^2 \cdot \pi} = 144\,686{,}3\ldots \approx 145\,000$

$\qquad 145\,000$ dm $= 14\,500$ m $= 14{,}5$ km

$h_x \approx 14{,}5$ km

Die Glasfaser kann rund **14,5 km** lang werden.

Glasfaser (Maße in mm)

Volumen eines Drehzylinders:
$V = r^2 \cdot \pi \cdot h$
h … Höhe
r … Radius
$\pi = 3{,}141\,592\,653\ldots$

Dichte = $\frac{\text{Masse}}{\text{Volumen}}$

$\varrho = \frac{m}{V} \Rightarrow V = \frac{m}{\varrho}$

Achte darauf, dass in der Rechnung die Einheiten der Größen aufeinander abgestimmt sind; d. h. z. B. Dichte in kg/dm³ und Masse in kg!

b) Volumen des Kupferdrahts:
$V = r^2 \cdot \pi \cdot h$ $r = \frac{d}{2} = 0,4$ mm $= 0,004$ dm
              $h = h_x = 144\,686,3\ldots$ dm
($V \approx 7,3$ dm³) $0,004^2 \cdot \pi \cdot 144\,686,3\ldots = 7,27\ldots (\approx 7,3)$

Die Dichte des Kupfers $\varrho = 8\,900$ kg/m³ $= 8,9$ kg/dm³.

$\varrho = \frac{m}{V} \Rightarrow m = \varrho \cdot V$ $8,9 \cdot 7,2\ldots = 64,7\ldots \approx 65$

$m \approx 65$ kg

Die Glasfaser hat eine Masse von 1 kg. Der Kupferdraht hat (eine 65-mal so große Masse und somit) ein **65-mal** so großes Gewicht.

11.7 1) r, h und s bilden ein rechtwinkliges Dreieck.
$r^2 + h^2 = s^2 \Rightarrow r^2 = s^2 - h^2$
$r = \sqrt{s^2 - h^2}$ $\sqrt{2^2 - 1} = \sqrt{3} = 1,73\ldots \approx 1,7$
$O = r \cdot \pi \cdot (r + s)$ $\sqrt{3} \cdot \pi \cdot (\sqrt{3} + 2) = 20,30\ldots \approx 20$
$V = \frac{1}{3} \cdot r^2 \cdot \pi \cdot h$ $\frac{1}{3} \cdot 3 \cdot \pi \cdot 1 = \pi = 3,14\ldots \approx 3,1$

2) $V = \frac{1}{3} \cdot r^2 \cdot \pi \cdot h \Rightarrow 3 \cdot V = r^2 \cdot \pi \cdot h \Rightarrow h = \frac{3 \cdot V}{r^2 \cdot \pi}$

$h = \frac{3 \cdot V}{r^2 \cdot \pi}$ $\frac{3 \cdot 1}{0,5^2 \cdot \pi} = 3,81\ldots \approx 3,8$

$s^2 = r^2 + h^2 \Rightarrow s = \sqrt{r^2 + h^2}$ $\sqrt{0,5^2 + (3,81\ldots)^2} = 3,85\ldots \approx 3,9$

$O = r \cdot \pi \cdot (r + s)$ $0,5 \cdot \pi \cdot (0,5 + 3,85\ldots) = 6,83\ldots \approx 6,8$

3) Bei einem gleichseitigen Kegel sind der (Basiskreis-)Durchmesser d und die Erzeugende (= Mantellinie) s gleich lang: $d = 2 \cdot r = s$.
Der Mantel eines Drehkegels ist – in die Ebene ausgebreitet – ein Kreissektor mit dem Radius s und der Bogenlänge $b = 2 \cdot r \cdot \pi$; d. h. b entspricht dem Umfang des Basiskreises.

$M = r \cdot \pi \cdot s = r \cdot \pi \cdot 2 \cdot r = 2 \cdot r^2 \cdot \pi \Rightarrow r^2 = \frac{M}{2 \cdot \pi}$

$r = \sqrt{\frac{M}{2 \cdot \pi}}$ $\sqrt{\frac{1}{2 \cdot \pi}} = 0,39\ldots \approx 0,4$

$s = 2 \cdot r$ $2 \cdot 0,39\ldots = 0,79\ldots \approx 0,8$

$h^2 + r^2 = s^2 \Rightarrow h^2 = s^2 - r^2$
$h = \sqrt{s^2 - r^2}$ $\sqrt{(0,79\ldots)^2 - (0,39\ldots)^2} = 0,69\ldots \approx 0,7$
$V = \frac{1}{3} \cdot r^2 \cdot \pi \cdot h$ $\frac{1}{3} \cdot \frac{1}{2 \cdot \pi} \cdot \pi \cdot 0,69\ldots = 0,11\ldots \approx 0,1$

Drehkegel	1)	2)	3)
(Basiskreis-)Radius r	≈ 1,7 m	0,5 m	≈ 0,4 m
Höhe h	1,0 m	≈ 3,8 m	≈ 0,7 m
Erzeugende s	2,0 m	≈ 3,9 m	≈ 0,8 m
Oberfläche O	≈ 20 m²	≈ 6,8 m²	—
Volumen V	≈ 3,1 m³	1,0 m³	≈ 0,1 m³
Mantelfläche M	—	—	gleichseitiger Kegel M = 1,0 m²

Kegel:
Körper, der z. B. so (ähnlich) aussieht wie der zugespitzte Teil eines (runden) Bleistifts oder ein zu einer Tüte spitz zusammengedrehtes Papier.

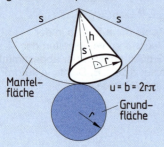

Drehkegel (gerader Kegel):
Kegel, bei dem die Spitze senkrecht über dem Mittelpunkt des Basiskreises liegt.

Gleichseitiger Kegel:
Drehkegel, dessen (Basiskreis-)Durchmesser genauso groß ist wie die Erzeugende (Mantellinie).

Zur Bedeutung des Begriffs „Erzeugende": Zeichnet man (sehr viele) Verbindungsgeraden von der Kegelspitze zur Basiskreislinie, so „erzeugen" diese die Kegelfläche.

Volumen eines Drehkegels:
$V = \frac{1}{3} \cdot G \cdot h = \frac{1}{3} \cdot r^2 \cdot \pi \cdot h$

Mantelfläche eines Drehkegels:
$M = r \cdot \pi \cdot s$

Oberfläche eines Drehkegels:
$O = G + M = r^2 \cdot \pi + r \cdot \pi \cdot s =$
  $= r \cdot \pi \cdot (r + s)$

r ... Radius
h ... Höhe
s ... Erzeugende, Mantellinie
$\pi = 3,141\,592\,653\ldots$

11 Zylinder – Kegel – Kugel   Lösungen

11.8 a) 1) Durchschneidet man einen (allgemeinen) Drehkegel längs einer Symmetrieebene, so entsteht eine Schnittfläche mit der Form eines **gleichschenkligen Dreiecks**.
Bei einem gleichseitigen Kegel hat die Schnittfläche die Form eines **gleichseitigen Dreiecks**.

2) Durchschneidet man einen Drehkegel längs einer Ebene, die parallel zu seiner Grundfläche ist, so entsteht eine Schnittfläche mit der Form einer **Kreisfläche**.

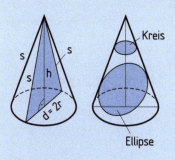

b) 1) Die Mantelfläche eines Kegels ist ein Kreissektor mit dem Radius s und der Bogenlänge $b = 2 \cdot r \cdot \pi$; d. h. b entspricht dem Umfang des Basiskreises. Für den Flächeninhalt dieses Kreissektors gilt: $M = \frac{s^2 \cdot \pi \cdot \alpha}{360} = \frac{s}{2} \cdot \frac{s \cdot \pi \cdot \alpha}{180}$

Vergleiche mit der Abbildung in der Randspalte!

Mit $\frac{s \cdot \pi \cdot \alpha}{180}$ wird die zum Sektor gehörende Bogenlänge b ausgedrückt. Folglich kannst du auch schreiben:

$M = \frac{s}{2} \cdot b = \frac{s}{2} \cdot 2 \cdot r \cdot \pi = s \cdot r \cdot \pi = 2 \cdot r \cdot r \cdot \pi = \mathbf{2 \cdot r^2 \cdot \pi}$

2) $O = M + G = 2 \cdot r^2 \cdot \pi + r^2 \cdot \pi = \mathbf{3 \cdot r^2 \cdot \pi}$

3) $V = \frac{1}{3} \cdot G \cdot h = \frac{1}{3} \cdot r^2 \cdot \pi \cdot h$. Dabei ist h die Höhe eines gleichseitigen Dreiecks mit der Seitenlänge $2 \cdot r$.
$h = \frac{2 \cdot r}{2} \cdot \sqrt{3} = r \cdot \sqrt{3}$
$V = \frac{1}{3} \cdot r^2 \cdot \pi \cdot h = \frac{1}{3} \cdot r^2 \cdot \pi \cdot r \cdot \sqrt{3} = \mathbf{\frac{1}{3} \cdot r^3 \cdot \pi \cdot \sqrt{3}}$

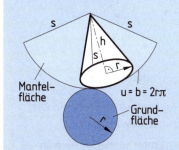

c) $O = 3 \cdot r^2 \cdot \pi \Rightarrow r^2 = \frac{O}{3 \cdot \pi}$
$r = \sqrt{\frac{O}{3 \cdot \pi}}$ $\sqrt{\frac{1}{3 \cdot \pi}} = 0{,}325\ldots \approx 0{,}33$
r ≈ 0,33 m = 33 cm

$s = 2 \cdot r$ $0{,}325\ldots \cdot 2 = 0{,}651\ldots \approx 0{,}65$
s ≈ 0,65 m = 65 cm

$h^2 + r^2 = s^2 \Rightarrow h^2 = s^2 - r^2 = (2 \cdot r)^2 - r^2 = 4 \cdot r^2 - r^2 = 3 \cdot r^2$
$h = \sqrt{3 \cdot r^2} = r \cdot \sqrt{3}$ $0{,}325\ldots \cdot \sqrt{3} = 0{,}564\ldots \approx 0{,}56$
h ≈ 0,56 m = 56 cm

11.9 a) $V = \frac{1}{3} \cdot r^2 \cdot \pi \cdot h \Rightarrow 3 \cdot V = r^2 \cdot \pi \cdot h \Rightarrow r^2 = \frac{3 \cdot V}{\pi \cdot h}$
$r = \sqrt{\frac{3 \cdot V}{\pi \cdot h}}$ $\sqrt{\frac{3 \cdot 150}{\pi \cdot 14}} = 3{,}19\ldots \approx 3{,}2$
$d = 2 \cdot r$ $2 \cdot 3{,}19\ldots = 6{,}39\ldots \approx 6{,}4$
d ≈ 6,4 cm

Der Durchmesser an der Öffnung wird rund **6,4 cm** betragen.

b) $M = r \cdot \pi \cdot s$, $s^2 = r^2 + h^2$
$s = \sqrt{r^2 + h^2}$ $\sqrt{(3{,}19\ldots)^2 + 14^2} = 14{,}36\ldots$
$M = r \cdot \pi \cdot s$ $3{,}19\ldots \cdot \pi \cdot 14{,}36\ldots = 144{,}3\ldots$
$M' = M \cdot 1{,}04$ $144{,}3\ldots \cdot 1{,}04 = 150{,}0\ldots \approx 150$
M' ≈ 150 cm²

Es werden mindestens rund **150 cm²** Papier benötigt.

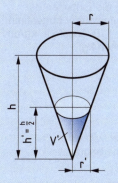

4 % zu x hinzurechnen:
$x + x \cdot \frac{4}{100} = x + x \cdot 0{,}04 =$
$= x \cdot (1 + 0{,}04) =$
$= x \cdot 1{,}04$

$V' : V = \frac{1}{24} : \frac{1}{3} = \frac{1}{8} : 1$

$\frac{1}{8} = 0{,}125 = \frac{12{,}5}{100} = 12{,}5\,\%$

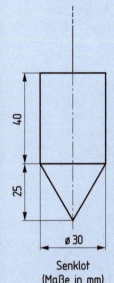

Senklot
(Maße in mm)

Volumen eines Drehzylinders:
$V = G \cdot h = r^2 \cdot \pi \cdot h$

Volumen eines Drehkegels:
$V = \frac{1}{3} \cdot G \cdot h = \frac{1}{3} \cdot r^2 \cdot \pi \cdot h$
r ... Radius des Basiskreises
h ... Höhe
$\pi = 3{,}141\,592\,653\ldots$

Dichte = $\frac{\text{Masse}}{\text{Volumen}}$

$\varrho = \frac{m}{V} \Rightarrow V = \frac{m}{\varrho}$

Achte darauf, dass in der Rechnung die Einheiten der Größen aufeinander abgestimmt sind; d. h. z. B. Dichte in kg/dm³ und Masse in kg!

Kugel:
Körper, der von einer Kugelfläche begrenzt wird.

Kugelfläche:
krumme Fläche, deren Punkte von einem gegebenen Punkt, dem Mittelpunkt der Kugel, gleich weit entfernt sind. Die Entfernung heißt Kugelradius.

c) Ist die Tüte bis zur Hälfte ihrer Tiefe voll, so ist sie nicht halbvoll!
Halbe Füllhöhe, d. h.: $h' = \frac{h}{2}$ und $r' = \frac{r}{2}$ (Strahlensatz!)
$V' = \frac{1}{3} \cdot (r')^2 \cdot \pi \cdot h' = \frac{1}{3} \cdot (\frac{r}{2})^2 \cdot \pi \cdot \frac{h}{2} = \frac{1}{3} \cdot \frac{r^2}{4} \cdot \pi \cdot \frac{h}{2} = \frac{1}{24} \cdot r^2 \cdot \pi \cdot h$
$V = \frac{1}{3} \cdot r^2 \cdot \pi \cdot h$
$V' = \frac{1}{8} \cdot V$

Die Tüte ist zu **einem Achtel (= 12,5 %)** gefüllt.

11.10 a) Der Körper setzt sich aus einem Zylinder (Radius r = 15 mm, Höhe h_Z = 40 mm) und einem Kegel (Basiskreis-Radius r = 15 mm, Höhe h_K = 25 mm) zusammen.

Oberfläche:

Basiskreis:	$r^2 \cdot \pi$	$15^2 \cdot \pi = 706{,}8\ldots$
Zylindermantel:	$2 \cdot r \cdot \pi \cdot h_Z$	$2 \cdot 15 \cdot \pi \cdot 40 = 3\,769{,}9\ldots$
Kegelmantel:	$r \cdot \pi \cdot s$	
$s = \sqrt{r^2 + h_K^2}$		$\sqrt{15^2 + 25^2} = 29{,}1\ldots$
		$15 \cdot \pi \cdot 29{,}1\ldots = 1\,373{,}8\ldots$
Gesamtoberfläche O:		$706{,}8\ldots + 3\,769{,}9\ldots + 1\,373{,}8\ldots =$
		$= 5\,850{,}6\ldots \approx 5\,900$

O ≈ 5 900 mm² = 59 cm²

Volumen:

$V_Z = r^2 \cdot \pi \cdot h_Z$	$15^2 \cdot \pi \cdot 40 = 28\,274{,}3\ldots$
$V_K = \frac{1}{3} \cdot r^2 \cdot \pi \cdot h_K$	$\frac{1}{3} \cdot 15^2 \cdot \pi \cdot 25 = 5\,890{,}4\ldots$
Gesamtvolumen V:	$28\,274{,}3\ldots + 5\,890{,}4\ldots =$
	$= 34\,164{,}8\ldots \approx 34\,000$

V ≈ 34 000 mm³ = 34 cm³ = 0,034 dm³

b) Die Dichte des Bleis beträgt ϱ = 11 300 kg/m³ = 11,3 kg/dm³.
Berechne das vorhandene Bleivolumen und dividiere dann durch das Volumen eines Körpers; so erhältst du die Anzahl der herstellbaren Körper.

$\varrho = \frac{m}{V} \Rightarrow V = \frac{m}{\varrho}$ $\frac{10}{11{,}3} = 0{,}884\ldots (\approx 0{,}9)$ (V ≈ 0,9 dm³)

Berechnung der Anzahl: $0{,}884\ldots : 0{,}034\ldots = 25{,}9\ldots \approx 25$

Es können rund **25 Stück** Senklote hergestellt werden.

11.11 a) 1) $O = 4 \cdot r^2 \cdot \pi$ $4 \cdot 1 \cdot \pi = 4 \cdot \pi = 12{,}56\ldots \approx 12{,}6$
$V = \frac{4}{3} \cdot r^3 \cdot \pi$ $\frac{4}{3} \cdot 1 \cdot \pi = 4{,}18\ldots \approx 4{,}2$

2) $O = 4 \cdot r^2 \cdot \pi \Rightarrow r^2 = \frac{O}{4 \cdot \pi}$

$r = \sqrt{\frac{O}{4 \cdot \pi}}$ $\sqrt{\frac{1}{4 \cdot \pi}} = 0{,}282\ldots \approx 0{,}28$ 0,28 m = 28 cm

$V = \frac{4}{3} \cdot r^3 \cdot \pi$ $\frac{4}{3} \cdot (0{,}282\ldots)^3 \cdot \pi = 0{,}094\,0\ldots \approx 0{,}094$

0,094 m³ = 94 dm³

11 Zylinder – Kegel – Kugel   Lösungen

3) $V = \frac{4}{3} \cdot r^3 \cdot \pi \Rightarrow 3 \cdot V = 4 \cdot r^3 \cdot \pi \Rightarrow r^3 = \frac{3 \cdot V}{4 \cdot \pi}$

$r = \sqrt[3]{\frac{3 \cdot V}{4 \cdot \pi}}$ $\sqrt[3]{\frac{3 \cdot 1}{4 \cdot \pi}} = 0{,}620 \ldots \approx 0{,}62$ 0,62 m = 62 cm

$O = 4 \cdot r^2 \cdot \pi$ $4 \cdot (0{,}620 \ldots)^2 \cdot \pi = 4{,}83\ldots \approx 4{,}8$

Kugel	1)	2)	3)
Radius r	1,0 m	≈ 0,28 m	0,62 m
Oberfläche O	≈ 12,6 m²	1,0 m²	≈ 4,8 m²
Volumen V	≈ 4,2 m³	≈ 94 dm³	1,0 m³

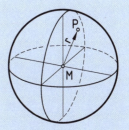

Oberfläche einer Kugel:
$O = 4 \cdot r^2 \cdot \pi$

Volumen einer Kugel:
$V = \frac{4}{3} \cdot r^3 \cdot \pi$
r … Radius der Kugel
π = 3,141 592 653 …

b) 1) Kugel: $V_K = \frac{4}{3} \cdot r^3 \cdot \pi$ Würfel: $V_W = a^3$

$V_K = V_W$

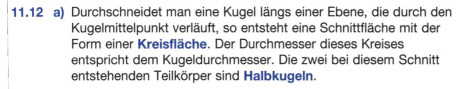

$\frac{4}{3} \cdot r^3 \cdot \pi = a^3$ $\mid \cdot \frac{3}{4 \cdot \pi}$

$r^3 = \frac{3}{4 \cdot \pi} \cdot a^3 \Rightarrow \mathbf{r} = \sqrt[3]{\frac{3}{4 \cdot \pi} \cdot a^3} = \mathbf{a} \cdot \sqrt[3]{\frac{3}{4 \cdot \pi}}$

2) $r = a \cdot \sqrt[3]{\frac{3}{4 \cdot \pi}}$ $\mid : a$

$r : a = \sqrt[3]{\frac{3}{4 \cdot \pi}} : 1 = 0{,}620 \ldots : 1 \approx 0{,}6 : 1 = 3 : 5$

r : a ≈ 3 : 5

0,6 : 1 = 6 : 10 = 3 : 5

11.12 a) Durchschneidet man eine Kugel längs einer Ebene, die durch den Kugelmittelpunkt verläuft, so entsteht eine Schnittfläche mit der Form einer **Kreisfläche**. Der Durchmesser dieses Kreises entspricht dem Kugeldurchmesser. Die zwei bei diesem Schnitt entstehenden Teilkörper sind **Halbkugeln**.

Durchschneidet man eine Kugel längs einer Ebene, die nicht durch den Kugelmittelpunkt verläuft, so entsteht eine Schnittfläche mit der Form einer **Kreisfläche**, deren Durchmesser kleiner als der Kugeldurchmesser ist. (Man spricht auch von einer Kleinkreisfläche der Kugel.) Die zwei bei diesem Schnitt entstehenden Teilkörper sind **Kugelsegmente (Kugelabschnitte)**.

Skizze:

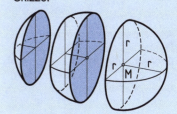

Beachte: Die Halbkugel ist das Kugelsegment mit der größten Schnittfläche.

b) Die Oberfläche einer Kugel ($O = 4 \cdot r^2 \cdot \pi$) wächst mit dem Quadrat des Radius bzw. sie nimmt mit dem Quadrat des Radius ab. Das bedeutet im gegenständlichen Fall: eine Verkleinerung des Radius auf die Hälfte, ein Drittel, ein Viertel, ein Fünftel, auf den n-ten Teil bewirkt eine Verkleinerung der Oberfläche auf ein **Viertel**, ein **Neuntel**, ein **Sechzehntel**, ein **Fünfundzwanzigstel**, auf den $\frac{1}{n^2}$**-ten Teil**.

$O = 4 \cdot r^2 \cdot \pi$

Ersetze in der Formel r durch den n-ten Teil von r; das ist $\frac{r}{n}$!

$\mathbf{O} = 4 \cdot \left(\frac{r}{n}\right)^2 \cdot \pi = 4 \cdot \frac{r^2}{n^2} \cdot \pi = \frac{1}{n^2} \cdot 4 \cdot r^2 \cdot \pi$

c) Das Volumen einer Kugel wächst mit der dritten Potenz des Radius bzw. es nimmt mit der dritten Potenz des Radius ab. Das bedeutet im gegenständlichen Fall: eine Vergrößerung des Radius auf das Zwei-, Drei-, Vier-, Fünf-, n-fache bedeutet ein Anwachsen des Volumens auf das **8fache**, **27fache**, **64fache**, **125fache**, **n^3-fache**.

$V = \frac{4}{3} \cdot r^3 \cdot \pi$

Ersetze in der Formel r durch das n-fache von r; das ist n · r!

$\mathbf{V = \frac{4}{3} \cdot (n \cdot r)^3 \cdot \pi = \frac{4}{3} \cdot n^3 \cdot r^3 \cdot \pi = n^3 \cdot \frac{4}{3} \cdot r^3 \cdot \pi}$

d) Nach dem in b) und c) Gesagten stehen die Oberflächen im Verhältnis $3^2 : 4^2$, also **9 : 16**, und die Volumina im Verhältnis $3^3 : 4^3$, also **27 : 64**.

11.13 a) Berechne zuerst das Volumen des Bechers! Gehe dabei so vor, dass du vom Volumen eines Zylinders (Radius R = 40 mm, Höhe h = 40 mm) das Volumen einer Halbkugel (Radius r = 30 mm) abziehst!

Zylinder:	$R^2 \cdot \pi \cdot h$	$40^2 \cdot \pi \cdot 40 = 201\,061{,}9\ldots$
Halbkugel:	$\frac{2}{3} \cdot r^3 \cdot \pi$	$\frac{2}{3} \cdot 30^3 \cdot \pi = 56\,548{,}6\ldots$
Bechervolumen V:		$201\,061{,}9\ldots - 56\,548{,}6\ldots =$
		$= 144\,513{,}2\ldots \ (\approx 145\,000)$

(V ≈ 145 000 mm³ = 145 cm³ = 0,145 dm³)

Die Dichte des Marmors ist ϱ = 2 600 kg/m³ = 2,6 kg/dm³.

$\varrho = \frac{m}{V} \Rightarrow m = \varrho \cdot V$ 2,6 · 0,144 5… = 0,375 … ≈ 0,380

m ≈ 0,380 kg = 38 dag = 380 g

b) $p\,\% = \frac{p}{100} = \frac{\text{(Prozent-)Anteil}}{\text{Grundwert}} = \frac{V_{HK}}{V_Z}$ $\frac{56\,548{,}6\ldots}{201\,061{,}9\ldots} = 0{,}281\ldots \approx 0{,}28 =$

$= \frac{28}{100} = 28\,\%$

p % ≈ 28 %. Rund **28 %** des Zylinders wurden zu Abfall.

c) Berechne die Oberfläche, indem du zur Oberfläche eines Zylinders (Radius R = 40 mm, Höhe h = 40 mm) die Oberfläche einer Halbkugel (Radius r = 30 mm) addierst und von diesem Ergebnis den Flächeninhalt eines Kreises (Radius r = 30 mm) abziehst!

Zylinder:	$2 \cdot R \cdot \pi \cdot (R + h)$	$2 \cdot 40 \cdot \pi \cdot (40 + 40) = 20\,106{,}1\ldots$
Halbkugel:	$2 \cdot r^2 \cdot \pi$	$2 \cdot 30^2 \cdot \pi = 5\,654{,}8\ldots$
Kreis:	$r^2 \cdot \pi$	$30^2 \cdot \pi = 2\,827{,}4\ldots$
Gesamtoberfläche O:		$20\,106{,}1\ldots + 5\,654{,}8\ldots - 2\,827{,}4\ldots =$
		$= 22\,933{,}6\ldots \approx 23\,000$

O ≈ 23 000 mm² = 230 cm²

11.14 a) d = 218 mm $r = \frac{d}{2}$ = 109 mm = 10,9 cm = 1,09 dm

m = 5 900 g = 5,9 kg

$V = \frac{4}{3} \cdot r^3 \cdot \pi$ $\frac{4}{3} \cdot 1{,}09^3 \cdot \pi = 5{,}42\ldots \ (\approx 5{,}4) \quad (V \approx 5{,}4 \text{ dm}^3)$

$\varrho = \frac{m}{V}$ $\frac{5{,}9}{5{,}42\ldots} = 1{,}08\ldots \approx 1{,}1$

ϱ ≈ 1,1 kg/dm³ = 1 100 kg/m³

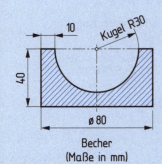

Becher
(Maße in mm)

Dichte = $\frac{\text{Masse}}{\text{Volumen}}$

$\varrho = \frac{m}{V} \Rightarrow m = \varrho \cdot V$

Achte darauf, dass in der Rechnung die Einheiten der Größen aufeinander abgestimmt sind; d. h. z. B. Dichte in kg/dm³ und Volumen in dm³!

Variante (Formel für die Gesamtoberfläche):

$O = 2 \cdot R \cdot \pi \cdot (R + h) +$
$\quad + 2 \cdot r^2 \cdot \pi - r^2 \cdot \pi =$
$= 2 \cdot R \cdot \pi \cdot (R + h) + r^2 \cdot \pi$

11 Zylinder – Kegel – Kugel — Lösungen

b) (Vergleiche mit dem Beispiel 11.10 b)!)

Die Dichte des Kunststoffs ist $\varrho = 950$ kg/m³ = 0,95 kg/dm³.

$\varrho = \frac{m}{V} \Rightarrow V = \frac{m}{\varrho}$ $\quad\quad \frac{10}{0,95} = 10{,}52\ldots \;(\approx 10{,}5)$

(Es stehen rund 10,5 dm³ Material zur Verfügung.)

Volumen einer Kugel: $d = 28$ mm, $r = \frac{d}{2} = 14$ mm

$V = \frac{4}{3} \cdot r^3 \cdot \pi$ $\quad\quad \frac{4}{3} \cdot 14^3 \cdot \pi = 11\,494{,}0\ldots \;(\approx 11\,500)$

($V \approx 11\,500$ mm³ = 11,5 cm³ = 0,011 5 dm³)

Anzahl der Kugeln: $\quad 10{,}52\ldots : 0{,}011\,4\ldots = 915{,}8 \approx 915$

Es können rund **915 Kugeln** hergestellt werden.

Dichte = $\frac{\text{Masse}}{\text{Volumen}}$

$\varrho = \frac{m}{V} \Rightarrow m = \varrho \cdot V$

Achte darauf, dass in der Rechnung die Einheiten der Größen aufeinander abgestimmt sind; d. h. z. B. Dichte in kg/dm³ und Masse in kg!

11.15 a) Berechne das Volumen der Erdkruste V_{KR} durch Differenzbildung, indem du vom Volumen der Erdkugel V_K (Radius R = 6 370 km) das Volumen einer Kugel V_k mit einem um 30 km kleineren Radius (r = 6 370 km – 30 km = 6 340 km) abziehst!

$V_K = \frac{4}{3} \cdot R^3 \cdot \pi, \quad V_k = \frac{4}{3} \cdot r^3 \cdot \pi, \quad V_{KR} = V_K - V_k$

$V_K = \frac{4}{3} \cdot R^3 \cdot \pi \quad\quad \frac{4}{3} \cdot 6\,370^3 \cdot \pi = 1{,}08\ldots \cdot 10^{12}$

$V_{KR} = \frac{4}{3} \cdot R^3 \cdot \pi - \frac{4}{3} \cdot r^3 \cdot \pi = \frac{4}{3} \cdot \pi \cdot (R^3 - r^3)$

$\quad\quad \frac{4}{3} \cdot \pi \cdot (6\,370^3 - 6\,340^3) = 1{,}52\ldots \cdot 10^{10}$

$p\,\% = \frac{p}{100} = \frac{\text{(Prozent-)Anteil}}{\text{Grundwert}} = \frac{V_{KR}}{V_K} \quad\quad \frac{1{,}52\ldots \cdot 10^{10}}{1{,}08\ldots \cdot 10^{12}} = 0{,}014\,0\ldots \approx$

$\approx 0{,}014 = \frac{1{,}4}{100} = 1{,}4\,\%$

p % ≈ 1,4 %

Das Volumen der Erdkruste macht rund **1,4 %** des Erdkörpers aus.

b) 1) $\frac{\text{Dicke d. Erdkruste (in km)}}{\text{Radius d. Erdkugel (in km)}} = \frac{30}{6\,370} = 0{,}004\,7\ldots \approx 0{,}005 =$

$= \frac{1}{200} = 1 : 200$

Die Dicke der Erdkruste und der Radius der Erdkugel stehen in einem Verhältnis von rund **1 : 200**.

2) $D = 1$ m = 100 cm $R = \frac{D}{2} = 50$ cm

Gemäß 1) beträgt die Dicke der Erdkruste rund $\frac{1}{200}$stel (rund das 0,005fache) des Radius der Erdkugel.

$\quad\quad 50 \cdot 0{,}004\,7\ldots = 0{,}235\ldots \approx$ (sinnvoll gerundet) 0,25

Im Modell muss die Erdkruste rund **0,25 cm = 2,5 mm** dick dargestellt werden.

c) $V_W = a^3, \quad V_K = \frac{4}{3} \cdot R^3 \cdot \pi$

$V_W = V_K$

$a^3 = \frac{4}{3} \cdot R^3 \cdot \pi \Rightarrow a = \sqrt[3]{\frac{4}{3} \cdot R^3 \cdot \pi} = R \cdot \sqrt[3]{\frac{4}{3} \cdot \pi}$

$\quad\quad 6\,370 \cdot \sqrt[3]{\frac{4}{3} \cdot \pi} = 10\,268{,}3\ldots \approx 10\,300$

a ≈ 10 300 km

Die Kantenlänge eines Würfels mit gleichem Volumen würde rund **10 300 km** betragen.

Skizze:

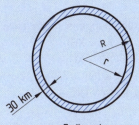

Erdkugel

Beachte: Das (nicht maßstäbliche) Bild soll nicht den Eindruck vermitteln, die Erdkugel sei innen hohl.

Variante zu a) unter Umgehung der „großen Zahlen":

$V_{KR} : V_K =$

$= \frac{4}{3} \cdot \pi \cdot (R^3 - r^3) : \frac{4}{3} \cdot \pi \cdot R^3 =$

$= (R^3 - r^3) : R^3 = \frac{R^3 - r^3}{R^3} : 1 =$

$= (\frac{R^3}{R^3} - \frac{r^3}{R^3}) : 1 = (1 - \frac{r^3}{R^3}) : 1$

12 Beweisen in der Geometrie

Skizze:

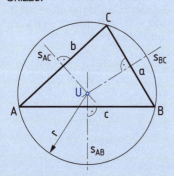

Variante (Mengenschreibweise):
$s_{AB} = \{X \mid \overline{XA} = \overline{XB}\}$
$s_{BC} = \{X \mid \overline{XB} = \overline{XC}\}$
$s_{AB} \cap s_{BC} = \{U\} \Rightarrow$
$\Rightarrow \overline{UA} = \overline{UB} = \overline{UC} \Rightarrow$
$\Rightarrow U \in s_{AC}$, denn
$s_{AC} = \{X \mid \overline{XA} = \overline{XC}\}$
$k(U, r) = \{X \mid \overline{XU} = r\}$ mit
A, B und C $\in$ k

Skizze:

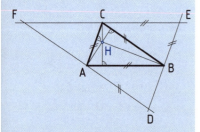

In jedem Dreieck schneiden einander die Seitensymmetralen in einem Punkt, dem Umkreismittelpunkt.

12.1 Fertige eine zu dem Problem passende Skizze an!

Beweisführung (Vorschlag):

Vorbemerkung: Die Begriffe Seitensymmetrale und Streckensymmetrale sind (im gegebenen Zusammenhang) vollkommen gleichwertig.

Die Seitensymmetrale s_{AB} ist die Menge aller Punkte, die von den Punkten A und B jeweils gleich weit entfernt sind. Die Seitensymmetrale s_{BC} ist die Menge aller Punkte, die von den Punkten B und C jeweils gleich weit entfernt sind. Der Schnittpunkt U der Seitensymmetralen s_{AB} und s_{BC} ist dann von A und B **und** von B und C, also von A und B und C, gleich weit entfernt. Dann muss die Seitensymmetrale s_{AC} – sie ist die Menge aller Punkte, die von A und C jeweils gleich weit entfernt sind – ebenfalls durch U gehen.

Die Punkte A, B und C haben also vom (festen) Punkt U die gleiche Entfernung. Dann liegen sie aber auf einem Kreis mit dem Mittelpunkt U und dem Radius r = $\overline{UA}$ = $\overline{UB}$ = $\overline{UC}$, dem Umkreis des Dreiecks.

(Was zu beweisen war.)

12.2 Fertige eine zu dem Problem passende Skizze an!

Beweisführung (Vorschlag):

Indem man in jedem Eckpunkt des Dreiecks ABC die Parallelen zur jeweils gegenüberliegenden Seite zeichnet, entsteht das geometrisch ähnliche Dreieck DEF. Seine Seiten sind jeweils doppelt so lang wie die entsprechenden Seiten des Dreiecks ABC. Denn z. B. gilt im Parallelogramm ABCF $\overline{FC}$ = $\overline{AB}$ bzw. im Parallelogramm ABEC $\overline{CE}$ = $\overline{AB}$, also $\overline{FE}$ = 2 · $\overline{AB}$. (Ähnliches kann für die Seiten FD und DE gesagt werden.) A, B und C sind demnach die Halbierungspunkte der Strecken FD, DE und EF.

Da die Höhen des Dreiecks ABC gerade in diesen Halbierungspunkten ihren Ausgang nehmen und wie die Seitensymmetralen des Dreiecks DEF senkrecht auf die Seiten des Dreiecks DEF stehen, sind sie Teil der Seitensymmetralen des Dreiecks DEF. Mit anderen Worten, sie liegen auf den Seitensymmetralen (des Dreiecks DEF). Die(se) Seitensymmetralen haben aber immer einen gemeinsamen Schnittpunkt.

(Was zu beweisen war.)

Nachsatz: H ist (nichts anderes als) der Umkreismittelpunkt des dem Dreieck ABC – auf die in der Skizze gezeigten Art – umschriebenen Dreiecks DEF.

12.3 Fertige eine zu dem Problem passende Skizze an!

Beweisführung (Vorschlag):

Die Winkelsymmetrale w_α ist die Menge aller Punkte, die von den Seiten b und c jeweils gleich großen (Normal-)Abstand haben. Die Winkelsymmetrale w_β ist die Menge aller Punkte, die von den Seiten a und c jeweils gleich großen (Normal-)Abstand haben.

Der Schnittpunkt I der Winkelsymmetralen w_α und w_β hat dann von den Seiten b und c **und** von den Seiten a und c, also von a und b und c, gleich großen (Normal-)Abstand. Dann muss die Winkelsymmetrale w_γ – sie ist die Menge aller Punkte, die von den Seiten a und b jeweils gleich großen (Normal-)Abstand haben – ebenfalls durch I gehen.

Der Punkt I hat also von den Seiten a, b und c gleichen (Normal-)Abstand: $\overline{Ia} = \overline{Ib} = \overline{Ic}$. Dann gibt es aber einen Kreis mit dem Mittelpunkt I und dem Radius $\varrho = \overline{Ia} = \overline{Ib} = \overline{Ic}$, der die drei Seiten berührt; den Inkreis des Dreiecks. (Was zu beweisen war.)

Skizze:

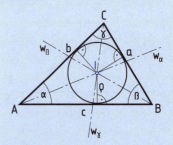

Variante (Mengenschreibweise):
$w_\alpha = \{X \mid \overline{Xb} = \overline{Xc}\}$
$w_\beta = \{X \mid \overline{Xa} = \overline{Xc}\}$
$w_\alpha \cap w_\beta = I \Rightarrow$
$\Rightarrow \overline{Ia} = \overline{Ib} = \overline{Ic} \Rightarrow$
$\Rightarrow I \in w_\gamma$, denn
$w_\gamma = \{X \mid \overline{Xa} = \overline{Xb}\}$
$k(I, \varrho) = \{X \mid \overline{XI} = \varrho\}$, wobei a, b und c den Kreis berühren.

12.4 Fertige eine zu dem Problem passende Skizze an!

Beweisführung (Vorschlag):

Zeichne in deiner Skizze die Parallele zu AB durch C!

Die Behauptung lautet: In jedem Dreieck ist die Summe der Innenwinkel 180°. In der Sprache der Mathematik lässt sich das so formulieren:
$\alpha + \beta + \gamma = 180°$.

Beweis: Aus der Zeichnung geht hervor: $\alpha_1 + \gamma + \beta_1 = 180°$.

Die Winkel α und α_1 sowie β und β_1 sind gleich große Parallelwinkel: $\alpha = \alpha_1$ und $\beta = \beta_1$.

Du kannst α_1 und β_1 in der obigen Gleichung durch α und β ersetzen, die Summanden umordnen und schreiben:
$\alpha + \beta + \gamma = 180°$. (Was zu beweisen war.)

Skizze:

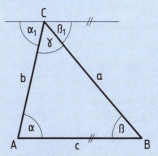

Parallelwinkel:
Winkel, deren Schenkel paarweise parallel sind.

12.5 Fertige eine zu dem Problem passende Skizze an!

Beweisführung (Vorschlag):

Ein regelm. Viereck kann von einem Eckpunkt aus durch eine Diagonale in zwei Teildreiecke zerlegt werden. Ein regelm. Fünfeck kann von einem Eckpunkt aus durch 2 Diagonalen in 3 Teildreiecke zerlegt werden. Ein regelm. Sechseck kann von einem Eckpunkt aus durch 3 Diagonale in 4 Teildreiecke zerlegt werden. …

Ein regelm. Vieleck mit n Eckpunkten (ein „n-Eck") kann von einem Eckpunkt aus durch (n – 3) viele Diagonalen in (n – 2) viele Teildreiecke zerlegt werden. Dabei ist n die Anzahl der Ecken.

Die Summe der Innenwinkel in einem Dreieck ist (immer) 180°.

Folglich gilt: Die Summe der Innenwinkel in einem regelm. Vieleck mit n Eckpunkten (in einem „n-Eck") beträgt 180° · (n – 2).

(Was zu beweisen war.)

Skizze:

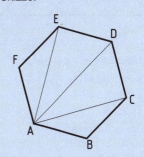

Zerlegung eines regelm. Sechsecks durch 3 Diagonalen in 4 Teildreiecke.

Skizze:

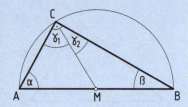

Kurzfassung des Satzes von THALES:
„Jeder Winkel im Halbkreis ist ein rechter Winkel."

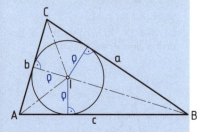

Flächeninhalt eines Dreiecks:
$A = \frac{1}{2} \cdot a \cdot h_a =$
$= \frac{1}{2} \cdot b \cdot h_b =$
$= \frac{1}{2} \cdot c \cdot h_c$
a, b, c ... Seitenlängen
h_a, h_b, h_c ... Höhen

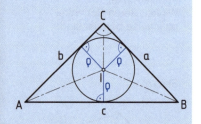

Flächeninhalt eines Dreiecks:
$A = \frac{1}{2} \cdot a \cdot h_a =$
$= \frac{1}{2} \cdot b \cdot h_b =$
$= \frac{1}{2} \cdot c \cdot h_c$
a, b, c ... Seitenlängen
h_a, h_b, h_c ... Höhen

Flächeninhalt eines rechtwinkligen Dreiecks:
$A = \frac{1}{2} \cdot a \cdot b$
a, b ... Kathetenlängen

12.6 Fertige eine zu dem Problem passende Skizze an!

Beweisführung (Vorschlag):

Zeichne in deiner Skizze die Strecke vom Mittelpunkt des THALES-Halbkreises zum Eckpunkt, in dem die Katheten zusammentreffen!

Die Dreiecke AMC und MBC sind gleichschenklig, denn $\overline{AM} = \overline{MC}$ und $\overline{BM} = \overline{MC}$. Folglich muss $\alpha = \gamma_1$ und $\beta = \gamma_2$ sein. Außerdem ist (natürlich) $\gamma_1 + \gamma_2 = \gamma$.

In jedem Dreieck ist die Summe der Innenwinkel 180°.

$\alpha + \beta + \gamma = 180°$

Durch Er- bzw. Einsetzen erhält man:

$\gamma_1 + \gamma_2 + (\gamma_1 + \gamma_2) = 180°$
$\quad 2 \cdot \gamma_1 + 2 \cdot \gamma_2 = 180° \quad |:2$
$\quad\quad \gamma_1 + \gamma_2 = 90° = \gamma \quad$ (Was zu beweisen war.)

12.7 Beweisführung (Vorschlag):

Entlang der Strecken AI, BI und CI – sie sind Teil der Winkelsymmetralen – „zerfällt" das Dreieck ABC in die drei Teildreiecke BCI, CAI und ABI.

Der Flächeninhalt jedes (allgemeinen) Dreiecks ergibt sich gemäß „$\frac{1}{2}$-mal Seite mal zugehörige Höhe". In diesem speziellen Fall der drei Teildreiecke ist die „zugehörige" Höhe jeweils ϱ, der Inkreisradius!

Es gilt: $A = A_{\triangle ABC} = A_{\triangle BCI} + A_{\triangle CAI} + A_{\triangle ABI}$
$A = \frac{1}{2} \cdot a \cdot \varrho + \frac{1}{2} \cdot b \cdot \varrho + \frac{1}{2} \cdot c \cdot \varrho \quad | \cdot 2$
$2 \cdot A = a \cdot \varrho + b \cdot \varrho + c \cdot \varrho \quad | \varrho \text{ herausheben}$
$2 \cdot A = \varrho \cdot (a + b + c) \quad |:(a + b + c)$
$\varrho = \frac{2 \cdot A}{a + b + c} = \frac{2 \cdot A}{u} \quad$ (Was zu beweisen war.)

12.8 (Vergleiche mit dem Beispiel 12.7!)

Beweisführung (Vorschlag):

Entlang der Strecken AI, BI und CI – sie sind Teil der Winkelsymmetralen – „zerfällt" das Dreieck ABC in die drei Teildreiecke BCI, CAI und ABI.

Der Flächeninhalt jedes (allgemeinen) Dreiecks ergibt sich gemäß „$\frac{1}{2}$-mal Seite mal zugehörige Höhe". In diesem speziellen Fall der drei Teildreiecke ist die „zugehörige" Höhe jeweils ϱ, der Inkreisradius!

Es gilt:

$A_{\triangle ABC} = A_{\triangle BCI} + A_{\triangle CAI} + A_{\triangle ABI}$
$\frac{1}{2} \cdot a \cdot b = \frac{1}{2} \cdot a \cdot \varrho + \frac{1}{2} \cdot b \cdot \varrho + \frac{1}{2} \cdot c \cdot \varrho \quad | \cdot 2$
$a \cdot b = a \cdot \varrho + b \cdot \varrho + c \cdot \varrho \quad | \varrho \text{ herausheben}$
$a \cdot b = \varrho \cdot (a + b + c) \quad |:(a + b + c)$
$\varrho = \frac{a \cdot b}{a + b + c} = \frac{a \cdot b}{u} \quad$ (Was zu beweisen war.)

Beachte: Die nur für ein rechtwinkliges Dreieck gültige Beziehung $\varrho = \frac{a \cdot b}{u}$ ist ein „Spezialfall" der im Beispiel 12.7 vorgestellten und für jedes beliebige Dreieck gültigen Beziehung $\varrho = \frac{2 \cdot A}{u}$. Wenn nämlich gilt: $A = \frac{1}{2} \cdot a \cdot b$, dann wird aus $\varrho = \frac{2 \cdot A}{u} = \frac{2 \cdot \frac{1}{2} \cdot a \cdot b}{u} = \frac{a \cdot b}{u}$.

12.9 Beweisführung (Vorschlag):

Das große Quadrat mit der Seitenlänge (a + b) setzt sich aus vier rechtwinkligen Dreiecken mit den Kathetenlängen a und b und dem inneren (kleineren) Quadrat mit der Seitenlänge c zusammen.

$$(a + b)^2 = 4 \cdot \frac{a \cdot b}{2} + c^2$$

$a^2 + 2ab + b^2 = 2ab + c^2 \quad | - 2ab$

$\quad a^2 + b^2 = c^2$ (Was zu beweisen war.)

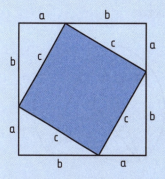

12.10 Beweisführung (Vorschlag):

Das große Quadrat mit der Seitenlänge c setzt sich aus vier rechtwinkligen Dreiecken mit den Kathetenlängen a und b und dem inneren (kleinen) Quadrat mit der Seitenlänge (a − b) zusammen.

$c^2 = 4 \cdot \frac{a \cdot b}{2} + (a - b)^2$

$c^2 = 2ab + a^2 - 2ab + b^2$

$c^2 = a^2 + b^2$ (Was zu beweisen war.)

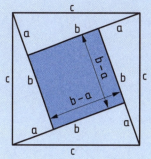

12.11 Fertige eine zu dem Problem passende Skizze an!

Beweisführung (Vorschlag):

Zeichne z. B. die beiden Schwerlinien s_A und s_B sowie die Parallele zur Seite c durch die Halbierungspunkte P und Q der Seiten a und b!

Der Strahlensatz besagt:
Werden zwei Strahlen a und b mit dem gemeinsamen Anfangspunkt (Scheitel) S von zwei parallelen Geraden geschnitten, so gilt:

1) Die Längen zweier Abschnitte auf dem einen Strahl verhalten sich wie die Längen der entsprechenden Abschnitte auf dem anderen Strahl.

2) Die Abschnitte auf den parallelen Geraden verhalten sich wie die entsprechenden, von S ausgehenden Strecken auf jedem der beiden Strahlen.

Gemäß dem Strahlensatz mit S als Scheitel und $\overline{AQ}$ und $\overline{BP}$ als (Teile von zwei) Strahlen gilt: $\overline{SA} : \overline{SQ} = \overline{SB} : \overline{SP} = \overline{AB} : \overline{PQ}$

Gemäß dem Strahlensatz mit C als Scheitel und $\overline{CA}$ und $\overline{CB}$ als (Teile von zwei) Strahlen gilt – und damit kann die Proportion fortgesetzt werden: $\overline{AB} : \overline{PQ} = \overline{CB} : \overline{CQ} = \overline{CA} : \overline{CP} = 2 : 1$
(denn $\overline{CA}$ bzw. $\overline{CB}$ ist doppelt so lang wie $\overline{CP}$ bzw. $\overline{CQ}$).

Also: $\overline{SA} : \overline{SQ} = \overline{SB} : \overline{SP} = 2 : 1$ (Was zu beweisen war.)

Skizze:

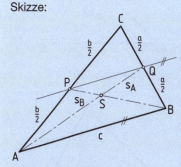

Schwerlinien eines Dreiecks: Verbindungslinien von den Halbierungspunkten der Dreieckseiten zu den jeweils gegenüberliegenden Eckpunkten. Die Schwerlinien eines Dreiecks schneiden einander in einem Punkt, dem Schwerpunkt.

Skizze:

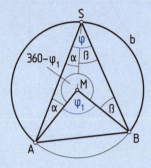

12.12 a) Ein Peripheriewinkel (Randwinkel) ist ein Winkel, dessen Scheitel auf einer Kreislinie liegt und dessen beide Schenkel Sekanten des Kreises sind.

b) Beweisführung (Vorschlag):

Erweitere die vorgegebene Zeichnung um die Strecke MS! Dadurch entstehen die zwei gleichschenkligen Dreiecke AMS und BMS. Die Summe aller Innenwinkel dieser beiden Dreiecke beträgt 360°.

$\alpha + \alpha + \beta + \beta + (360° - \varphi_1) = 360°$ $\quad | -360° + \varphi_1$

$(\alpha + \beta) + (\alpha + \beta) = \varphi_1$ $\quad | (\alpha + \beta) = \varphi!$

$\varphi + \varphi = \varphi_1$

$2 \cdot \varphi = \varphi_1$ $\quad | :2$

$\varphi = \frac{\varphi_1}{2}$

(Was zu beweisen war.)

Skizzen:

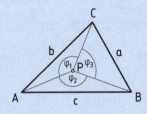

$\varphi_1 + \varphi_2 + \varphi_3 = 360°$

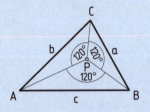

12.13 a) Beweisführung (Vorschlag):

Von einem beliebigen Punkt P innerhalb eines Dreiecks sieht man jede Seite im Allgemeinen unter einem anderen (Seh-)Winkel. (Siehe nebenstehende Skizze!) Diese drei Winkel bilden zusammen immer einen vollen Winkel (360°).

Nun lässt sich im Allgemeinen innerhalb jedes Dreiecks ein Punkt P konstruieren, von dem aus zwei Seiten jeweils unter einem (Seh-)Winkel von 120° erscheinen. Die Konstruktion dieses Punkts erfolgt so, dass man für diese zwei Seiten die dem (Seh-)Winkel $\varphi = 120°$ zugeordneten Kreisbogen(paare) zeichnet bzw. zum Schnitt bringt.

Der Winkel, unter dem von P aus die dritte Seite des Dreiecks zu sehen ist, muss dann ebenfalls 120° sein, denn:

$360° - 2 \cdot 120° = 360° - 240° = 120°$ (Was zu beweisen war.)

b) Nur wenn das n-Eck **regelmäßig** ist, gibt es einen Punkt, von dem aus die Seiten des n-Ecks unter dem gleichen (Seh-)Winkel erscheinen. Dieser Punkt ist nämlich der Mittelpunkt und das Symmetriezentrum des n-Ecks. (Siehe nebenstehende Skizze! Als Beispiel: ein regelmäßiges Fünfeck.) Von diesem Punkt aus kann man das n-Eck in n deckungsgleiche gleichschenklige Teildreiecke zerlegen. Der Winkel, den die beiden Schenkel eines dieser Teildreiecke miteinander einschließen, ist aber der Winkel, unter dem man die Basis des gleichschenkligen Dreiecks, d. h. die n-Eck-Seite, vom Mittelpunkt des n-Ecks aus sieht. Dieser Winkel beträgt für ein gleichseitiges Dreieck (360° : 3 =) 120°, für ein Quadrat (360° : 4 =) 90°, für ein regelmäßiges Fünfeck (360° : 5 =) 72° usw.

Regelmäßiges n-Eck:
Vieleck mit 3, 4, 5, ..., n Ecken, bei dem die Innenwinkel – und damit auch die Seitenlängen – gleich groß sind.

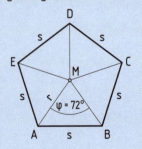

Schularbeit und Schulrecht

Bei der Nennung von Personen ist – um den Lesefluss nicht zu stören – jeweils die männliche und weibliche Form gemeint.

Nachstehende Informationen entstammen teils wörtlich, teils in gekürzter Form dem Schulunterrichtsgesetz, der Verordnung über die Leistungsbeurteilung (in Pflichtschulen sowie mittleren und höheren Schulen), der Verordnung über die Lehrpläne der allgemein bildenden höheren Schulen und der Verordnung über die Lehrpläne der Hauptschulen.

In der vierten Klasse beträgt der Zeitrahmen für die Durchführung von Mathematik-Schularbeiten vier bis fünf Unterrichtseinheiten und die Anzahl der Schularbeiten vier bis sechs. Die Festlegung der Anzahl der Schularbeiten erfolgt – vorbehaltlich einer Regelung durch schulautonome Lehrplanbestimmungen – durch den jeweiligen Lehrer.

An einem Tag darf für einen Schüler nur eine Schularbeit vorgesehen sein. Innerhalb von acht Tagen dürfen für einen Schüler höchstens zwei Schularbeiten angesetzt sein. Eine Schularbeit darf nicht an einem Tag, der unmittelbar auf mindestens drei aufeinander folgende unterrichtsfreie Tage folgt, stattfinden. Eine Schularbeit darf nicht an einem Tag, der unmittelbar auf eine mehrtägige Schulveranstaltung (z. B.: Schikurs) bzw. eine schulbezogene Veranstaltung (z. B. ein vom Schulgemeinschaftsausschuss genehmigtes Zeltlager) folgt, stattfinden.

Eine Schularbeit darf nicht nach der vierten Unterrichtsstunde abgehalten werden. Die für die Mathematikschularbeit wichtigen Lehrstoffgebiete müssen mindestens eine Woche vor der Schularbeit bekannt gegeben werden. Der in den letzten beiden Mathematikstunden vor der Schularbeit behandelte neue Lehrstoff darf nicht Gegenstand der Schularbeit sein.

Eine Mathematikschularbeit hat mindestens zwei Aufgaben mit voneinander unabhängigen Lösungen zu enthalten. Die Angabetexte für eine Mathematikschularbeit müssen in vervielfältigter Form vorliegen.

Vorgetäuschte Leistungen, d. h. Leistungen, die z. B. durch Schwindeln oder Abschreiben zustande gekommen sind, sind nicht zu beurteilen. Eine nicht beurteilte Schularbeit zählt wie eine versäumte Schularbeit.

Für die Schularbeiten gibt es die Beurteilungsstufen „Sehr gut" (1), „Gut" (2), „Befriedigend" (3), „Genügend" (4) und „Nicht genügend" (5).

Die Schularbeit soll den Schülern innerhalb einer Woche korrigiert und beurteilt zurückgegeben werden.

Wenn die Leistungen von mehr als der Hälfte der Schüler, die an der Schularbeit teilgenommen haben, mit „Nicht genügend" zu beurteilen sind, so ist die Schularbeit mit neuer Aufgabenstellung aus demselben Lehrstoffgebiet einmal zu wiederholen. Die Wiederholung der Schularbeit soll innerhalb von zwei Wochen nach der Rückgabe der Schularbeit durchgeführt werden. Da der Lehrstoff derselbe ist, muss keine Mindestfrist eingehalten werden. Als Grundlage für die Beurteilung dieser Arbeit ist jene Schularbeit heranzuziehen, bei der der Schüler die bessere Leistung erbracht hat. D. h.: Eine Verschlechterung der Note ist nicht möglich.

Ein Schüler, der mehr als die Hälfte der Schularbeiten (in einem Fach) im Semester versäumt hat, muss eine Schularbeit nachholen. Sind in einem Semester drei Schularbeiten vorgesehen, so ist nicht schon die erste versäumte Schularbeit nachzuholen.

Die freiwillige Wiederholung einer versäumten Schularbeit kann nicht erfolgen.

Nach dem Ende des Schuljahres sind die Schularbeiten ein Jahr lang an der Schule aufzubewahren.

Hinweis:
Umfassende Informationen betreffend das aktuelle Schulrecht kannst du im Internet auf den Schulrecht-Service-Seiten des Bundesministeriums für Bildung, Wissenschaft und Kultur
http://www.bmuk.gv.at/gesetze/index.htm
bzw. beim Rechtsinformationssystem des Bundeskanzleramtes
http://www.ris.bka.gv.at/auswahl/index.html abrufen.

Register

Die Zahlen beziehen sich auf das Kapitel und die Beispielnummer.
So bedeutet (z. B.) 4.23: 4. Kapitel 23. Beispiel.

Bewegungsaufgaben 4.33–4.35, 6.20, 6.21
Beweis, Flächeninhalte ähnlicher Dreiecke 1.14
Beweis, Höhenschnittpunkt eines Dreiecks 12.2
Beweis, indirekter ($\sqrt{2}$ kein Element aus $\mathbb{Q}$) 2.2
Beweis, Inkreismittelpunkt eines Dreiecks 12.3
Beweis, Inkreisradius eines allgem. Dreiecks 12.7
Beweis, Inkreisradius eines rechtw. Dreiecks 12.8
Beweis, Innenwinkelsumme eines Dreiecks 12.4
Beweis, Innenwinkelsumme eines regelm. Vielecks 12.5
Beweis, Kreisring 10.19 b)
Beweis, Lehrs. d. Pythagoras 12.9, 12.10
Beweis, Peripheriewinkelsatz 12.12
Beweis, Satz v. Thales 12.6
Beweis, Sehwinkel auf Dreiecksseiten 12.13
Beweis, Teilungsverhältnis d. Schwerlinien eines Dreiecks 12.11
Beweis, Umfänge ähnlicher Dreiecke 1.13
Beweis, Umkreismittelpunkt eines Dreiecks 12.1
Beweisen in der Geometrie – 12. Kapitel
Binom(s), Quadrat eines 3.1, 3.2
Binom, dritte Potenz 3.3, 3.4, 3.5 a), b), 3.6 a), b)
Binom, vierte Potenz 3.5 c), 3.6c)

Deltoid, (Anw. Lehrs. d. Pythagoras) 8.32, 8.34
Diagonale im Quadrat 2.11
Dreieck (allgem.), (Anw. Lehrs. d. Pythagoras) 8.22, 8.23
Dreiecke, ähnliche 1.12–1.17
Dreiecke, Konstruktion 1.15–1.17

Einschranken 2.3 b), 2.4 b)

Fehler (absolut, relativ, prozentuell) 4.47, 4.48
Formel umformen 4.19–4.21, 8.13, 8.16, 8.17 a), 8.18 a), 8.19 b), 8.20 b), 9.2 a), 9.3 a), 9.4 a), 9.5 a), 9.6 a), 11.11 b)
Formeln aufstellen 2.11 a), 8.9, 8.19 a), 8.20 a), 8.21 a), 9.1 a), 9.7 a), 9.9 a), 9.10 a), 9.13 a), 9.18 b), 9.19 b), 9.22 a), 9.23 a), 10.14 a), 10.15 a), 11.2 b), 11.8 b)
Funktionen – 5. Kapitel
Funktionen, gebrochen rational 5.12, 5.13
Funktionen, lineare 5.1–5.5
Funktionen, quadratische 5.6–5.8
Funktionen, Quadratwurzel 5.9–5.11

gebrochen rationale Funktionen 5.12, 5.13
gleichschenkliges Dreieck, (Anw. Lehrs. d. Pythagoras) 8.17, 8.18
gleichseitiges Dreieck, (Anw. Lehrs. d. Pythagoras) 8.19, 8.20
Gleichung einer Geraden 6.3, 6.4
Gleichungen m. zwei Unbekannten – 6. Kapitel
Gleichungen u. Ungleichungen m. einer Unbekannten – 4. Kapitel
Gleichungen, Anzahl 6.13 a), 6.14
Gleichungen, Bewegungsaufgaben 4.33–4.35, 6.20, 6.21
Gleichungen, Dreieck 6.19
Gleichungen, Formeln 4.19–4.21
Gleichungen, Geld 4.27 a), 4.28 b), 4.29 a), 4.30 a), 4.30, 4.31, 6.14 b)
Gleichungen, Hebel 6.15, 6.16
Gleichungen, Kreis 4.29 b)
Gleichungen, Masse 6.13 a)
Gleichungen, Mischungsaufgaben 4.36–4.38, 6.22–6.24
Gleichungen, Quadrat 4.30 b)

Gleichungen, Rechteck 6.18
Gleichungen, Terme 4.1–4.18, 6.1, 6.2, 6.5–6.11
Gleichungen, Verhältnisse 1.10, 1.11
Gleichungen, Wärmeinhalt 6.17
Gleichungen, Zahlen 4.22–4.26, 4.27 b), 4.28 a), 6.12
Gleichungssysteme (m. zwei Unbekannten (Variablen)) 6.1, 6.2, 6.5–6.11

Höhensatz 8.9–8.12

indirekter Beweis ($\sqrt{2}$ kein Element aus $\mathbb{Q}$) 2.2
Irrationale Zahlen – siehe Kapitel 2, Reelle Zahlen

Kastenschaubild 7.3–7.8
Kathetensatz 8.9–8.12
Kegel 11.7–11.10
kgV von Termen 3.7, 3.8
Klassenübersichtstabelle (Verteilungstafel) 7.7, 7.8
Kreis, Der – 10. Kapitel
Kreis, Flächeninhalt 10.11
Kreis, Schranken für Flächeninhalt 10.12
Kreis, Schranken für Umfang 10.2
Kreis, Umfang 10.1, 10.5
Kreis, zusammenges. Flächen 10.14, 10.15
Kreisbogen(länge) 10.6–10.10
Kreisring 10.18–10.20
Kreissegment 10.16 b), 10.17 b)
Kreissektor 10.8, 10.13, 10.16 a), 10.17 a)
Kugel 11.11–11.15

Lehrsatz des Pythagoras – 8. Kapitel
lineare Funktionen 5.1–5.5
Lösen eines Gleichungssystems, graphisch 6.1, 6.2
Lösen eines Gleichungssystems, rechnerisch 6.1, 6.2, 6.5–6.11

Median (Zentralwert) 7.1–7.8
Minimum, Maximum, Spannweite
Mischungsaufgaben 4.36–4.38, 6.22–6.24
Modalwert 7.1, 7.2

Oktaeder (regelm.) 9.18, 9.19

Parallelogramm, (Anw. Lehrs. d. Pythagoras) 8.26, 8.27
π („pi"), Näherungswerte 10.3, 10.4
Polynomdivision 3.13–3.16
Prisma (allgem.) 9.8–9.11
Prisma und Pyramide – 9. Kapitel
Prisma, regelm. sechsseitiges 9.7, 11.5
Produkt v. Termen (Termzerlegung) 3.1 d), 3.2 d), 3.5 b),c), 3.6 b),c)
Proportionen – siehe Verhältnisse
Pyramide (allgem.) 9.22, 9.23
Pyramide, rechteckige 9.14, 9.15
Pyramide, regelm. quadratische 9.12, 9.13
Pyramide, regelm. sechsseitige 9.16, 9.17
Pythagoras-Lehrs., allgem. Dreieck 8.22, 8.23
Pythagoras-Lehrs., Deltoid 8.32, 8.34
Pythagoras-Lehrs., gleichschenkliges Dreieck 8.17, 8.18
Pythagoras-Lehrs., gleichschenkliges Trapez 8.28, 8.29
Pythagoras-Lehrs., gleichseitiges Dreieck 8.19, 8.20
Pythagoras-Lehrs., Parallelogramm 8.26, 8.27
Pythagoras-Lehrs., Quadrat 8.13
Pythagoras-Lehrs., Rechteck 8.14–8.16
Pythagoras-Lehrs., rechtwinkliges Dreieck 8.1–8.6
Pythagoras-Lehrs., regelm. Sechseck 8.21
Pythagoras-Lehrs., Rhombus (Raute) 8.24, 8.25

Pythagoras-Lehrs., Trapez 8.30, 8.31

Quader 9.6 a)
Quader, Rechnen mit Wurzeln 2.10 b)
Quadrat eines Binoms 3.1 a)–c), 3.2 a)–c)
Quadrat, (Anw. Lehrs. d. Pythagoras) 8.13
Quadrat, Rechnen mit Wurzeln 2.9 a), 2.10 a), 2.11
quadratische Funktionen 5.6–5.8
Quadratwurzelfunktionen 5.9–5.11
Quartile 7.3–7.8

rationale – irrationale 2.1, 2.1
Rechteck (Anw. Lehrs. d. Pythagoras) 8.14–8.16
Rechteck, Rechnen mit Wurzeln 2.9 b)
Reelle Zahlen – 2. Kapitel
reelle Zahlen 2.1, 2.3, 2.4
Rhombus (Raute), (Anw. Lehrs. d. Pythagoras) 8.24, 8.25

Satellit 10.5
Sechseck (regelm.), (Anw. Lehrs. d. Pythagoras) 8.21
Standardabweichung 7.10 a), 7.11 a)
Statistik – 7. Kapitel

Tangenten, Konstruktion 8.7, 8.8
Terme – 3. Kapitel
Terme vereinfachen 2.12–2.14, 3.3, 3.4, 3.9–3.12, 3.17, 3.18
Terme, (Polynom-)Division 3.13–3.16
Terme, kgV 3.7, 3.8
Tetraeder (regelm.) 9.20, 9.21
Textgleichungen m. einer Unbekannten (Variablen) 4.22–4.38
Textgleichungen m. zwei Unbekannten (Variablen) 4.43–4.45, 6.12–6.24
Textgleichungen, Verhältnisse 1.10, 1.11
Toleranzbereich (7.10 b), 7.11 b), c)
Trapez (gleichschenklig), (Anw. Lehrs. d. Pythagoras) 8.28, 8.29
Trapez, (Anw. Lehrs. d. Pythagoras) 8.30, 8.31

Ungleichungen 4.39–4.48
Ungleichungen, Abweichung (Fehler) 4.48
Ungleichungen, Dreieck 4.45 b)
Ungleichungen, Rechteck 4.43 b)
Ungleichungen, Terme 4.39–4.42
Ungleichungen, Vergleich v. Angeboten 4.46
Ungleichungen, Vorrat 4.45 a)
Ungleichungen, Zahlen 4.43 a), 4.44 a)

Vereinfachen von Termen 2.12–2.14, 3.3, 3.4, 3.9–3.12, 3.17, 3.18
Verhältnisse, chemische Verbindungen 1.8, 1.9
Verhältnisse, Gleichungen 1.6, 1.7
Verhältnisse, Textgleichungen 1.10, 1.11
Verteilungstafel (Klassenübersichtstabelle) 7.7, 7.8

Würfel 9.1–9.5, 9.6 b),c)
Würfel, Rechnen mit Wurzeln 2.10 b)
Wurzeln, „konstruieren" 2.5, 2.6
Wurzeln, einschranken 2.3 b), 2.4 b)
Wurzeln, Quadrat u. Rechteck 2.9, 2.10 a), 2.11
Wurzeln, Terme vereinfachen 2.12–2.14
Wurzeln, Würfel u. Quader 2.10 b)
Wurzeln, Zahlengerade 2.7, 2.8
Wurzelterme vereinfachen 2.12–2.14

Zahlengerade, Wurzeln 2.7, 2.8
Zentralwert (Median) 7.1–7.8
Zentriwinkel (Kreissektor) 10.8, 10.13
Zinseszinsrechnungen 1.1–1.5
Zylinder 11.1–11.6
Zylinder – Kegel – Kugel – 11. Kapitel